Band 33

Ahasver v. Brandt

Werkzeug des Historikers

Eine Einführung in die
Historischen Hilfswissenschaften

17. Auflage

Mit aktualisierten Literaturnachträgen
und einem Nachwort von Franz Fuchs

Verlag W. Kohlhammer

Professor Dr. Franz Fuchs lehrt Mittelalterliche Geschichte und
Historische Hilfswissenschaften an der Universität Würzburg.

*Umschlag: Typar der Stadt Gelnhausen (vor 1248),
Heimatmuseum Gelnhausen*

Siebzehnte Auflage 2007
Elfte, ergänzte Auflage 1986
Alle Rechte vorbehalten
© 1958/1986 W. Kohlhammer GmbH Stuttgart
Umschlag: Data Images GmbH
Gesamtherstellung:
W. Kohlhammer Druckerei GmbH + Co. Stuttgart
Printed in Germany

ISBN: 978-3-17-019413-7

Inhalt

Vorwort 7

Kapitel I: Der Begriff der Historischen Hilfswissenschaften

Grundlagen der Forschung 9
Wort und Begriff »Hilfswissenschaften« 11
Die Historischen Hilfswissenschaften 14
Historische Zweigwissenschaften 19
Gliederung des Stoffes 20

Kapitel II: Die Voraussetzungen historischen Geschehens

1. Der Raum: Historische Geographie 22
   Definition und Aufgaben 22
   Die Arbeitsgebiete der Historischen Geographie 25
   Kartographie 28
2. Die Zeit: Chronologie 29
   Astronomische Grundlagen 29
   Kalenderjahr, Jahresanfang und Jahreszählung 31
   Monat, Woche, Osterrechnung 34
   Tagesbezeichnung 35
3. Die Menschen: Genealogie 39
   Definition und Aufgaben 39
   Ahnenforschung und Formen der Ahnentafel 40
   Nachkommenforschung. Nachfahrentafel und Stammtafel . 44

Kapitel III: Die Quellen

1. Allgemeine Quellenkunde 48
   Die Lehre von den Quellen 48
   Quellengruppen 49
   »Überreste« 56
   »Tradition« 61
   Quellenkundliche Hilfsmittel 64
2. Die Schrift: Paläographie 65
   Wesen und Arbeitsformen 65
   Beschreibstoffe und Schreibgeräte 66
   Grundbegriffe und Grundlinien der Schriftentwicklung . . 70
   Kürzungen und Geheimschriften 79
3. Das Geschäftsschriftgut: Urkunden und Akten 81
   Wesen und Quellenwert 81
   Der Urkundenbegriff 82

Beweisurkunde und Dispositive Urkunde	84
Beglaubigung	87
Diplom und Mandat	90
Kanzlei und Kanzleiform	93
Die Überlieferung. Kopiar, Konzept, Register	96
Die Fälschungen	98
Akten. Wesen und Begriff	103
Serie und Sachakte	107
Registratur und Archiv	111
Brief und Briefsammlung	116
4. Die Wappen: Heraldik	119
Wesen und Entwicklung	119
Wappenkunde	122
Wappenrecht	127
Das Wappen als Geschichtsquelle	130
5. Die Siegel: Sphragistik	132
Sinn und geschichtliche Entwicklung	132
Siegelrecht	135
Technik, äußere Form, Anbringung	138
Siegeltypen und Siegelbilder	142
6. Die Münzen: Numismatik	149
Wesen und Quellenwert	149
Numismatische Grundbegriffe	150
Münztechnik, Münzrecht, Münzbild	155
Schluß: Vom Wert der Hilfswissenschaften	158

Literaturhinweise:

1. Auswahl wichtiger Allgemeiner Bibliographien, Sachwörterbücher und Fachzeitschriften	160
2. Zu den Textabschnitten	163
Literaturnachträge von Franz Fuchs (Stand: November 2006)	198
Nachwort zur 16. Auflage von Franz Fuchs	211
Erläuterungen zu den Abbildungen	213
Sachregister	217
Tafeln	nach 224

Vorwort zur 7. Auflage

Das vorliegende Buch ist aus der Praxis des akademischen Unterrichts entstanden. Es ist geschrieben worden, weil für eine schlichte, zusammenfassende Einführung in die hilfswissenschaftlichen Fächer offenbar ein Bedürfnis bestand und ihr Fehlen namentlich von der jüngeren Generation als Mangel empfunden wurde. Dieser Mangel beruhte wohl vorzugsweise darauf, daß sich in der allgemeinen Geschichtswissenschaft der letzten Jahrzehnte bekanntermaßen Interessenwandlungen vollzogen haben, welche der Pflege der Hilfswissenschaften, insbesondere der quellenkundlichen Fächer im herkömmlichen Sinne, wenig günstig waren.

Wenn so von der Praxis her allerdings ein Bedürfnis nach einer knappen propädeutischen Einführung bestehen dürfte, so könnte es trotzdem scheinen, als ob von der eigenen Wissenschaft das *Thema* selbst in Frage gestellt wird. Denn es ist unverkennbar, daß heute von den verschiedensten Betrachtungsweisen her nicht nur die Berechtigung, sondern geradezu das Dasein mehr oder minder autonomer »historischer Hilfswissenschaften« fraglich gemacht oder bestritten wird. Aus methodischer und quellenkundlicher, »geistes«- und stilgeschichtlicher, verwaltungs- und sozialgeschichtlicher Sicht usw. wird betont, daß die einzelnen »hilfswissenschaftlichen« Fächer in Wahrheit gar keine solchen seien, sondern entweder: ganz selbständige wissenschaftliche Disziplinen, denen die *ancilla*-Stellung schlecht anstehe – oder aber: untrennbare Bestandteile der einen und allgemeinen Geschichtswissenschaft, von der nicht künstlich Hilfswissenschaften abzuspalten seien. Wie es sich mit dieser wissenschaftstheoretischen Frage nun auch verhalten mag – einiges wird dazu noch im Einleitungskapitel zu sagen sein – so steht doch eines fest: daß in der *Praxis* (der Forschung, der Lehre, auch der Bibliographie) eine gesonderte Behandlung der herkömmlich so genannten Hilfswissenschaften unvermeidlich ist und auch gar nicht bestritten werden kann.

Mit dieser praktischen Aufgabenstellung kann und soll natürlich das subjektive Moment, also die eigene Auffassung des Autors, nicht ausgeschlossen sein. Der Sachkenner wird vielmehr unschwer feststellen, daß sowohl die Auswahl wie die Darstellung im einzelnen vielfach subjektiv bedingt ist. Denn das Buch möchte nicht nur in die Grundtatsachen der Hilfswissenschaften und ihre Anwendung einführen und Hinweise auf die Methode und Literatur geben. Es möchte vielmehr außerdem anreizen; es will den Leser dazu verlocken, sich mit diesem für die historische Erkenntnis und historische Arbeit nun einmal unentbehrlichen »Werkzeug« noch näher zu beschäftigen, und – wenn es hoch kommt – ihm die Überzeugung vermitteln, daß die Beschäftigung mit diesen Hilfsmitteln auch eine *Lust* sein kann.

Eine solche Absicht ist natürlich nur bei subjektiver Auslese allenfalls

erfüllbar. Deswegen, aber auch aus praktisch-didaktischen Gründen, sind die einzelnen Abschnitte verschieden ausführlich gehalten; und gewiß wird jeder Fachkenner bei jedem Abschnitt manches vermissen. Es war aber weder methodische, noch gar stoffliche Vollständigkeit mit dieser Zielsetzung und mit dem gewünschten Gesamtumfang zu vereinen. Der gleiche Grundsatz subjektiv beschränkter Auswahl gilt selbstverständlich auch für die Literaturangaben zu jedem Abschnitt.
Die wenigen *Bilder,* die beigefügt werden konnten, beabsichtigen keine systematische Illustration, für die ja Hunderte von Abbildungen erforderlich gewesen wären; sie wollen nur einige wenige charakteristische Erscheinungen beispielsweise verdeutlichen.
Das Buch hat in den fünfzehn Jahren seit seinem ersten Erscheinen (1958) einen in diesem Ausmaß unerwarteten Anklang besonders bei den Studierenden der Geschichte gefunden. Es ist in Text und Literaturhinweisen in den folgenden Auflagen so weit auf Stand gehalten worden, als das ohne Umfang- und Umbruchänderungen möglich war. Doch konnte die 4. Auflage durch Beigabe eines Sachregisters erweitert und ergänzt werden.
Dem Verlag habe ich nun dafür zu danken, daß die vorliegende 7. Auflage völlig neu gesetzt werden konnte. Das ermöglichte eine Reihe von Textänderungen sowie insbesondere Ergänzungen, Berichtigungen und Zusätze bei den Literaturhinweisen. Außerdem konnten diese Hinweise, die bisher an die einzelnen Textabschnitte angehängt waren, nunmehr hinter dem Text zusammengefaßt werden. Das wird hoffentlich nicht nur das Nachschlagen, sondern auch bei künftigen Auflagen das Einfügen von Berichtigungen und Ergänzungen erleichtern.
Für Hinweise, Verbesserungen und Anregungen habe ich wiederum vielen Benutzern des Buches zu danken, besonders aber zahlreichen ehemaligen und jetzigen Heidelberger Hörern und Mitarbeitern. Darüber hinaus werde ich zweier Verstorbener stets dankbar gedenken: der Freunde Prof. Dr. *Fritz Ernst* († Heidelberg 1963) und Dr. *S. H. Steinberg* († London 1969), ohne deren Rat, Hilfe und Kritik dieses Buch weder zustande gekommen noch veröffentlicht worden wäre.

Heidelberg, im Herbst 1973

I. Der Begriff der Historischen Hilfswissenschaften

> »Wir müssen uns bescheiden lernen, nur soweit und in solchen Bereichen als Historiker arbeiten zu wollen, mit denen wir uns sachlich völlig vertraut gemacht haben.«
>
> *J. G. Droysen*

Grundlagen der Forschung

Aufgabe der Geschichtswissenschaft ist die Ermittlung eines möglichst umfassenden und möglichst zuverlässigen, »wahren« Geschichtsbildes, als der »geistigen Form, in der sich eine Kultur über ihre Vergangenheit Rechenschaft gibt« *(J. Huizinga)*. Dieses Geschichtsbild wird durch tausendfältige, immer erneute Forschungsarbeit und durch Darstellung, die auf den Forschungsergebnissen beruht, gewonnen.

Die Forschungsarbeit des Historikers verlangt drei Voraussetzungen: 1. den inneren Trieb, Fragen an die Vergangenheit zu stellen — also nicht nur rezipierend Geschichte in sich aufzunehmen, sondern aktiv an der Entstehung und Vervollkommnung des gültigen Geschichtsbildes mitzuwirken; 2. die natürliche Begabung und den Sachverstand, die Erkenntnisquellen aufzuspüren, die zur Beantwortung der gestellten Fragen verhelfen können; 3. die kritische Fähigkeit, die gefundenen Quellen fehlerfrei auszuwerten, d. h., ihnen durch einen Schleier von Entstellung und Lückenhaftigkeit, von Verworrenheit und Mehrdeutigkeit, von Widersprüchen, Tendenzen und Lügen ein möglichst hohes Maß von wahren Aussagen abzuzwingen.

Um diese Voraussetzungen zu erfüllen, bedarf es nicht nur einer bestimmten geistigen Veranlagung und einer bestimmten wissenschaftlichen Allgemeinschulung, sondern auch der — theoretischen und praktischen — Beherrschung einer Anzahl mehr »handwerklich«-methodischer Fähigkeiten und Sachkenntnisse, die zum Teil aus anderen wissenschaftlichen Bereichen beschafft werden müssen. Diese Bereiche handwerklicher Voraussetzung und Übung stehen gegenüber der wissenschaftlichen Hauptaufgabe der historischen Arbeit in einer mehr oder minder dienenden Funktion: sie sind *Hilfswissenschaften* der Geschichte.

In diese Hilfswissenschaften will das vorliegende Buch einführen. Daraus ergibt sich, daß es sich vor allem an diejenigen wendet, die die oben erwähnte erste Voraussetzung des Historikers erfüllen: die also an dieser Wissenschaft von der Vergangenheit des Menschen und der menschlichen Gemeinschaftsformen selbst forschenden und darstellenden Anteil nehmen wollen. Das Buch wendet sich aber auch an den Freund und Liebhaber der Geschichte, der sich nicht mit dem fertigen Produkt, der Darstellung eines historischen Themas, begnügen will, sondern darüber hinaus erfahren möchte, wie es zu ihr gekommen ist, welcher methodischen und handwerklichen Voraussetzungen die Forschung bedurfte.

Die hiermit gestellte Aufgabe will das Buch in doppelter Richtung erfüllen. Es will erstens bekannt machen mit den Grundlagen und Methoden der einzelnen Hilfswissenschaften, insoweit sie notwendige Voraussetzung für fruchtbare geschichtswissenschaftliche Arbeit sind. Es will zweitens zugleich auf die Arbeitsmittel (Quellen und Literatur) hinweisen, mit denen der historisch Forschende und Interessierte sich selbst weiterhelfen kann. Daneben wird die Behandlung der Hilfswissenschaften automatisch immer wieder auch zur Theorie und Praxis der Geschichtsforschung überhaupt hinführen. Denn die Hilfswissenschaften, wenngleich nur dienende Glieder, sind als solche methodisch doch nichts anderes als Abzweigungen der allgemeinen historischen Arbeitsform — jedenfalls in ihren erkenntnistheoretischen Voraussetzungen.

Das Buch will eine Einführung, kein Kompendium der historischen Hilfswissenschaften sein. Es gibt also nur einen methodischen Überblick, aber keine ausführliche Fach- und Stofflehre der einzelnen Hilfswissenschaften. Insoweit es auf den Stoff selbst eingeht, wird das jedenfalls in sehr verschiedenem Maße geschehen. Denn es gibt Hilfswissenschaften, die zum Teil auf naturwissenschaftlichen Grundlagen beruhen — so die Chronologie, die Historische Geographie, auch die Genealogie — und deren Ergebnisse der Historiker weithin ohne eigene Nachprüfung übernehmen muß, wenn er nicht die Grenzen des eigenen, geisteswissenschaftlichen Faches überschreiten will. Aber auch bei denjenigen Hilfswissenschaften, die überwiegend auf historischer Methode beruhen, ja geradezu nur ein Teil von dieser sind, muß die Einführung sich darauf beschränken, nur andeutend und beispielsweise, in Übersicht und Umriß auf den Stoff selbst einzugehen. Zwar nicht nur abstrakt-schematisches Gerüst, aber auch nicht voll aufgeführtes Bild, sondern nur »Skizze« kann und will diese Einführung sein. Ein auch nur annähernd erschöpfendes »Lehrbuch« der Hilfswissenschaften zu schreiben, wäre einem einzelnen heutzutage ohnehin nicht mehr möglich; selbst dann nicht, wenn er sich — wie wir hier — auf den hilfswissenschaftlichen Bereich der Mittleren und Neueren Geschichte beschränkt, denjenigen der Alten Geschichte als eines weitgehend autonom gewordenen Faches dagegen im wesentlichen unberücksichtigt läßt. Ein solches Lehrbuch würde bei dem heutigen Forschungsstand zudem auch zu einem Riesenwerk mit zahlreichen Bänden anwachsen müssen. Ist doch, um nur ein Beispiel zu nennen, das noch unersetzte Standardwerk der deutschen Urkundenlehre von *H. Bresslau* in seiner letzten Auflage allein ein dreibändiges »Handbuch« von über 1500 Seiten Umfang.

Das Buch soll also nichts als eine Wegleitung geben, die namentlich dem jungen Historiker und dem fachlich Außenstehenden die Scheu vor diesen Arbeitszweigen nimmt und ihnen zeigt, daß die Hilfswissenschaften nicht nur unumgängliches tägliches Handwerkszeug für den Historiker sind, sondern daß sie auch einen eigentümlichen strengen Reiz auf denjenigen ausüben können, der sich ihnen einmal genähert hat. Wir enthalten uns in unserer Darstellung daher auch aller esoterischen Mystifizierung einzelner Hilfswissenschaften, wie sie heute vielfach beliebt ist, und versuchen, möglichst faßlich und grundsätzlich klarzumachen, was die jeweilige Sache für den Historiker für eine Bedeutung hat.

Wort und Begriff »Hilfswissenschaften«

Das Wort erscheint, soweit wir sehen, in der zweiten Hälfte des 18. Jahrhunderts im deutschen Sprachschatz; in dem ersten wissenschaftlichen Wörterbuch unserer Sprache, *J. H. Adelungs* ›Versuch eines vollständigen, grammatisch-kritischen Wörterbuches‹ (1744 ff.) ist es noch nicht verzeichnet. Zuerst tritt es bezeichnenderweise im Zusammenhang mit der Geschichtswissenschaft auf, und in ihr hat es sich dann auch, nach anfänglichem Schwanken zwischen verschiedenen Varianten (»Nebenwissenschaften«, »Hilfsdoktrinen«) zu Beginn des 19. Jahrhunderts durchgesetzt.

Die Sache selbst ist dagegen selbstverständlich älter. Man wird sagen können, daß sie so alt ist wie die Geschichte selbst als *autonomes* Objekt des wissenschaftlichen Erkenntnistriebes, also losgelöst aus der ursprünglichen Zweckverbindung mit Religion, Rechts- und Staatswissenschaften. Das führt uns an die Wende des 17. zum 18. Jahrhundert, in die Zeit also, als z. B. der Polyhistor *B. Hederich* seine ›Anleitung zu den vornehmsten historischen Wissenschaften‹ (1711, weitere sieben Auflagen bis 1787) veröffentlichte, deren erster Teil nichts ist, als ein Lehrbuch der Hilfswissenschaften: Chronologie, Geographie, Genealogie, Heraldik, Numismatik, Diplomatik. Hederich hat nicht nur durch die große Verbreitung und Dauerhaftigkeit dieses Werkes, sondern auch dadurch Einfluß ausgeübt, daß zahlreiche Einzelartikel hilfswissenschaftlicher Art von ihm in *Zedlers* ›Großes Universallexikon‹ (64 Bände, 1732–50) eingegangen sind, die verbreitetste und umfangreichste deutsche Enzyklopädie des 18. Jahrhunderts. Hederich hat damit zur Herausbildung eines »Kanons« der historischen Hilfswissenschaften beigetragen, der sich bis heute kaum geändert hat. Ihren endgültigen Einbau in den Gesamtrahmen der Geschichtswissenschaft erfuhr die Gruppe der Hilfswissenschaften dann durch die sog. »Göttinger Schule«, d. h. vornehmlich durch Arbeiten des Historikers *J. C. Gatterer* (1727–99) und seiner Nachfolger.

Freilich soll damit keineswegs gesagt sein, daß auch die *einzelnen* hilfswissenschaftlichen Fächer selbst erst Erzeugnisse jenes beginnenden Zeitalters des »Historismus« seien. Sie sind vielmehr durchweg älter. Die Pflege von Paläographie, Chronologie und Diplomatik im umfassenden wissenschaftlichen Sinne verdankt man in der Hauptsache den gelehrten französischen Benediktinern (Maurinern) und Jesuiten des 17. Jahrhunderts, doch haben diese (auch deutsche) Vorgänger schon in früheren Jahrhunderten gehabt. Genealogie, Heraldik und andere Fächer reichen mit ihren praktischen Ursprüngen unmittelbar bis in das Mittelalter zurück. Aber dazu muß bemerkt werden, daß alle diese Wissenschaftszweige vor dem Ende des 17. Jahrhunderts einer grundsätzlich anderen Sinngebung unterlagen. Sie dienten nicht als Hilfswissenschaften einer autonomen Geschichtswissenschaft — denn eine solche kannte die Zeit noch nicht —, sondern praktisch-gegenwärtigen, und zwar überwiegend rechtlichen Zwecken: die entstehende kritische Urkundenlehre (mit Chronologie und Sphragistik) dem Nachweis der Echtheit oder Unechtheit von Urkunden, nicht zu historischen, sondern zu gegenwärtig-rechtserheblichen Zwecken (Beweis von Besitzansprüchen usw.) —, Heraldik und Genealogie dem Nachweis ständischer Qualitäten (Turnier-, Ordensfähigkeit usw.) oder sonstiger öffentlichrechtlicher (dynastischer, territorialer) oder privatrechtlicher Ansprüche (z. B. in Erbsachen). Im außerwissenschaftlichen Bereich hatten zudem Wappen-, Münz- und Siegelkunde seit jeher, wie noch heute, einen Platz als anziehende und geeignete Objekte einer mehr »antiquarisch« ausgerichteten Liebhaberei. Goethe hat es bis in sein Alter nicht vergessen, daß ihm Herder in Straßburg seine Siegelsammlung »lächerlich zu machen, ja beinahe zu verleiden« wußte (›Dichtung und Wahrheit‹, II. Teil, 10. Buch).

Im wissenschaftlichen Bereich aber ist es erst das 18. Jahrhundert — so dürfen wir grundsätzlich feststellen —, das alle jene Fächer als Hilfswissenschaften einer Geschichtswissenschaft erkannte, zusammenfaßte und verwendete; einer Geschichtswissenschaft, die es erst jetzt gab und die allerdings solcher Hilfe bedurfte.

Denn es hat seinen guten Grund, daß unser Begriff, wie es scheint, zuerst im Zusammenhang mit der Geschichte auftaucht. Da Geschichtswissenschaft die Erforschung und Lehre von allem Geschehenen ist, soweit es auf die Gestaltung und Entwicklung des menschlichen Gemeinschaftslebens erkennbar eingewirkt hat, so muß *sie* allerdings insbesondere zahlreiche Hilfswissenschaften heranziehen, um alle denkbaren historischen Vorgänge und Quellen verstehen, einordnen und bewerten zu können.

Jedoch beschränkt sich selbstverständlich dieses Bedürfnis nicht allein auf die Geschichtswissenschaft. Die von der abendländischen Kultur beanspruchte grundsätzliche Einheit aller Wissenschaft erfordert vielmehr eine ständige gegenseitige Bezugnahme *aller* Einzelwissenschaften, »die durch ihre Ergebnisse und Methoden sich gegenseitig helfen. Sie werden Hilfswissenschaften für einander. Eine Wissenschaft wird

Material der anderen« *(K. Jaspers).* In diesem weiteren Sinne kann, ja muß also jede Wissenschaft für jede andere zur Hilfswissenschaft werden.

Auf die Geschichte angewandt bedeutet dies beispielsweise: Geschichte der Antike kann nicht verstanden, erforscht und beschrieben werden ohne Heranziehung der Kunstwissenschaft, der Philosophie und der Sprachwissenschaften. Geistesgeschichte des 16. und 17. Jahrhunderts bedarf unter anderem der Physik, Medizin, Astronomie als Hilfswissenschaften zum Verständnis geistiger Umwälzungen, die etwa durch die Namen Paracelsus, Kopernikus, Giordano Bruno gekennzeichnet werden. Daß die Reformationsgeschichte nicht ohne Kenntnis theologischer Grundfragen betrieben werden kann, versteht sich von selbst. Den großen »Polyhistoren« des 17. und 18. Jahrhunderts, unter denen etwa ein Leibniz zugleich auf philosophischem, theologischem, mathematischem, historischem und volkswirtschaftlichem Gebiet schöpferisch tätig war, wird es zwar kein heutiger Historiker mehr an solcher Reichweite gleichtun können; aber er kann diese Männer als geistige Einheiten und Repräsentanten ihrer Zeit nur begreifen, wenn er alle jene Bereiche wenigstens grundsätzlich zu überschauen vermag. Die Geschichte des 19. Jahrhunderts wiederum erfordert Kenntnis und Verständnis von Vorgängen der Technik (Maschinenbau; Metallverarbeitung; Verkehrswesen), der Agrarchemie usw.

Mit historischen »Hilfswissenschaften« in diesem unabsehbar weitesten Sinne, der aus der philosophisch-erkenntnistheoretischen Grundlage unserer Kultur resultiert, soll sich nun freilich diese Darstellung aus naheliegenden Gründen nicht beschäftigen. Ihr Augenmerk gilt vielmehr, in Übereinstimmung mit dem üblichen wissenschaftlichen Sprachgebrauch, nur denjenigen Fächern, die in engerem Sinne, ja *grundsätzlich* für die Geschichte als Hilfswissenschaften unentbehrlich und dauernd anzuwenden sind.

In diesem Sinne ist das Vorhandensein einer Gruppe eigener Hilfswissenschaften ohne Zweifel etwas für die Geschichte ganz besonders Bezeichnendes. Denn die Daseinsformen und Lebensäußerungen der Vergangenheit sind eben häufig nicht ohne weiteres begreiflich, sondern bedürfen besonderer fachlicher Erläuterung. Handelt es sich dabei um eine Erscheinung, deren Sachkenntnis für die historische Forschung schlechthin unentbehrlich ist, wie z. B. die Schrift, so entsteht eine Hilfswissenschaft im engeren, eigentlichen Sinne: in diesem Fall die Paläographie.

Allerdings benutzen auch andere Wissenschaften den Begriff Hilfswissenschaften. Der Architekt kennt sie im architektonischen Vorexamen (mathematische Fächer, Physik, Chemie). Die Psychologen sprechen von den »biologischen Hilfswissenschaften« (Biologie, Physiologie, Genetik) ihrer Fachausbildung. Ganz besonders wird man die Fächer des medizinischen Vorexamens, des »Physikums«, als Hilfswissenschaften bezeichnen können — Physik, Chemie, Botanik, Zoologie, Anatomie, Physiologie —, darunter die beiden letzten als »echte«

Hilfswissenschaften auch in jenem engeren Sinne, den wir uns für die Geschichtswissenschaft klargemacht haben.
Sieht man aber im übrigen näher zu, so bemerkt man, daß die meisten dieser Hilfswissenschaften anderer Wissenschaften solche im *weiteren* Sinne sind: Fächer also, die die Rolle der Hilfswissenschaft nur sozusagen »nebenamtlich« versehen, deren Dasein und Daseinsberechtigung dagegen im wesentlichen in sich selbst ruht. Das ist bei dem größeren Teil der geschichtlichen Hilfswissenschaften anders.

Die Historischen Hilfswissenschaften

Als Ergebnis unserer bisherigen Betrachtung haben wir also für die Geschichte zwei Hauptgruppen von »Hilfswissenschaften« zu unterscheiden:

A. Hilfswissenschaften im weitesten Sinne. Als solche kann, wie erwähnt, grundsätzlich jede Wissenschaft in Erscheinung treten. Für unseren Zweck genügt es, dies hier noch einmal festzustellen. Im übrigen steht aber diese Anwendung des Begriffs außerhalb des Kreises unserer Betrachtungen. Wir wollen uns nur daran erinnern: jeder ernsthafte, schöpferisch arbeitende (also nicht nur reproduzierende) Historiker kann in die Lage kommen, theoretisch jede beliebige Wissenschaft als Hilfswissenschaft heranzuziehen — sei das nun Elektrotechnik oder Meeresbiologie, Anthropologie oder Mathematik, Semitistik oder Betriebswirtschaftslehre, Philosophie oder Germanistik. Wenn er sich dabei auch im allgemeinen damit wird begnügen müssen, anerkannte Forschungsergebnisse dieser Wissenszweige zu übernehmen, so entbindet ihn das doch nicht der kritischen Sichtung und Prüfung im Hinblick auf das eigene Fach. Weil dieses Erfordernis bei der Historie in ganz besonderem Maße in Erscheinung tritt — vielleicht mehr als in allen anderen geisteswissenschaftlichen Fächern, von der Philosophie abgesehen —, darum verlangt sie eine besondere Breite und Beweglichkeit des geistigen Aufnahmevermögens.
B. Hilfswissenschaften, die nicht gelegentlich, aus speziellem Anlaß, sondern grundsätzlich und dauernd für den Historiker zur Verfügung stehen und von ihm angewendet werden müssen. Nur von ihnen soll hier die Rede sein, weil sie das unentbehrliche Werkzeug des Historikers sind. Zu ihnen rechnen wir herkömmlicherweise, und auch in diesem Buch:
Historische Geographie, Chronologie, Genealogie;
Allgemeine Quellenkunde, Paläographie, Urkunden- und Aktenlehre;
Heraldik, Sphragistik, Numismatik.

C. Eine besondere Stellung nimmt schließlich in diesem Zusammenhang die (allgemeine) Philologie im Sinne der Sprach- und Literaturwissenschaft ein. Während die einzelnen »Philologien« (die Klassische, die Germanistik, Anglistik, Romanistik usw.) als Hilfswissenschaften im weiteren Sinne aufzufassen sind, gehört die Allgemeine Philologie insofern zu den »eigentlichen« Hilfswissenschaften, als die von ihr zu Anfang des 19. Jahrhunderts entwickelte *kritische Methode* von der Geschichtswissenschaft als Ganzes übernommen worden ist; sie ist damit zur Grundlage der historischen Quellenkunde geworden. In diesem Sinne ist allerdings »die Philologie die wichtigste aller historischen Hilfswissenschaften« *(Ed. Meyer)*. Aber eben weil ihre *Methode* vollkommen in diejenige der Geschichtswissenschaft eingegangen ist, hat sie in unserer Betrachtung keinen eigenen Platz mehr, sondern ist als Bestandteil der Allgemeinen Quellenkunde anzusehen.

Der oben aufgeführte »Kanon« von etwa neun Hilfswissenschaften ist selbstverständlich zeitbedingt und subjektiv bedingt, stets abhängig von Standpunkt und Fragestellung der Forschung. Er kann eine andere Abgrenzung und Gruppierung erfahren (unsere Gruppierung werden wir unten zu begründen versuchen), hat also keine grundsätzliche Bedeutung. Er dient lediglich der praktischen Verständigung über unser Thema, ist auch jederzeit der Erweiterung fähig. So ist beispielsweise die Aktenlehre ein noch ganz junger hilfswissenschaftlicher Zweig. So wäre darauf zu verweisen, daß die Lehre von den mittelalterlichen Staats- und Rechtssymbolen als einer besonderen Gruppe von Sachquellen auf dem Wege ist, sich zu einer besonderen und sehr bedeutungsvollen Hilfswissenschaft zu entwickeln, namentlich dank den Arbeitern von *Eberhard Frhr. v. Künßberg* (Rechtssymbole) und *Percy Ernst Schramm* (Herrschaftszeichen). So könnte man ferner wünschen, daß durch eine brauchbare kritische Darstellung die historische »Waffen- und Kostümkunde« in den Rang einer Hilfswissenschaft erhoben würde; daß die verstreuten wertvollen Ansätze zu einer »historischen Ikonographie« (Bild- und Porträtkunde) eine befriedigende Zusammenfassung fänden, insbesondere aber das Material in der Art schriftkundlicher und urkundenwissenschaftlicher Tafelwerke thematisch gesichtet und zugänglich gemacht würde. Schließlich sollte ein für den Historiker noch durchaus unzureichend bearbeitetes Feld als Lehre von der »historischen Publizistik« (Flugschriften, Zeitungen, Periodica, politische Propagandaliteratur aller Art) unseren, vielfach noch zu einseitig auf das historiographische und Geschäftsschriftgut ausgerichteten quellenkundlichen Hilfswissenschaften angegliedert werden.

Bevor wir in eine nähere Betrachtung der von uns bezeichneten Hilfswissenschaften eintreten, gilt es noch einen logischen Kurzschluß auszuschalten, der in neueren Darstellungen hilfswissenschaftlicher Themen nicht ganz selten auftritt. Da verwahren sich nämlich die Autoren nachdrücklich gegen die Auffassung ihres Faches als einer »bloßen« Hilfswissenschaft der Geschichte. In der Besorgnis vor einer etwaigen Minderbewertung weisen sie mehr oder minder ausführlich nach, daß die Klassifikation als Hilfswissenschaft unzutreffend sei, daß ihrem Fach vielmehr ein wissenschaftlicher Eigenwert und der Rang einer autonomen Wissenschaft zukomme. Sie übersehen dabei, daß es sich hierbei nicht um ein Problem der Wertung oder Klassifikation, sondern nur um ein solches der Fragestellung handeln kann. Sie beachten nicht, daß der Historiker – aus den schon erwähnten kulturtheoretischen und methodischen Gründen – einen legitimen Anspruch darauf hat, *jede* Wissenschaft *auch* als historische Hilfswissenschaft zu nutzen und entsprechend mit seinen Methoden zu behandeln. Wenn er diese Betrachtungsweise insbesondere, grundsätzlich und dauernd auf jene Gruppe anwendet, die wir als unsere Hilfswissenschaften im engeren Sinne bezeichnet haben, so ist er dazu berechtigt und verpflichtet, weil er ohne sie überhaupt nicht auskommen kann und weil die Fragestellung und die Methodik dieser Fächer spezifisch »historisch« sind. Er muß sie also auch als Hilfswissenschaften methodisch und inhaltlich verwenden und darstellen können. Damit ist jedoch den Spezialvertretern des einzelnen Faches keineswegs der Anspruch bestritten, ihr Fach ihrerseits auch ohne Rücksicht auf die Geschichte, auch als autarken Wissenszweig zu behandeln, sofern sie nur dazu fähig sind. Wer wollte es denn dem Historiker ernsthaft verwehren, auch einmal die Medizin lediglich vom Standpunkt der historischen Hilfswissenschaft zu betrachten und anzuwenden; gleichwohl wird niemand annehmen, daß er ihr damit den Rang als autonome Wissenschaft streitig machen wollte.

Es ist also vielleicht nicht überflüssig, zu betonen, daß unsere Darstellung alle jene Fächer nur behandelt, *weil* sie und *insoweit* sie auch Hilfswissenschaften der Geschichte sind und sein können.

Ein anderes Bedenken gegen unsere Auffassung von Hilfswissenschaften im engeren Sinne geht – mit größerem Recht – von einem sozusagen genau entgegengesetzten Standpunkt aus. Von mehreren Autoren geschichtstheoretischer und methodologischer Untersuchungen wird in Frage gestellt, daß diese Fächer überhaupt eine eigene Wissenschaftsqualität beanspruchen können (was ja die notwendige Voraussetzung dafür ist, daß sie als Hilfs-»Wissenschaft« für die Geschichte herangezogen werden können). So möchte *W. Bauer* nur Paläographie und Chronologie als Hilfswissenschaften bezeichnen, weil ihr Stoff überwiegend nicht als Quelle, sondern nur als Mittel zur Erschließung und zum Verständnis der Quellen·anzuwenden sei; alle übrigen Hilfswissenschaften dagegen seien nur Teile der Quellenkunde und mit dieser – der unmittelbaren Grundlage der Forschung – Teile der Geschichtswissenschaft selbst, nicht Hilfswissenschaften. In ähnlichem Sinne verurteilt *E. Keyser* die Bezeichnung unseres Stoffes als Hilfswissenschaften, weil sie »allzuleicht zu dem Mißverständnis verführt, als ob diese Fächer selbst nicht zur Geschichtswissenschaft gehören«; als Hilfswissenschaften seien nur solche Fächer zu verstehen, »die von der Geschichtswissenschaft nur gelegentlich als Hilfe bei der Erkenntnis der Geschichte heranzuziehen sind« (Beispiel: Geographie und Anthropologie). Die übrigen Fächer gehörten zur Quellenkunde, mithin zur Geschichte selbst. *K. Pivec* zählt als Hilfswissenschaften zunächst Paläographie, Urkundenlehre, Chronologie, Sphragistik, Heraldik auf, um dann jedoch zu bemerken: man dürfe diese nicht als aus dem Gesamtgebiet der Geschichte als Wissenschaft losgelöste Spezialfächer betrachten, wozu die Bezeichnung als Hilfswissenschaften verführen könne.

Sieht man davon ab, daß auch in diesen theoretischen Bemühungen höchst subjektive Momente erkennbar werden — so wenn *Bauer* der Schriftgeschichte nur die Rolle des Mittels zum Zweck zuerkennt und damit die geistesgeschichtliche Forschungsrichtung neuerer Paläographen außer acht läßt oder wenn *Pivec* zwar vom allgemeinen Begriff der Hilfswissenschaften ausgeht, seine folgenden Darlegungen aber fast ausschließlich auf die ihn besonders interessierende Urkundenlehre einschränkt — so steckt in ihnen ganz gewiß ein berechtigter wissenschaftstheoretischer Kern. Methodologisch ist es kaum zu bestreiten, daß die Quellenkunde ein inhärenter Bestandteil der Geschichtswissenschaft (insofern sie Forschung ist) sein muß und daß die meisten unserer Hilfswissenschaften als ihrerseits inhärente Bestandteile der Quellenkunde zu deklarieren wären.

Das alles hilft aber gegenüber der *Praxis* nur wenig oder gar nichts. Die zunehmende Vertiefung und Verzweigung der Geschichtswissenschaft hat in der Praxis, auf die es uns hier allein ankommt, längst entschieden, daß eine »allgemeine Geschichtswissenschaft« als Universalkörper, als unteilbarer Gegenstand von Forschung und Lehre nicht (mehr) möglich ist; ebensowenig eine allumfassende Quellenkunde, etwa als einheitliches Lehrfach, sei es als Stoff-, sei es auch nur als Methodenlehre. Notgedrungen sind die hilfswissenschaftlichen Fächer als Abzweigungen einer allgemeinen Quellenkunde, ja auch als Objekte einer eigenständigen Forschung einmal da. Sie lassen sich auch nicht mit theoretischen Grundsatzforderungen wieder in den Ursprungszusammenhang zurückzwingen. Es muß uns genügen, an ihrer Bezogenheit auf die Geschichte als Ganzes festzuhalten, daran zu erinnern, daß sie für uns allerdings nicht um ihrer selbst willen bestehen, sondern — als Hilfswissenschaften — der besseren geschichtlichen Erkenntnis dienen sollen. Die Frage, ob sie in wissenschaftstheoretischer Hinsicht neben oder innerhalb der allgemeinen Geschichtswissenschaft stehen, ob sie Teile der »Quellenkunde« oder selbständige historische »Fächer« sind, kann damit füglich für uns ausgeklammert werden. Das Bedürfnis nach ihrer gesonderten Behandlung — und zwar in dem von uns gezogenen Rahmen — ist jedenfalls unabweislich und durch jahrzehntelange praktische Erfahrung unserer Wissenschaft hinreichend erwiesen.

Es muß hieran um so mehr festgehalten werden, als die meisten

unserer Hilfswissenschaften faktisch eben auch außerhalb der eigentlichen Geschichtswissenschaft existieren: sei es, daß sie ganz eigenständig, um ihrer selbst willen betrieben werden; sei es, daß sie, mit anderer Ausgangsposition, auch anderen Wissenschaften als Hilfswissenschaften dienen, z. T. in höherem oder doch im gleichen Maße, wie der Geschichte. So zum Beispiel
— die Historische Geographie auch der allgemeinen (besonders der politischen) Geographie, der Ethnographie usw.,
— die Urkundenlehre und Aktenkunde der Rechts-, Verwaltungs- und Archivwissenschaft,
— die Numismatik einerseits der Kunstwissenschaft, andererseits (im Zusammenhang der Geldgeschichte) den Wirtschaftswissenschaften, schließlich aber auch der Archäologie,
— die Paläographie (und Epigraphik) auch der Typographie (Buchdruckkunst und -lehre),
— die Genealogie der Biologie, Vererbungslehre, Soziologie usw.,
— die Heraldik der Kunst- und Symbolwissenschaft, der Ethnologie, usw. usw.

Freilich gibt es da Unterschiede. Einzelne unserer Fächer stehen der Historie ferner, haben mehr Eigengewicht, stehen methodisch anderen Wissenschaften ebenso nahe oder näher als der Geschichte (das gilt in besonderem Maße von der Historischen Geographie). Andererseits beruht das Dasein mehrerer Hilfswissenschaften offenbar überwiegend auf ihrer Funktion als dienende Glieder der Geschichtswissenschaft. Sie bilden erkenntnistheoretisch geradezu unumgängliche Voraussetzungen für die Existenz der Geschichte als Wissenschaft. Man bezeichnet sie daher auch, nach einem Vorschlag von *K. Brandi*, als historische »Grundwissenschaften«, um diese ihre Grundlagenqualität deutlicher zu machen. Da steht denn auch nichts im Wege, noch einen Schritt weiter zu gehen und sie schlechthin als *Bestandteile* der Geschichtswissenschaft (»Quellenkunde«) selbst anzusehen — ohne daß dadurch doch die praktische Notwendigkeit ihrer Spezialbehandlung in Frage gestellt werden kann. Zu ihnen rechnen wir die Kunde von den literarischen und publizistischen Quellen, die seit *Droysens* Vorgang (wenngleich logisch unbegründet) den Hauptgegenstand der (allgemeinen) Quellenkunde ausmachen, dazu ferner die quellenkundlichen Sonderfächer der Urkunden- und Aktenlehre, einschließlich der Siegelkunde, sowie schließlich Chronologie und Paläographie (einschließlich Epigraphik) als »Mittel zur Erschließung« der Quellen.

Auslese und Gruppierung der historischen Hilfswissenschaften müssen und werden immer subjektiv bedingt bleiben. Sie sind abhängig vom Stand und vom Interesse der Forschung. Sie sind Erzeugnisse der Praxis und für die Praxis. Eine befriedigende Abgrenzung und Kategorisierung dieser Kunde vom »Werkzeug« des Historikers ist noch niemandem gelungen. Es ist auch zweifelhaft, ob die spekulative Lösung dieser Frage an der organisatorischen Gliederung von Forschung und Lehre irgend etwas Wesentliches würde ändern können.

Historische Zweigwissenschaften

Um der Vollständigkeit willen müssen wir schließlich von den Hilfswissenschaften noch diejenigen Fächer abgrenzen, die wesentliche Zweige der Allgemeinen Geschichte behandeln, also grundsätzlich nicht so sehr »Werkzeug«, als vielmehr selbst Gegenstand der historischen Forschung sind. Wir bezeichnen sie hier, in Übereinstimmung mit eingebürgertem Sprachgebrauch, als historische Zweig-(oder Teil-) Wissenschaften. Auch hierbei ist freilich eine befriedigende theoretische Abgrenzung unmöglich, wie nach den Erörterungen des vorigen Abschnittes ohne weiteres einleuchten muß. Es handelt sich bei der Unterscheidung von »Hilfswissenschaften« und »Zweigwissenschaften« vielmehr eher um einen Unterschied des Grades, als um einen solchen des Grundsatzes. Es weichen daher auch hier die Auffassungen stark voneinander ab; so wird insbesondere häufig die Historische Geographie als Zweig-, nicht als Hilfswissenschaft angesehen. Im übrigen gehören hierin theoretisch fast zahllose Wissenschaftszweige, weil grundsätzlich jede Erscheinung des menschlichen Kulturlebens auch unter historischem Aspekt wissenschaftlich behandelt werden kann. Für den Historiker von besonderer Bedeutung sind z. B. Kirchen- und Religionsgeschichte, Wirtschaftsgeschichte, Rechtsgeschichte, Bevölkerungsgeschichte, Kunstgeschichte, Sprachgeschichte.
Aber hierin gehört weiterhin auch die Geschichte der Technik, die der Medizin usw.
Wenn diese Fächer Teile, nicht Hilfsmittel der Geschichtswissenschaft sind, so schließt das selbstverständlich doch nicht aus, daß jederzeit eine dieser historischen Teilwissenschaften zu einer der anderen Teilwissenschaften oder auch zur allgemeinen Geschichte in das Verhältnis einer Hilfswissenschaft treten kann. Etwa — um ein vielerörtertes Beispiel zu nehmen — kann die Religionsgeschichte als Hilfswissenschaft der Wirtschaftsgeschichte eintreten. Die *Rechtsgeschichte,* für alle Fragen der Verfassungsgeschichte und der Rechtsordnung überhaupt unentbehrlich, ist somit eine ständige Helferin für die Lösung politischer und sozialhistorischer Probleme. Insbesondere wird ferner die *Kunstgeschichte* vom Historiker außerordentlich häufig als Hilfswissenschaft heranzuziehen sein; ohne ein gewisses Maß kunsthistorischer Grundkenntnisse bleiben zahlreiche geistesgeschichtliche und sozialgeschichtliche Vorgänge, bleibt aber auch die Entwicklungsgeschichte der Schrift, also die Paläographie, weitgehend unverständlich. Wenn die Kunstgeschichte gleichwohl nicht unter die Hilfswissenschaften im engeren Sinne subsumiert werden kann, so deshalb, weil sie sich längst zu einem riesigen autonomen Wissenschaftszweig mit großenteils eigener Methodik und auch eigener, unhistorischer Zielsetzung entwickelt hat (Übergang zur »Kunstwissenschaft«).
Gleiches gilt im Grunde auch von den *Sprachwissenschaften,* namentlich den beiden Philologien des Mittellateinischen und des Deutschen.

Sie sind so sehr eigenständige Wissenschaften mit ganz eigener, nicht nur historischer Zielsetzung, daß wir sie nur als Hilfswissenschaften im »weiteren Sinne« ansehen können. Als Sprachgeschichte sind sie Teilwissenschaften, als Sprachwissenschaft Nachbarwissenschaften der Geschichte – beides in der gleichen Weise wie Kunstgeschichte und Kunstwissenschaft. Daß die »Allgemeine Philologie« durch Darbietung ihrer besonderen quellenkritischen, der »philologischen« Methode einen wichtigen Beitrag zur Entwicklung der Geschichtswissenschaft überhaupt geliefert hat, bleibt davon unberührt.

Doch mußten gerade die Philologien hier noch einmal erwähnt werden, weil sie so häufig als historische Hilfswissenschaften fungieren müssen. Ohne lateinische, genauer gesagt: mittellateinische, und ohne mittelhochdeutsche – in Norddeutschland außerdem auch mittelniederdeutsche – Kenntnisse ist produktive Arbeit in der Geschichte des Mittelalters nicht möglich. Ähnliches gilt für andere Philologien bei anderen Teilgebieten und Zeiträumen der Geschichte; z. B. für das Französische in der neueren europäischen Geschichte seit dem Ende des 15. Jahrhunderts.

Gliederung des Stoffes

Wir haben hiermit den Gedankengang abgeschlossen, der der begrifflichen Klärung und theoretischen Erläuterung unseres Gegenstandes dienen sollte. Unsere nächste Aufgabe muß es sein, nunmehr von den praktischen Erfordernissen geschichtswissenschaftlicher Arbeit ausgehend, eine brauchbare Systematik für die Behandlung der einzelnen Hilfswissenschaften zu finden. Abweichend von unseren Versuchen rein theoretischer Gruppierungen bietet sich dafür eine leicht zu erkennende, vom Forschungs- und Zweckmäßigkeitsstandpunkt bestimmte Reihenfolge an:

Als erste eine Gruppe von drei Hilfswissenschaften, die uns mit den *Voraussetzungen* für geschichtliches Geschehen überhaupt vertraut machen können, nämlich:
– die *Historische Geographie*, als Lehre vom Raum,
– die *Chronologie*, als Lehre von der Zeit,
– die *Genealogie*, als Lehre vom Menschen in seinen biologischen Voraussetzungen und Gruppierungen.

An zweiter Stelle erscheint eine Gruppe von sechs Hilfswissenschaften, die uns über die wichtigsten Formen des *Quellengutes* unterrichten, aus dem wir die Kenntnis geschichtlicher Vorgänge schöpfen können. Diese Gruppe gliedert sich ihrerseits wieder in zwei Dreier-Gruppen, von denen die erste den vorwiegend schriftlichen, die zweite den vorwiegend bildlich-plastischen Geschichtsquellen gewidmet ist. So ergibt sich die erste Gruppe mit

- *Allgemeiner Quellenkunde*, als Lehre von den Quellen überhaupt, hier unter besonderer Beachtung der schriftlichen Quellen,
- *Paläographie*, als Lehre von den schriftgeschichtlichen Entwicklungsformen,
- *Urkunden- und Aktenlehre*, als Lehre vom »Geschäftsschriftgut«, das wegen seiner besonderen Bedeutung und eigentümlichen Ausbildung einer besonderen Typenlehre bedarf.

Die zweite Quellengruppe schließlich umfaßt
- die *Wappenkunde* (Heraldik), als Lehre von einer charakteristischmittelalterlichen Symbolform gesellschaftlicher und genealogischer Gruppierungen,
- die *Siegelkunde* (Sphragistik), als Lehre von dem wichtigsten Beglaubigungsmittel der schriftlichen Dokumentation,
- die *Münzkunde* (Numismatik), als Lehre von Münze und Geld als Geschichtsquellen.

Es bedarf kaum der Erwähnung, daß namentlich die letzte Gruppe der Wissenschaften von einzelnen »Sach«-Quellen keinerlei Anspruch auf Vollständigkeit oder kanonische Gültigkeit erheben kann. Ihre Zusammensetzung beruht lediglich darauf, daß die drei genannten Fächer a) allerdings von besonderer Wichtigkeit für die tägliche Arbeit in der mittelalterlichen und neueren Geschichte sind, b) daß sie für den Historiker mit Hilfe der ihm eigenen Methode auch erfaßbar und erforschbar, also wissenschaftlich unmittelbar zugänglich sind – was für zahlreiche andere Gruppen innerhalb der ungeheuren und disparaten Menge der nichtschriftlichen »Altertümer« oder Denkmäler nicht zutrifft; der Historiker muß sich da vielmehr häufig auf die Nachbarwissenschaften der (Deutschen) Altertumskunde, der Archäologie, der Volkskunde usw. verlassen.

Man wird in dieser Möglichkeit eigener wissenschaftlicher Bewältigung des Stoffes durch den Historiker das wesentliche Kriterium für die begrenzende Auslese nicht nur dieser letzten Gruppe der Sachquellen, sondern für unsere Deutung und Begrenzung des Begriffs der Hilfswissenschaften überhaupt sehen können. Dabei nehmen wir bewußt in Kauf, daß diese Auslese von Natur aus subjektiv bleiben muß und daß sie gegenüber aller wissenschaftstheoretischen Bemühung um die Geschichte allzu simpel erscheinen mag. Wir bleiben demgegenüber beim Bilde vom schlichten »Handwerkszeug«, dessen zuverlässige Kenntnis und Handhabung uns unentbehrlich scheint.

II. Die Voraussetzungen historischen Geschehens

1. Der Raum: Historische Geographie

> »Das Nacheinander und das Nebeneinander bestimmen heißt die Einzelheiten in Raum und Zeit unterscheiden, heißt nicht bloß sagen, daß sie sind, sondern was sie da sind.«
>
> *J. G. Droysen*

Definition und Aufgaben

Geschichte spielt sich im Raum, d. h. im geographischen Nebeneinander auf dieser Welt, und in der Zeit, d. h. im chronologischen Nacheinander der Ereignisse und Zustände ab. Die Hilfswissenschaften, die uns die nötigen Fachkenntnisse für die Ermittlung dieser beiden Voraussetzungen geschichtlicher Vorgänge zu liefern vermögen, sind daher hier zuerst zu behandeln. Wir beginnen mit der Betrachtung der räumlichen Gegebenheiten.

Die Historische Geographie ist wohl die selbständigste unter allen Hilfswissenschaften in dem von uns angenommenen engeren Sinne, und man könnte – wie wir einleitend schon bemerkt haben – zweifeln, ob sie überhaupt in diese Reihe gehört. Denn sie bedient sich für große Teile ihres Arbeitsbereiches mehr geographischer als historischer Quellen und Methoden; sie ist insofern fast mehr Teilwissenschaft der Geographie als Hilfswissenschaft der Geschichte. Nicht so selbstverständlich, wie zum Beispiel Paläographie, Urkundenlehre oder andere Hilfswissenschaften des engsten Kreises wird sie daher der Historiker selbst wissenschaftlich, das heißt: forschend, betreiben können. Häufig wird er sich vielmehr damit begnügen müssen, lediglich ihre Ergebnisse zu übernehmen. Doch entbindet ihn das in keinem Falle der Pflicht, die Zuverlässigkeit der ihm damit gebotenen Daten zu kontrollieren, unter Umständen deren Tragfähigkeit mit Hilfe der eigenen Methode kritisch zu begrenzen. An jedem topographischen Wörterbuch, insbesondere aber an jeder historischen Karte erfährt der Historiker diese Notwendigkeit der eigenen kritischen Überprüfung.
Andererseits ist die Kenntnis und Nutzung der wichtigsten historisch-geographischen Tatsachen und Hilfsmittel für den Historiker

ganz unentbehrlich. Er kann sich der Beschäftigung mit diesem Fach nie und nirgends entziehen, selbst z. B. nicht bei literatur- oder religionsgeschichtlicher Fragestellung. Zudem geht die Historische Geographie häufig genug überhaupt nahtlos in die eigentlichen geschichtswissenschaftlichen Arbeitsgebiete über. Denn der Historiker, der beispielsweise die territorialen Veränderungen infolge eines Krieges, eines Friedensschlusses, dynastischer Auseinandersetzungen oder Völkerwanderungen registriert und auswertet, betreibt insofern ja auch historisch-geographische Facharbeit. Schließlich ist ein großer und immer bedeutender werdender Teil der Geschichtswissenschaft, nämlich die Landes- und Ortsgeschichte, grundsätzlich aufs engste mit Teilen der Historischen Geographie verwandt.

Unter Historischer Geographie verstehen wir die geographische Untersuchung und Darstellung einzelner Erdräume in einzelnen Geschichtsperioden, und zwar in doppelter Hinsicht:

a) indem sie die Einwirkungen der natürlichen geographischen Gegebenheiten auf den Menschen und seine Handlungen, und

b) indem sie umgekehrt die Einwirkungen des Menschen auf die geographischen Gegebenheiten untersucht und darstellt.

Da diese Betrachtungsweisen wiederum entweder von politisch-staatsgeschichtlichen oder von kultur- und bevölkerungsgeschichtlichen Gesichtspunkten ausgehen können, ergibt sich weiterhin eine Dreiteilung der Wissenschaft von der Historischen Geographie:

Die *historische Landschaftskunde* (historisch-physikalische Geographie) behandelt Entstehung und Wandlung der (vom Menschen beeinflußten) »Kulturlandschaft«.

Die *historische Siedlungskunde* (Anthropogeographie, historische Bevölkerungs- und Siedlungsgeographie) behandelt die Geschichte der räumlichen und örtlichen Verteilung der menschlichen Bevölkerung.

Die *historisch-politische Geographie* behandelt die Aufteilung der Erdoberfläche nach politischen Gesichtspunkten im Lauf der geschichtlichen Zeiträume.

Für den Historiker sind diese Forschungsgebiete der Historischen Geographie in der Regel nicht Selbstzweck, sondern Mittel zum Zweck. Er wünscht von ihnen entweder historisch-geographische »Längsschnitte« zu erhalten — sie geben ihm die geographischen Grundlagen für orts- und siedlungsgeschichtliche Arbeiten — oder, im Querschnitt, die Fixierung bestimmter örtlich-geographischer Zustände in einem bestimmten geschichtlichen Moment. Immer ist sein Hauptanliegen jedenfalls, Anleitung zur richtigen räumlichen Einordnung geschichtlicher Tatsachen, Vorgänge und Zustände — sei es nun nebeneinander oder sei es nacheinander — zu erhalten.

Richtige räumliche Einordnung: — das heißt, mit einem anderen Fachausdruck, daß eine Hauptaufgabe der Historischen Geographie als Hilfswissenschaft für den Historiker die *Topographie* ist: die drei »R« (Ranges, Rivers, Roads, also Berge, Gewässer, Straßen) als

Grundlagen aller Geschichte, wie es der englische Althistoriker *T. R. Glover* einprägsam formuliert hat. Dies, die Erschließung topographischer Sachverhalte, ist selbstverständlich im weitestmöglichen Sinne zu verstehen. Es geht dabei also nicht nur um die möglichst genaue geographische Fixierung eines Ortes (topos = der Ort, daher Topographie), einer Landschaft, eines Territoriums usw., sondern auch um Aufschluß über ihre geographisch-physikalischen Eigenarten, ihre Beschaffenheit zu verschiedenen Zeitpunkten und deren Veränderung durch Eingriffe der Natur oder des Menschen. Damit schließt die Topographie die Erforschung und Darstellung z. B. der Bewaldungsverhältnisse, des Klimas und der Klimaänderungen, der Tier- und Pflanzenwelt, der Lage zum Meer oder zu schiffbaren Gewässern usw. usw. mit ein.

Ebenso gehört hierher die Abgrenzung politischer und Verwaltungsbezirke, der Verlauf von Straßen oder sonstigen, künstlichen oder natürlichen Verkehrslinien, die Aufzeigung materieller oder ideeller Beeinflussungszonen in ihren geographischen Bedingtheiten. Dabei sind häufig die Grenzen zwischen Historischer Geographie und Gegenwartsgeographie durchaus fließend: von Historischer Geographie kann man insofern auch dann sprechen, wenn gegenwartsgeographische Tatsachen durch (natürlich kritisch geprüfte) Rückwärtsprojizierung zur Lösung historischer Fragen beitragen. So hat die sehr bekannt gewordene »Kon-Tiki-Expedition« (1947) den Nachweis meeresgeographischer Eigentümlichkeiten — bestimmter vorherrschender Strömungen und Windrichtungen — im Pazifik angestrebt, um damit die Wanderwege bestimmter historischer Kulturen zwischen dem südamerikanischen Kontinent und der pazifischen Inselwelt zu klären. Ähnliche historisch-geographische, »topographische« Aufgaben sind bei der Behandlung der Kolonialgeschichte, der Eroberungszüge der Steppenvölker usw. zu stellen und zu lösen. Für die Frühgeschichte der deutschen Hanse und der Erschließung des Ostseeraums sind bestimmte nautische Verhältnisse von Wichtigkeit gewesen, deren physikalische und historisch-geographische Voraussetzungen durch dieses Fach zu klären sind (Vorherrschen nordwestlicher Winde, physikalisch und bevölkerungsgeschichtlich bedingte Verkehrsfeindlichkeit der jütländischen Westküste und der Südostküste der Ostsee zwischen Odermündung und Rigaer Bucht).

Wichtigstes Hilfsmittel der Historischen Geographie ist neben der darstellenden Beschreibung geographischer Sachverhalte in historischen Epochen deren bildliche, d. h. *kartographische* Darstellung. Dabei kann die Karte sowohl als »Quelle«, nämlich als zeitgenössisches Bild vergangener geographischer Anschauungen oder Tatsachen, wie als eigentliche »Darstellung« im Sinne der historischen Methodenlehre, d. h. als moderne »historische Karte«, erscheinen und verwandt werden. Während die moderne historische Kartographie sich zur Zeit gerade in einer Periode sehr fruchtbarer methodischer Entwicklung befindet, ist die kritische Behandlung und Verwertung alter Karten von der deutschen Forschung, im Gegensatz z. B. zur englischen, bisher erst sehr ungleichmäßig entwickelt worden (vgl. Tafel 1).

Die Arbeitsgebiete der Historischen Geographie

Die neuere Entwicklung des Faches ist nicht von der Geschichtswissenschaft, sondern von der Geographie ausgegangen. Wie in vielen anderen Wissenschaften (Recht, Wirtschaft, Theologie usw.) bildete sich auch in ihr gegen Ende des 19. Jahrhunderts eine »Historische Schule«. Besondere Anregung und Weiterbildung erfuhr sie dann durch die von *F. Ratzel* begründete Forschungsrichtung der *»Anthropogeographie«*, die sich mit den Einflüssen geographischer Gegebenheiten auf die Menschen und ihr gesellschaftliches Dasein beschäftigt, also einen Teil dessen erfüllt, was die Geschichtswissenschaft von der Geographie als historischer Hilfswissenschaft erwartet; in gegenwartsbezogener, macht- und wirtschaftspolitischer Verengung hat die Anthropogeographie in den zwanziger Jahren unseres Jahrhunderts eine modische Neuauflage als »Geopolitik« gefunden. — Von der Geschichte her trat dann seit der Jahrhundertwende neue Anregung und Aufgabenstellung hinzu durch die vertiefte Beschäftigung mit Wirtschaftsgeschichte und Landesgeschichte, insbesondere beeinflußt von *K. Lamprechts* Leipziger Schule. Seitdem hat die Geschichtswissenschaft selbst sowohl durch programmatische Forderungen wie durch eigene Mitarbeit aktiven Anteil an der weiteren Fortbildung der Historischen Geographie genommen.

Im Vordergrund standen dabei zunächst die topographischen Aufgaben im engeren und eigentlichen Sinne. Auf der Tagung des Gesamtvereins der deutschen Geschichts- und Altertumsvereine 1891 wurde die Forderung nach einheitlichen *»Grundkarten«* erhoben, die inzwischen für weite Teile Deutschlands erfüllt ist. Die Grundkarten sollen, wie ihr Name sagt, eine gleichmäßige Grundlage für die historische Kartographierung liefern (Maßstab 1 : 100 000, eingezeichnet Gewässer und Wohnplätze sowie heutige Gemarkungsgrenzen); man ging dabei von der — freilich nicht unbestrittenen — Anschauung aus, daß die Gemarkungsgrenzen seit alter Zeit weitgehend unverändert geblieben seien. Für die großflächigen Historischen Atlanten, die heute für viele Länder oder Landschaften vorliegen oder bearbeitet werden, sind Grundkarten verkleinerten Maßstabs erforderlich (vgl. die Grundkarten 1:600 000 im ›Historischen Atlas von Baden-Württemberg‹). — Auf der Tagung von 1899 behandelte man »Vorschläge für die (einheitliche) Ausarbeitung historischer *Ortsverzeichnisse*«. Daneben begann ungefähr gleichzeitig die systematische Sammlung der *Flurnamen* als einer wichtigen topographischen Quelle und schließlich die noch längst nicht abgeschlossene Erforschung der *»Wüstungen«*, d. h. heute verlassener mittelalterlicher und frühneuzeitlicher Ortschaften, und ihrer Ursachen, die sich seitdem mehr und mehr zu einem bedeutenden Zweig der wirtschaftsgeschichtlichen Forschung entwickelt hat.

Auf diesen Grundlagen konnte dann aufgebaut werden bei der Entwicklung einer speziellen historischen *Kartographie*. Denn ebenso wie sich in der Entwicklung der Urkundenlehre erwiesen hatte, daß eine Allgemeine Urkundenlehre nutzlos, ja unmöglich war ohne eine »Spezialdiplomatik«, so hatte sich in der Historischen Geographie gezeigt, daß die historische Kartographie eines ganz neuen landschaftlichen, örtlichen und institutionellen Unterbaus bedurfte, wenn sie wissenschaftlich zuverlässige und brauchbare Resultate liefern sollte.

Hierbei ist vor allem der Gesichtspunkt wesentlich, daß mittelalterliche, z. T. bis in den Anfang des 19. Jahrhunderts reichende geographisch-topographische Gegebenheiten sehr viel komplizierter waren, als daß sie mit der in der neuzeitlichen politischen Geographie gewohnten Flächendarstellung wiedergegeben werden könnten. Die topographische Forschung (Ortsgeschichte, Orts- und Flurnamenforschung, Wüstungsforschung) erschließt im Verein mit der Rechtsgeschichte die vielfältigen Hoheitsbeziehungen (grundherrliche, bannherrschaftliche, gerichtsherrliche Rechte usw.) mit ihren Verzahnungen und Überdeckungen beim Werden der territorialen Flächenstaatlichkeit. Im Verein mit der Erforschung der historisch-physikalischen Grundlagen (Klima und Bewässerung, Pflanzendecke, Forst- und Landwirtschaftsgeschichte) und der wirtschaftsgeschichtlichen Zusammenhänge (Bodenschätze, Verkehrswege usw.) versucht sie schließlich über die politischen Verhältnisse hinaus ein historisches Gesamtbild zu schaffen, das dann in landschaftlichen und territorialen Kartenwerken oder in schriftlich-darstellender Form seinen Niederschlag finden kann.

Soweit es um die *historischen* Gegebenheiten geht, sind als Quellen für die historisch-geographische Forschung auf den genannten Arbeitsgebieten naturgemäß die gleichen Stoffgruppen schriftlicher und nichtschriftlicher Art zuständig, wie für die übrigen geschichtlichen Arbeitszweige; wesentlich ist außerdem aber die Sonderquelle der *alten Karten*. Methodisch und stofflich stehen der Historischen Geographie vor allem die Siedlungs- und die Bevölkerungsgeschichte nahe. Aber auch die Quellen und die Ergebnisse der politischen und der Wirtschaftsgeschichte werden von ihr herangezogen. — Darstellend und lehrend kann sie ihren Stoff entweder nach Sachgruppen gliedern — z. B. nach physikalischen oder pflanzengeographischen oder namenskundlichen Gesichtspunkten — oder in territorialer Gruppierung behandeln. Dabei ist wiederum entweder eine chronologisch fortschreitende Berichterstattung möglich oder — so grundsätzlich bei kartographischer Darstellung — das Legen von Querschnitten für jeweils einzelne historische Perioden oder Epochen. Man wird sagen dürfen, daß die letztgenannte Methode die eigentliche der Historischen Geographie ist, insofern Geographie die Beschreibung von Zuständen ist. Die historisch-fortschreitende Darstellung wäre demgegenüber als die Arbeitsform der historischen Zweigwissenschaften der Siedlungs- und Bevölkerungsgeschichte usw. zu bezeichnen.

Für den Historiker kann nach dem bisher Gesagten die wesentliche hilfswissenschaftliche Leistung der Historischen Geographie bestehen in a) allgemein oder räumlich oder stofflich begrenzten *Beschreibungen* geographischer (landschaftskundlicher, siedlungskundlicher oder politischer) Gegebenheiten in bestimmten Zeitabschnitten, b) in *lexikalischen* (orts-, landes-, namenskundlichen) Zusammenfassungen, c) in *kartographischer* Reproduktion der erforschten Zustände.

Die *beschreibende* Schilderung hat vor der Karte den Vorteil, daß sie ein umfassendes Gesamtbild geben kann, während jene in dieser Hinsicht technisch begrenzt ist. Sie kann auch auf die kausalen Zusammenhänge eingehen, was der Karte in der Regel ebenfalls nicht oder doch nur vereinfachend und andeutend möglich ist. Sie ist ferner vor allem da unentbehrlich, wo die zu schildernden Gegebenheiten nach der Natur der Sache nur schwer oder gar nicht kartographisch darstellbar sind. So läßt sich zum Beispiel die Ausgangssituation des historischen Geschehens in einem bestimmten Raum, die mehr oder minder unberührte »Urlandschaft«, meist besser mit dem Wort als mit der Karte darstellen und erläutern. Ein so vorzügliches Beispiel schriftlicher Verdeutlichung, wie es etwa *F. Metz* mit seinen ›Geographischen Grundlagen der deutschen Geschichte‹ in der ersten Ausgabe (1936) von *A. O. Meyers* Handbuch gegeben hat, könnte kaum ein gleichwertiges kartographisches Gegenstück finden. Ebenso kann die darstellende Schilderung komplizierte Sachverhalte (etwa die Überdeckung und Überschneidung verschiedener Herrschafts- und Besitzformen, die Abhängigkeit sozialer und wirtschaftlicher Tatbestände von geographischen) unter Umständen übersichtlicher zusammenfassen als die Kartographie, die dann meist eine ganze Reihe von Blättern nebeneinander benötigen würde. Die Fülle des — zeitlichen und räumlichen — Stoffes, die z. B. in *K. Kretschmers* ›Historischer Geographie von Mitteleuropa‹ auf 650 Seiten relativ übersichtlich zusammengefaßt und zugänglich gemacht wurde, würde bei kartographischer Behandlung zwar in zahlreiche, je für sich weit schärfere Einzelbilder aufgelöst werden können, aber dann insgesamt ein riesiges und ganz unhandliches Atlaswerk beanspruchen.

Die *lexikalischen Zusammenfassungen* gehören zu jenem täglichen Handwerkszeug des Historikers, ohne das er nicht auskommen kann und dessen zuverlässige Herstellung zu den entsagungsvollsten Arbeiten gehört, die sich in diesem Fach überhaupt denken lassen. Die vorhandenen Werke dieser Art sind von sehr verschiedenem Wert; das gilt von den reinen Ortsnamenverzeichnissen, die zur Identifizierung alter Orts- und Landschaftsnamen herangezogen werden müssen, wie von den topographisch-statistischen Sammelwerken und Handbüchern (»Ortslexika« o. ä.). Beide Typen sind in Deutschland nur unzureichend vertreten; insbesondere gehört es zu den empfindlichsten Mängeln des gegenwärtigen Forschungsstandes, daß es weder für Deutschland oder Mitteleuropa als Ganzes noch für alle Landschaften brauchbare Ortslexika gibt.

Kartographie

Vorzug und Gefahr der historischen Karte ist, daß sie anschaulich, also unmittelbar optisch wirksam ist. Ihre Anwendbarkeit ist, wie oben bemerkt, zunächst technisch dadurch begrenzt, daß sich mit Linien, Flächen und Farben bei weitem nicht alle historischen Gegebenheiten — und außerdem nicht allzu viele verschiedene auf einem Kartenblatt — darstellen lassen. Die Karte kann ferner grundsätzlich nur Zustände, keine Handlungen und Bewegungen wiedergeben; sie ist statischen, nicht dynamischen Charakters. Alle Versuche, diesen Mangel durch die namentlich in der »geopolitischen« Schule zeitweise sehr beliebten Richtungspfeile, »Kraft«-Linien u. ä. auszugleichen, müssen als bedenklich und unbefriedigend bezeichnet werden. Aber auch manche Zustände entziehen sich kartographischer Darstellung: so jene Summierungen verschiedenster materieller und ideeller Hoheitsrechte, die das Wesen des mittelalterlichen »Personenverbandsstaates« gegenüber dem uniformen modernen Flächenstaat ausmachen. Wenn dergleichen trotzdem mit den herkömmlichen Mitteln moderner Kartographie versucht wird — wie durchweg in den historischen Atlanten älteren Typs — oder wenn zum Beispiel Rechts- und Wirtschaftsgemeinschaften (wie etwa die deutsche Hanse) gar nach dem Muster territorialer Gebilde mit Flächenfärbung versinnbildlicht werden, so wirkt sich der damit erzeugte optische Eindruck als besonders gefährliche Fehlerquelle für die historische Begriffsbildung aus.

Dennoch bleibt die Karte das wichtigste Ausdrucksmittel der historischen Geographie. Sie wird um so wertvoller, je deutlicher die bezeichneten Gefahren erkannt und allmählich beseitigt werden. Auf diesem Gebiet hat namentlich die landesgeschichtliche Forschung in Deutschland während der letzten Jahrzehnte in Theorie und Anwendung sehr wesentliche Fortschritte erzielt. Die deutschen territorialen Kartenwerke haben Methoden ausgebildet, die neuestens auch die Bearbeitung und Herausgabe befriedigenderer allgemeiner historischer Atlanten ermöglichten. Die »Grundkarten«-Forschung hat dabei wesentlich mitgewirkt. — Auf dem Gebiet der Verwertung alter Karten besitzt dagegen das Ausland einen wesentlichen Vorsprung vor der deutschen Forschung — mit Ausnahme allerdings der jüngeren Gruppe der topographischen Landesaufnahmen vornehmlich des 18. Jahrhunderts, die in Deutschland mit Erfolg für die Rekonstruktion des Kartenbildes vor den revolutionären Umwälzungen um 1800 ausgewertet worden sind.

Methodisch hat sich namentlich in der landeskundlich-topographischen Forschung der neueren Zeit der gleiche Grundsatz durchgesetzt, wie er seit langem als selbstverständlich in der Genealogie herrschend ist: nämlich das rückwärtsschreitende Verfahren vom »lebenden« Zustand der Gegenwart (oder doch einem sicher erkennbaren Zustand der näheren Vergangenheit) aus, bis zu der in unmittelbarer Kontinuität erreichbaren ältesten Generation bzw. Epoche. Die Grundkarten, die auf neuzeitlichen Gemarkungsgrenzen (in Südostdeutschland z. T. auf den »Landgerichts«-Grenzen) aufbauen sowie eine Reihe wertvoller neuer Einzelkarten (von *G. Franz, E. Hölzle, W. Fabricius, G. Wrede, J. Prinz* u. a.), die den topographischen Zustand am Ende des alten Reiches darstellen, gehen von diesem Grundsatz aus und bieten jetzt eine gesicherte methodische und stoffliche Basis für weiter in die Vergangenheit führende kartographische Forschung und Darstellung.

Dieses Verfahren läßt sich natürlich nur da anwenden, wo irgendeine Form von kartographisch nutzbar zu machender Kontinuität noch feststellbar ist. So können selbst die Grenzen verschwundener Großreiche oder Staaten gelegentlich noch dadurch rekonstruiert werden, daß sie sich einmal im kleinsten Teil nach Kirchspiels-, Gemarkungs-, Gemeinde- oder ähnlichen Bereichsgrenzen orientierten, die sich besser gehalten haben als der große Verlauf im Ganzen. Wo es sich aber um die kartographische Darstellung völlig verschwundener geographischer oder gar wirtschaftlicher, rechtlicher oder kultureller Gegebenheiten handelt, muß mit erheblichen Unsicherheitsfaktoren gerechnet werden. Hier läuft die Karte infolge ihrer nur linearen bzw. flächigen Darstellungsmöglichkeiten Gefahr, ein schärferes Bild und sichereres Wissen vorzuspiegeln, als es nach Quellenbefund und Sachverhalt berechtigt und vertretbar ist. Das muß bei allen derartigen Karten — zum Beispiel: der Ausdehnung des römischen Reiches oder der Völkerwanderungsstaaten, aber auch der mittelalterlichen Stammesherzogtümer, der Verkehrswege des Mittelalters, der europäischen Kolonisationsbewegung usw. — vom Kartographen wie vom Benutzer beachtet werden.

2. Die Zeit: Chronologie

»Ein jeder ersiehet hieraus, was für ein schweres, weitläufftiges und mühsames Studium die Chronologie sey, indem sie nicht nur eine genugsame Erkäntniß der mathematischen Wissenschafften, besonders der Astronomie; sondern auch eine überaus starke Belesenheit in denen alten Scribenten erfordert, um dadurch die Chronologiam Politicam in Ordnung zu bringen.«

Zedlers Universal-Lexikon

Astronomische Grundlagen

Die Einteilung der Zeit in möglichst gleichmäßige endliche Abschnitte und die damit gegebene Möglichkeit, Zeit zu »messen«, ist eine notwendige Voraussetzung für Existenz und Verständlichkeit des Begriffs Geschichte.

Die Zeitrechnung begründet der Mensch seit jeher auf solche Natur-

erscheinungen, die a) für jedermann sichtbar und begreifbar sind, b) eine regelmäßige Wiederkehr deutlich erkennen lassen.
Diesen Forderungen entsprechen am vollkommensten die *astronomischen* Erscheinungen, also die wirklichen und scheinbaren Bewegungen der Erde und der Himmelskörper. Aus ihnen hat sich die Menschheit die Rechnungseinheiten von Stunde und Tag, Monat und Jahr sowie deren Bruchteilen und Vielfachen gebildet.
Die mathematisch-astronomischen Grundlagen der Zeitrechnung behandelt die Astronomische Chronologie. Ihre Anwendung durch den Menschen in verschiedenen Kulturen und geschichtlichen Perioden untersucht die Historische Chronologie. Sie gibt als historische Hilfswissenschaft dem Forscher die Mittel an die Hand, um überlieferte Zeitangaben richtig zu deuten, kritisch zu prüfen, gegebenenfalls auch zu vervollständigen oder zu berichtigen.
Die astronomischen Grundlagen der Zeitrechnung kann und muß der Historiker ohne eigene Nachprüfung von der naturwissenschaftlichen Forschung übernehmen. Es sind im wesentlichen die folgenden:

1) Der (mittlere) Sonnentag, d. h. der Zeitraum, innerhalb dessen die Erde sich einmal um die eigene Achse gedreht hat; er dauert genau 24 Stunden.
2) Der synodische Monat, d. h. der Zeitraum zwischen zwei aufeinander folgenden Neumonden (= Zeitpunkten größter Sonnennähe des Mondes). Seine Dauer beträgt rund 29 Tage, 12 Stunden und 44 Minuten.
3) Das (tropische) Sonnenjahr, d. h. der Zeitraum, in dem die Erde einmal um die Sonne läuft: im Durchschnitt 365 (mittlere Sonnen-) Tage, 5 Stunden, 48 Minuten und 46 Sekunden.

Weitere astronomische Elemente der Zeitrechnung kommen nur für die antike Chronologie in Betracht, die hier nicht zu behandeln ist. Zu erwähnen sind nur noch die astronomischen »Ausnahme«-Erscheinungen, wie das Auftreten von Kometen, Sonnen- und Mondfinsternissen, die gelegentlich zur Datierung herangezogen werden können und müssen.
Die wichtigste Grundlage der historischen Zeitrechnung, nämlich das Jahr, ist also — wie die obige Übersicht zeigt — weder durch den Zeitabschnitt »Tag« noch durch den Zeitabschnitt »Monat« ohne Rest teilbar. Da aber der Tag mit seinem Rhythmus das ganze menschliche Leben bestimmt und da der Mondlauf entscheidend auf den christlichen Festkalender, eine wesentliche Grundlage der abendländischen Chronologie, einwirkt, so mußte der Mensch versuchen, möglichst brauchbare — ausreichend genaue, aber auch praktisch anwendbare — Kombinationen zwischen jenen drei Zeitrechnungskategorien zu schaffen. Erschwerend trat dazu als vierte, ebenfalls nicht mit dem Jahr und dem Monat konform gehende Einteilungsnorm diejenige in siebentägige Wochen, die die römische Antike von den Juden übernommen hatte.

Kalenderjahr, Jahresanfang und Jahreszählung

Das Sonnenjahr ist, wie wir sahen, nicht durch volle Tage teilbar. Um zu einer brauchbaren Rechnungseinheit (»Kalenderjahr«) zu gelangen, mußte man eine vereinfachte, abgerundete Jahreslänge annehmen. Das gelang in einfachster Weise durch die römische, von Julius Caesar durchgeführte und nach ihm benannte Kalenderreform des Jahres 46 v. Chr. Sie setzte eine Durchschnittslänge des Jahres von 365 Tagen und sechs Stunden voraus; der sechsstündige Überschuß über die 365 Tage des »Gemeinjahres« wurde alle vier Jahre zu einem zusätzlichen Tage des 366tägigen Schaltjahres zusammengefaßt. Freilich war dieses Julianische Durchschnittsjahr um reichlich elf Minuten länger als das Sonnenjahr. Das mußte zu einer allmählichen Verschiebung der Jahreszeiten, einer Differenz zwischen Sonnen- und Kalenderjahr führen, die nach 128 Jahren einen vollen Tag betrug. Dieser Fehler ist ausgeglichen worden durch die von Nicolaus von Cues und Kopernikus angeregte und wissenschaftlich begründete, im Jahre 1582 verkündete Gregorianische Kalenderreform (nach dem Papst Gregor XIII. benannt). Ihr unmittelbarer Zweck war es zunächst, den Frühlingsbeginn (Tag der Tag- und Nachtgleiche im Frühjahr) wieder auf den 21. März, den Stand zur Zeit des Konzils von Nikäa (325 n. Chr.) zu bringen und auf ihm festzuhalten – davon hing, wie noch zu zeigen ist, die christliche Festrechnung, also eine der Grundlagen des abendländischen Kalenderwesens, ab. Man erreichte dies, indem man a) einmalig 10 Tage ausfallen ließ (Sprung vom 4. auf den 15. Oktober 1582), b) das Durchschnittskalenderjahr um rund 11 Minuten verkürzte. Diese Verkürzung wird kalendermäßig dadurch erzielt, daß innerhalb von 400 Jahren je drei Schaltjahre ausgelassen werden: während nach der Julianischen Rechnung alle durch vier teilbaren Jahre unserer christlichen Zählung – also auch die vollen Jahrhundertzahlen – Schaltjahre waren, fallen im Gregorianischen Kalender die Jahrhundertjahre als Schaltjahre aus, sofern sie nicht durch 400 teilbar sind. Nur die Jahre 1600 und 2000, nicht aber 1700, 1800 und 1900 zählen somit als Schaltjahre.

Der Gregorianische Kalender, von der Katholischen Kirche verkündet, hat sich in den nichtkatholischen Ländern erst allmählich durchgesetzt. Die protestantischen Gebiete haben ihn größtenteils erst im Jahre 1700 angenommen (England erst 1752, Schweden 1753; vgl. aber S. 35 unten); im griechisch-orthodoxen Rußland blieb die Julianische Rechnung sogar bis Februar 1918 im Gebrauch. Für die Zwischenzeit, also insbesondere die Jahre 1582–1700 wird der Historiker daher stets zu prüfen haben, ob Datumsangaben sich auf den »alten Stil« (Julianischen Kalender) oder den neuen, Gregorianischen Stil beziehen. Bei Staatsverträgen und ähnlichen Dokumenten, an denen Partner mit verschiedener Kalendergewohnheit beteiligt sind, wird häufig ein doppeltes Datum in Form eines mathematischen Bruches angegeben: dabei erscheint das Datum des alten Stils, da meist die kleinere Zahl, in der Regel als Zähler des Bruches, zum Beispiel:

$\frac{5.}{15.}$ Oktober 1582.

Der *Jahresanfang* ist von mathematisch-astronomischen Überlegungen unabhängig, seine verschiedenen Formen sind in kultischen oder politisch-verwaltungsmäßigen Anlässen begründet. Der bereits römische (julianische) Gebrauch des Jahresbeginns mit dem 1. Januar hat sich im abendländischen Kalender erst im 16. Jahrhundert endgültig durchgesetzt, obwohl er auch dem Mittelalter nicht fremd war (Circumcisionsstil, da der 1. Januar = Festtag Circumcisionis Christi). Das Mittelalter kannte aber außerdem fünf andere Daten und insgesamt sieben verschiedene Möglichkeiten für die Festlegung des Neujahrsdatums, nämlich

a) am 25. März, dem Tag der Verkündung Marien (Annunciationis Mariae = Annunciationsstil, Marienjahr) *vor* unserem Jahresanfang (stilus Pisanus), oder

b) *nach* unserem Jahresanfang (stilus Florentinus), außer in Teilen Italiens beim Cistercienserorden und in England (mos Anglicanus) so im Gebrauch; in Deutschland in der Erzdiözese Trier und im Bistum Metz;

c) am 1. September vor unserem Jahresanfang (Byzantinischer Stil, entsprechend dem Beginn der in Byzanz üblichen Jahreszählung nach Schöpfung der Welt);

d) am 25. Dezember vor unserem Jahresanfang; als »Weihnachtsstil«, beginnend mit dem Geburtstag Christi, die im ganzen Mittelalter verbreitetste Form des Jahresanfangs;

e) am 1. Januar;

f) am 1. März (altrömischer, vorcäsarischer Jahresbeginn), unter anderem im merowingischen Frankenreich üblich, in Venedig sogar bis 1797 in amtlichem Gebrauch;

g) zu Ostern, also mit der Möglichkeit, auf 35 verschiedene Daten zwischen dem 22. März und dem 25. April zu fallen. Der Osterstil herrscht bis in das 16. Jahrhundert in Frankreich vor (mos Gallicus), zeitweise auch in der Erzdiözese Köln.

In der modernen Geschichtsschreibung werden Jahresdaten, um Mißverständnisse zu vermeiden, regelmäßig auf den heutigen Gebrauch (Jahresbeginn 1. Januar) umgerechnet. In der Überlieferung kann dagegen beispielsweise das Jahr 1120 mit folgenden Jahresanfängen erscheinen: 25. 3. 1119 (Pisanus), 1. 9. 1119 (Byzantinischer Stil), 25. 12. 1119 (Weihnachtsstil), 1. 1. 1120, 1. 3. 1120, 25. 3. 1120 (Florentinus), 18. 4. 1120 (Osterstil, da Ostern 1120 auf dieses Datum fiel). Beim Osterstil muß überdies noch beachtet werden, daß das Jahr nicht 365 Tage, sondern wechselnde Länge hatte, je nach dem Einfallen des folgenden Osterdatums (z. B. 1120 nur 357 Tage, da Ostern 1121 am 10. April).

Der jeweils in Betracht kommende Gebrauch des Jahresbeginns muß also bei allen mittelalterlichen Zeitangaben, besonders bei der Umrechnung urkundlicher Datierungen, sorgfältig berücksichtigt werden, da sonst Irrtümer über chronologische und kausale Zusammenhänge möglich sind. In Deutschland, wo der Weihnachtsstil vorherrschte (außer in Teilen des westlichen Deutschlands, s. o.), ist besondere Beachtung den Tagesdaten zwischen dem 25. 12. und dem 1. 1. zu schenken. Namentlich bei der Benutzung älterer Urkunden-Editionen tut der Historiker gut, sich zu vergewissern, ob der Weihnachtsstil beachtet und das Jahresdatum für Tage innerhalb der Weihnachtswoche dementsprechend um eine Einheit niedriger angesetzt ist, als die Quelle angibt.

Für die *Jahreszählung* haben die antiken Rechnungsweisen im Mittelalter nur noch geringe Bedeutung: die Zählung nach *Olympiaden* (vierjähriger Zyklus, beginnend 1. 7. 776 v. Chr.), nach Jahren der *Gründung Roms* (21. April 753 v. Chr.) und nach *Konsulatsjahren* (mit dem Aufhören des römischen Konsulats ab 535 n. Chr. als anno I usw. post cons. Paullini bezeichnet). Lediglich die Zählung nach *Indictionen* – einem von Justinian 537 gesetzlich vorgeschriebenen, aber seinem Ursprung nach älteren und eigentlich wohl steuerlichen Zwecken dienenden Zyklus von je 15 Jahren – war während des ganzen Mittelalters weit verbreitet, wenn auch meist nur als zusätzliche Jahresbezeichnung neben derjenigen der christlichen Ära. Dabei wird jeweils nur das Jahr innerhalb der gerade laufenden Indiction angegeben; da das Jahr 1 der christlichen Zeitrechnung gleich dem vierten Jahr einer damals laufenden Indiction hätte sein müssen, erhält man das geltende Indictionsjahr, indem man der christlichen Jahreszahl 3 hinzufügt und dann durch 15 dividiert – der Rest ergibt das Indictionsjahr. Das etwas umständliche Verfahren hat schon im Mittelalter häufig zu Rechenfehlern geführt; zudem muß beachtet werden, daß die Indictionen nach verschiedenen Gebräuchen berechnet werden, die sich im Anfangsdatum unterscheiden (Indictio graeca, üblich in Byzanz, in der päpstlichen Kanzlei bis 1087, in Süditalien, beginnend am 1. 9.; Indictio Bedana, von Beda um 700 eingeführt, beginnend am 24. September vor unserer Rechnung, lange in der kaiserlichen Kanzlei und in Deutschland im Gebrauch; Indictio romana, wechselnd mit dem 25. 12. oder 1. 1. im Gebrauch der Kurie nach 1087, in Deutschland im Spätmittelalter; Indictio Senensis, nur im lokalen Gebrauch in Siena).

Die Zählung der Jahre nach *Christi Geburt* (anni ab incarnatione, a nativitate Christi u. ä.) hat sich seit ihrer Einführung durch den römischen Abt Dionysius Exiguus im 6. Jahrhundert schon im Mittelalter als die gebräuchlichste Form der Jahreszählung durchgesetzt. Im Laufe der neuzeitlichen Jahrhunderte wurde sie, ohne Rücksicht auf den christlichen Ursprung, fast in der ganzen zivilisierten Welt angenommen; nur im mohammedanischen Bereich hat sich die Zählung nach Jahren der Hedschra (Flucht Mohammeds von Mekka nach

Medina) erhalten, der ein Mondjahr von 354 bzw. 355 Tagen, beginnend mit dem 16. 7. 622 n. Chr., zugrunde liegt. Daneben wäre noch die Byzantinische Weltära (beginnend mit dem 1. September 5508 v. Chr.) zu nennen, die u. a. bis zur Zeit Peters des Großen in Rußland angewendet wurde, sowie die im israelitischen gottesdienstlichen Gebrauch noch übliche Jüdische Weltära, die mit dem Herbst des Jahres 3761 v. Chr. beginnt.

Neben den erwähnten Jahresbezeichnungen oder — namentlich im frühen Mittelalter — auch für sich allein stehend erscheinen ferner die Regierungsjahre der Herrscher und Pontifikatsjahre der Päpste. Zu beachten ist dabei, daß die Regierungsjahre der Kaiser ursprünglich von der Krönung, seit dem späten Mittelalter häufig schon von der Wahl an gezählt werden sowie daß die deutschen Herrscher neben den anni imperii häufig auch die anni regni, des deutschen (»römischen«) Königtums, angeben. Differenzen können bei diesen Zählungen dadurch entstehen, daß, je nach der verfassungsrechtlichen Lage oder verfassungsrechtlichen Ansprüchen, teils der Todestag des Vorgängers, teils erst der Tag von Wahl oder Krönung für die Berechnung in Betracht kommen.

Monat, Woche, Osterrechnung

Da weder die Mondmonate noch die siebentägigen Wochen ohne Rest in die Länge des Jahres einzugliedern sind, bedurfte es auch hierfür rechnerischer Vorkehrungen, um praktisch brauchbare kalendarische Zusammenhänge zu schaffen. Die größte Veränderung erfuhr hierbei der *Monat,* der schon durch die Eingliederung in das Sonnenjahr überhaupt von seinem ursprünglichen Bezug auf die Mondphasen gelöst worden war und dann durch die Julianische Kalenderreform in eine reine Zweckmäßigkeitsform gebracht wurde; die noch heute üblichen Monatslängen ergaben sich dabei aus dem Bedürfnis, möglichst gleichmäßige Vierteljahreslängen (90—92 Tage) zu erzielen. Monatsverlauf und Verlauf der Mondphasen klafften also auseinander; nur nach je 19 Jahren (»Mondzyklus«) fiel die Mondphase auf den gleichen Monatstag des Julianischen Jahres. Der Errechnung dieses Verhältnisses diente die in spätantiken und mittelalterlichen Kalenderberechnungen erscheinende »Goldene Zahl«; sie gibt an, welche der 19 Möglichkeiten des Mondzyklus für das betreffende Jahr in Betracht kommt.

Ähnlich wie die Mondphasen wandern aber auch die sieben Tage der *Woche* in einem bestimmten Zyklus durch das Kalenderjahr. Denn der Unterschied zwischen der Jahreslänge und einem Vielfachen der Wochenlänge ($52 \times 7 = 364$) bedingte, daß im Ablauf der Gemeinjahre die Stellung der Wochentage zu den Kalendertagen sich jährlich um einen Tag, in den Schaltjahren um zwei Tage ändert. Es bedurfte daher einer Folge von $4 \times 7 = 28$ Jahren (»Sonnenzyklus«), bis die Wochentage — und damit auch die Sonntage — wieder auf den gleichen Kalendertag des Julianischen Jahres fielen. Um die Stellung des jeweiligen Jahres im Sonnenzyklus zu errechnen, wird eine Buchstabenfolge, die Reihe der in den mittelalterlichen und auch noch neuzeitlichen Kalendarien anzutreffenden »Sonntagsbuchstaben« (literae dominicales), benutzt.

Die Einführung des Gregorianischen Kalenders erforderte neue, noch kompliziertere Zyklenberechnungen sowohl für die Mondphasen wie für die Wiederkehr der Wochentage.

Die große Bedeutung, die die ausgehende Antike und das Mittelalter der jährlich wechselnden Beziehung zwischen Monatstagen und Mondphasen (Rechnung mit der Goldenen Zahl) und zwischen Kalendertagen und Wochentagen (Rechnung mit den Sonntagsbuchstaben) beimessen mußte, beruhte weniger auf den praktischen Bedürfnissen des täglichen und geschäftlichen Lebens, als darauf, daß von jenen beiden Beziehungen der Angelpunkt des christlichen Festkalenders, das jeweilige *Osterdatum* abhängig war.

Das jüdische Passahfest fiel seit je auf den Frühlingsvollmond, d. h. den Tag des ersten Vollmondes an oder nach Frühlingsanfang. Hierdurch wurde, entsprechend der biblischen Überlieferung, auch die Feier des christlichen Osterfestes bestimmt, jedoch mit der durch das Konzil von Nikäa festgelegten Abänderung, daß Ostern stets auf den *ersten Sonntag nach* dem Frühlingsvollmond fiel. Sowohl die Stellung der Wochentage (Sonntage) als auch die der Mondphasen innerhalb des Kalenderjahres mußte also für die Berechnung des Osterdatums berücksichtigt werden. Dabei wurde der Frühlingsanfang (Tag- und Nachtgleiche) auf den zur Zeit des Nikäanischen Konzils zutreffenden Termin des 21. März festgelegt (vgl. S. 31). Hieraus ergeben sich 35 verschiedene Möglichkeiten für das Osterdatum. Der früheste Termin, der 22. März, tritt dann ein, wenn der Vollmond auf den Frühlingsanfang, den 21. März, selbst fällt und dieser Tag ein Sonnabend ist. Der späteste Termin ergibt sich, wenn der Frühlingsvollmond erst auf den 18. April (also einen synodischen Monat nach dem frühesten Termin) fällt und dieser Tag ein Sonntag ist; Ostern, als Sonntag *nach* dem Frühlingsvollmond, fällt dann auf den 25. April.

Eigentümliche Übergangsverhältnisse ergaben sich nach der Einführung des Gregorianischen Kalenders dadurch, daß mehrere protestantische Länder im Jahre 1700 zwar den Kalender im übrigen, nicht aber dessen Osterberechnung übernahmen. Diese ist dann erst im weiteren Verlauf des 18. oder erst im 19. Jahrhundert (in Deutschland 1775, Schweden 1844) auch von den protestantischen Ländern übernommen worden. Doch beschränken sich die dadurch veranlaßten abweichenden Osterdaten auf einige wenige Jahre.

Tagesbezeichnung

Die heute übliche Durchzählung der Monatstage war zwar dem Mittelalter nicht fremd, wurde aber erst im 15. Jahrhundert häufiger und setzte sich allgemein im 16. Jahrhundert durch. Eine im Mittelmeergebiet zeitweise recht häufige, nördlich der Alpen dagegen seltene Sonderform dieser Zählung war die *Consuetudo Bononiensis,* wonach in der ersten Hälfte des Monats vorwärts, in der zweiten Hälfte vom Ende rückwärts gezählt wurde (Beispiele: die XIII. intrante mense Maii = 13. Mai; die XIII. exeunte mense Maii = 19. Mai).

Trotz ihrer Umständlichkeit älter und häufiger ist im Mittelalter die *römische* Form der Datierung. In der Papstkanzlei und vielen Herrscherkanzleien bleibt sie als sozusagen »offizielle« urkundliche Datierungsform bis in das Spätmittelalter im Gebrauch. Sie kennt die drei festen Daten der Kalenden, Nonen und Iden, von denen aus (unter Einrechnung des Anfangstages) rückwärts gerechnet wurde. Die Kalenden fallen auf den Ersten des Monats, die Nonen und Iden auf den Fünften und Dreizehnten, nur in den Monaten März, Oktober, Mai, Juli (Merkwort: *Momjul)* auf den Siebenten bzw. Fünfzehnten. Beispiele: decimo kal. Julii = 22. Juni; tertio Non. Augusti = 3. August; quarto Id. Sept. = 10. September; quarto Id. Octobris = 12. Oktober. Rechenfehler sind naturgemäß nicht selten. Bei Daten des ausgehenden Dezember muß beachtet werden, daß nach der Regel die Jahresangabe sich auf den gemeinten Tag, nicht auf die Kalenden, von denen aus rückwärts gerechnet wird, bezieht: XV. Kal. Jan. 1260 ist also der 18. Dezember 1260, nicht etwa 1259; doch muß bei den letzten acht Tagen des Dezember ein etwaiger Jahresanfang nach dem Weihnachtsstil berücksichtigt werden.

Im ganzen Mittelalter vorherrschend, aber auch bis weit in die Neuzeit in volkstümlichem Gebrauch ist die Datierung nach *Heiligentagen und Festtagen* bzw. nach Tagen vor und nach diesen.

Im Kalender der römischen Kirche hat jeder Tag einen oder mehrere Titelheilige. Die bekanntesten und beliebtesten unter ihnen werden in der ganzen katholischen Welt, wenn auch zum Teil mit abweichenden Daten, zur Tagesbezeichnung gebraucht. Dabei sind manchen Heiligen mehrere Tage aus verschiedenen Anlässen geweiht. So etwa die zahlreichen Marientage, von denen für die Datierung besonders in Betracht kommen: Purificationis (2. Febr.), Annunciationis (25. März), Visitationis (2. Juli), Assumptionis (15. Aug.), Nativitatis (8. Sept.), Conceptionis (8. Dez.). Entsprechendes gilt für die verschiedenen Peterstage, Johannistage usw. Zu prüfen ist jeweils, ob in den verschiedenen Erzdiözesen, Orden oder Diözesen der Kirche abweichender Datierungsgebrauch herrscht und welcher im gegebenen Falle in Betracht kommt; so wird z. B. der Margaretentag zwar überwiegend während des Mittelalters am 13. Juli, in einzelnen Diözesen jedoch am 12., 15., 19. oder 20. Juli (so auch jetzt) gefeiert.

Zu den Heiligentagen treten die besonderen Festtage, die entweder – wie Christi Geburt – auf einem festen Datum liegen oder beweglich und in diesem Fall meist vom Datum des Osterfestes abhängig sind.

Nicht jeder Heiligen- oder sonstige Festtag wird zur Datierung benutzt. Der Gebrauch schwankt nach lokalen oder landschaftlichen Gesichtspunkten; Heiligentage, die an einem Ort oder in einer Diözese zum festen Kalendergebrauch gehören, werden anderwärts nicht oder selten benutzt — ja, gewisse, auch in der Datierung genannte lokale Heilige sind von der Kirche überhaupt nie als solche anerkannt worden. Kenntnis des Ortsgebrauches ist also bei allen solchen Datierungsfragen notwendig.

Viele Tage werden also jedenfalls nicht mit dem für sie zutreffenden Heiligennamen bezeichnet, sondern ihre Datierung wird auf einen nächstgelegenen, hierfür gebräuchlichen Heiligen- oder Festtag bezogen.

Der Festtag selbst wird mit »in ipso die ...., am tage ...« bezeichnet, der Vortag mit »vigilia, pridie, am avende ...« (noch heute üblich: Heiligabend = 24. Dezember), der folgende Tag mit »postridie, crastino die, des nächsten tages ...« usw.; besonders häufig erscheint auch noch die Oktav (octava die), der achte Tag nach dem Fest. Darüber hinaus gibt es die Bezeichnung mit Angabe des Wochentages (feria) vor oder nach dem Fest. Für die Wochentage sind folgende Benennungen üblich:

Sonntag: dominica (selten feria prima)
Montag: feria secunda, dies lunae
Dienstag: feria tertia, dies Martis
Mittwoch: feria quarta, dies Mercurii, media septimana
Donnerstag: feria quinta, dies Jovis (süddeutsch oft: phinctag)
Freitag: feria sexta, dies Veneris
Sonnabend: sabbatus (selten feria septima), dies Saturni, Satertag.

Zu beachten ist, daß feria ausschließlich »Wochentag«, nicht einfach »Tag« bedeutet, »feria quarta ante ...« heißt also nicht »der vierte Tag vor ...«, sondern »der Mittwoch vor ...«!

Einige Beispiele:
pridie Exaltacionis crucis = 13. September;
feria sec. ante Corp. Chr. 1485 = 30. Mai;
crastino die Trinitatis 1485 = 30. Mai;
crastino die Trinitatis 1486 = 22. Mai;
Oct. Ass. Marie = 22. August;
in ipso die S. Barbare = 4. Dezember, jedoch in Genf und anderswo 16. Dezember;
am avende Martini ep. = 10. November;
vigilia vigilie domini = (2. Tag vor Weihnachten), 23. Dezember;
des sondaghes to middevasten, alse men singhet Letare Jherusalem 1431 = 11. März;
des montages in der dritten wochen nach Ostern 1537 = 16. April;
feria quarta infra sacros dies Pasche = Mittwoch in der Osterwoche usw.

Wie der mittelalterliche Kalender überhaupt tiefe Spuren in Volksbrauch, Volksglauben und Amtsgebrauch hinterlassen hat, so haben sich insbesondere manche der gebräuchlichsten Heiligentage auch in protestantischen Landschaften zäh gehalten, selbst im amtlich-öffentlichen Leben. Das gilt etwa von Trinitatis, Michaelis und anderen, die besonders als Pacht-, Zins- und Miettermine beliebt geblieben sind; anderswo, z. B. im Hannoverschen, wurde noch im Anfang unseres Jahrhunderts der Dienstantritt gern auf Georgi gelegt (23. April). Ein Rest des alten mos anglicanus ist es, wenn das englische Steuerjahr noch heute am Annunciationstage (5. April neuen Stils = 25. März alten Stils) beginnt. In der Reichsstadt Lübeck und anderswo wechselte die Geschäftsverteilung des Rates, die »Ratssetzung« mit der feierlichen Einführung des neuen, worthaltenden Bürgermeisters, alljährlich zu Petri Stuhlfeier (22. Februar).

Um sich die wichtigeren kalendarischen Festtage einzuprägen, verwendete man im Mittelalter gern den sog. *Cisiojanus,* eine Reihe von hexametrischen Memorierversen; sie bestehen aus so viel Silben, als der jeweilige Monat Tage zählt, wobei die einzelnen Silben teils den betreffenden Monat und die Anfänge der entsprechenden Festtage andeuten, teils nur als mehr oder minder sinnvolle Füllsel dazwischen geschoben sind. Als Beispiel sei der Januarvers genannt, von dem das Ganze seinen Namen hat:

Cisio *Janus* Epi sibi vendicat Oc Feli Mar An
Prisca Fab Ag Vincen Ti Pau Po nobile lumen

(1. Silbe: Circumcisionis, 1. Januar; 6. Silbe: 6. Januar, Epiphanias domini; 13. Januar: Octava Ep.; 14. Januar: Felicis; 16. Januar: Marcelli; 17. Januar: Antonii; 18. Januar: Prisce; 20. Januar: Fabiani et Sebastiani; 21. Januar: Agnetis; 22. Januar: Vincentis; 24. Januar: Timothei; 25. Januar: Conversionis Pauli; 26. Januar: Polycarpi). Entsprechend dem abweichenden Kalenderbrauch der einzelnen Diözesen, Orden usw. gibt es eine Reihe von Varianten des Cisiojanus.

Angesichts der vielen verschiedenen Möglichkeiten der Datierung ist auch der erfahrenste Bearbeiter vor Irrtümern bei der Auflösung mittelalterlicher Daten nicht geschützt. Auch moderne Urkundeneditionen enthalten zahlreiche Beispiele dafür; so haben etwa die Herausgeber von Band I, 1 der ›Hanserezesse‹ (1870) die ganze Quellengruppe Nr. 522 ff. (Stralsunder Hansetag von Walpurgis 1370, Kongreß zum Abschluß des Stralsunder Friedens) fälschlich unter dem 25. Februar eingereiht, indem sie den Walpurgistag auf dieses, tatsächlich nur in einzelnen Alpengebieten übliche Datum, statt auf den 1. Mai ansetzten. Mit Recht wird daher nicht nur bei Text-, sondern auch bei Regestenveröffentlichungen verlangt, daß stets die originale Datierungsform angegeben wird, damit der Benutzer sie selbst nachprüfen kann.

3. Die Menschen: Genealogie

> »Das Biologische, wenn man es im Menschen fassen will, hört auf, nur biologisch zu sein.«
>
> K. Jaspers

Definition und Aufgaben

Neben Raum und Zeit tritt als dritte Voraussetzung, damit Geschichte möglich sei, der Mensch, der der Träger der Geschichte ist. Mit den biologischen Zusammenhängen und verwandtschaftlichen Verflechtungen der Menschen beschäftigt sich die Genealogie als Hilfswissenschaft. Von ihr abzugrenzen und nicht zu den Hilfswissenschaften, sondern zu den historischen Zweigwissenschaften zu rechnen sind dagegen die »Bevölkerungsgeschichte« = Erforschung der zahlenmäßigen und sozialen Entwicklung und Zusammensetzung der Bevölkerung einer Landschaft, eines Staates usw. –, die »Volksgeschichte« = Erforschung der rassischen, sprachlichen, ständischen Verhältnisse und Veränderungen eines Volkes –, die »Personengeschichte« (Biographik) = Erforschung und Darstellung der Lebensgeschichte einzelner Personen.

Während jene Wissenschaften also die volksmäßigen Gruppierungen behandeln, diese das Individuum ins Auge faßt, bezieht sich die Genealogie auf die familienmäßigen, d. h. zunächst eben biologischen Zusammenhänge, deren Kenntnis für den Historiker jedoch nicht Selbstzweck, sondern in der Regel nur Mittel zum Zweck sein soll: daher »Hilfswissenschaft«.

Die wissenschaftliche Genealogie ist nicht identisch mit jenem Tummelfeld der Laien, das als »Familiengeschichte« bezeichnet wird, obwohl beide Begriffe gern promiscue gebraucht werden. Familiengeschichte, sofern ernsthaft betrieben, stellt die Anwendung der Methoden und Lehren der Genealogie auf Einzelfälle dar, ist also nur ein Teil dieser Wissenschaft.

Unter Genealogie verstehen wir die Wissenschaft von den »auf Abstammung beruhenden Zusammenhängen zwischen Menschen« *(O. Forst-Battaglia).* Die Definition soll und will sowohl die individuellen wie die »gentilizischen« (sippenmäßigen) Abstammungsverhältnisse erfassen – um das Vorherrschen der einen oder anderen Betrachtungsweise geht eine langwierige Auseinandersetzung innerhalb der Genealogie, teilweise darauf beruhend, daß die jeweilige Ausgangsposition verschieden ist (Genealogie als historische Hilfswissenschaft oder Genealogie als historisch-soziologische Grenzwissenschaft mit autarker Zielsetzung).

Die Genealogie kann sich entweder als Theoretische Genealogie mit der Erforschung der Regeln des genealogischen Geschehens beschäftigen oder als Darstellende Genealogie die Abstammungsverhältnisse und verwandtschaftlichen Gruppierungen einzelner Individuen oder Reihen von Individuen ins Auge fassen.

Die Genealogie arbeitet hauptsächlich nach zwei Verfahrensweisen. Sie kann sich entweder, zeitlich rückwärts schreitend, der Erforschung der *Vorfahrenschaft* und der hierfür geltenden biologischen Regeln widmen oder umgekehrt, zeitlich vorwärts schreitend, die Erscheinungen der *Nachfahrenschaft* untersuchen. Beides ist nur möglich durch die gleichzeitige Erforschung des biologisch-soziologischen Tatbestandes der Versippung, d. h. der biologischen und (in der Regel) auch rechtlichen Paarung eines männlichen und eines weiblichen Menschen, die beide ihrerseits wieder aus je einer Abstammungsgemeinschaft stammen. Jeder Mensch ist daher mit anderen Menschen sowohl *agnatisch* (Blutsverwandtschaft im Mannesstamm) wie auch *kognatisch* (Blutsverwandtschaft im Weibesstamm) verwandt.

Zur schematischen Darstellung der beiden Forschungszweige — Ahnenforschung und Nachfahrenforschung — bedient man sich zweier, in verschiedenen Varianten abwandelbarer tabellarischer Systeme:

a) der Ahnentafel (= Darstellung der »*Aszendenz*«),

b) der Nachfahrentafel (= Darstellung der »*Deszendenz*«), diese meist in der Form der Stammtafel, welche sich auf die Nachkommenschaft der männlichen Angehörigen (»Namensträger«) des Gesamtstammes beschränkt.

Der volkstümlich übliche Begriff des »Stammbaums« dürfte in recht verstandener Analogie zu dem verwendeten pflanzlichen Bild nur für die Nachfahrentafel verwandt werden, erscheint aber häufig auch im Sinne der Ahnentafel. Im wissenschaftlichen Gebrauch sollte man ihn ganz vermeiden.

Ahnenforschung und Formen der Ahnentafel

Lehre und Erforschung der Abstammung gehen von dem biologischen Gesetz aus, daß zu jeder menschlichen Person zwei Elternpersonen, die eine als zeugende, die andere als gebärende, gehören. Durch diese Vereinigung der Eltern und das daraus geborene Kind entsteht aus zwei bisher getrennten biologischen Linien eine neue *Familie* als Kern künftigen genealogischen Geschehens. Man bezeichnet daher diese Dreipersonengruppe als »genealogische Einheit«, weil sich in ihr erstmalig die Linien eines vergangenen und künftigen biologischen und sozialgeschichtlichen Geschehens vereinigen.

Die biologische Gesetzmäßigkeit jenes Geschehens bedingt einen mathematischen Aufbau der Ahnentafel von vollkommener Symmetrie. Ausgehend von der Grundzahl 2 (= Elternpaar, erste Ahnenreihe) ergibt sich die Personenzahl jeder weiteren Ahnenreihe durch Potenzierung der Grundzahl mit der Zahl der vorhergehenden Generationen. Damit entsteht folgendes Bild:

(1. Generation = 1 Person)
2.   „   (Eltern) = 2^1 = 2 Personen
3.   „   (Großeltern) = 2^2 = 4 Personen
4.   „   (Urgroßeltern) = 2^3 = 8 Personen
5.   „   (Ururgroßeltern) = 2^4 = 16 Personen
6.   „   = 2^5 = 32 Personen
7.   „   = 2^6 = 64 Personen
usw., usw.

Die Reihe der 64 Ahnen gehört bei Menschen aus der Mitte unseres Jahrhunderts zeitlich in der Regel in die zweite Hälfte des 18. Jahrhunderts, da eine Durchschnittsdauer einer Generation (nämlich bis zur Geburt der nächsten) von rund 30 Jahren anzunehmen ist. Für Geschlechter und Personen der mittleren und unteren sozialen Schichten ist die 64er Ahnenreihe häufig die letzte, die von der Forschung einigermaßen vollständig erreicht werden kann, weil mit den höheren Generationen die quellenmäßigen Schwierigkeiten und Lücken immer größer zu werden pflegen. Man begegnet daher vielfach Darstellungen, die sich als »Die 64 Ahnen des ...« bezeichnen. Für die historisch »führenden« Schichten, also insbesondere den Hochadel, können die Darstellungen aber in einiger Vollständigkeit auch viel weiter, bis zu den 1024 oder 2048 Ahnen (11. bzw. 12. Generation) und darüber hinaus reichen.

Jedoch kann auch in den Ahnentafeln des höchsten Adels eine einzige unebenbürtige Eheschließung sehr bald sichtbare Lücken im Gesamtbild verursachen. Bekannte Beispiele für solche »dunkle Stellen« in den europäischen Fürstengenealogien sind etwa die Vorfahrenschaften der französischen Emigrantentochter Eleonore d'Olbreuse (verheiratet seit 1675 mit Herzog Georg Wilhelm I. von Braunschweig-Lüneburg) und der aus kleinsten Verhältnissen stammenden Katharina Skawronska, der zweiten Ehefrau Peters des Großen (1707) und späteren Zarin Katharina I. Die beiden Frauen erscheinen in den meisten Ahnentafeln des europäischen Hochadels.

Ahnenforschung und Ahnentafel sind die historisch ältesten Formen genealogischer Bemühung, weil sie für zahlreiche rechtlich-praktische Zwecke des dynastischen und ständischen Geschehens schon in den frühesten Zeiten unentbehrlich waren. Der Nachweis der Abstammung — in männlicher, aber auch in weiblicher Linie — ist die Voraussetzung für dynastische Ansprüche aller Art; er bedarf allerdings in der Regel nicht der vollständigen Ahnentafel, sondern nur eines Auszuges (Deszent, Ahnenlinie), der die Abstammung eines von einem anderen Individuum sicherstellt. Die vollständige Ahnentafel war dagegen erforderlich, wo für die dem Adel vorbehaltenen Stellen in Stiftern, Domkapiteln usw., für die Aufnahme in ritterliche Orden und ähnliches der Nachweis reinadliger Abstammung von 4, 8 oder gar 16 adligen Ahnen erforderlich war. Bei dem im Mittelalter und

der frühen Neuzeit herrschenden Mangel an urkundlicher Dokumentation solcher Abstammung wurde diese »Ahnenprobe« häufig durch die eidliche Aussage von standesgleichen Zeugen des »Probanden« erbracht = »Aufschwörung«.
Die mathematische Progression der Ahnentafel muß theoretisch bald zu ungeheuren Zahlen führen, z. B. in der 21. Generation (um 1300) zu 1 048 576, in der 36. Generation (Zeit Karls des Großen) zu über 34 Milliarden Vorfahren, also einem Vielfachen dessen, was die Erde damals überhaupt an Bevölkerung besessen haben kann. Die Lösung dieses Widerspruchs ergibt sich aus der Erscheinung des sog. *Ahnenverlustes*, den man besser als Ahnengleichheit bezeichnen sollte. Der Ahnenverlust beruht auf der Tatsache, daß in der Ahnenschaft jedes Menschen bald früher, bald später erkennbare Verwandtschaftsehen feststellbar sind. Bei Menschen, die miteinander verwandt sind, erscheinen aber, je nach dem Grade der Verwandtschaft in größerer oder geringerer Entfernung von den Probanden, die gleichen Menschen als Ahnen. Am sinnfälligsten tritt dies – abgesehen von den Geschwisterehen z. B. in der altägyptischen Kultur – da in Erscheinung, wo Geschwisterkinder (Vetter und Base) eine Ehe eingehen. Beide Ehepartner haben ein Großelternpaar gemeinsam; in der Ahnentafel des Kindes aus dieser Ehe erscheint dementsprechend ein Urgroßelternpaar zweimal, einmal auf der agnatischen und einmal auf der kognatischen Seite der Ahnentafel. Das Kind hat also anstelle der theoretisch zu erwartenden acht Urgroßeltern nur sechs verschiedene Personen zu Urgroßeltern – eine Erscheinung, die sich in den folgenden Generationen der Ahnentafel entsprechend fortsetzt.
Je weiter zurück die Ahnentafel führt, um so größer ist die Wahrscheinlichkeit des Ahnenverlustes, um so häufiger kommt er vor. Ahnenverlust tritt also in *jeder* Ahnentafel auf. Wo er nicht nachweisbar ist, hat das lediglich quellenmäßige Gründe.
Selbstverständlich ist aber die Höhe des Ahnenverlustes verschieden je nach den sozialgeschichtlichen Voraussetzungen. Der Ahnenverlust ist besonders groß, wo aus (rechtlichen oder gesellschaftlichen) Standesrücksichten, aus landschaftlichen Gründen (besonders bei der Bevölkerung von Gebirgstälern, Inseln usw.), aufgrund rassischer, volklicher oder religiöser Erwägungen (also z. B. bei volklichen oder religiösen Minderheiten) nur innerhalb eines engen Kreises geheiratet, »Inzucht« getrieben wird.
Am bekanntesten und am leichtesten nachweisbar ist die Erscheinung bei den Familien des fürstlichen Hochadels. So müßte z. B. die zusammengezählte Zahl aller Ahnen der ersten 12 Generationen theoretisch bei jedem Menschen 8190 ergeben; bei Friedrich dem Großen sind es aber tatsächlich nur 2549, bei dem Erzherzog-Thronfolger Franz Ferdinand von Österreich sogar nur 1508 verschiedene Personen (Ahnenverlust also 5641 bzw. 6682).
Abgesehen von diesem »Verlust« hat aber, wie leicht zu erkennen ist, die Tatsache der Ahnengleichheit auch noch eine andere Seite, die

historisch viel bedeutungsvoller ist: daß nämlich ein und dieselbe Person *mehrfach als Ahn* auftritt, also biologisch und historisch-rechtlich in mehrfacher, mithin besonders starker Beziehung zum Probanden steht. So stammt Friedrich der Große auf zahlreichen verschiedenen Wegen von Wilhelm (dem Schweiger) von Oranien ab, und der Kaiser Ludwig der Bayer erscheint an 166 verschiedenen Stellen in Friedrichs Ahnentafel. (Einen Stammtafelauszug, der nur diese verschiedenen Wege der Abstammung des Probanden von einem Mehrfach-Ahnen aufzeigt, nennt man Deszentorium, eine dieser Linien allein Deszent oder Ahnenlinie).

Es erklärt sich ohne weiteres von selbst, daß sowohl in biologischer wie in (erb-)rechtlicher Beziehung die mehrfache Abstammung von einem Ahnen von hoher Bedeutung ist, und zwar um so mehr, je geringer der generationsmäßige Abstand zwischen Probanden und Ahn ist. Nach dem Umfang und der zeitlichen Nähe der Mehrfachabstammung bestimmt sich also die *Erbintensität*. (Daß diese um so größer sei, je mehr sich die Mehrfachabstammung innerhalb des Mannesstammes konzentriere, wie *Forst-Battaglia* annimmt, ist *biologisch* nicht erweisbar.)

Alle Ahnentafeln werden in einem gewissen Abstand vom Probanden aus Quellengründen notwendigerweise lückenhaft. Sie lassen sich dann nur noch in einzelnen Linien weiter rückwärts verfolgen. Besonders gern geschieht das in der Form des Deszents, d. h. der Ahnenlinie, die rückwärts bis zu einem besonders bedeutenden, berühmten oder sozial hochstehenden Ahn führt, wobei der Deszent mehr oder weniger häufig von der männlichen Linie in die weibliche Linie überspringen kann. Die Abstammung einer Person von Karl dem Großen nachzuweisen, ist z. B. eine beliebte und nicht allzu schwer durchführbare Form des Deszents. Man schreibt ihr häufig nur den Wert einer Spielerei oder Kuriosität zu, und das ist zweifellos in biologischer Hinsicht auch ganz richtig. Aber — das kann nicht scharf genug betont werden — die Genealogie hat nicht nur ihre naturwissenschaftliche, biologische Seite, sondern daneben auch eine sozial-, rechts- und kulturgeschichtliche, die mit biologischen Kategorien freilich nicht erfaßbar ist. Gerade diese andere Seite ist aber historisch-hilfswissenschaftlich von besonderer Bedeutung. So kann auch der beliebte Karl-der-Große-Deszent für den Historiker von Erkenntniswert sein. Sowohl die Zahl als auch die zeitliche Einordnung der »Sprünge« von der männlichen zur weiblichen Linie geben Anhaltspunkte für die soziale Stellung der Probandenfamilie; je seltener diese Sprünge sind und je weiter sie zurückliegen, um so höher wird die ständische Qualität. Die Beobachtung, daß der entscheidende »Sprung«, der die Überleitung aus der hochadligen in die Sphäre des niederen Adels und des Bürgertums ermöglichte, in der Regel nicht vor dem 16. Jahrhundert erfolgt ist, gibt ferner einen Anhalt für den Zeitpunkt, in dem die strengen Ebenbürtigkeitsauffassungen des mittelalterlichen Hochadels, mithin das Gefühl für die ständische Differenz zwischen Hochadel (ursprünglich freier Herkunft) und niederem (ministerialem) Adel, anfingen verlorenzugehen. So ist beispielsweise die Ableitung zahlreicher hessischer und westfälischer Kleinadelsfamilien (und ihrer auch bürgerlichen Deszendenz) von Karl dem Großen ermöglicht durch die unebenbürtige Verbindung »zur linken Hand« des Landgrafen Wilhelms (IV.) des Weisen von Hessen (gest. 1592)' mit der Elisabeth Wallenstein und deren Nachkommenschaft (geadelt v. Cornberg).

Zwar nicht biologisch, wohl aber historisch noch wichtiger ist die Beschränkung des Deszents, den man dann als *Vaterreihe* (oder auch »Stammreihe«) bezeichnet, auf die männliche Linie, also auf die den gleichen Familiennamen tragenden Ahnen, wie das z. B. in den üblichen Handbüchern des Adels usw. vielfach geschieht. Für die Bevorzugung dieser Linie sind biologisch ganz unerhebliche Unwägbarkeiten *historischer* Natur maßgebend.

Denn in unserer (bisher) vater- und mannesrechtlichen Kultur wird das *Manneserbe*, das mit dem Namen der Familie verknüpft ist, sowohl durch das Recht (materiell) wie durch Erziehung (seelisch-ideell) und Umwelt (Wertung und ständische Einschätzung nach dem Namen) entscheidend betont. In Übereinstimmung mit der rechtlichen und sozialen Bewertung fühlt sich z. B. ein Hohenzoller in der Regel als Hohenzoller, auch wenn etwa von den 32 Männern der sechsten Generation vor ihm nur einer diesen Namen trug und das biologische Erbe von dieser Seite nur einen verschwindenden Bruchteil seiner Gesamterbmasse ausmacht. Diese zwar nicht biologische, aber rechtliche und soziologische Erscheinung unterscheidet die Genealogie als historische (Hilfs-)Wissenschaft von einer als rein naturwissenschaftliche Disziplin aufgefaßten Genealogie. Zwar nicht immer, aber doch häufig spielt also die agnatische Abstammung *historisch* eine größere Rolle als die kognatische. Die historischen Personen und ihre Umwelt sind sich häufig nur der agnatischen Abstammung bewußt und handeln dementsprechend. Hieraus ergibt sich auch die — biologisch ganz in der Regel unbegründete — volkstümliche Auffassung vom »Aussterben« ganzer Geschlechter, die nämlich von der Fortpflanzung im Weibesstamm gänzlich absieht. Das tatsächliche biologische »Aussterben« einer Familie ist demgegenüber — worauf namentlich *Forst-Battaglia* mit Recht hingewiesen hat — ungemein selten, sofern nur die ersten zwei bis drei Generationen nach der begründenden »genealogischen Einheit« überstanden sind.

Da der Deszent (Ahnenlinie), je nachdem, ob man ihn vom Ausgangs- oder vom Endpunkt aus ansieht, entweder als Auszug aus der Ahnentafel oder aus der Stammtafel angesehen werden kann, haben wir mit ihm den engeren Bereich der Ahnenforschung bereits verlassen.

Nachkommenforschung. Nachfahrentafel und Stammtafel

Die Frage, ob Ahnen- oder Nachkommenforschung, Ahnentafel oder Stammtafel, die eigentliche und legitime Aufgabe der Genealogie sei, ist innerhalb dieser Wissenschaft hitzig umstritten worden. Ihre Beantwortung hängt namentlich davon ab, ob man mehr die erbbiologischen oder die historisch-soziologischen Gesichtspunkte in den Vordergrund stellt. Für die hilfswissenschaftliche Anwendung der Genealogie durch den Historiker können beide Betrachtungsweisen von Wert sein. Indessen wird für ihn die *Stammtafel* immer im Vordergrund des Interesses stehen, wie noch zu zeigen ist.

Die Nachkommenschaft einer Person, richtiger: eines Menschenpaares, steht naturgemäß, und im Gegensatz zur Ahnenschaft, nicht unter der Herrschaft einer mathematischen Gesetzmäßigkeit, sondern ist von biologischen, gesellschaftlichen und individuellen Besonderheiten und Zufälligkeiten abhängig (Kinderzahl, Sterblichkeit, Ehelosigkeit usw.). Ihre Darstellung, die Nachfahrentafel, bietet also ein unregelmäßiges Bild. Sie ist als vollständiges Bild zudem für eine größere Anzahl von Generationen sowohl aus praktischen wie aus theoretischen Gründen nur schwer darstellbar: denn einmal verzweigt sie sich bald in ganz unberechenbaren Richtungen und in kaum zu bewältigendem Umfang, zum anderen ist die Vollständigkeit (Erfassung sämtlicher Nachkommen) im Gegensatz zur Ahnentafel nicht mit einer jeden Zweifel ausschließenden Sicherheit erreichbar.

Die vollständige Nachfahrentafel, die also auch die Nachkommenschaft der weiblichen Nachfahren erfaßt, ist als solche auch für den Historiker nur von geringerer Bedeutung; gegebenenfalls kann sie nützlich sein, um an einem Beispiel klarzumachen, daß ein angeblich »ausgestorbenes« Geschlecht in Wahrheit durch eine ausgebreitete Nachkommenschaft im Weibesstamm weiterzublühen vermag. Im übrigen liegt der Hauptwert der vollständigen Nachfahrentafel auf juristischem Gebiet, nämlich im Nachweis der quantitativen und qualitativen Erbberechtigung. Auch zur Erfassung gewisser erbbiologischer Tatbestände — z. B. der erblichen Disposition zu Zwillingsgeburten oder der nur im Weibesstamm, aber auf männliche Nachkommen vererblichen Bluterkrankheit, die historisch-dynastisch eine Rolle gespielt hat — kann die vollständige Nachfahrentafel erforderlich sein.

Für den Historiker kommen dagegen in der Regel bestimmte Formen der *Auswahl* aus der Nachfahrentafel in Betracht. So kann man — entsprechend der Form des Deszents, s. o. — einzelne Nachfahrenlinien auswählen, um darzustellen, wie es zu den dynastischen Erbansprüchen einzelner Personen oder Geschlechter gekommen ist (z. B. Nachweis des Geblütsrechts der Salier als Nachkommen einer Tochter Ottos des Großen). Insbesondere ist aber für den Historiker diejenige Auswahlform von Interesse, die nur die männliche Deszendenz verfolgt: die *Stammtafel*. Sie ist die historisch wesentlichste und häufigste Form der tabellarischen Darstellung genealogischer Tatbestände. Dieses Vorherrschen der Stammtafel als Grundlage familiengeschichtlicher Forschung ist bedingt durch die oben schon erwähnte Tatsache: daß in Recht und Kultur des Abendlandes der Familienbegriff bisher vom Mannesstamm und Mannesnamen bestimmt wurde — also wiederum

durch einen nicht naturwissenschaftlich-biologischen, sondern historisch-soziologischen Umstand. Die Stammtafel führt alle Träger des Familiennamens auf, also zwar in jeder Generation sämtliche Nachkommen einschließlich der mit diesem Familiennamen geborenen weiblichen Angehörigen, aber in der Fortsetzung nur die jeweilige Nachkommenschaft der Söhne, nicht die Deszendenz, die durch Einheirat der Töchter in andere Familien erzeugt wird.
Allerdings kann die Stammtafel auch in dieser, ihrer üblichen Form keineswegs alle historisch-rechtlich bedeutsamen genealogischen Geschehnisse erfassen. Sie versagt naturgemäß da, wo nicht das Gesetz der »salischen Erbfolge« (es erben nur durch Männer verwandte Männer) herrscht, sondern auch Frauen und deren Nachfahren erben können. So erscheint in der Stammtafel des englischen Königshauses aus dem Hause Braunschweig(-Hannover) zwar noch Victoria I., aber nicht mehr ihr Sohn Edward VII. Andererseits kann die Stammtafel aus historisch-rechtlichen Gründen auch auf eine Auswahl besonders geringen Umfanges dann beschränkt werden, wenn – wie wiederum in England – das Gesetz der Primogenitur (Ältesten-Erbfolge) eine besondere Ausbildung gefunden hat, da die in der Folge nicht den »Titel« erbenden Söhne und Töchter und ihre Nachkommen großenteils sowohl sozial wie rechtlich aus dem genealogischen Verband ausscheiden, also »bürgerlich« werden. Hier ergeben sich also extreme Differenzen zwischen biologischem und historisch-genealogischem Geschehen.
Als eine besondere Kombination der erwähnten genealogischen Darstellungsformen seien hier noch die Konsanguinitäts- oder Verwandtschaftstafeln erwähnt. Sie vereinigen entweder sämtliche Vorfahren und Nachfahren einer Person oder mehrerer Personen oder eine Auswahl aus diesem Kreis. Vollständigkeit ist in solchen Tafeln nur schwer erreichbar. Auswahlen können im Einzelfall sehr lehrreich sein, sei es, um sozialgeschichtliche Zusammenhänge, das Vorherrschen gewisser Begabungs- oder Berufsrichtungen innerhalb des Verwandtschaftskreises oder ähnliches zu zeigen.

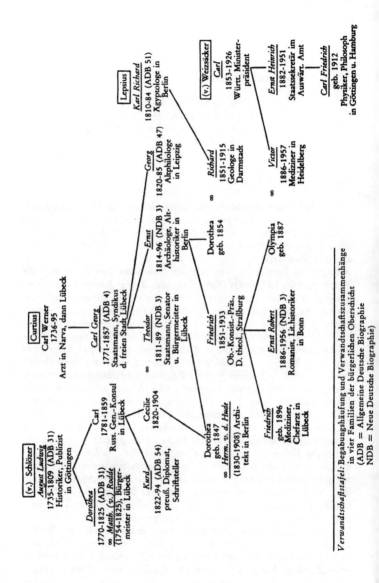

III. Die Quellen

1. Allgemeine Quellenkunde

> »Wie schwer sind nicht die Mittel zu erwerben,
> Durch die man zu den Quellen steigt!
> Und eh' man nur den halben Weg erreicht,
> Muß wohl ein armer Teufel sterben.«
> *Faust*, I. Teil

Die Lehre von den Quellen

Unsere bisherigen Betrachtungen galten denjenigen Hilfswissenschaften, welche *Voraussetzungen* historischen Geschehens zum Gegenstand haben. Nunmehr haben wir uns den Hilfswissenschaften zuzuwenden, die sich mit der *Überlieferung* des historischen Geschehens befassen – also mit den Quellen.

Als Quellen bezeichnen wir, mit der Definition von *P. Kirn*, »alle *Texte, Gegenstände oder Tatsachen, aus denen Kenntnis der Vergangenheit gewonnen werden kann*«. Gegenüber diesem einfachen, klaren und doch alle denkbaren Quellenkategorien erfassenden Satz erscheint als ein nach Form und Inhalt typisches Erzeugnis des Geschichtsdenkens im 19. Jahrhundert die Definition von *E. Bernheim:* »Resultate menschlicher Betätigungen, welche zur Erkenntnis und zum Nachweis geschichtlicher Tatsachen entweder ursprünglich bestimmt oder doch vermöge ihrer Existenz, Entstehung und sonstiger Verhältnisse vorzugsweise geeignet sind.« Abgesehen von der unzulänglichen Beschränkung auf »Resultate« menschlicher Betätigung (wonach z. B. menschliche Überreste, wie Skelette, Schädel usw. als Quellen auszuschließen wären), zeigt Bernheims Definition noch in sehr eigentümlicher Weise die für die ältere Geschichtsschreibung charakteristische Bevorzugung der Quellengruppe der *Tradition* (»zur Erkenntnis und zum Nachweis ... ursprünglich bestimmt«) – worauf wir noch zurückkommen werden. Die Definition Bernheims geht auf das Vorbild *Droysens* zurück, der die Bezeichnung »Quellen« überhaupt beschränkt auf die »mündliche oder schriftliche Überlieferung *zum Zweck*, historische Kenntnis zu verschaffen«.

Von den Quellen trennen wir herkömmlicherweise ab die *Darstellungen*, also diejenige Literatur, die auf der Grundlage von Quellen (direkt oder indirekt auf ihnen beruhend) geschichtliche Vorgänge oder Zustände beschreibt. Zwischen »Quellen« und »Darstellungen« besteht jedoch, wie wir noch sehen werden, keine absolute, sondern nur eine relative Unterscheidungsmöglichkeit, da jede Darstellung –

insbesondere, je älter sie wird — auch als Quelle verwendet werden kann und verwendet werden wird. Die Lehre von den historischen Quellen überhaupt ist die (Allgemeine) Quellenkunde; spezielle Quellenkunden unterrichten über die Quellen, die für bestimmte zeitlich, räumlich oder sachlich begrenzte Abschnitte in Betracht kommen. Für alle Quellen gelten die Regeln und Erfordernisse der *Quellenkritik*, insbesondere die allgemeinen philologischen Arbeitsgrundsätze, die zuerst an den literarischen Quellen entwickelt worden sind. Ihre Darstellung gehört zur allgemeinen historischen Methodenlehre, nicht in unsere »hilfswissenschaftliche« Betrachtung. Jedoch bedürfen einzelne wichtige Quellengruppen noch besonderer Sachkenntnisse. Im Bereich der mittleren und neueren Geschichte gilt dies besonders für die Schriftgeschichte (Paläographie), das Urkunden- und Aktenwesen sowie für die Sachquellengruppen der Wappen, Siegel und Münzen. Daraus haben sich selbständige hilfswissenschaftliche Zweige entwickelt, die im folgenden daher gesondert behandelt werden; daß dies grundsätzlich auch noch für weitere Quellengruppen möglich — und wünschenswert — wäre (z. B. Publizistik, Ikonographie, »Altertümer«), haben wir im einleitenden Kapitel bereits angedeutet.

Quellengruppen

Man hat seit jeher versucht, die Fülle der historischen Quellen durch Gliederung übersichtlicher und greifbarer zu gestalten. Um die Art, wie solche Einteilung am zweckmäßigsten und logisch am einwandfreiesten zu geschehen habe, ist in der geschichtstheoretischen Literatur eine umfangreiche und voraussichtlich auch endlose Diskussion entstanden. Dabei wird die Tatsache häufig aus den Augen verloren, daß diese Einteilung nur *Mittel zum Zweck* sein kann und sein sollte, also einen Wert für die Praxis haben müßte, um überhaupt sinnvoll zu sein. Insbesondere aber erscheint uns das Bemühen müßig, eine Ordnung zu finden, die *absolute* Gültigkeit beanspruchen könnte — sei es nun, daß sie vom Stoff (Stein, Metall, Pergament, Papier), von der Aussageform (Gerät, Bild, Schrift, Sprachform) oder von der Zwecksetzung (»Literatur«, Recht, Verwaltung) ausgeht, oder aber den Aussagewert zum Kriterium der Einteilung macht. Dies Bemühen gleicht demjenigen eines Handwerkers, der sein Werkzeug nach Form oder Stoff (Metall, Holz, scharf, spitz oder stumpf) oder seinen Werkstoff nach Struktur, Konsistenz und Verwendbarkeit gliedern will (z. B. Holz nach Lang- oder Kurzfaserigkeit, Quer- oder Längsschnitt, Elastizität oder Formbarkeit, Brennbarkeit oder Schnitzbarkeit). Alle diese gliedernden und wertenden Einteilungen haben gewiß ihren Sinn und auch ihren Wert, jedoch a) nur insofern sie die praktische Arbeit, die Ausübung des »Handwerks«, erleichtern, b) nur relativ, d. h. in Abhängigkeit vom jeweiligen Zweck. Eine absolut geltende, d. h. philosophisch-logisch einwandfreie Gruppierung des historischen

Quellenstoffes ist nicht möglich und wäre auch sinnlos, da die Quellen nicht Selbstzweck, sondern nur Mittel zum Zweck der historischen Erkenntnis sind; ihre Gliederung und Wertung muß daher vom jeweiligen, unendlich variierbaren Erkenntnisziel abhängig sein. Um das oben herangezogene Bild zu gebrauchen, so gilt hier grundsätzlich dasselbe wie für den Handwerker: die Bewertung, Eingliederung und Einschätzung des Hammers als Werkzeug oder eines Stücks Buchenholz als Werkstoff ist abhängig von dem jeweiligen Arbeitszweck.

Halten wir uns immer die Erkenntnis vor Augen, daß jede Quellengruppierung nur relativen Sinn haben kann und daß sie nur als Mittel zum Zweck daseinsberechtigt ist, so vereinfacht sich unsere »hilfswissenschaftliche« Betrachtung bereits bedeutend. Indem wir von allen um ihrer selbst willen angestellten Gruppierungsversuchen absehen, läßt uns eine einfache und einleuchtende Überlegung erkennen, daß die einzige, für uns wesentliche Gruppierungsform die nach dem jeweiligen *Erkenntniswert* der Quelle für den forschenden und darstellenden Historiker ist. Dieser Erkenntniswert ist unabhängig von der äußeren Form: ein im Original erhaltenes Gerät kann mehr und Deutlicheres aussagen als eine langatmige schriftliche Beschreibung; die mündliche Erzählung eines Augenzeugen kann wertvoller sein als das schriftliche Protokoll, das über den Vorgang aufgenommen wurde; die Vertragsurkunde kann wertvoller sein als die Erzählung eines Chronisten über den Vertragsabschluß; umgekehrt kann die Erzählung des Chronisten wertvollere Aufschlüsse über die Motive geben als die »narratio« der Urkunde; ein Epos oder Roman zeitgenössischer Herkunft kann besseren Aufschluß über sozial- oder kulturgeschichtliche Einzelheiten geben als die sämtlichen erhaltenen Urkunden aus dieser Zeit; körperliche Überreste (Knochen, Haare) einer Person können sichereren Anhalt über ihr Äußeres geben als ein Porträt, usw., usw. Wir gewinnen aus dieser Überlegung die Erkenntnis, daß eine Gliederung der Quellen nach äußeren Merkmalen für uns unbrauchbar ist. Wir dürfen dabei die einzige (aber nur praktisch, nicht logisch-erkenntnistheoretisch gültige) Ausnahme machen, daß *in der Regel* allein die schriftlichen Quellen uns die kontinuierliche Beobachtung und Feststellung geschichtlicher *Vorgänge* ermöglichen, während die nichtschriftlichen Quellen vorwiegend nur die Erkenntnis historischer *Zustände* ermöglichen. Es ist klar, daß diese Behauptung nur a potiori, nur als überwiegendes Ergebnis der Praxis angesehen werden kann, aber nicht den Wert eines »Gesetzes« hat. Bei sehr massenhaft erhaltenen und chronologisch sehr dicht gestreuten »gegenständlichen« Quellen lassen sich nämlich sehr wohl auch Entwicklungsvorgänge, nicht nur Zustände erfassen. Mit Hilfe reichlichen archäologischen Materials würden z. B. Kriegs- und Wanderungsvorgänge nicht nur in ihrem äußeren, chronologischen Ablauf, sondern möglicherweise auch in ihren Beweggründen ausreichend erfaßbar sein. Aus der zu Hunderttausenden in dichtester chronologischer Streuung erhaltenen Masse der mittelalterlichen Siegel ließen sich stilgeschichtliche Abläufe innerhalb der plastischen Kunst voraussichtlich bis in feinste Einzelheiten rekonstruieren (wovon die Kunsthistoriker zu ihrem Schaden bisher wenig Gebrauch gemacht haben). Doch sind dies Ausnahmen von der Regel. Sie gibt im übrigen die (relative, nur für den jeweils geltenden Forschungsstand zutreffende) Begründung für die übliche Trennung »vorgeschichtlicher«, d. h. nur auf nichtschriftlichen Quellen beruhender Epochen von den geschichtlichen.

Innerhalb der »Geschichte« aber wird der Historiker von der Gliederung nach äußeren Merkmalen absehen müssen. Für ihn kann nur der hiervon unabhängige jeweilige Erkenntniswert maßgebend sein. Der Erkenntniswert kann von sehr verschiedenen Voraussetzungen abhängig sein. Diese für den jeweiligen Einzelfall und die einzelnen Quellen festzustellen, ist Aufgabe der *Quellenkritik*. Dabei läßt sich dann allerdings eine Reihe von Bewertungsmaßstäben aufstellen, die für eine mehr oder minder grundsätzliche Gruppierung der Quellen brauchbar erscheinen. Ein solcher Maßstab ist die *»Nähe«* der Quelle zu dem zu erforschenden historischen Vorgang oder Zustand. Ceteris paribus, d. h. bei im übrigen gleichen Gegebenheiten (Intelligenz, Zuverlässigkeit, Urteilskraft, sozialer Stand, Bildungsgrad und Aussagewillen des Zeugen), wird die Aussage eines Augenzeugen oder Mithandelnden vor dem Zeugnis aus »zweiter Hand« bevorzugt, ein gleichzeitiger Bericht vor einem späteren usw. Auf dieser Erwägung beruht die herkömmliche Unterscheidung von Primär- und Sekundärquellen, beim Fehlen von Primärquellen die Bevorzugung der relativ nächststehenden Sekundärquellen vor fernerstehenden. Als bildliche Primärquellen erscheinen z. B. eine Photographie oder Filmaufnahmen der Ermordung des Thronfolgers Franz-Ferdinand (Serajewo, 28. 6. 1914) oder des Königs Alexander von Jugoslawien (Marseille, 9. 10. 1934) gegenüber etwa nach Augenzeugenberichten nachträglich angefertigten Zeichnungen dieser Ereignisse. Goethes ›Tagebuch der Italienischen Reise‹ (1786) hat gegenüber der späteren »absichtlichen Komposition« seiner ›Italienischen Reise‹ (1816) den Rang einer Primärquelle. Für manche Ereignisse und Erlebnisse Bismarcks sind seine gleichzeitigen Aufzeichnungen und brieflichen Mitteilungen Primärquelle gegenüber der wesentlich späteren Darstellung desselben Zeugen in seinen ›Gedanken und Erinnerungen‹. Was Otto von Freising als Miterlebender und Mithandelnder über die frühe Stauferzeit berichtet, hat den Wert einer Primärquelle gegenüber den Aussagen späterer oder auch räumlich oder nach der Person des Verfassers »entfernterer« chronistischer Darstellungen. Die körperlichen Überreste Heinrichs des Löwen im Dom zu Braunschweig (sofern sie nur einwandfrei als solche zu identifizieren wären) wären Primärquelle für die körperlichen Eigenschaften des Herzogs gegenüber Beschreibungen oder dem Idealbildnis seines Grabmals. – Doch muß beachtet werden, daß die oben erwähnte Voraussetzung des »Ceteris paribus« keineswegs immer zutrifft; es ist also durchaus denkbar, daß eine sog. Sekundärquelle wegen größerer Objektivität im Bericht, besseren

Überblicks über die Zusammenhänge usw. eine Primärquelle an Wert übertrifft.

Ein und dieselbe Quelle kann ferner durchaus, je nachdem auf welche Frage sie zu antworten hat, einmal Primär-, ein andermal Sekundärquelle sein. Primärquelle ist das ›Chronicon Slavorum‹ des Priesters Helmold von Bosau für die von ihm selbst miterlebten Vorgänge der nordostdeutschen Kolonisation um die Mitte des 12. Jahrhunderts; Sekundärquelle ist es mit der Schilderung zeitlich oder räumlich weit abliegender Ereignisse der Welt-, Reichs- und Kreuzzugsgeschichte, die der Verfasser anderen Autoren entnommen hat. Die Gruppierung in Primär- und Sekundärquellen, wiewohl von grundsätzlicher Bedeutung, ist also relativ, abhängig von der jeweiligen historiographischen Fragestellung. Sie gestattet aber immerhin eine klare, im Einzelfall unmißverständliche Begriffsbildung vor der Vielfalt der Quellen, die sich anbieten.

Zu methodisch sehr viel weiter reichenden Erkenntnissen hinsichtlich der Bewertung und Einstufung der Quellen nach *inneren* Eigenschaften ist die Geschichtswissenschaft jedoch durch *J. G. Droysen* geführt worden. Er ging von der Erwägung aus, daß eine Quelle entweder *unbewußt-unabsichtlich* oder *absichtlich* Zeugnis von historischen Begebenheiten ablege, und schied danach die »Überreste« von den »zur Erinnerung bestimmten« Quellen. Als Mittelgruppe zwischen beiden, wiewohl eher zu den Überresten gehörig, bezeichnete er die »Denkmäler«, »bei deren Hervorbringung ... die Absicht der Erinnerung mitwirkte«. Droysens Definition, methodisch ein Fortschritt von größter Bedeutung, ist terminologisch noch etwas unklar geblieben: dadurch, daß er die Gruppe der »zur Erinnerung bestimmten« Überlieferung (»zum *Zweck*, historische Kenntnis zu verschaffen«) wiederholt schlechthin als »Quellen« bezeichnete, fehlte es ihm an einem übergeordneten Begriff, der auch die Gruppe der Überreste deckte — ein Mangel, der im bibliographischen Sprachgebrauch, namentlich des Auslandes, zuweilen noch bis heute spürbar ist. Hier vollzog den weiteren terminologischen Fortschritt *E. Bernheim*, der für die zweite Gruppe den Begriff »Tradition« fand und damit zu folgender Zweiteilung des gesamten Komplexes der Quellen gelangte:

Überreste: Alles, was unmittelbar von den Begebenheiten übriggeblieben ist.

Tradition: Alles, was von den Begebenheiten übriggeblieben ist, hindurchgegangen und wiedergegeben durch menschliche Auffassung.

Bernheims Formulierungen wie auch der Grundgedanke der Droysen-Bernheimschen Systematik haben allerdings hier und da teils Widerspruch, teils Korrekturen erfahren. So wollte *K. Erslev* in leichter Abwandlung der gedanklichen Grundlagen den Begriff des Überrests durch den (entschieden unklareren) Begriff »Erzeugnis«, die Tradition durch »Bericht« ersetzen. Neuerdings fand *H. L. Mikoletzky* die den Droysenschen Grundgedanken zweifellos noch klarer wiedergebende Begriffspaarung Unwillkürliche — Willkürliche Überlieferung. In der

Diskussion hat sich ferner herausgestellt, daß man des Droysenschen Begriffes der Denkmäler, insofern sie eine Mittelgruppe zwischen Überresten und Tradition darstellen, kaum bedarf. Tatsächlich lassen sich die Denkmäler (Bau- und Kunstwerke, Inschriften, Münzen u. ä.) nach Droysens Definition durchaus zwanglos entweder in der einen oder in der anderen Gruppe unterbringen, gehören in der Regel zweifellos zur Gruppe der Überreste. — Einen ganz anderen Weg in der Quellengruppierung hat O. *Stolz* zu gehen versucht. Er geht dabei teils von äußeren Merkmalen, teils von geistes- oder »kulturgeschichtlichen« Gesichtspunkten aus und berührt sich dabei in manchen Hinsichten mit entsprechenden Gliederungsvorschlägen von *E. Keyser*. Beide Autoren, insbesondere aber *Stolz*, haben mit ihrer Gliederung vorwiegend das Endziel einer »absoluten«, enzyklopädischen Systematik vor Augen. Eine solche aber widerspricht unserer »hilfswissenschaftlichen« Fragestellung, die sich immer nur auf den Aussagewert, also die inneren Eigenschaften der Quellen beziehen kann und diese daher stets nur relativ, d. h. im Bezug auf das konkrete historische Problem zu ordnen vermag.

Von diesem historiographischen Standpunkt aus aber ist für die Bewertung einer Quelle unstreitig der von Droysen gewonnene Gesichtspunkt von maßgebender kritischer Bedeutung: ob die Quelle uns unabsichtlich (»unwillkürlich«, als Überrest) oder absichtlich (»willkürlich«, »zum Zweck historischer Kenntnis«, als Tradition) Auskunft gibt.

Unabsichtlich dient uns jede Quelle, die, »unmittelbar von den Begebenheiten übriggeblieben«, in ihrer Entstehung nicht den Zweck historischer Unterrichtung der Mit- oder Nachwelt verfolgt, sondern entweder aus anderer Zwecksetzung oder zweckfrei entstanden ist. Hierher gehört zunächst die große Gruppe der *Sachüberreste:* Gebäude, Kunstwerke, Gegenstände des täglichen Bedarfs aller Art (Gerät, Kleidung, Möbel, Waffen), Wappen, Münzen, körperliche Überreste (Skelette) und vieles andere. Ferner zweitens die Gruppe der *abstrakten Überreste:* Institutionen aller Art, Rechts- und Verfassungszustände in mündlicher Überlieferung, Sitten und Gebräuche, Sprachen und Sprachformen, Orts- und Flurnamen usw. Schließlich als dritte und für die mittelalterliche und neuere Geschichte weitaus wichtigste und umfangreichste Gruppe das gesamte *Schriftgut*, das aus geschäftlichen oder privaten *Bedürfnissen der jeweiligen Gegenwart* entstanden ist, dessen Zweck mithin eine geschäftliche, rechtliche, politische, wirtschaftliche oder persönlich-private Dokumentation ist – nicht darauf gerichtet, die Nachwelt oder Umwelt historisch zu belehren, sondern um einen gegenwärtigen oder auf die Dauer (auch »ewig«) gedachten Zweck zu erfüllen. Es handelt sich mit anderen Worten bei dieser Gruppe vor allem um die überwiegende Menge desjenigen Schriftgutes, das die *Archive* dem Historiker zur Verfügung stellen können: Gesetze und Verträge, Privilegien und Mandate, Schenkungs-, Kauf- und Verkaufsurkunden, Geschäftsbriefe, Gerichts-

und Verwaltungsakten, politische Korrespondenzen, Protokoll- und Rechnungsbücher usw., kurzum alles das, was unter den beiden großen Sammelbegriffen der Urkunden und Akten zusammenzufassen ist. Daneben gehören hierher aber auch Schriftquellen des nichtgeschäftlichen Bereichs, wie Privat-(auch Liebes-)Briefe, Werke der Wissenschaft, der Dichtkunst, der Unterhaltung usw., soweit aus ihnen nur immer (vom Autor gar nicht beabsichtigte) Erkenntnisse über einen historischen Zustand oder Vorgang geschöpft werden können.

Demgegenüber dienen absichtlich (»willkürlich«) als Quellen geschichtlicher Erkenntnis alle diejenigen Erzeugnisse, die eigens zum Zweck historischer Unterrichtung der Mit- oder Nachwelt geschaffen, von einem oder mehreren Berichterstattern (Autoren, Erzählern) für diesen Zweck verfaßt oder überliefert werden. Hierhin, zur Tradition, gehören also vor allem diejenigen Erzeugnisse, die wir unter dem Begriff der »*literarischen*« Quellen historischen Inhalts zusammenfassen können: primär mündlich überlieferte, wie Mythen, Sagen, historische Lieder, genealogische oder historische Erzählungen – schriftlich überlieferte, wie Annalen, Chroniken, Biographien, Memoiren, Autobiographien, zeitgenössische Geschichtsdarstellungen aller Art. Da politische von historischer Unterrichtung der Absicht nach kaum zu trennen ist, wird man hierzu auch die Erzeugnisse der »*Publizistik*« zu rechnen haben, sofern sie Flugblatt und Zeitung, politische Zeitschriften und »Farbbücher« u. ä. umfaßt. Hierher gehören aber auch die schon im Hochmittelalter häufig begegnenden Briefsammlungen, die zu politisch-propagandistischen Zwecken zusammengestellt und publizistisch verbreitet wurden – während solche Sammlungen, die als Stilmusterkollektionen für Schul- und Kanzleizwecke entstanden, selbstverständlich zu den unabsichtlich berichtenden Quellen (Überresten) zu zählen sind: ein besonders aufschlußreiches Beispiel dafür, daß nicht die äußere Form, sondern nur die Zwecksetzung, also innere Eigenschaften, für Eingliederung und Bewertung einer Quelle maßgebend sein können.

Es leuchtet ohne weiteres ein, daß auch diese Gliederung des Quellenstoffes in »Überreste« und »Tradition« zwar theoretisch ziemlich eindeutig und praktisch fast stets sicher anwendbar ist, aber keineswegs eine *absolute* Systematik gestattet. Vielmehr schließt auch diese Einteilung so wenig wie diejenige in Primär- und Sekundärquellen die Möglichkeit aus, daß eine Quelle in einer Hinsicht der einen, in anderer Hinsicht der anderen Quellengruppe angehören kann. So ist ein Grabstein oder Epitaph der Barockzeit nach seiner künstlerischen Gesamtaussage, nach Schrift-, Stil- und sprachlicher Ausdrucksform ein »Überrest«; die inhaltlichen Mitteilungen der Inschrift, mit ihrer zeittypischen, oft schwülstigen Ruhmredigkeit, ja auch mit ihren sachlichen (oder gelegentlich auch unsachlichen) Angaben über Daten und Lebenslauf müssen dagegen als historisch-zweckbestimmt, also als »Tradition« angesehen und quellenkritisch entsprechend bewertet werden (worauf noch zurückzukommen ist). Goethes ›Campagne in

Frankreich 1792‹ ist als zeitgenössischer Bericht über selbsterlebte historische Vorgänge zweifellos ein Stück Tradition, als Erkenntnisquelle für Goethes Wesensart, Denkweise und Auffassung welthistorischer und eigener Entwicklungsstufen dagegen weitgehend Überrest (unbeabsichtigte Aussage). Im gleichen Sinne kann jedes historische oder biographische oder autobiographische Werk der Weltliteratur — etwa Bismarcks ›Gedanken und Erinnerungen‹ — je nach Fragestellung entweder als Tradition (Zeugnis von Begebenheiten, »hindurchgegangen und wiedergegeben durch menschliche Auffassung«) oder als Überrest (unbeabsichtigtes Zeugnis über charakterliche und zeittypische Eigenheiten des Verfassers und über geistesgeschichtliche Voraussetzungen seines Werkes und seiner Zeit) Verwendung finden. Ja, hieraus ergibt sich weiterhin (wie oben schon angedeutet), daß die in der wissenschaftlichen Arbeit allgemein übliche und auch berechtigte Einteilung der benutzten Hilfsmittel in »Quellen« und »Literatur« ebenfalls nur relativen Sinn haben kann, d. h. vom Wesen der jeweiligen Benutzung bestimmt wird: jedes Stück historischer Literatur kann, besonders mit zunehmendem Alter, zur Quelle (und zwar zum »Überrest«) werden, also in anderem Sinne benutzt werden, als vom Verfasser beabsichtigt war. So können etwa *J. v. Müllers* oder *Rankes* oder aber auch schon *F. Meineckes* historische Darstellungen — »Literatur« — nicht als solche, sondern als unbeabsichtigte Quellen zur Geschichte des Autors und seiner Zeit benutzt werden. »Und so schreibt jeder Verfasser einer Weltgeschichte seine eigene mit unsichtbarer Tinte dazwischen...« *(Jean Paul)*.

Keineswegs nun spricht, wie manche Geschichtstheoretiker wollen, die hier beobachtete Erscheinung etwa gegen die grundsätzliche Richtigkeit unserer Gruppierung der Quellen in solche der Tradition und in Überreste. Erkennt man an — was noch zu beweisen sein wird —, daß der Historiker sich gegenüber einem Überrest kritisch anders verhalten muß als gegenüber einem Erzeugnis der Tradition, daß also die Frage, ob Überrest oder Tradition, von wesentlichem Einfluß auf Bewertung und Benutzung jeder Quelle im Einzelfalle ist, so ist damit die Einteilung bereits grundsätzlich gerechtfertigt. Denn die innere Qualität der Quelle (ihr »Nutzwert«), so sahen wir, gibt dem Historiker den einzig brauchbaren Maßstab für eine Quellengruppierung. Aus der Tatsache aber, daß die Quelle ja dem jeweiligen Zweck historischer Erkenntnis dienen soll, ergibt sich mit logischer Gewißheit der Schluß, daß es für ihre Qualität kein *absolutes* Kriterium geben kann, sondern daß diese jeweils neu durch die Fragestellung des Historikers bestimmt wird: Fragestellung und Qualität der Antwort bedingen einander. Die Möglichkeit, daß gewisse Quellen je nach Fragestellung verschiedene Eigenheiten und verschiedene Qualitäten offenbaren, mithin bald der einen, bald der anderen Gruppe zugewiesen werden können, ist also kein Mangel der Systematik, sondern ist *mit der Sache selbst gegeben*. Hiernach haben wir als nächstes die Frage nach der Qualität der beiden großen Quellengruppen und nach ihrer verschiedenen kritischen Bewertung zu behandeln.

»Überreste«

Unter Überresten haben wir nach unserer Definition alles dasjenige Quellenmaterial zu verstehen, das von den Geschehnissen unmittelbar — also ohne das Medium eines zum Zweck historischer Kenntnis berichtenden Vermittlers — übriggeblieben ist. Wir haben ferner bereits gesehen, daß überwiegend hierher drei große Quellengruppen gehören:
— »Sachüberreste« (körperliche Überreste, Bauwerke, Geräte, Erzeugnisse von Kunst, Gewerbe usw. aller Art),
— »Abstrakte Überreste« (fortlebende oder überlieferte Institutionen, Rechts- und Verfassungszustände aller Art, Tatsachen der Sitte, der Sprache usw.),
— »Schriftliche Überreste« (Schriftgut, das aus geschäftlichen oder privaten Bedürfnissen der jeweiligen Gegenwart entstanden ist).
Unter ihnen ist die dritte Gruppe die für den Historiker des Mittelalters und der Neuzeit wesentlichste, weil ergiebigste und umfangreichste. Eine Reihe charakteristischer Beispiele aus der ungeheuren Fülle dieses Materials haben wir im vorigen Abschnitt bereits aufgeführt.
Maßgebend für die Zugehörigkeit zu dieser Gruppe ist der Gegenwartszweck dieses Schriftguts (dies natürlich im relativen Sinne, d. h. auf die *jeweilige* Gegenwart — Entstehungszeit — bezogen). Damit ist u. a. gesagt, daß die vielleicht wichtigsten Gattungen unserer schriftlichen Quellen, nämlich die Urkunden (schriftliche Rechtshandlungen) und die Akten (schriftliche Verwaltungshandlungen), in der Regel als Überreste anzusehen sind. Allerdings enthalten sie erzählende, berichtende Partien; aber sie erzählen nicht zum Zweck historischer Unterrichtung der Mitwelt oder Nachwelt, sondern zur Begründung des — aus der Gegenwart und für die Gegenwart oder für die »Ewigkeit« — vollzogenen Rechts- oder Verwaltungsaktes. Die stehende Redewendung in der »Arenga« mittelalterlicher Urkunden, daß das Gedächtnis der Menschen wankelhaft und daher die schriftliche Dokumentation erwünscht oder notwendig sei, zielt nicht auf »historische«, sondern auf rechtliche Unterrichtung, bezweckt Sicherung des Rechtsaktes, nicht Vermehrung des historischen Wissens der Mit- oder Nachwelt. Entsprechendes gilt auch vom (echten, nicht fiktiven oder als literarisches Kunstwerk angelegten) Brief: er unterrichtet zwar den Empfänger — wenn er darüber hinaus auch der Nachwelt Kenntnis von historischen Tatsachen oder Vorgängen verschafft, so geschieht dies unabsichtlich. Auch der Brief ist also echter »Überrest«; seine »erzählende« Eigenschaft ist anders zu bewerten als die einer Chronik, Autobiographie u. dgl.
Vorteile und Nachteile der Überreste, ihre Qualität als historische Quelle also, ergeben sich aus dieser Eigenart: daß sie grundsätzlich

unabsichtlich (unwillkürlich) historische Kenntnis vermitteln. Das heißt, daß ihnen *in diesem Sinne* keine »Tendenz« innewohnen kann; denn sie dienen ja unwissentlich als Quelle. Natürlich soll damit nicht gesagt sein, daß diese Quellen *überhaupt* keine Tendenz enthalten können. Ein Briefschreiber kann auf den Empfänger einwirken, sich selbst in bestimmtem Licht darstellen wollen; eine Urkunde kann versuchen, den Eindruck eines Gnadenerweises zu erwecken, wo es sich in Wirklichkeit um durch Zwang abgepreßte Zugeständnisse handelt; ein Aktenstück kann z. B. einen moralischen oder erzieherischen anstelle eines finanziellen Grundes für eine Verwaltungsmaßregel vorspiegeln wollen usw. Indessen liegt hier jeweils der Absicht nach keine historische, sondern eine gegenwartsbezogene Tendenz vor; man will in der Regel nicht eine historisch interessierte Nachwelt, sondern den geschäftlich oder persönlich interessierten Partner beeinflussen.

Die »Unabsichtlichkeit« einer Quelle, die sich uns als Überrest anbietet, kann auch dadurch noch verstärkt werden, daß für den Historiker sehr häufig gar nicht der ursächliche Zweck der Quelle, sondern ein damit verbundener Nebenumstand Aussagewert besitzt. Hier wird dann die unwillkürliche Objektivität der Aussage besonders deutlich. Zahllose Urkunden mittelalterlicher Herrscher und Dynasten sind für den Historiker überwiegend nur dadurch von quellenmäßigem Interesse, daß ihre Orts- und Zeitangaben die Rekonstruktion des »Itinerars« des Betreffenden ermöglichen, während der Zweck, um dessentwillen sie ausgestellt wurden, historisch uninteressant ist. Die Massen von Beweisurkunden, die in Gestalt von Zollbüchern und Bürgerbüchern mittelalterlicher Städte, von Auswandererlisten des 19. Jahrhunderts o. ä. vorliegen, haben für uns nicht ihren Wert als Beweismittel für erfolgte Zahlungen oder Rechtsakte, sondern als statistische Hilfsmittel zur Wirtschafts- und Sozialgeschichte – woran die Aussteller nicht gedacht haben. Der Rechnungsführer des Bischofs Wolfger von Passau, der über die Reiseausgaben seines Herrn Buch führte, hätte zwar insofern »tendenziös« handeln können, daß er Beträge unterschlug, falsch buchte oder summierte; aber nicht dies ist es, was uns seine Buchführung als Quelle wertvoll machen kann, sondern jener berühmt gewordene Eintrag vom 12. November 1203: »Walthero cantori de Vogelweide pro pellicio .v. solidos« – das hiermit überlieferte Lebenszeugnis des Vogelweiders ist unwillkürliches, daher objektives Zeugnis. Mit einer Urkunde vom 12. Mai 1201 bestätigt der Bischof Dietrich von Lübeck die Schenkung eines Dorfes durch die Grafen von Holstein an ein Lübecker Kloster. Schon der hiermit, durch einen Dritten, bezeugte Tatbestand der Schenkung darf als objektive Nachricht verwertet werden, sofern nicht andere Zusammenhänge dagegen sprechen. Unbedingt von objektivem Wert, weil »unwillkürlich« überliefert, ist aber ein Nebenumstand, der mit dem Zweck der Urkunde nichts zu tun hat: Unter den Zeugen wird eine Anzahl Lübecker Bürger mit dem Titel »consules« eingeführt.

Es ist der erste urkundliche, objektive Beleg für die Existenz der Ratsverfassung in Norddeutschland. Oder, aus dem Bereich der »Sach-Überreste«: die Bauformen einer Kirche belehren uns unabsichtlich, daher objektiv, daß hier nordfranzösische Architektureinflüsse wirksam waren, also eine Wanderung von Kulturgut in einer bestimmten Richtung vor sich gegangen ist. Oder, aus dem Bereich der »abstrakten« Überreste: die Wortgestalt gewisser lateinischer Lehnwörter im Deutschen (Pfeil, kaufen) zeigt, daß sie noch in gemeingermanischer Zeit übernommen worden sein müssen, weil sie die althochdeutsche Lautverschiebung bereits mitgemacht haben. Wo es sich nicht nur um Wanderung von Wort-, sondern zugleich auch von Kulturgut handelt (»Wein«), läßt sich auf diese Weise mit der Übernahme des Begriffs auch die Übernahme der Sache zeitlich mehr oder minder genau eingrenzen — eine objektive, unwillkürliche Aussage von kulturgeschichtlichem Wert.

Die Nachteile der Überreste als historische Quellen beruhen auf den gleichen Umständen wie die Vorteile. Jeder Überrest ist nur auf seinen bestimmten Gegenwartszweck zugeschnitten, er bezieht sich nur auf diesen Fall und läßt sich nur, soweit es der Zweck erfordert, über ihn aus. Er ist nicht dazu qualifiziert, alle Zusammenhänge aufzuzeigen, etwa »historische« Vollständigkeit anzustreben, will ja nicht historisch unterrichten. Das heißt, daß der Benutzer jeweils zunächst fragen muß, welche Funktion der Überrest in seiner Gegenwart hatte. Erst daraus kann er schließen, welche Nachrichten er erwarten darf — ob es nämlich für den Gegenwartszweck erforderlich war, daß der gesuchte Umstand in der Quelle mitgeteilt wird. Noch weniger als bei anderen Quellen darf der Historiker daher beim Überrest den Schluß ex silentio ziehen: »weil die Quelle etwas nicht bezeugt, hat es dieses Etwas nicht gegeben«. An Beispielen läßt sich diese besondere Begrenztheit der Aussagefähigkeit von Überresten schnell deutlich machen:

1. (Sachüberreste): Unter den körperlichen Überresten einer historischen Persönlichkeit finden sich keine Haare. Der Schluß ex silentio: der Mann war kahlköpfig, wäre ein Kurzschluß. Denn die Beerdigung des Mannes erfolgte nicht zum Zweck historischer Dokumentation, sondern aus religiösen oder hygienischen Gründen, strebte also nicht die möglichst vollkommene materielle Bewahrung der Überreste an. — Das große Wappen des Königreiches Preußen enthält im 51. Feld das Wappen der ehemaligen Reichsstadt Frankfurt. Zwar kann daraus indirekt auf die relative zeitliche Reihenfolge und die staatsrechtliche Bewertung dieses Gebietserwerbs geschlossen werden, jedoch enthält die Quelle selbstverständlich keine Aussage über Ursache und Zeitpunkt des Vorganges.

2. (Abstrakte Überreste): Der Umstand, daß wir für »Pfeil« (aus lat. pileum) kein älteres germanisches Wort kennen, gestattet nicht den Schluß ex silentio, daß die Germanen die Sache (Wurf- oder Bogengeschoß) nicht schon vor der Berührung mit den Römern gekannt

hätten. Denn die Sprache überliefert unwillkürlich, absichtslos, daher auch zufällig, nicht zum Zweck historischer Unterrichtung. – Rechtsbrauchtum erhält sich häufig über die Jahrhunderte nur in verkümmerter, entstellter Form, so daß der ursprüngliche Sinngehalt nicht mehr erkennbar ist (z. B. alte Grenzbegehungen). Der Brauch wird als scheinbar sinnlose Handlung fortgeführt, er gibt aus sich dem Historiker keine »Begründung«, da er kein historisches Schau- oder Lehrstück ist.

3. (Schriftliche Überreste): Urkunden – um mit diesem Beispiel zu beginnen – bezeugen einen Rechtsakt; das ist ihr Sinn, darauf konzentrieren sie sich. Sie haben daher im allgemeinen keinen Grund, sich näher über die (politischen, wirtschaftlichen oder sozialen) Vorgänge auszulassen, die zu dieser Rechtshandlung geführt haben. Die »narratio« mittelalterlicher Urkunden, die erzählend zur »dispositio«, dem eigentlichen Rechtsinhalt, überleitet, hat daher in der Regel nur die Form eines Gemeinplatzes ohne wesentlichen faktischen Aussagewert (z. B. die formelhafte narratio vieler Königsprivilegien: »Considerantes igitur ... servicia nobis et Imperio per dilectos cives nostros de... exhibita, concedimus eis, firmiter statuentes...«. Ähnlich auch oft noch moderne Gesetzespräambeln, z. B. »Das deutsche Volk, einig in seinen Stämmen und von dem Willen beseelt, sein Reich in Freiheit und Gerechtigkeit zu erneuern und zu festigen, ... hat sich diese Verfassung gegeben«; eine Formulierung, die nur von indirektem und sehr bescheidenem Quellenwert für die tatsächliche Entstehungsgeschichte der Weimarer Reichsverfassung ist). Wesen und Rechtszweck der Urkunden erlauben es also nicht, von ihnen faktische Aufschlüsse über solche »Vorgänge« (im Sinne der Aktensprache) zu erwarten. – Ein mittelalterliches Gerichtsprotokoll hat lediglich den Zweck, den Rechtsakt der Urteilssprechung zu fixieren. Anders als bei einer modernen Gerichtsakte dieser Art darf der Historiker daher in ihm keine Motivierung (Urteilsbegründung) suchen; sie liegt nicht im Zweck. – Das Sitzungsprotokoll des deutschen Bundesrates vom 9. November 1918 enthält keine Andeutung darüber, daß gleichzeitig in Deutschland eine siegreiche Revolution stattfand; sie gehörte nicht zu den protokollarischen Verhandlungspunkten. – Der Kreditvertrag zwischen zwei Kaufleuten bezweckt dokumentarische Sicherung von Zahlungsanspruch, Zahlungspflicht und Zahlungstermin; der Entstehungsgrund der Schuld ist für diesen Zweck unerheblich und fehlt daher sehr häufig. – Das oben erwähnte Rechnungsbuch des Bischofs Wolfger von Passau unterrichtet uns (unabsichtlich) zwar darüber, daß Herr Walther sich an jenem 12. November 1203 im Dorf Zeiselmauer an der Donau aufhielt; denn Orts- und Namensangabe gehören zum Dokumentationszweck der Quelle. Dagegen dürfen wir eine Angabe darüber, warum Walther dort war, was er dort tat und wie es zu der Schenkung gekommen ist, nicht erwarten. Das Rech-

nungsbuch hat keinen Anlaß etwas darüber auszusagen; es ist ja keine »Chronik«. — Der Brief Friedrichs des Großen an Finckenstein vom Abend der Schlacht bei Kunersdorf (12. August 1759), ein Überrest von packender Aussagekraft, ist in seinem nachrichtlichen Zweck und Inhalt ganz vom Augenblick, von der Stunde bestimmt; er enthält daher weder Angaben über die politischen und militärischen Zusammenhänge, die zu der Schlacht geführt haben, noch läßt er erkennen, wie es etwa »weitergehen« wird.

Erinnern wir uns nur noch einmal daran, daß die von uns gewählten Beispiele von »Überresten« keine prinzipielle, absolute Gliederung bedeuten sollen. Es kann möglich sein, daß ein solcher Überrest bei anderer Fragestellung auch einmal als ein Stück Tradition aufgefaßt werden muß. So etwa, wenn ein Brief, mehr oder minder bewußt, schon im Gedanken an eine spätere Veröffentlichung als Nachrichtenquelle für die Nachwelt geschrieben worden ist. So etwa die schon zitierte Inschrift eines barocken Grabdenkmals. So auch viele Quellen aus den beiden so schwierigen wie interessanten Bereichen der Publizistik und der Ikonographie: die Zeitung ist Überrest als Dokument zeitgenössischen politischen Lebens, Tradition, insofern sie durch Nachrichtengebung auch »historische« Kenntnis von Begebenheiten vermitteln will. Ein historisches Bildnis ist Überrest als Zeugnis von Kunstübung und Auffassung der Zeit und als bildliche Wiedergabe zeitgenössischen Geräts, Kostüms usw.; es ist Tradition, indem es der Nachwelt historische Kenntnis vom Aussehen des Dargestellten übermitteln will, in seiner Tendenz besonders dann deutlich erkennbar, wenn es nicht naturalistisch abbildet, sondern bewußt einen bestimmten Idealtypus (etwa: jugendlicher Held, weiser, landesväterlicher Greis, Gottesgelehrter, Volkstribun, o. ä.) suggerieren will. Noch deutlicher wird die Tendenz, wenn das Porträt zur Karikatur wird; diese Form polemischer Darstellung kannte ja schon die Antike, sie ist auch dem Mittelalter nicht fremd.

Für den Überrest scheint fast immer eines charakteristisch: er gibt ein objektives Bild — der Lichtstrahl der Begebenheit trifft das Auge des Betrachters unmittelbar, ungebrochen —, aber er gibt meist nur eine »Momentaufnahme«, um im photographischen Bild zu sprechen. Mit »feststehender Kamera«, unter einem durch den Zweck festgelegten Blickwinkel wird aufgenommen; alles, was die einmalige »Einstellung« erfaßt, wird reproduziert, alles, was zeitlich davor oder danach, räumlich außerhalb liegt, bleibt »unbelichtet«.

»Tradition«

Unter Tradition verstehen wir diejenigen Quellengruppen, die eigens und absichtlich zum Zweck (historischer) Unterrichtung geschaffen worden sind: »was von den Begebenheiten übriggeblieben ist, hindurchgegangen und wiedergegeben durch menschliche Auffassung«. Neben der mündlichen Überlieferung in Sage, Lied, Erzählung sind hierher vor allem die im engeren Sinne »literarischen« Quellen historischen Inhalts zu rechnen, die wir oben schon aufgeführt haben: Annalen, Chroniken, Biographien, Autobiographien, Memoiren, zeitgenössische Geschichtserzählungen aller Art. – Daß man unter einem bestimmten Blickpunkt – demjenigen der »Unterrichtung« über Begebenheiten – auch die Erzeugnisse der Publizistik hier einzugliedern haben wird, stellten wir im vorigen Abschnitt ebenfalls bereits fest.

Vorteile und Nachteile der Tradition ergeben sich aus der Eigenart ihrer Entstehung. Der *Vorteil* der Traditionsquellen ist vor allem darin zu sehen, daß sie eben deswegen berichten, um der Nachwelt das Wesentliche des historischen Geschehens zu überliefern, sie mit den Zuständen und Vorgängen vertraut zu machen. Die historische Unterrichtung, die wir aus der Quelle gewinnen, ist also zugleich ihr eigentlicher Zweck: Quellenzweck und Quellennutzung decken sich, während bei den Überresten beide in der Regel auseinanderklaffen. Danach dürfen wir erwarten, daß die Quelle der Tradition (wenigstens grundsätzlich und in ihrer fortgeschritteneren Form) sich bemüht, *den Zusammenhang* erkennen zu lassen, Kausalitäten und Abläufe aufzuzeigen. Denn sie erzählt, berichtet ja historisch. Um das am Schluß des vorigen Abschnitts verwandte Bild noch einmal aufzunehmen: während der Überrest meist einer »Momentaufnahme« gleicht, nur punktförmig erhellt, ist die Traditionsquelle einem Film zu vergleichen, der mit »beweglicher Kamera« Abläufe zeigt oder weiträumige Zustandsüberblicke zu geben vermag. Das aus Überresten gewonnene Bild kann mithin immer nur »pointillistischen« Charakter haben, das Bild der Tradition kann auch Flächenfarbe, Übergänge und Verbindungslinien darbieten. Grundsätzlich kann man also der hierauf bezüglichen, oft zitierten Formulierung des englischen Historikers *E. A. Freeman* zustimmen: »The narrative (= Tradition), without documents, is at least intelligible, the documents (= Überreste) would be hardly intelligible without some narrative«. Nur darf man darüber nicht vergessen, daß die Traditionsquellen zwar ein zusammenhängendes und in sich verständliches, aber nur ein sehr einseitiges Bild zu geben vermögen.

Denn die *Nachteile* der Tradition sind eben in dieser ihrer »erzählenden« Qualität begründet. Die Begebenheiten, deren Lichtstrahl beim Überrest das Auge des Betrachters unmittelbar trifft, werden bei der Tradition zunächst durch das Medium des menschlichen Geistes (des Berichterstatters) hindurchgeleitet, erfahren also eine subjektive

Beeinflussung bereits, bevor sie den Betrachter (Forscher) erreichen. Wie der durch einen Kristall gelenkte Lichtstrahl dabei in Sichtbarkeit, Stärke, Richtung und Färbung verändert werden kann, so erfährt die Begebenheit entsprechende, subjektive Veränderungen dadurch, daß der Geist des Berichterstatters bewußt oder unbewußt »unterscheidet, wählet und richtet«. Das heißt, daß die Subjektivität der Tradition sich in zweierlei Hinsicht besonders bemerkbar macht:

1. In der *Auswahl*. Der Berichterstatter erzählt nur das, was ihm wichtig, interessant, folgenreich oder auch wünschenswert scheint. Er läßt aus oder unterdrückt, wofür er kein Organ oder woran er kein Interesse hat, was ihm unwesentlich oder auch unerwünscht scheint. So bevorzugt der mittelalterliche Chronist die breite Darstellung geistlich-religiöser Vorgänge, während er an wirtschaftsgeschichtlichen und sozialgeschichtlichen Tatsachen oft uninteressiert vorübergeht; er unterdrückt wohl auch Nachrichten, die ihm moralisch oder religiös anstößig erscheinen. Über mittelalterliche Wirtschaftsgeschichte wüßten wir so gut wie nichts, wenn wir nur auf Quellen der Tradition angewiesen wären. Biographien, Memoiren und Autobiographien bevorzugen diejenigen Nachrichten, die geeignet sind, das Leben oder die Taten des Dargestellten ins Licht zu setzen; sie vernachlässigen dabei oft die Berichterstattung über außerhalb dieses persönlichen Interesses liegende oder ihm widersprechende Vorgänge. Manche Autoren verweilen so auffällig bei der Schilderung von Begebenheiten eines bestimmten ständischen, beruflichen oder lokalen Interesses, daß sich daraus Schlüsse auf Stand und Heimat des Chronisten ziehen lassen. Mit anderen Worten: es findet eine Auslese des Nachrichtenstoffes statt, die den Benutzer bewußt oder unbewußt beeinflussen will.

2. In der *Wertung*. Liegt schon in der Auswahl eine Tendenz, so ist eine solche noch regelmäßiger auch in der Wertung (»Färbung«) der berichteten Begebenheiten zu vermuten. Völlig tendenzlos, »objektiv« zu berichten, ist keinem Menschen gegeben, auch dann nicht, wenn er sich – wie in der modernen Historiographie – wenigstens ernsthaft darum bemüht. Bewußt oder unbewußt nimmt der Erzähler Partei und färbt danach seine Nachrichten. Wo die Forderung nach möglichster, »wissenschaftlicher« Objektivität noch unbekannt ist – wie in der Regel beim mittelalterlichen Chronisten – oder wo ihre Wünschbarkeit bestritten wird – wie in der marxistischen Historiographie –, da wird die Tendenz naiv und meist leicht erkennbar vertreten. Dies auch dann, wenn der Verfasser sich ihrer selbst gar nicht bewußt ist, wie das ebenfalls für viele mittelalterliche Chronisten gilt. Sehr viel schwieriger ist die Tendenz zu erkennen, wenn sie sorgfältig verdeckt wird. Aus der Zeit Heinrichs IV. spiegelt etwa Brunos ›Liber de bello Saxonico‹ die Parteiauffassung der sächsisch-kirchlichen Opposition gegen den Kaiser naiv und unverhüllt wider; die Annalen des Lampert von Hers-

feld dagegen enthalten die gleiche Tendenz so versteckt und in so glänzender schriftstellerischer Ausformung, daß sie bis ins 19. Jahrhundert als zuverlässige Quelle für ihre Zeit angesehen und genutzt wurden. — Daß die tendenziöse Färbung des berichteten Stoffes in Biographien, Autobiographien und Memoiren ein besonders hohes Maß erreichen kann, versteht sich von selbst.

Weitere Schwierigkeiten ergeben sich aus der Art der Herstellung und der Überlieferung namentlich der mittelalterlichen Traditionsquellen:

1. *Herstellung:* So wenig wie die Antike kennt das Mittelalter schon den Begriff des geistigen Eigentums im heutigen Sinne. Der mittelalterliche Autor neigt daher zur Übernahme weiter Partien aus anderen Werken, ohne sie als solche zu kennzeichnen: sei es nun, daß er die Schilderung des gleichen Ereignisses von einem früheren Autor als brauchbar übernimmt, sei es, daß er als vorbildlich oder typisch angesehene Stellen (Personenbeschreibungen, Reden, Schlachtschilderungen) aus Werken mit hoher, oft geradezu »kanonischer« Geltung (Bibel, Sallust usw.) auch dann für seine Darstellung verwendet, wenn damit ursprünglich ganz andere Begebenheiten geschildert wurden. Neben solcher inhaltlicher Entleihung erscheint die Vorliebe für gewisse rhetorische Figuren und stehende Wendungen (»Colores rhetorici«, topoi), die mit der stilistischen oft ebenfalls eine inhaltliche Färbung hervorrufen. Und schließlich ist die Neigung zur Typenbildung und Analogie hervorzuheben, also die Tendenz, z. B. bestimmten Persönlichkeiten oder Personengruppen bestimmte Eigenschaften und Verhaltensweisen zuzuschreiben, weil das Zeitgefühl oder die Volkstradition solche fordert oder für selbstverständlich hält (so in der Schilderung von Königen, Fürsten, Päpsten und Heiligen; so bei der Berichterstattung über die als typisch empfundene demütige und ablehnende Verhaltensweise des zum Bischof Gewählten usw.). Ein Blick in eine moderne Textedition einer mittelalterlichen Chronik, z. B. in den Scriptores-Serien der ›Monumenta Germaniae Historica‹, zeigt — kenntlich gemacht durch abweichende Typen oder durch Anmerkungen —, in welchem Umfang solche Entleihungen und redensartlichen Wiederholungen in der mittelalterlichen Chronistik Verwendung fanden.

2. *Überlieferung:* Aus Antike und Mittelalter sind die Traditionsquellen fast durchweg nicht im Original des Autors, sondern in mehr oder minder zahlreichen, mehr oder minder voneinander abweichenden sekundären Fassungen (Abschriften, Auszügen, Erweiterungen, Bearbeitungen) erhalten. Die Frage des ursprünglichen Aussehens der Quelle, also der ursprünglichen, vom Autor gewollten Form und des ursprünglichen, vom Autor stammenden Inhalts des Berichtes, ist daher ebenso wichtig, wie häufig schwer zu lösen. Auf diesem Gebiet der literarischen Quellenkritik sind von der Geschichtswissenschaft des 19. Jahrhunderts bewunderns-

werte Leistungen erzielt worden; sie steigerten sich bis zur Rekonstruktion ganzer verlorener Quellenwerke aus späteren Benutzungen, z. B. durch *W. Giesebrecht* (›Annales Altahenses‹, 1841) und *P. Scheffer-Boichorst* (›Annales Patherbrunnenses‹, 1870).

Quellenkundliche Hilfsmittel

Für Mittelalter und Neuzeit dominieren weit überragend die schriftlichen Quellen. Ihre ungeheure Fülle auch nur für einen zeitlich oder räumlich begrenzten Abschnitt zu übersehen, ist schwer, besonders für die jüngeren Jahrhunderte. Dazu kommt, daß zwar für das Früh- und Hochmittelalter der überwiegende Teil der Quellen (Überreste sowohl wie Tradition) durch Druckveröffentlichungen zugänglich gemacht worden ist (Chroniktexte, Urkundenbücher, Regestenwerke usw.), daß hingegen für das Spätmittelalter und erst recht natürlich für die Neuzeit nur ein ganz winziger Bruchteil der Quellen veröffentlicht ist – und veröffentlicht werden kann. Hier muß also in den meisten Fällen auf die handschriftlichen Originale (oder Abschriften u. dgl.) zurückgegriffen werden. Sie sind teils in den Archiven (Geschäftsschriftgut), teils in Bibliotheken und ähnlichen Sammlungen (»literarisches« Schriftgut) zu suchen. Während für die Benutzung von Bibliotheken (mit Hilfe der sie erschließenden Kataloge) lediglich ein gesunder Menschenverstand und die jedem wissenschaftlichen Arbeiter ohnehin unentbehrlichen Eigenschaften der Geduld und des Spürsinns erforderlich sind, bedarf die Benutzung der Archive besonderer methodischer Sachkenntnis und Anleitung; das Archivwesen wird daher in einem unserer folgenden Abschnitte noch gesondert behandelt.

Aber auch die im Druck veröffentlichten Quellen festzustellen ist nicht einfach, besonders nachdem diese Seite der historischen Publikationstätigkeit seit der ersten Hälfte des 19. Jahrhunderts durch die Arbeit großer Körperschaften und Institute (so der Akademien und in Deutschland insbesondere der 1819 gegründeten ›Monumenta Germaniae Historica‹) in früher ungeahntem Maße intensiviert worden ist. Der Erschließung dieses Stoffes dient eine Fülle von teils allgemeinen, teils speziellen »Quellenkunden« – die übrigens häufig zugleich Literaturübersichten sind. Ohne wenigstens eine der wichtigeren allgemeinen Quellenkunden ständig in Reichweite zu haben, ist ernsthafte Arbeit des Historikers nicht wohl möglich. Gegen dieses selbstverständlich scheinende Gebot wird gleichwohl häufig gesündigt, namentlich von denjenigen »Amateuren«, die glauben, die »Schulwissenschaft« entbehren zu können: »Immer wieder finden sich Leute, oft von hervorragender geistiger Bedeutung, die sich für berechtigt halten, einen geschichtlichen Stoff zu behandeln, ohne sich um die Kritik und die wissenschaftlichen Ergebnisse ihrer Vorgänger zu kümmern« *(Ed. Meyer).*

2. Die Schrift: Paläographie

> »Körper und Stimme leiht
> die Schrift dem stummen Gedanken,
> Durch der Jahrhunderte Strom
> trägt ihn das redende Blatt.«
>
> Schiller, Der Spaziergang

Wesen und Arbeitsformen

Die weitaus wichtigste Gruppe von Quellen zur mittelalterlichen und neueren Geschichte ist diejenige der schriftlichen Quellen. Von ihnen ist und bleibt der mengenmäßig größte Teil aus natürlichen Gründen ungedruckt. Kein Quellenforscher kann es daher umgehen, sich mit den Originalschriften vergangener Jahrhunderte selbst zu beschäftigen. Die Schrift hat aber, genau wie die Sprache und wie alle anderen Bestandteile der abendländischen Kultur, in geschichtlicher Zeit bedeutende evolutionäre Veränderungen durchgemacht. Die älteren Schriften, von der Antike bis in das 17., ja 18. Jahrhundert, sind deshalb ohne besondere Schulung und ohne Verständnis ihres Entwicklungsganges weder ohne weiteres lesbar noch datierbar. Indem die Schrift Träger der Überlieferung ist, dient das paläographische Studium also als »Hilfswissenschaft« im engeren Sinne, nach unserer einleitend gegebenen Definition: nämlich als Mittel zu dem Zweck, Quellen lesen und zeitlich (gegebenenfalls auch örtlich) richtig einordnen zu können. Lesen und datieren zu lehren ist und bleibt daher die entscheidende Hauptaufgabe der Paläographie. Allerdings ist die Schrift aber nicht nur »Träger der Überlieferung«, sondern sie kann darüber hinaus selbst »Quelle« sein und als solche genutzt werden. Denn ihre wechselnden Formen und Stilelemente und deren Wandlungen erlauben Aufschlüsse auch über »geistesgeschichtliche« Vorgänge und Zeiterscheinungen. In diesem Sinne kann Paläographie also auch als Selbstzweck, nicht nur als Mittel zum Zweck betrieben werden. Die Schriftgeschichte erscheint dann als Teil der Stilgeschichte, d. h. der Geschichte der Formen menschlichen Ausdruckswillens, letzten Endes also der Kunstgeschichte und »Geistesgeschichte«.

Beide Arbeitsformen, die »hilfswissenschaftliche« wie die geistesgeschichtliche, sind durchaus legitim und begründet im jeweiligen Forschungszweck. Das ist nicht ganz überflüssig zu betonen; denn entsprechend einer allgemein zu beobachtenden Tendenz namentlich in der neueren deutschen Geschichtsforschung besteht auch in der Paläographie die Neigung *(H. Fichtenau)*, nur noch eine geistesgeschichtliche Betrachtungsweise gelten zu lassen und die eigentlich hilfswissenschaftliche als veraltetes positivistisches Erzeugnis des 19. Jahrhunderts zu mißachten. Tatsächlich sind beide Verfahrensweisen unentbehrlich, bedürfen übrigens auch ständigen Rückgriffes aufeinander. Daß wir uns hier hauptsächlich mit den eigentlich »hilfswissenschaftlichen« Grundlagen der Schriftentwicklung auseinanderzusetzen haben, ergibt sich aus der Zwecksetzung dieses Buches.

Formwandlungen der Schrift werden teils durch ein individuelles, teils durch ein zeittypisches Moment verursacht. Beide wirken zwar ständig aufeinander ein. Indessen läßt sich das individuelle Moment – das den Arbeitsstoff der *Graphologie* darstellt – so weitgehend eliminieren, daß die überwiegenden zeittypischen Elemente mehr oder minder klar sichtbar werden. Das gilt für alle Zeitalter, und hierauf beruht die Möglichkeit der Paläographie, einen kontinuierlichen Entwicklungsgang in der Geschichte der Schrift zu erkennen und darzustellen und die vorliegenden Schrifterzeugnisse chronologisch richtig einzuordnen. Allerdings ist der zeittypische Einfluß verschieden stark. In allen Lebensäußerungen später Kulturen – so der ausgehenden Antike und der heutigen Neuzeit – tritt das individuelle Element deutlicher hervor; zudem sind es eben diese Kulturstufen, in denen besonders viel und von besonders vielen geschrieben wird. Beides, der individualistische Grundzug der Kulturepoche überhaupt und die in ihr so weit verbreitete »Schriftlichkeit«, hat das gleiche Ergebnis in paläographischer Hinsicht: Das zeittypische Element im Schriftbild tritt relativ zurück, das individuelle ist relativ stark ausgeprägt. Die zeittypischen Merkmale der Schrift sind daher im Früh- und Hochmittelalter besonders deutlich erkennbar; sowohl in der Spätantike wie in der Modernen verschwimmen sie dagegen mehr, bleiben undeutlicher. Die Folge für den Paläographen ist, daß sich mittelalterliche Schriften oft leichter und genauer datieren lassen als solche der Neuzeit. Es ist kein Zufall, daß die Paläographie der Neuzeit bisher erst einen ganz unbefriedigenden Stand erreicht hat. Gleichwohl ist beispielsweise der Stilwille des Barock auch in den Schriftformen dieser Zeit noch recht deutlich erkennbar, sogar in seinen einzelnen Entwicklungsphasen. Und wenn wir selbst – allgemein, wie insbesondere auch in der Schrift – eine Stileinheit unserer eigenen Zeit kaum zu erkennen vermögen, so wird das auch daran liegen, daß wir in dieser Zeit selbst stehen und sie daher nicht objektiv, »von außen« betrachten können. Vielleicht werden aber spätere Generationen auch in den Schriften unserer Zeit hinreichend deutliche zeittypische Elemente erkennen können; so wie wir selbst ja auch schon, bei einiger Schärfung des Blicks, gemeingültige Stilformen z. B. aus den Schriften unserer Großelterngeneration herauslesen können.

Auf der Tatsache, daß jedes Zeitalter, ja jede Generation ihrer Schrift ein durchgängiges Stilelement verleiht, beruht die Arbeitsmethode der Paläographie sowohl hinsichtlich des Lesens wie hinsichtlich des Datierens der Schrifterzeugnisse.

Beschreibstoffe und Schreibgeräte

Als drittes Element neben dem individuellen und dem zeittypischen wirkt auf die Schriftgestaltung das technische ein: die Beschaffenheit von Beschreibstoff und Schreibgerät. Als älteste Beschreibstoffe erscheinen Holz, Steine und Metalle. Die Schrift wird in sie eingeritzt oder -geschlagen. Demzufolge behalten diese Schriften einen eckigen, unverbundenen Duktus, sie bleiben »altertümlicher« als die jüngeren, wirklich »geschriebenen« Schriften, die mit Tinte, Rohr oder Feder erzeugt werden. Besonders wichtig ist dies für die Antike, weil hier – bis zu den neueren Entdeckungen der Papyrologen – der größere Teil der direkt überlieferten Schrifterzeugnisse in Stein-, Metall- und ähnlichen Schriften vorlag. Daher ist hier als Sonderdisziplin von der Paläographie abgespalten die »Epigraphik«, die sich lediglich mit diesen sog. »monumentalen« Schriftzeugnissen beschäftigt. Der Begriff der Epigraphik wird übrigens von den Altertumswissenschaften oft auch in weiterem Sinne, nämlich auf den Inhalt der Inschriften bezüglich, gebraucht; das Feld wird dann auch insoweit erweitert, als eine der Hauptaufgaben der Epigraphik in der Entzifferung noch unbekannter (unlesbarer oder undeutbarer) Schriften gesehen wird (kretische, lykische Schriften usw.; früher auch die ägyptischen und babylonischen Schriften u. a.). Für das Mittelalter und die Neuzeit erübrigt sich die Trennung von Paläographie und Epigraphik; zwischen den monumentalen und den geschriebenen Schriften des Mittelalters bestehen *keine grundsätzlichen*, sondern nur graduelle und chronologische Differenzen, die durchaus mit den allgemeinen paläographischen Kategorien erfaßbar sind.

Als paläographische Beschreibstoffe sind zu nennen:

1. *Wachstafeln.* In Gestalt von Einzeltäfelchen oder mehreren in Buchform zusammengebundenen Tafeln (Diptycha, Triptycha, Polyptycha) sind sie die häufigste Form des römisch-spätantiken Geschäftsschrifttums. Aber auch noch bis ans Ende des Mittelalters erscheinen Wachstafeln für vorübergehende und »Konzept«-Zwecke (als Notizbücher, Schultafeln, im Rechnungswesen) sowohl im privaten wie im öffentlichen Gebrauch; sie empfahlen sich hierfür wegen der leichten Löschbarkeit des Geschriebenen. In Lübeck und anderswo haben sich Wachs-Schultafeln und Notiz-»Heftchen« erhalten, die Kämmerei der französischen Könige des 13. Jahrhunderts und manche städtische Verwaltungen benutzten größere Wachstafeln für Konzepte ihrer Rechnungen, die dann in der Reinschrift auf Pergament umgeschrieben wurden. Als Schreibwerkzeug diente der meist hölzerne oder elfenbeinerne Griffel. Die Geschäftsschrift (Kursive), die auf solchen Tafeln geschrieben wurde, ist gekennzeichnet durch einen kurzlinigen, oft unterbrochenen Duktus: der Griffel muß im Wachs öfters abgesetzt werden. Die Form der Buchstaben wird ferner dadurch beeinflußt, daß mit steiler Handhaltung geschrieben wurde, wobei die Hand entweder gar nicht oder nur am Rand der Tafel aufgelegt werden konnte, um die Wachsfläche nicht zu verschmieren.

2. *Papyrus.* Dieser relativ spröde, in Form größerer Blätter hergestellte Beschreibstoff besteht aus dünnen Streifen des Marks der Papyrus-Pflanze, hauptsächlich ägyptischer Herkunft. Die Markstreifen wurden reihenweise nebeneinander gelegt und dann mit einer zweiten, quergelegten Schicht bedeckt. Durch Klopfen, Leimen, Pressen

und Trocknen entstand ein Blatt mit einer an heutiges »Leinen«-Papier erinnernden Struktur: der verbreitetste Beschreibstoff des Mittelmeerraums, insbesondere für Bücher. Die bekannten antiken Buchrollen entstanden durch Zusammenkleben vieler Papyrus-Einzelblätter *nebeneinander*. Die Rolle wurde dann derart beschrieben, daß jedes der zusammengeklebten Blätter eine Kolumne aufnahm; man begann mit dem Schreiben und Lesen an der linken Seite der Rolle und rollte dann fortschreitend links zu und rechts auf. Doch wurde der Papyrus auch in Einzelblättern für Urkunden und sonstige Geschäftszwecke gebraucht (chartes = charta). Für diesen Zweck war er noch in den Kanzleien der Merowinger und bei der päpstlichen Kurie, freilich in abnehmendem Maße, im Gebrauch, als er für Buchzwecke längst vom Pergament abgelöst worden war. Gegen Ende des 10. Jahrhunderts schwindet der Gebrauch des Papyrus. Geschrieben wurde auf dem Papyrus mit Tinte und Rohrfeder. Damit das (ursprünglich ungespaltene, in der Spätantike aber wie bei heutigen Schreibfedern in der Spitze gespaltene) Rohr nicht auf der leinwandartigen Struktur des Papyrus hakte oder spießte, mußte es schräg geschnitten oder (und) schräg zur Faserung geführt werden. Eine Auflockerung der ursprünglichen, streng geometrischen Buchstabenformen im Sinne einer Verschrägung, Verschleifung und Rundung ergab sich für die auf Papyrus geschriebenen Geschäftsschriften also schon vom Material her.

3. *Pergament*. Vom Standpunkt der zügigen Beschreibbarkeit, der Reißfestigkeit, Radierfestigkeit und Dauerhaftigkeit ist das Pergament zweifellos der ideale Beschreibstoff; der einzige Nachteil ist die relative Kostspieligkeit. Pergament besteht aus Tierhäuten, vorwiegend von Schaf (Lamm), Ziege, Kalb, in geringerem Maße verwendete man auch Eselshaut; die Häute werden nicht wie das Leder gegerbt, sondern in Kalkwasser gebeizt, dann enthaart und glatt geschabt, gespannt, mit Bimsstein geglättet und schließlich auf der einen oder auf beiden Seiten mit Kreideschlamm behandelt, der nach Trocknen und Klopfen eine glatte, griffige, oft leicht samtartige und fast weiße Schreibfläche erzeugt. Die meist nur einseitig zum Schreiben bearbeiteten »italienischen« Pergamente waren dünner, feiner und teurer. Beschrieben wurde das Pergament ursprünglich ebenfalls mit dem Rohr; seit der Merowingerzeit setzte sich mehr und mehr die Vogelfeder (Gänse-, auch Rabenfeder) durch, die haltbarer war und feiner zugeschnitten werden konnte als das Rohr. — Das Pergament kommt seit dem 4. Jahrhundert, zunächst vornehmlich für christlich-literarische Zwecke, vor. Gleichzeitig und im gleichen literarischen Zusammenhang erfolgt die Wandlung von der (Papyrus-)Buchrolle zum (Pergament-)Codex in der noch heute gewohnten, aus Lagen oder Einzelblättern zusammengebundenen Form. Erst nach dem Ende der Spätantike, im 7. Jahrhundert, erscheint das Pergament auch in der Verwendung für Geschäftszwecke (Urkunden; älteste erhaltene merowingische Pergamenturkunde vom Jahre 677). Möglicherweise

sprach gegen die Einführung des Pergaments für urkundliche Zwecke die gute Radierbarkeit, die Fälschungen erleichtern mußte. — Auch das Pergament, der vorherrschende Beschreibstoff des ganzen Mittelalters, kommt in Rollenform vor, freilich nicht für Buch-, sondern vorwiegend für Geschäftszwecke (Rechnungen; Gerichtsprotokolle u. ä.; Zunftrollen; auch sonst im Sprachgebrauch nachweisbar, z. B. »Rolle« des Schauspielers). Diese Rollen entstanden nicht, wie diejenigen aus Papyrus, durch horizontales Aneinanderfügen einzelner Blätter, vielmehr wurden die Blätter an der Schmalseite *untereinander* (durch Annähen) befestigt. Dementsprechend war die Rolle nicht von links nach rechts, sondern von oben nach unten beim Lesen zu entrollen. In Ausnahmefällen sind Rollen bis zu 30 und 40 m Länge erhalten, auf denen der Text sich also in einer einzigen endlosen Kolumne bis zu vielen tausend Zeilen darstellt. Rollen dieser Art werden *noch im 20. Jahrhundert* in der englischen Verwaltung verwendet (Patent Rolls, jahrweise angelegt). Überwiegend ist das Pergament aber seit je entweder in Codexform oder als Einzelblatt verwendet worden. — Pergament erlaubt eine nahezu unbegrenzte Richtungs- und Bewegungsfreiheit der Feder; mehr als früher war hier also der Schreiber vom materiell-technischen Zwang des Beschreibstoffes befreit, mehr als früher konnte er daher auf dem Pergament sich ganz dem individuell und zeittypisch zugleich bedingten Gestaltungstrieb hingeben.

4. *Papier.* Gemessen am Pergament stellt das Papier hinsichtlich Glätte, Festigkeit und Dauerhaftigkeit, zumindest anfangs, einen erheblichen Rückschritt dar. Die ältesten europäischen Papiere des 13. Jahrhunderts sind grobflockig und leicht vergänglich. Der wesentliche Vorzug des Papiers gegenüber dem Pergament ist zunächst allein seine Billigkeit, die sich aus der Herstellung aus Altmaterial (Hadern) ergibt. Wegen der erwähnten Nachteile hat es sich anfangs in Europa nur langsam eingebürgert. Die chinesische Erfindung war von den Arabern dem Abendland vermittelt worden; im 12. Jahrhundert erscheint in Spanien, im 13. Jahrhundert in Italien, in der ersten Hälfte des 14. Jahrhunderts auch in Deutschland eine einheimische Papierfabrikation. Ihre Erzeugnisse finden zunächst für literarische Zwecke, Briefe u. dgl. Verwendung. Für den amtlichen und urkundlichen Gebrauch wird dagegen noch lange Pergament vorgeschrieben. Noch im 16. Jahrhundert erkannte der Rat von Lübeck auf Papier geschriebene Urkunden nicht als Beweismittel an. Noch im 18. Jahrhundert war für bestimmte Urkundengruppen (Notariatsinstrumente, Testamente) vielerorts Pergament als Beschreibstoff vorgeschrieben. In dem besonders konservativen England wurde sogar erst im Jahre 1956 durch Unterhausbeschluß die Vorschrift, daß gewisse Gesetzespublikationen auf Pergament zu erfolgen hätten, aufgehoben. Der aus Hadern (Woll- und Leinenlumpen usw.) durch Stampfen unter Wasserzusatz geschaffene Papierbrei wurde mit einem Sieb aus der Bütte geschöpft, die dünne und verfilzte Schicht dann

durch Trocknen und Glätten zum Papierbogen geformt. Seit der Wende zum 14. Jahrhundert weisen die meisten älteren Papiere ein *Wasserzeichen* auf: eine aus Draht gebogene Figur, auf dem Siebnetz angebracht, erscheint im Papier durchscheinend. Da die Wasserzeichen häufig wechselten und jeder Papiermacher sein besonderes Zeichen führte, kann mit Hilfe des Wasserzeichens (und des zugehörigen Siebmusters) das Entstehungsdatum der meisten Papiere auf wenige Jahre genau festgelegt werden; das Wasserzeichen wird damit für Mittelalter und frühe Neuzeit zum wichtigen Hilfsmittel für die Datierung von Schriftstücken und die Entlarvung von Fälschungen.

Grundbegriffe und Grundlinien der Schriftentwicklung

Unsere Betrachtung beschränkt sich auf die Entwicklungsgeschichte der lateinischen Schrift. Diese ist zwar ihrerseits von griechisch-vorderasiatischen Vorgängern abzuleiten, stellt aber doch einen Neubeginn insofern dar, als sie von den frühen Monumentalschriften aus sowohl in der Buch- wie in der Geschäftsschrift eine eigenständige Entwicklung nimmt und damit zur Stammutter des gesamten abendländischen Schriftwesens wird. Dagegen leiten sich die byzantinisch-russischen (serbischen, neugriechischen usw.) Schriftformen direkt von der griechischen Schrift her, die einer hier nicht möglichen Sonderbehandlung bedarf.

Damit ist schon ausgesprochen, was, wegen der Vielfältigkeit der Schriftgeschichte namentlich in den letzten 500 Jahren, von Laien häufig verkannt wird: Die abendländische Schriftgeschichte ist ein organisches Ganzes, sie stellt einen einheitlichen evolutionären Vorgang dar. Es gibt keine verschiedenen Schriften, sondern nur verschiedene Entwicklungsstufen und Entwicklungsformen der einen, »lateinischen« Schrift. Die heute und schon gegen Ende des Mittelalters gebräuchlichen, zahlreichen verschiedenen Alphabete stellen entwicklungsgeschichtlich nur Varianten dar.

Grundlegend für das Verständnis der Schriftgeschichte sind zwei paläographische Begriffspaare:

1. *Majuskel und Minuskel.* In ihren älteren antiken Formen erscheinen alle Buchstaben grundsätzlich gleich groß, d. h. sie lassen sich mit ihren Schäften (Senkrechten), Rundungen und Waagrechten sämtlich in ein Zweilinien-Schema einordnen, ohne daß diese Linien durch »Oberlängen« und »Unterlängen« überschritten werden. Diese Schriftform (»Capitalis Quadrata«, »Rustica«, Unziale usw.) zeichnet sich durch ihre schlichte Klarheit und ornamentale Schönheit aus, erweist sich aber als sehr unbequem, wenn viel, schnell und zügig geschrieben werden soll, weil sie zu dauerndem Absetzen zwingt. Sie wird daher heute durchweg nur noch als Auszeichnungsschrift (Großbuchstaben, Versalien) verwendet. Die Majuskel herrscht bis etwa zur Wende des 3. zum 4. Jahrhundert

vor; als lebendige Buchschrift hält sie sich in der Sonderform der Unziale bis in das 7. und 8. Jahrhundert.

SCRIPTURAM   Majuskel-Buchschrift (Unziale, 5. Jahrh.)

ſcripturam   Minuskel-Buchschrift (Karolingische, 9. Jahrh.)

ſcripturam   Majuskel-Geschäftsschrift (Ält. röm. Kursive, 2. Jahrh.)

scripturum   Minuskel-Geschäftsschrift (Jüng. röm. Kursive, 6. Jahrh.)

Die paläographischen Begriffspaare Majuskel-Minuskel, Buchschrift-Geschäftsschrift

Die Minuskel entsteht als »Geschäftsschrift«. Wo schnell und zügig geschrieben werden soll, ergibt sich das Bedürfnis, ganze Buchstaben oder Buchstabenteile außerhalb des Zweilinienschemas so anzuordnen, daß eine bequeme Verbindung zwischen benachbarten Buchstaben möglich wird. Als Endergebnis bildet sich ein Vierlinienschema heraus, innerhalb dessen alle Buchstaben unterzubringen sind: einige zwischen der ersten und dritten, andere zwischen der zweiten und dritten, andere zwischen der zweiten und vierten und einige schließlich zwischen der ersten und vierten Linie.

Die Minuskel erscheint zunächst als Geschäftsschrift in Briefen, Akten und Urkunden, seit dem 5. Jahrhundert aber auch als Buchschrift (sog. »Halbunziale«) und wird endgültig bis heute herrschend durch die karolingische Schriftentwicklung des 8.–9. Jahrhunderts.

2. *Buchschrift und Geschäftsschrift.* Die Buchschrift ist die ältere, weil in Kulturen mit noch geringer »Schriftlichkeit« zunächst nur wenig und nur für feierliche, kultische oder »literarische« Zwecke geschrieben wurde. Sie stellt eine unmittelbare Transponierung der epigraphischen Schriftformen auf Buchbeschreibstoffe dar, wobei die Einzelbuchstaben nur relativ wenig verändert werden. Die Buchschrift legt keinen Wert auf schnelles, zügiges Schreiben, um so mehr Wert aber auf Schönheit, Regelmäßigkeit und Lesbarkeit. Daher wird jedem Buchstaben möglichst seine schulmäßig vorge-

schriebene »kanonische« Form gegeben; er bleibt für sich stehendes Individuum, die Schrift wird mehr gezeichnet (bzw. »gemalt«) als »geschrieben«. Der Buchschrift entspricht seit Beginn der Neuzeit die Druckschrift. Die Buchschrift ist aus den angegebenen Gründen im allgemeinen konservativer, ihre Entwicklung geht langsamer vor sich; sie ist daher in der Regel auch schwerer datierbar, als die Geschäftsschrift.

Eine Geschäftsschrift kann sich erst dann ausbilden und durchsetzen, wenn die Kultur einen gewissen Grad von allgemeiner Schriftlichkeit erreicht hat, d. h., wenn auch für Zwecke des täglichen Bedarfs, der Mitteilung und Notiz, des Geschäftslebens und der Verwaltung geschrieben wird. Hier wird kein Wert auf Regelmäßigkeit und kanonische Schönheit gelegt; das Hauptgewicht liegt auf dem Wunsch, schnell und bequem zu schreiben. Daraus ergibt sich eine vielfältige Verformung, Aufbrechung, Aufweichung und Verschleifung der Buchstaben zum Zweck flüssigerer Federführung, allmählich sich ausgestaltend zum Schreiben in *Ligatur,* d. h. mit Verbindungslinien zwischen den Buchstaben namentlich eines Wortes: diese ausgebildete Form der Geschäftsschrift nennen wir *Kursive.* — Es darf jedoch nicht außer acht gelassen werden, daß die Formen der kursiven Schriften und ihre Wandlungen keineswegs allein aus den rationalen Beweggründen des Schnellschreibens und Bequemschreibens abgeleitet werden können. Vielmehr werden solche Tendenzen ständig durchkreuzt von irrationalen Einflüssen des zeitgebundenen Stilgefühls; gelegentlich wirkt auch eine sehr merkwürdige Neigung der schreibfrohen Hand zu schreibender »Ausschweifung«, eine Lust am Schwung an sich mit, die in gewissen auffallenden Doppelverschleifungen z. B. der jüngeren römischen Kursive und der gotischen Kursive des 14. Jahrhunderts deutlich wird und dann geradezu das Gegenteil von bequemer Vereinfachung zur Folge haben kann.

Stilwandlungen, Zweckwandlungen und Materialwandlungen erzeugen, durch die Jahrhunderte hindurch, bald schneller und bald langsamer sich vollziehende Wandlungen von Buchstabenform und Schriftbild. Diese Wandlungen vollziehen sich nicht etwa säuberlich getrennt nach Buchschrift und Geschäftsschrift. Vielmehr wirken beide aus stilgeschichtlichen und aus schulmäßigen Gründen ununterbrochen aufeinander ein. Ein kausal und chronologisch vollständiges Bild der Entwicklung gewinnt man daher nur bei ständiger Beobachtung *beider* Schrifttypen — was in volkstümlichen Darstellungen der Schriftgeschichte häufig nicht beachtet wird.

Geschäftsschriften können erst aus Buchschriften entstehen; sie nehmen also deren Elemente in sich auf und formen sie nach ihren Bedürfnissen um. Hingegen folgt die flüchtige Geschäftsschrift ihrerseits rascher den Wandlungen des Stilgefühls, als die konservativere, mehr an einen einmal gegebenen Kanon gebundene Buchschrift. Das hat zur Folge, daß die Buchschrift schließlich, gemessen an der gängigen Kursive, als altmodisch empfunden werden kann; sie wird dann durch Übernahme von (geglätteten und regulierten) Elementen der Geschäftsschrift erneuert und verwandelt. Auf der anderen Seite kann die schulmäßig »schöne« und regelmäßige Buchschrift ihrerseits immer wieder mäßigend und regulierend, Wildschößlinge abschneidend, auf die Geschäftsschrift einwirken, die aus naheliegenden Gründen immer in der Gefahr der Verwilderung steht. Dieser Vorgang ständiger gegenseitiger Beeinflussung und Befruchtung in zeitlich durchaus verschiedenen Intervallen läßt sich durch die anderthalb

H   um 50 n. Chr.

h   um 150

h   um 450

h   um 550

h   um 850

h   um 1350

h   um 1450

h   um 1550

h   um 1800

Entwicklung eines Einzelbuchstaben von der Antike bis zur Gegenwart. Linke Spalte Buchschrift, rechte Spalte Geschäftsschrift.

Jahrtausende der lateinischen Schriftgeschichte bis zum Aufkommen des Buchdruckes dauernd beobachten und gehört zu den anziehendsten Erscheinungen der Schriftgeschichte; bildlich gesprochen läßt er sich mit den Interferenzerscheinungen physikalischer Wellen gut vergleichen. Der Ablauf wird erst dadurch gestört, ja nahezu gänzlich unterbrochen, daß mit dem Aufkommen des Buchdrucks die Buchschrift auf dem damals erreichten Stand fast erstarrt, leblos wird. Beide »Wellen« interferieren immer stärker, weil die (gedruckte) Buchschrift sich kaum noch fortentwickelt, so daß sie sich bis ins 19. Jahrhundert noch weitgehend auf dem Formstandpunkt der Spätrenaissance und des Barock befand.

Auch innerhalb der lebendigen Entwicklung freilich laufen die beiden

Wellen durchaus nicht immer mit gleicher Stärke nebeneinanderher. Wir sahen ja, daß die Geschäftsschrift (Kursive) in ihrer Existenz abhängig ist von einem gewissen relativen Grad allgemeiner Schriftlichkeit des Zeitalters. Wo diese durch einen Kulturumbruch verlorengeht — so an der Wende von der Spätantike zum fast schriftlosen Frühmittelalter —, da schwindet auch die Kursive dahin: vom 8. bis zum 12. Jahrhundert ist sie fast unsichtbar geworden und hält sich nur in Relikten in einigen Rückzugsgebieten. Es herrscht die Buchschrift als für die spärliche Benutzung ausreichende »Einheitsschrift«. Erst mit dem Aufkommen einer neuen allgemeineren Schriftlichkeit im Laufe des 13. Jahrhunderts kann sich eine Kursive neu bilden — wiederum, genau wie in der Antike, durch Umformung der vorhandenen (nunmehr »gotischen«) Buchschrift.

Eine lateinische Geschäftsschrift begegnet uns zuerst im ersten nachchristlichen Jahrhundert (Ältere römische oder *Majuskelkursive*). Die bereits durch Wandlungen von Schreibmaterial und Stilgefühl veränderte Buchschrift (»Capitalis Rustica«) wird durch den Einfluß jener Kursive verformt zur *»Unziale«* (um 300; als Buchschrift neben jüngeren Formen bis ins 7. Jahrhundert lebendig; später noch als erstarrte Zierschrift im Gebrauch). Elemente der Unziale wirken ihrerseits wiederum mit bei der Herausbildung der ersten Minuskelschrift, der *»Jüngeren römischen Kursive«*, die uns am Ende des 4. Jahrhunderts begegnet und namentlich im Amtsbrauch der Verwaltung in verschiedenen Varianten eine langanhaltende Verwendung und Fortbildung findet. Diese Minuskelkursive aber ist nun wieder, und zwar entscheidend, beteiligt an der im 5. Jahrhundert sich vollziehenden tiefgreifenden Wandlung der bisher herrschenden Buchschrift (Unziale, also Majuskel) zum neuen Stilmuster der (unzutreffend so genannten) *»Halbunziale«*, die die breiten, gerundeten Formen des unzialen Schriftbildes mit den minuskulären Buchstabenelementen der Kursive vereinigt. Damit ist eine bedeutende Epoche der Schriftgeschichte erreicht: am Ende der Antike stehen als Buchschrift und als Geschäftsschrift zwei nach Stilwillen und Einzelformen fast »gleichzeitige« Minuskelschriften nebeneinander.

Der Zerfall der abendländischen Kultur- und Zivilisationseinheit hat dann freilich folgerichtig zunächst auch einen Zerfall der bis dahin so einheitlichen Schriftentwicklung verursacht. In den völkerwanderungszeitlichen »Nachfolgestaaten« entsteht eine Reihe von schriftgeschichtlichen Varianten, die sog. »Nationalschriften«. Manche von ihnen laufen noch im Frühmittelalter als tote Zweige ohne Bedeutung für die weitere schriftgeschichtliche Entwicklung aus. Auf den weiteren kontinuierlichen Verlauf der Schriftgeschichte haben vor allem zwei dieser Zweigentwicklungen entscheidend eingewirkt: die *Merowingisch-fränkischen* und die *Irisch-angelsächsischen* Schriftgruppen. Ihre Betrachtung leitet zur mittelalterlichen Schriftgeschichte über.

Dabei tritt gewissermaßen eine Teilung der Aufgaben ein. Das kulturell rasch verwildernde, aber in seiner staatlichen Zentrale die zivi-

lisatorische Tradition wahrende Merowingerreich führt vor allem die
Entwicklung der Kursive weiter — wobei es zu höchst merkwürdigen,
bizarren Verschränkungen und Verzerrungen des Schriftbildes kommt,
die vielleicht gewisse germanische Stilelemente widerspiegeln; in geringerem Umfang wird diese ausschweifende, manchmal geradezu
hexenhaft wirkende Urkundenschrift der merowingischen Verwaltung
auch zu einer etwas gereinigten und gesitteten Buchschrift mit kursiven Elementen umgewandelt (sog. *»Halbkursive«*). Nur in einigen
klösterlichen Schreibschulen wird die überkommene klassische Halbunziale in künstlerischer Form weitergepflegt, wohl nicht ohne Zusammenhang mit der noch stark in unmittelbar antiker Tradition
stehenden »langobardisch«-norditalienischen Schriftschule. — Umgekehrt
bestand auf den keltisch und angelsächsisch besiedelten britischen Inseln am Rand des Abendlandes schon längst keine schriftliche Geschäfts- und Verwaltungsform mehr; für eine Geschäftsschrift nach
Art der Merowingischen war daher hier kein Platz. Dagegen entwickelte nun — zunächst im irisch-keltischen, dann unter dessen Einfluß auch im angelsächsischen Bereich — die dort heimische und vorerst von Rom unabhängige eigentümliche Mönchs- und Klosterkultur
ein reichgestaltiges Buchschriftwesen auf der Grundlage der Halbunziale. Unter starken keltischen, später auch nordgermanischen Stileinflüssen entstehen hier in mehreren Varianten, mehr gerundeten oder
mehr spitzigen, im Laufe des 6. Jahrhunderts die hochdekorativen
»insularen« Halbunzialen. Von hier aus gelangen diese schönen Schriftschöpfungen mit der irischen und angelsächsischen Mönchsmission auf
den Kontinent und in jene Bistums- und Klostergründungen, die als
Schreibschulen und kulturelle Zentren (Luxeuil, Péronne, Fulda, Würzburg, Mainz, St. Gallen, Bobbio) neben ältere kontinentale, wie Tours
(St. Martin), Paris (St. Denis), Corbie, Verona usw. traten.

Diese mehrfachen Ansätze bündeln sich im Laufe des 8.–9. Jahrhunderts wieder zu einer einheitlichen Entwicklungslinie. Es handelt
sich dabei um einen Teilvorgang jener allgemeineren, Staats- und Kulturleben zugleich umfassenden Erscheinung, die man die »karolingische
Renaissance« nennt. Ihre Voraussetzung ist die Wiederherstellung der
staatlichen Einheit großer Teile des Abendlandes durch das karolingische Imperium, und zwar in engstem Zusammenhang mit der sich
festigenden Weltgeltung der römischen Kirche. Die staatliche Konzentration geht Hand in Hand mit der kirchlich-geistigen. Wesentlicher Initiator der Bewegung ist zweifellos Karl selbst; mit ihm der
Kreis führender, zum Teil aus dem angelsächsischen Kulturbereich
stammender Männer, die sich zeitweise in der Hofschule an der
Aachener Pfalz zusammenfinden.

Im großen ganzen ist dieser Versuch einer kulturellen Regeneration
bekanntlich mißlungen oder doch in seinen Anfängen steckengeblieben.
Karl selbst war der Sohn eines bereits schriftlosen Kulturzustandes,
und der Staatsaufbau mußte solche zeitgebundene Gegebenheiten hinnehmen; zur Neubildung eines straffen, schriftlich verwaltenden

Staatszentralismus und eines schriftlichen Geschäftslebens überhaupt ist es nicht gekommen. Es kam daher auch nicht zur Erneuerung bzw. Fortsetzung einer Geschäftsschrift (Kursive). Nur innerhalb des spärlich fortlebenden Urkundenwesens hält sich eine Reihe formaler Elemente der merowingischen Kursive bis über das 11. Jahrhundert hinaus (»Diplomatische Minuskel«).

Die lebendige schriftliche Entwicklung beschränkt sich daher auf die (klösterliche) Literatur, paläographisch gesprochen also auf die Buchschrift, und zwar in doppelter Richtung: Sie gilt einerseits der Erhaltung, Wiederbelebung und Verbreitung gewisser Reste der antiken Literatur — andererseits der Neuschöpfung eines »eigenen« geistigen Lebens, namentlich auf kirchlichem Gebiet, d. h. der Revision, Erneuerung und einheitlichen Fortbildung der geistlichen (biblischen, liturgischen, patristischen) Literatur.

Der doppelten Tendenz dieser Literatur-Renaissance entspricht die doppelte Verwurzelung der neuen Schriftformen. Aus den Halbunzialen — sowohl den nur noch in gewähltem, aber totem Eklektizismus fortgeführten spätantiken, wie den sehr lebendigen Insularen — einerseits und aus der Fortbildung der merowingischen Schrift (in Form der Buchschrift = »Halbkursive«) andererseits erwächst die Neuschöpfung der *Karolingischen Minuskel,* der künftigen abendländischen »Einheitsschrift« (Tafel 2).

Wie es zu dieser Neubildung aus verschiedenen halbunzialen und merowingischen Vorgängern gekommen ist, bleibt trotz minutiöser Einzeluntersuchungen über zahlreiche »Scriptorien« und ihre Produkte bis heute weitgehend unklar. Ob die vorherrschende Initiative in Aachen selbst, also an Karls Hofschule, in Tours, Corbie, Luxeuil oder einer der anderen Schriftschulen zu suchen ist, mag auch weiterhin strittig bleiben; soviel ist jedenfalls sicher, daß die von *Karl selbst* und von seiner engsten Umgebung energisch angestrebte universale Erneuerung, Angleichung und Vereinheitlichung aller Möglichkeiten des abendländisch-lateinischen Kulturlebens direkt und indirekt maßgebend war. Insofern jedenfalls trägt die neue Schrift zu Recht ihren Namen karolingische Minuskel. Nirgends ist der Zusammenhang zwischen politischer und »Kulturgeschichte« einerseits, Schriftgeschichte andererseits handgreiflicher als in der Entstehung und Fortentwicklung dieser Schrift, die der geistigen Einheit des Abendlandes in den vier hochmittelalterlichen Jahrhunderten auch schriftgeschichtlichen Ausdruck verleiht.

Das geschieht sowohl in positivem wie in negativem Sinne. Negativ insofern, als der Verlust der Schriftlichkeit im öffentlichen wie im privaten Leben, der Rückzug der Schrift in den klösterlich-literarischen Bereich sich überall im Fehlen einer Kursive dokumentiert. Positiv dadurch, daß die karolingische Minuskel sich im Lauf der nächsten Jahrhunderte die Herrschaftsbereiche älterer Sonderschriften (in Spanien, auf den britischen Inseln, in Italien, selbst an der Kurie) nach und nach unwiderstehlich erobert. Positiv auch dadurch, daß überall in Europa — allenfalls mit dem bekannten zeitlichen West-Ost-Gefälle — sich dann allmählich jene fast unmerklichen Wandlungen vollziehen, die die karolingische Minuskel schließlich zur *»gotischen Minuskel«* werden lassen. Das geschieht auf dem Wege über jene Brechung der Rundungen, Verengung, Vertikalstreckung, Betonung der Schäfte, Verschränkung und Aufspaltung der Buchstabenelemente, die den etwa gleichzeitigen Vorgängen in der Architektur entsprechen. Die Tendenz zur Vertikalen, zur Auflösung der Flächen, zur gitterhaften Verschränkung der »tragenden« Elemente erscheint sogar in der bildsameren Schrift eher und deutlicher als in Architektur und Plastik der »gotischen« Frühzeit. Leider fehlt es noch durchaus an befriedigenden Untersuchungen dieser stilgeschichtlichen Zusammenhänge zwischen Schrift und bildender Kunst.

Der besonders im 12. Jahrhundert sich rasch vollendende Stilwandel der karolingischen Schrift erfährt eine Verstärkung und Erweiterung noch durch die gleichzeitigen geistigen Wandlungen im abendländischen Kulturbereich: Sie sind etwa gekennzeichnet durch das Reformpapsttum, durch den Kampf der weltlichen Macht gegen dieses Papsttum, durch die Ausbildung der Hochscholastik an ihren westeuropäischen Pflegestätten, durch das Aufkommen der Bettelorden, aber auch durch das allmähliche Einsetzen einer Laienbildung, den Bruch des Bildungsmonopols (und das heißt auch: des Schriftmonopols) der Geistlichkeit. Gemessen an den Verhältnissen der vorhergehenden Jahrhunderte setzt im 12.–13. Jahrhundert eine gewaltige Verstärkung der Schriftlichkeit ein. Nicht nur im Staats-, Rechts- und Verwaltungsleben beginnt wieder eine schriftliche Dokumentation; über die reformierte Mönchs- und Priestergeistlichkeit hinaus gelangt Schriftkenntnis und Schreibfähigkeit auch in Laienkreise, ergreift allmählich nicht nur die führenden Schichten des Hochadels, sondern auch Teile des niederen Adels und vor allem des zu hoher Blüte aufsteigenden städtischen Bürgertums.

Freilich bedeutet diese ungemeine Erweiterung und Bereicherung zugleich auch das Ende der bisher so einheitlichen Entwicklung. Wie sich das politische und das geistige Leben mit der Entstehung der modernen Staats- und Kulturnationen zu differenzieren beginnt, so geschieht ein gleiches auch auf dem Gebiet der Schrift. Sowohl zweckbedingte wie landschaftlich bestimmte Sonderformen der gotischen Minuskel treten auf. Die einheitliche Buchschrift löst sich im Spätmittelalter in eine Reihe von Spielarten auf *(Textura, Rotunda* usw.). Die Vielfalt wird noch dadurch vergrößert, daß seit der Mitte des 13. Jahrhunderts zwangsläufig — nämlich durch die wiedergewonnene allgemeinere »Schriftlichkeit« veranlaßt — auch wieder eine Geschäftsschrift in mehreren Varianten entsteht (neben Urkunden- und Kanzleischriften die eigentlichen *gotischen Kursiven,* auch Notulae genannt). Indem diese wiederum, in bereinigter und regelmäßiger Form, auf die Buchschriften Einfluß nehmen, entstehen die verschiedenen *»Bastarden«,* auch die *»Fraktur«* der kaiserlichen Kanzlei und schließlich die »*Schwabacher*« — kraftvolle Schriften, die im Augenblick der Erfindung des Buchdrucks den Höhepunkt spätmittelalterlicher Schriftentwicklung darstellen. In ungebrochener Kontinuität werden die Fraktur und die Schwabacher als Buch-(Druck-)Schriften, die »*Kanzlei*« und die »*Kurrent*« als neuzeitliche Ausbildungen der Kursive bis ins 20. Jahrhundert fortgeführt. Dies geschieht allerdings unter fortschreitender Einengung ihres Geltungsbereiches auf den mitteleuropäisch-deutschen Raum; so daß schließlich die Vorstellung von einer besonderen »deutschen« Schrift gegenüber der im übrigen Europa herrschenden »lateinischen« aufkommen konnte.

Jene »lateinische« Schrift *(Antiqua)* ist bekanntlich das Ergebnis eines gelehrten literarischen Irrtums. Die Neigung der italienischen Humanisten, aus der »gotischen« Entartung der spätmittelalterlichen Kultur auf die Schätze der Antike zurückzugreifen, verführte zu der Annahme, die Schriftform, in der ihnen die meisten antiken Schriftsteller überliefert waren, sei eben die antike Schrift. Es war jedoch die Schrift der karolingischen Renaissance, auf die hier die zweite, die italienische Renaissance stieß — also eine nur um fünf Jahrhunderte ältere Entwicklungsstufe ihrer eigenen Schrift. Man benutzte sie zunächst nur als Arsenal zur Verschönerung und Harmonisierung der gotischen Schriften *(Goticoantiqua)*, übernahm sie aber schließlich ganz; und so erscheint seit der Wende des 14. Jahrhunderts die Antiqua zunächst als Buchschrift, dann auch als Kursive, überwiegend im lateinisch-italienischen und überhaupt romanischen Kulturbereich; erst allmählich setzt sie sich auch in den anderen europäischen Ländern und für Texte in deren Nationalsprachen durch. Diese Entwicklung, die — zunächst mit Ausnahme Deutschlands und einiger seiner Nachbarländer — schließlich ja zum Sieg der Antiqua fast in der ganzen Welt führte, ist nicht nur durch allgemeine kulturgeschichtliche und »kulturpolitische« Umstände, sondern wohl auch durch einen stilgeschichtlichen Vorzug der Antiqua gefördert worden. Während nämlich die »gotischen« Buchschriften (Fraktur, Schwabacher) mit ihrer Übernahme und Anwendung für den Druck weitgehend erstarrten und sich zu kontinuierlicher Weiterentwicklung lange unfähig zeigten, ist die Antiqua dank der Tätigkeit bedeutender Drucker und Formschneider, namentlich in Italien und den Niederlanden, aber auch in England und Frankreich, in den ersten neuzeitlichen Jahrhunderten viel lebendiger geblieben; sie hat sich den Stilwandlungen der Zeit geschmeidiger angepaßt. Ein auffallendes Zeichen für diese größere Lebendigkeit der Antiqua ist es, daß hier noch einmal — wie so oft in den vorausgegangenen Jahrhunderten und Jahrtausenden — ein Einbruch der Kursive in die Buchschrift gelang: Neben der »lateinischen Schreibschrift« und der »lateinischen Druckschrift« erscheint seit dem 16. Jahrhundert und wird noch heute gern verwendet die »*Antiquakursive*« als Buchschrift (sie wird auch im vorliegenden Buch für Hervorhebungen angewandt). — Vom schriftgeschichtlichen Standpunkt aus wird man freilich festhalten müssen, daß die Wiederbelebung der karolingischen Minuskel als »Antiqua« den einzigen tatsächlich unorganischen Vorgang im Ablauf der abendländischen Schriftgeschichte darstellt.

Kürzungen und Geheimschriften

Zum Verständnis der älteren Schriften unentbehrlich ist die Kenntnis der Kürzungszeichen und -formen, die schon die lateinische Antike ausgebildet hat. Der klassische römische Schriftgebrauch in Literatur, Verwaltung und Geschäftsleben kennt schon eine Form der *»suspensiven«* Kürzung, bei der nur der oder die ersten Buchstaben ausgeschrieben, der Schluß des Wortes durch Punktsetzung oder (seit dem 2. Jahrhundert) übergesetzten Kürzungsstrich angedeutet wird. Am bekanntesten sind derartige Kürzungen von Personen- und Amtsnamen wie C. = Gaius, P. = Publius, COS = Consul, IMP. = Imperator usw. (im Plural mit Verdoppelung der Endbuchstaben, IMPP. = Imperatores). Die im 2. Jahrhundert einsetzende »syllabare« Suspension setzt nur die Anfangsbuchstaben einzelner Silben, z. B. FCR. = fecerunt.

Das System wurde ergänzt und ausgebaut durch besonders geschaffene *willkürliche Zeichen* und *hochgesetzte Einzelbuchstaben* (um eine ausgefallene Silbe mit diesem Buchstaben zu bezeichnen). Die willkürlich konstruierten Zeichen leiten sich größtenteils von den bekannten *Tironischen Noten* her, die in gewisser Weise zugleich Kurz- und Geheimschrift waren. In dieser doppelten Eigenschaft halten sie sich im Gebrauch der großen Kanzleien bis in das 10. Jahrhundert. Die allgemeine Schrift übernahm aus dem riesigen Reservoir der Noten eine Reihe von Zeichen für besonders häufig gebrauchte Silben (con, ur, us, et usw.), namentlich in den Texten der Staats- und Rechtssprache — in besonders reicher Auswahl in den juristischen Handschriften. Eine letzte Gruppe von Kürzungen begegnet zuerst und vor allem in der spätantiken christlichen Literatur in Form der *kontraktiven* Kürzung (Zusammenziehung des Wortes auf einige wesentliche Buchstaben, meist Konsonanten, aus Anfang, Mitte und Ende). Diese Kürzungen dienen zunächst besonders zur Schreibung der immer wieder vorkommenden »Nomina Sacra« und entsprechender kirchlicher Begriffe. Zum Teil sind sie bereits aus dem Griechischen übernommen, wobei man die Buchstaben auch bei verändertem Lautwert beibehält, wie in den bekannten Beispielen XPS, IHS (chi-rho-sigma, jota-eta-sigma = Christus und Jesus; auch im Mittelalter mit Minuskeln weiter so geschrieben und auch dekliniert, also xpi = Christi). Weitere häufig gebrauchte Kontraktionen dieser Art sind z. B.: ds (deus), dns (dominus), scs (sanctus), sps (spiritus), eps (episcopus), pbr (presbiter), eccla (ecclesia) usw., sämtlich in der Regel mit übergesetztem (horizontalem) Kürzungsstrich.

Alle Gruppen von Kürzungen erscheinen vereint und unterschiedslos angewandt zuerst in den auf dem Kontinent geschriebenen Handschriften von Schreibern irisch-angelsächsischer Abkunft, vor allem in Bobbio (Gründung des hl. Kolumban 614). Von dort aus gelangt das ganze System allmählich und zögernd in die allgemeine kontinentale Schreibweise, voll ausgebildet jedoch erst im 12. Jahrhundert. Die sämtlichen Kürzungsverfahren haben sich bis heute erhalten, werden jedoch nur noch seltener, jedenfalls nicht mehr in der Literatur, sondern nur noch im Geschäfts- und Verwaltungsschriftgut angewendet (am häufigsten die Suspension: »u.« für »und«, »usw.« = und so weiter, A.G. =˙ Aktiengesellschaft. Hochgesetzte Einzelbuchstaben namentlich in fremdsprachlichen Kürzungen: N° = Numero, Cie = Companie. Willkürliche, beziehungsweise aus tironischen Noten stammende Zeichen: %, +. Kontraktionen: Bhf. = Bahnhof).

Gegen Ende des Mittelalters verwilderte das Kürzungswesen, bei zugleich immer häufigerer Anwendung. Vor allem die Kürzung durch Überschreibung (hochgesetzte Buchstaben) und durch Kontraktion wurde so übertrieben und regellos angewendet, daß der Wortlaut oft nur noch zu erraten ist. Auch der allgemeine Kürzungsstrich wurde vielfach wahllos verwendet, so daß das ursprünglich feingegliederte System nicht einmal mehr voll ausgenutzt wurde. Eine besondere Schwierigkeit für den Leser ist dabei, daß der Sinn für den ursprünglich rationalen Zweck des Kürzens oft geradezu verlorengegangen zu sein scheint: Man häuft die Kürzungen um ihrer selbst willen zuweilen derart, daß von Erleichterung und Beschleunigung des Schreibens oder auch von Platzersparnis kaum noch die Rede sein kann, solche Vorteile für das Schreiben jedenfalls durch die Mühsal beim Entziffern mehr als aufgewogen werden.

Geheimschriften im eigentlichen Sinne, d. h. Schriften mit verabredeten Geheimzeichen (Chiffern), kennt bereits die Antike. Am bekanntesten sind die Geheimschriften, die durch Umsetzen der Buchstaben des Alphabets erreicht werden. Daneben sind aber auch Schriften im Gebrauch, die aus willkürlich geschaffenen Zeichen, aus Ziffern anstelle der Buchstaben usw. bestehen. Mittelalterliche Geheimschriften werden dem Historiker relativ selten begegnen. Dagegen wird er bei der Benutzung neuerer diplomatischer Akten häufiger mit Geheimschriften zu tun haben. Als eine besondere, mehr spielerische Variante erscheint namentlich im 16. und 17. Jahrhundert der Brauch, zwar in Klartext zu schreiben, aber die Namen der erwähnten Personen, Staaten, Verhandlungsparteien usw. durch symbolische Decknamen zu ersetzen, die oft unschwer aufzulösen sind. Ältere Geheimschriften lassen sich meistens mit Hilfe der bekannten Regeln über Buchstabenhäufigkeit, Buchstabenfolgen in bestimmten Sprachen usw. entziffern. Bei den komplizierten neueren diplomatischen Geheimschriften wird der Historiker dagegen unter Umständen Fachleute hinzuziehen müssen, wenn ihm die Chiffer-Schlüssel nicht in den Akten zugänglich sind.

3. Das Geschäftsschriftgut: Urkunden und Akten

> »Vor einer richtig interpretierten Urkunde stürzen alle ihr widersprechenden Angaben einer Tradition, mochte sie sonst noch so zuverlässig scheinen, rettungslos zusammen. Denn in ihr redet die Vergangenheit unmittelbar, nicht durch Vermittlung Fremder zu uns.«
> *Eduard Meyer*

Wesen und Quellenwert

Unter den Quellengruppen der Überreste haben die Urkunden und die Akten eine ganz besondere Bedeutung: die Urkunden als die häufigsten und wichtigsten Quellen zur mittelalterlichen Geschichte, die Akten als die wesentlichste Quellengruppe der neueren Geschichte, wenigstens soweit diese sich mit den Vorgängen des staatlich-öffentlichen Lebens beschäftigt. Man unterscheidet daher geradezu Mittelalter und Neuzeit von diesem Gesichtspunkt her als »Urkundenzeitalter« und »Aktenzeitalter«. Doch fehlen weder die Akten im Mittelalter ganz, noch verlieren die Urkunden in der Neuzeit ihre quellenkundliche Bedeutung.

Urkunden und Akten zusammen stellen den schriftlichen Niederschlag der *Geschäftstätigkeit* ihrer Zeit dar: der rechtlichen und politischen wie auch der wirtschaftlichen. Insbesondere bilden sie den maßgebenden Niederschlag des öffentlich-politischen Lebens, nämlich als Dokumente von Recht und Gesetzgebung, Verwaltung, innerstaatlichen Verhältnissen und internationalen Beziehungen, Krieg und Frieden usw.

Das Vorhandensein und die Häufigkeit von Urkunden und Akten sind abhängig vom Grade der »Schriftlichkeit« eines Zeitalters, d. h. davon, wieweit eine Kulturepoche daran gewöhnt ist, *schriftlich* Recht zu setzen, zu verwalten, zu regieren und zu korrespondieren. Die Urkunden, welche die abschließende, rechtswirksame Dokumentation einer Handlung darstellen, erscheinen früher als die Akten, welche nämlich voraussetzen, daß nicht nur der Abschluß, sondern auch die Vorbereitung und die Durchführung von Maßnahmen des menschlichen Gemeinschaftslebens gewohnheitsmäßig auf schriftlichem Wege erfolgen. Daher kennt die Spätantike, als Zeitalter einer relativ allgemeinen Schriftlichkeit, beide Dokumentationsformen, das frühe und hohe Mittelalter aber zunächst nur die Urkunden – und zwar anfänglich nur in bescheidenem Ausmaß, hauptsächlich nur in Klöstern und bei den höchsten Zentralstellen. Erst wieder im Spätmittelalter begegnen zunächst nur spärliche, dann seit Beginn der Neuzeit allmählich immer massenhafter werdende Aktenbestände neben den im gleichen Ausmaß sich vermehrenden Urkunden.

Urkunden und Akten haben ihre besonderen, von der Spätantike her sich in zahlreichen Wandlungen ausbildenden inneren und äußeren Formen: jedes Zeitalter, ja auch jedes staatliche Gebilde und jede soziale Gruppe je nach Tradition und Zwecksetzung häufig sehr verschiedene Formen. Ihre sachgerechte Benutzung und Anwendung erfordert daher gründliche Kenntnis dessen, was die Urkunden- und Aktenforschung in den letzten drei Jahrhunderten erarbeitet und in einer ungemein weitverzweigten Literatur ausgebreitet hat. Dies gilt um so mehr, als Urkunden und Akten ja keine Produkte des dem Historiker vertrauten eigenen Arbeitsbereiches, nämlich der Geschichtschreibung, sind, sondern Erzeugnisse der Verwaltung und des Rechtslebens ihrer Zeit. Der Historiker muß sich also mit den ihm häufig zunächst fernliegenden, zudem zeitlich und örtlich sehr unterschiedlichen Denkformen von Recht und Verwaltung bekannt machen, wenn er Fehlschlüsse bei der Benutzung von Urkunden und Akten vermeiden will.

Der Urkundenbegriff

Die Urkunde ist ein unter Beobachtung bestimmter Formen ausgefertigtes und beglaubigtes Schriftstück über Vorgänge von rechtserheblicher Natur.
Sie ist also ein Erzeugnis des Rechtslebens, nicht ein Erzeugnis der Geschichtschreibung oder sonstigen menschlichen Dokumentationswillens. Gegen diese Feststellung, wiewohl sie allein geeignet ist, den Urkundenbegriff sicher zu umgrenzen und vor dem Verschwimmen zu bewahren, wird von seiten der Geschichtswissenschaft leider nicht selten verstoßen. Freilich stimmt heute die gesamte maßgebende Literatur unseres Faches (mit geringfügigen Varianten) in der oben gegebenen Definition der Urkunde – die auch der Auffassung der Rechtswissenschaft entspricht – überein. Aber dennoch konnte eine Autorität wie *Bernheim* einen besonderen, vom juristischen abweichenden »diplomatischen« Urkundenbegriff postulieren und die Urkunde definieren als »ein zu historischem Zeugnis (!) dienendes Schriftstück, welches unter Einhaltung bestimmt geregelter Formen abgefaßt ist, die geeignet sind, dasselbe zu beglaubigen«. Wollte man einer solchen Definition folgen, so ergäbe sich die sonderbarste Relativierung des Begriffes: »Urkunde« wäre ein Schriftstück hiernach erst und nur dann, wenn es zu historischem Zeugnis verwendet würde. Nicht der Zweck, sondern die (zufällige) Verwendung würde über die Begriffsbestimmung entscheiden. – Noch weiter geht der volkstümliche Sprachgebrauch, der auch von Nachbarwissenschaften der Geschichte (Philologie, Archäologie) gern verwendet wird und der im Grunde jedes Dokument vergangener Zeiten oder überhaupt jedes in feierlichen Formen gehaltene Schriftstück als Urkunde bezeichnet; Beispiele sind etwa die »Grundsteinlegungs-Urkunden«, die in der Regel keine Urkunden im Rechtssinne sind, oder gar die nichtschriftlichen Bodenfunde der Archäologie, die in deren Fachschrifttum zuweilen als Urkunden bezeichnet werden. In diesem weiteren und verschwommenen

Sinne sprechen auch sowohl *J. G. Herder* (›Die älteste Urkunde des Menschengeschlechts‹, 1774) als auch *Schiller* zum Beispiel von der Bibel oder einzelnen ihrer Teile als von Urkunden. Es leuchtet ein, daß ein derart nebelhaft erweiterter Urkundenbegriff tatsächlich für die Geschichtsforschung ebenso unbrauchbar ist, wie für die Rechtswissenschaft. Nicht nur wird dadurch eine eindeutige Begriffsbestimmung unmöglich gemacht – die doch die erste Voraussetzung für die richtige Verwertung einer Quelle ist; darüber hinaus wird durch eine derartige Umbiegung des Urkundenbegriffs geradezu auch die Bedeutung des *Rechtsfaktors in der Geschichte* verdunkelt.

Denn das menschliche Gemeinschaftsleben ist in seinem Kern auf Verträgen und Satzungen, also Rechtsakten aufgebaut. Praktisch ist jede Handlung und jeder Zustand dieses menschlichen Gemeinschaftslebens ohne Rechtsakt kaum vorstellbar. Ob es sich im staatlichen Bereich um Verfassung, Verwaltungsordnung, Rechtsprechung und Gesetzgebung, Krieg, Frieden und Bündnis, um Befehl und Auftrag oder um Gnadenerweis und Privilegierung einzelner Personen oder Gruppen handelt – oder im genossenschaftlichen und kommunalen Gemeinschaftsleben um die Gesetze und Regeln der Stadtverfassung, der dörflichen Lebensordnung, der Berufsgenossenschaften, Zünfte, Gilden, der kirchlichen und geistlichen Institutionen und Gemeinschaften – oder im Privatleben um die rechtsgeschäftliche Beziehung zu anderen Privaten durch Testament und Erbe, Eheschließung, Kauf und Verkauf, Schuld und Schenkung: alles beruht auf Rechtshandlungen.

Diese sich täglich hunderttausendfach vollziehenden Rechtsakte – von der höchsten politischen oder religiösen bis zur intimsten privaten Sphäre – können grundsätzlich in zwei verschiedenen Formen vollzogen werden:

– entweder mündlich, meist in der konkreten Form sogenannter »rechtssymbolischer« Handlung (Handschlag, Schwurgebärde, Krönung, Ein»setzung« in den Amtssitz, Überreichung der Fahne bei der Belehnung oder Investitur mit dem Ring, Übergabe von Strohhalm [festuca] oder Erdscholle bei der Liegenschaftsübereignung, Übersendung des Handschuhs, usw. usw.),

– oder durch schriftliche Durchführung oder Fixierung des Rechtsaktes: durch die (beglaubigte) *Urkunde*.

Die mündlich-rechtssymbolische Form, die in der Regel im Beisein von Zeugen vor sich geht, ist die ältere, allen überwiegend schriftlosen Kulturen eigene Form. Damit an ihre Stelle die schriftliche, die Sicherung durch Urkunde, treten kann, bedarf es eines tiefgehenden Wandels der Denkformen und Kulturformen: Nicht nur muß die aktive und passive Beherrschung der Schrift (also Schreiben und Lesen) einen gewissen Grad von Verbreitung gefunden haben, nicht nur muß ein allgemein anerkanntes und wirkungsfähiges Beglaubigungsmittel gefunden sein, sondern es muß sich auch der geistig-gedankliche Vorgang der Abstrahierung vollzogen haben, der schließlich zu der

Überzeugung führt, daß überhaupt durch Schreiben Recht bewiesen oder gar gesetzt werden kann. Es bedarf daher in jeder Kultur eines längeren entwicklungsgeschichtlichen Weges, bis es zu dieser letztgenannten Ausformung der Urkunde, zur dispositiven (konstitutiven) Urkunde kommt, die Recht schafft.

Beweisurkunde und Dispositive Urkunde

Das Urkundenwesen entwickelt sich sowohl in der Antike als auch (wieder) im Mittelalter in mehreren Stufen. Wenn die mündlich-rechtssymbolische Form der Rechtshandlung, gesichert durch das Beisein von Zeugen, die ältere und ursprüngliche ist, so liegt es nahe, daß der erste Schritt zur »Verschriftlichung« erfolgte, indem man eine »Notiz« (notitia, breve memorativum) über den vollzogenen Rechtsakt aufnahm. Diese *notitia* hat in ihrer ältesten, schon in vorrömischer, biblischer Zeit (Jeremias 32, 10 ff.) nachweisbaren Form noch keinen Beweiswert in sich; sie hat diesen nur indirekt, indem sie die Namen der Zeugen aufführt, damit diese jederzeit zur Wiederholung des Zeugnisses wieder herangezogen werden können (Zeugenurkunde). Eine entsprechende Form (Akt, Traditionsnotiz) findet sich auch wieder im frühen Mittelalter, nach dem fast völligen Verlorengehen des antiken und vor dem Wiederaufleben eines mittelalterlichen Urkundenwesens. Erst die jüngere Form des römischen »Chirographum« stellt sich als das dar, was wir die eigentliche »Beweisurkunde« (in der juristischen Fachsprache: deklaratorische Urkunde) nennen: ein Schriftstück, das einen (zusätzlichen) rechtskräftigen Beweis für die bereits vorher mündlich-rechtssymbolisch vollzogene Rechtshandlung darstellt. Der Beweis liegt in der römischen Antike in der Handschrift, wie der Name sagt; sei es nun die Handschrift der einen Partei (des »Ausstellers«), sei es die eines von dieser beauftragten öffentlichen Schreibers. Es leuchtet ein, daß diese Beglaubigung durch die (wiedererkennbare und prüfbare) Handschrift erst denkbar und möglich war, wenn der Kulturzustand einer relativ allgemeinen und relativ intensiven Schriftlichkeit erreicht war. Aber es leuchtet ferner auch ein, welcher gewaltige Fortschritt im Sinne einer dauernden Rechtssicherheit damit erreicht war: unabhängig davon, ob die Zeugen der rechtsförmlichen Handlung noch erreichbar oder überhaupt noch am Leben waren, konnte mit Hilfe der Beweisurkunde jederzeit (theoretisch: ewig) der Beweis wiederholt werden.

War diese Überzeugung vom Wert der durch die Handschrift beglaubigten Beweisurkunde einmal durchgedrungen, so fehlte nicht mehr viel zu dem letzten Schritt: daß man die rechtsförmliche Handlung als solche überhaupt fallen ließ und den Rechtsakt in die Ausfertigung des beglaubigten Schriftstückes selbst verlegte: die Urkunde beweist nicht mehr ein (schon vorher vorhandenes) Recht, sondern sie schafft das Recht. Damit ist, und zwar erst in der späten Kaiserzeit, die »dispositive« Urkunde entstanden (*carta* oder, bei *H. Brunner,*

»neurömische Urkunde«; in der heutigen juristischen Fachsprache: konstitutive Urkunde). Ihre rechtschaffende und -beweisende Kraft liegt in der Handschrift, speziell dann in eigenhändigen Unterschriften: des Ausstellers, der Zeugen, des Schreibers. Dabei wird der letztgenannte immer wichtiger: zunächst aus dem natürlichen Grunde, daß mit der ausgehenden Antike die allgemeine Schriftlichkeit langsam wieder verlorengeht, sich mehr und mehr auf berufsmäßige Schreiber beschränkt. Der weströmische Staat zieht in seinen italischen Besitzungen schließlich die Konsequenz, daß diesen, nunmehr öffentlich beamteten Schreibern das Privileg zur Herstellung von Urkunden öffentlichen Glaubens erteilt wird: dieser *tabellio* (scriniarius, Notar) beglaubigt die Urkunde durch seine Unterschrift. Auf dem Notariatszwang beruht die Vorherrschaft des Notariatsinstruments in Italien, das dann auf einer späteren, hochmittelalterlichen Stufe auch wieder vom übrigen Europa übernommen wird.

Außerhalb Italiens aber nimmt das Urkundenwesen im Frühmittelalter zunächst einen anderen Verlauf. Im fränkisch-deutschen Bereich erscheinen zwar zunächst sowohl Carta wie Notitia, aber in dem Maße, wie die antiken Kulturformen hier verlorengehen, erfahren sie sehr eigentümliche, hier nicht näher zu schildernde Wandlungen. Mit Ausnahme der staatlichen Spitze (also des Königtums) gehen dabei Sinn und Begriff des Urkundenbeweises allmählich immer mehr verloren. Die alte Auffassung, daß Recht nur durch rechtssymbolische Handlung geschaffen werden kann, nicht durch »Schrift«, setzt sich, der spätgermanischen Kultursituation entsprechend, wieder durch. Der Carta sowohl wie der Notitia wird daher ein rechtssymbolischer Wert unterstellt: nicht mehr die Schrift, sondern die *traditio cartae*, die rechtssymbolische Handlung der Übergabe des Pergaments, erscheint als der maßgebende Akt. Damit wird der geschriebene Inhalt immer unwichtiger; zugleich geht auch der in der Handschrift liegende Beweiswert verloren, weil es keinen öffentlich anerkannten Schreiberstand mehr gibt. Carta und Notitia werfen immer mehr formale Bestandteile ab, sie entarten zur nicht mehr beweiskräftigen Gedächtnisnotiz (Akt, Traditionsvermerk). Damit ist die Urkunde – abgesehen vom spärlich sich erhaltenden königlichen Urkundewesen – aus dem Rechtsleben im fränkisch-deutschen Bereich verschwunden Das 9.–11. Jahrhundert ist eine im wesentlichen urkundenlose Zeit, wie es ja eine auch sonst überwiegend schriftlose Zeit ist.

Der Hauptgrund für die Entwicklung im Urkundenwesen ist also darin zu sehen, daß mit dem allgemeinen Verfall der Schriftlichkeit das bis dahin herrschende Beglaubigungsmittel der Handschrift (Unterschrift) unbrauchbar wurde. Ein Urkundenwesen konnte erst dann wieder allgemeinere Verbreitung finden, wenn ein anderes, auch für eine wesentlich schriftlose Kultur einleuchtendes und glaubwürdiges Beglaubigungsmittel gefunden wurde. Dieses Beglaubigungsmittel war in der Tat, wiederum nach antikem Vorbild, bereits seit dem 8. Jahrhundert im Bereich der Königsurkunden gefunden worden und im

Gebrauch: das Siegel. Von der königlichen Siegelurkunde, die ihre dispositive Rechtskraft immer behalten hatte, geht daher seit etwa dem 11. Jahrhundert wieder ein neues, allgemeineres Urkundenwesen aus; zunächst von den höchsten ständischen Schichten (geistliche und weltliche Reichsfürsten) wird das Muster der besiegelten Königsurkunde übernommen und setzt sich dann langsam, mit dem Aufblühen der hochmittelalterlichen Kultur, in immer weiteren Kreisen durch. Die Entwicklung ist am Ende des 13. Jahrhunderts grundsätzlich vollendet: alle Schichten, die überhaupt rechtsgeschäftsfähig waren, einschließlich des neuen Standes des städtischen Bürgertums, einschließlich auch der (freien) Bauern, haben den Glauben an die rechtbewirkende Kraft der Urkunde wiedergewonnen und bedienen sich ihrer, in der Form der Siegelurkunde. Es versteht sich, daß dabei die gleichen Stufen wie in der Antike wieder durchlaufen werden. Die neue Siegelurkunde ist zunächst, bis ins 13. Jahrhundert überwiegend, Beweisurkunde, deren wichtigster Bestandteil anfangs die Nennung der Zeugennamen ist. Erst im Laufe des 13. Jahrhunderts, in Nord- und Nordostdeutschland teilweise erst im 14. Jahrhundert, wird wieder die Stufe der dispositiven Urkunde erreicht: die durch das Siegel beglaubigte Urkunde wird als rechtschaffend (konstitutiv) anerkannt. Die in Briefform gehaltene, subjektiv formulierte Siegelurkunde läßt den Übergang von der beweissichernden zur rechtschaffenden Qualität nicht nur durch Wendungen wie »per presens scriptum«, »kraft dises briefs«, sondern häufig auch durch die gewählte Tempusform (Präsens anstelle des Perfekt) erkennen: donamus, tradimus, obligamus statt donavimus, tradidimus, obligavimus.

Beide Urkundenformen stehen seitdem im Rechtsleben nebeneinander. Für den Historiker, der Urkunden als Quellen benutzt, ist es wichtig, sich zu vergewissern, ob er eine Beweis- oder eine dispositive Urkunde vor sich hat, da ihr Quellenwert ein verschiedener ist. Bei der Beweisurkunde – also der nachträglichen urkundlichen Sicherung eines bereits geschaffenen Rechtszustandes – darf meist angenommen werden, daß der bezeugte Rechtsakt auch historische Wirklichkeit geworden ist. Bei der dispositiven, also per se erst rechtschaffenden Urkunde, kann dies nicht ohne weiteres vorausgesetzt werden. Hier muß vielmehr immer mit jener Erscheinung gerechnet werden, die man als die »Spanne zwischen Verordnung und Wirklichkeit« bezeichnet hat. Es ist, mit anderen Worten, keineswegs sicher, daß der Rechtsinhalt der Urkunde auch historische Wirklichkeit geworden ist: was rechtlich unanfechtbar ist, braucht nicht auch historisch unanfechtbar (Tatsache) zu sein. Durch die häufige Wiederholung oder Erneuerung von Rechtshandlungen mittels dispositiver Urkunde wird vielmehr im Gegenteil oft genug bewiesen, daß die praktische Durchführung nicht gelungen ist: so wenn zum Beispiel in mittelalterlichen Städten innerhalb kurzer Frist mehrfach gleichlautende Kleidungs- und Verbrauchsvorschriften (sog. Luxusordnungen) erlassen werden; wobei dann, wiederum wenige Jahre später, in Lübeck der für die Durchführung zuständige Ratsherr den vielsagenden Randvermerk neben den Gesetzestext schreiben mußte: »ward wenich geholden«. Ebenso würde der Historiker irregehen, der eine dispositive Verordnung wie diejenige vom 27. 8. 1939 »zur vorläufigen Sicherstellung des lebenswichtigen Bedarfs des deutschen Volkes« (RGBl. I, 1939, 1498) mit ihren Rationalisierungsbestimmungen uneingeschränkt für historische Wirklichkeit halten würde; die Spanne zwischen Verordnung und Wirklichkeit war in diesem Fall, namentlich in den letzten Kriegs- und ersten Nachkriegsjahren, bekanntlich so groß, daß man sagen kann: ohne sie wäre ein sehr großer Teil der Bevölkerung verhungert. Auch in zweiseitigen politischen Verträgen fehlt diese Differenz zwischen Vertragsinhalt und historischer Wirklichkeit nur selten; z. B. ist von den ratifizierten, also rechtskräftig gewordenen Bestimmungen des Friedens von Amiens (1802) diejenige über die Rückgabe der Insel Malta an den ursprünglichen Besitzer niemals historische Wirklichkeit geworden.

Beglaubigung

Die Rechtskraft der Urkunde wird durch die Beglaubigung erzeugt. Sie erfolgt, wie wir sahen, in der ausgehenden Antike vor allem durch die Schreiberunterschrift; diese Form wird auch zunächst im fränkisch-merowingischen Bereich übernommen. Mit dem Verlust der allgemeinen Schriftlichkeit — sinnfällig z. B. dadurch dokumentiert, daß zwar noch die Merowingerkönige, nicht mehr aber ihre karolingischen Nachfolger selbst schreiben, also auch Urkunden »unterschreiben« konnten — und eines vom Staat als öffentlich glaubwürdig konstituierten Schreiberstandes wird diese Beglaubigungsform unbrauchbar, ja unmöglich, wie wir sahen. An ihre Stelle tritt das Siegel (darüber Näheres unten im Kapitel Siegelkunde). Es erscheint entweder als Siegel des Ausstellers selbst oder, in der Form der »Besiegelung in fremder Sache«, als Siegel von Inhabern »mächtiger« Siegel, die zu diesem Zweck vom Aussteller herangezogen werden, — oder (zusätzlich) als Siegel der Zeugen des Rechtsaktes. Das Siegel ist die im Mittelalter vorherrschende Form der Beglaubigung; auch als gegen Ende des Mittelalters die Unterschrift (des Ausstellers oder eines von ihm Bevollmächtigten oder Beauftragten) wieder häufiger als Beglaubigungsmittel in Erscheinung tritt, hält sich das Siegel neben dieser, und so bis heute: Siegel *und* Unterschrift stellen noch heute die regelmäßige Doppelform der urkundlichen Vollziehung dar.

Doch kennt auch das Mittelalter noch andere Formen der Beglaubigung, die hier nur kurz erwähnt seien:

1. *Chirograph, Carta partita* (Zerter). Diese wohl in England ausgebildete Form (nicht zu verwechseln mit dem römischen Chirographum) hat namentlich im bürgerlichen Geschäftsleben Nordwesteuropas (Flandern) und in Norddeutschland im Hochmittelalter weite Verbreitung gefunden. Es wurde dabei der Text der

Urkunde zweifach oder dreifach untereinander auf ein Blatt Pergament geschrieben. Die zwei oder drei gleichlautenden Texte wurden dann auseinandergeschnitten; dabei wurde entweder vorher auf die Schnittlinie in großen, weit auseinander gezogenen Buchstaben ein Kennwort geschrieben (häufig Chirographum, Cyrographum, daher der Name), das also dann durchgeschnitten wurde — oder es wurde die Schnittlinie in Wellen- oder Zackenform durchgeführt. Jeder Vertragspartner erhielt ein Exemplar; durch Aneinanderpassen der Exemplare konnte der Beweis der Echtheit geführt werden. Beglaubigungsmittel ist also die Schnittlinie. Ein böswilliger Partner konnte im Streitfall freilich die Beweisführung dadurch verhindern, daß er sein Exemplar nicht beibrachte oder die Schnittlinie veränderte oder verstümmelte. Man fand daher schon früh eine zusätzliche Beweissicherung dadurch, daß man ein oder mehrere Exemplare der Zerter oder »Kerbschnittbriefe« in die Hände öffentlich-qualifizierter Zeugen gab oder an öffentlicher Stelle deponierte (so namentlich beim Rat der Städte).

2. *Aufbewahrung an öffentlicher Stelle.* Die Beweissicherung durch diese Form der Aufbewahrung (Hinterlegung an öffentlicher Stelle) ist an sich uralt. Sie hat ihre vollkommenste Ausbildung jedoch in den hochmittelalterlichen Städten gefunden. Das konnte geschehen entweder in Form zusätzlicher Sicherung (wie bei den Zertern) oder auch dadurch, daß die Beweissicherung allein durch Aufbewahrung an öffentlicher Stelle geschaffen wurde. Doppelte Sicherung boten auch die Stadtbücher: Bücher öffentlichen Glaubens, in die vom Stadtschreiber auch private Rechtsgeschäfte aller Art eingetragen wurden (Kreditgeschäfte, Grundstücksgeschäfte, erbrechtliche Auseinandersetzungen usw.). Die Beweiskraft lag in der Qualität des vom öffentlichen Schreiber geführten *und* an öffentlicher Stelle aufbewahrten Buches.

3. *Notariatsinstrument.* Das Institut der öffentlich bestellten Urkundenschreiber hatte sich in Italien seit der Spätantike in allerdings wechselnden Formen am Leben erhalten. Die Bestallung der Notare, die nunmehr meist Geistliche waren, erfolgte im Mittelalter durch kaiserliche oder durch päpstliche Autorität (imperiali bzw. apostolica auctoritate notarius publicus nennt sich der Schreiber). Die Ausfertigung der Urkunden erfolgte in bestimmten, sehr streng geregelten Formen durch den Notar, der sie durch einen ebenfalls textlich genau festgelegten Unterschriftssatz sowie durch ein frei gezeichnetes, ihm eigentümliches »Notariatszeichen« (symbolhaftes, oft denkmalartig geformtes Gebilde, wohl im Zusammenhang mit dem germanischen »handgemal« stehend) eigenhändig beglaubigt (Tafel 4). Das Institut verbreitet sich im 13. Jahrhundert über ganz Europa. Die geistlichen Notare sind meist nebenamtlich tätig; in Deutschland beschränkt sich ihre Tätigkeit im Mittelalter hauptsächlich auf das Gebiet des geistlichen Rechts.

Erst in der beginnenden Neuzeit werden durch die kaiserliche Kanzlei und kaiserlich dazu privilegierte Personen (»Hofpfalzgrafen«) auch Laien zu Notaren kreiert. Das Institut dieser öffentlichen Urkundspersonen besteht in etwas abgewandelten Formen bekanntlich noch heute. Die — aufbewahrungspflichtigen — Notariatsarchive mit ihren Urkundsentwürfen (»Imbreviaturen«) haben sich vielerorts erhalten und stellen mit der Massenhaftigkeit ihres Stoffes oft sehr wertvolle Quellen namentlich zur Wirtschafts- und Handelsgeschichte dar (Genua, Südtirol, Antwerpen). Eine reizvolle Darstellung des Notariatswesens und seiner persönlichen, sachlichen und formellen Voraussetzungen, wie sie gegen Ende des 18. Jahrhunderts bestanden, enthält *Jean Pauls* Roman ›Flegeljahre‹ (1804).

Von der Qualität der Beglaubigung abhängig ist die *öffentliche Rechtskraft* der Urkunde. Schon das Mittelalter kennt in dieser Hinsicht Differenzierungen, auf die bei Behandlung des Siegelwesens noch eingehender zurückzukommen ist (vgl. S. 135 ff.). Öffentlichen Glauben, d. h. vor allem: gerichtliche Unanfechtbarkeit bis zum Beweis der Fälschung, genießen traditionell zunächst nur die Urkunden der höchsten geistlich-weltlichen Spitzen der mittelalterlichen Weltordnung, also die der Päpste, Kaiser und Könige — daneben die Urkunden der von diesen Instanzen eingesetzten öffentlichen Urkundspersonen, also die Notariatsinstrumente. Wenn nun aber die im Hochmittelalter wieder aufkommende allgemeinere Verbreitung des (Siegel-)Urkundenwesens einen Sinn haben sollte, so mußte es ja vor allem der sein, daß man von den Papst-, Kaiser- und Königsurkunden nicht nur die äußeren Formen entlieh, sondern auch deren Rechtsqualität beanspruchen konnte. So hat sich denn die öffentlich-rechtliche Qualität vom 13. Jahrhundert an auch für die Urkunden anderer Aussteller durchgesetzt, sofern sie nur die Voraussetzung einer »staatlich«-behördlichen Garantie (als notwendiger Grundlage für einen durch andere Rechtsmittel nicht mehr anfechtbaren Urkundenbeweis) erfüllen konnten. Das bedeutet — namentlich in Deutschland, wo der Vorgang der »Territorialisierung« der Staatsmacht im 13. Jahrhundert in vollem Gange ist —, daß mit dem ausgehenden Hochmittelalter die Urkunden eines weiteren Ausstellerkreises öffentliche Glaubwürdigkeit in Anspruch nehmen konnten: also die Urkunden der geistlichen und weltlichen Territorialherren, in gewissem Umfang auch der Städte. Wenn die Urkundenlehre als historische Hilfswissenschaft trotzdem bis heute an der Scheidung in zwei, ja sogar in drei Spezialdisziplinen festgehalten hat: 1. Kaiser- und Königsurkunden, 2. Papsturkunden, 3. »Privaturkunden« — so beruht das einmal darauf, daß die mittelalterliche Urkundenlehre an den früh- und hochmittelalterlichen Urkunden entwickelt wurde, also den Urkunden derjenigen Zeit, in der Papst, Kaiser und König im wesentlichen noch allein als Inhaber einer urkundenden öffentlichen Gewalt erscheinen; zum anderen auch darauf, daß die formalen Merkmale der mittelalterlichen Urkunde zuerst von den päpstlichen, kaiserlichen und königlichen Kanzleien ausgebildet wurden und an deren Erzeugnissen am vollständigsten studiert und nachgeprüft werden können. Jedoch muß betont werden, daß der Begriff »Privaturkunden« für das Hoch- und Spätmittelalter ein reiner Verabredungsbegriff mit im wesentlichen negativem Inhalt ist (nichtpäpstliche und nichtkönigliche Urkunden), der rechtlich sehr verschiedene Urkundentypen in sich begreift. Wenn Urkunden eines nichtpäpstlichen oder nichtköniglichen Ausstellers — etwa auch ein Privileg Heinrichs des Löwen oder ein städtisches Grundbuch — in den gängigen Lehrbüchern unter diesem Begriff subsumiert und behandelt werden, so ist also zu beachten, daß damit über die Rechtsqualität solcher Urkunden nicht das mindeste ausgesagt ist.

Diplom und Mandat

Eine weitere, bereits im Mittelalter geläufige Scheidung des Urkundenstoffes in zwei große Gruppen bezieht sich nicht auf Beglaubigung und Glaubwürdigkeit, sondern auf Qualität und Dauerhaftigkeit des *Rechtsinhaltes* der Urkunde. Diese Einteilung wird besonders sorgfältig im päpstlichen Urkundenwesen beobachtet, ist grundsätzlich — wenn auch formal unschärfer — aber auch dem Urkundenwesen anderer Instanzen nicht fremd. Sie unterscheidet die einen Dauer-, ja Ewigkeitswert beanspruchenden Rechtshandlungen und Satzungen von grundsätzlicher, qualitativ hervorgehobener und besonders zu sichernder Bedeutung in der Form des *Diploms* im engeren Sinne (auch Präzept oder, nach dem mittelalterlichen Haupttyp dieser Urkunden, auch schlechthin Privileg genannt) von der schlichten Geschäftsurkunde, die vor allem in der Form des *Mandats* die rechtliche Regelung und alsbaldige Erledigung eines (einmaligen, vorübergehenden) »Alltagsgeschäftes« bezweckt. Das Diplom kann also immer nur als besonders feierliche Willensbekundung eines Inhabers öffentlicher Gewalt erscheinen; hierzu gehören vor allem die Privilegien aller Art (Immunitätsprivilegien, Mundbriefe = Schutzprivilegien, Wahl-, Zoll- und Steuer-, Forst-, Markt- und sonstige Besitzprivilegien), Schenkungs- und Belehnungsurkunden, internationale Verträge usw. In diesen großformatigen, stets mit besonderer Sorgfalt ausgestatteten Urkunden besonders päpstlicher, kaiserlicher und königlicher Aussteller erscheint der vollständige klassische Formenapparat der mittelalterlichen Urkunde:

Protokoll:

Invocatio (Anrufung Gottes: In nomine sancte et individue trinitatis),
Intitulatio (Name und Titel des Ausstellers, mit »Devotionsformel«: H., dei gracia rex francorum),
Inscriptio (Nennung des Empfängers, mit »salutatio«: fidelibus no-

stris burgensibus in X. ..., oder: omnibus Christi fidelibus hanc literam inspecturis ... salutem),

Arenga (Allgemeine redensartliche Begründung: Regiae maiestati decet in subditos et fideles suos manus sue liberalitatis extendere ..., oder: Mutantur tempora, recedit memoria hominum, sed vivit litera et per eam vivunt diucius actiones ...),

Text (Kontext):

Promulgatio oder Publicatio (Verkündungsformel: Noverint omnes Christi fideles ..., oder: Notum esse volumus, quod ...),

Narratio (Erzählung der tatsächlichen oder vorgeblichen Einzelumstände, die die Ausfertigung der Urkunde veranlaßt haben: ... quod fidelis noster NN. ad nostram accedens presentiam deprecatus est celsitudinem nostram, ut ... ordinaremus ...),

Dispositio (Ausdruck der Willenserklärung und materieller Inhalt der Rechtshandlung: Eapropter concedimus, quod ...),

Sanctio (Poenformel, Androhung einer Strafe bei Zuwiderhandlung: Quod qui presumpserit in sue temeritatis vindictam indignationem nostram et penam quinquaginta librarum auri puri se noverit incursurum),

Corroboratio (Angabe des oder der Beglaubigungsmittel: Et ut hec rata semper et illibata permaneant, presens privilegium sigilli nostri impressione iussimus communiri),

Eschatokoll (Schlußprotokoll):

Subscriptiones (Unterschriften, eigenhändig oder nicht eigenhändig, des Ausstellers, sowie etwaiger Zeugen — meist durch einfache Aufführung ihrer Namen —, des ausführenden Kanzlers oder Schreibers: Signum domini H. regis invictissimi — Monogramm mit Vollziehungsstrich; Huius rei testes sunt: A, B, C, D, ...; M. cancellarius recognovi),

Datierung (Tages- und Ortsangabe: Actum et datum vii idus januarii anno incarnacionis dominicae ..., Indictione tertia, anno autem regni nostri ..., apud Goslariam).

An diesen Formen des Diploms — die sich ihrerseits zeitweise wieder aufspalten in feierlichere und schlichtere Beurkundungstypen — hat sich die Urkundenlehre der letzten drei Jahrhunderte recht eigentlich entwickelt und ausgebildet, aus ihnen hat sie zuerst die Kriterien zur Beurteilung der Echtheit, der Herkunft usw. gewonnen, die es gestatten, in »spezialdiplomatischer« Betrachtung der Masse urkundlicher Überlieferung Herr zu werden. Marksteine bedeuten dabei in Deutschland die klassischen Arbeiten von *Theodor Sickel* (Prüfung des Kanzleibrauches, Untersuchung von Schrift und Diktat), *Julius Ficker*

(Klärung von Widersprüchen und Abweichungen vom Schema durch genaues Verfolgen der einzelnen Stadien der Beurkundung, der Möglichkeiten »nichteinheitlicher Datierung« wegen Bezugnahme teils auf die Handlung = Actum, teils auf die Ausfertigung = Datum, usw.), *Heinrich Brunner* (Unterscheidung von carta und notitia, Feststellung ihrer antiken Herkunft, Prüfung des Wesens der Rechtshandlung), *Paul Kehr* (Kanzleiwesen, päpstliche Diplomatik). Insoweit bleibt das Diplom und die Kenntnis seiner formalen Eigentümlichkeiten, als konsequenteste und vollendete Ausbildung der öffentlichen Urkunde, nach wie vor die unentbehrliche Grundlage urkundenwissenschaftlichen Studiums.

Dem Diplom gegenüber steht das Mandat (Reskript), die schlichte Geschäftsurkunde, meist in einfacher Briefform — also unter Abstoßung der meisten formalen Bestandteile des Diploms — ausgefertigt und daher häufig auch schlechthin *litera* genannt. Die litera ist die gegebene Form der »Privaturkunde« im eigentlichen Sinne, also aller derjenigen Aussteller, die keine öffentliche Gewalt repräsentieren. Je ausgebreiteter und vielfältiger die Beurkundungstätigkeit der öffentlichen Gewalt wurde, um so stärker mußte aber auch bei ihr das Bedürfnis hervortreten, sich in mehr alltäglichen Angelegenheiten von dem weitläufigen Formelapparat zu entlasten und sogleich »ins Geschäft« zu gehen. Auch im päpstlichen, kaiserlichen und königlichen Urkundenwesen setzt sich daher die schlichte, knappe, kleinformatige Briefform des sogenannten Mandats seit dem Hochmittelalter mehr und mehr durch; derart sogar, daß diese Briefform schließlich auch für dauerwertige Verbriefungen benutzt wird. Das führt dann z. B. in der päpstlichen Kanzlei zur Aufspaltung in die beiden Typen der *litera de gracia* (Gnadenbrief, also Rechtsverleihung, feierlicher ausgestaltet, Siegel an Seidenschnur, s. Tafel 3) und der *litera de justicia* (»Mandat« im engeren Sinne, rechtliche Entscheidung und Befehl, Auftrag usw., einfach ausgestaltet, Siegel an Hanfschnur). In diesen schlichten Urkundsformen konzentriert sich der Inhalt ganz auf das rechtlich Unerläßliche und Notwendige, d. h. außer der Dispositio selbst bleiben in der Regel von den Formularteilen nur noch Intitulatio, Inscriptio und Corroboratio, erst in der Spätzeit regelmäßig auch die Datierung übrig — aber auch sie alle in stark vereinfachter und verkürzter Form. In den äußeren Formen besteht kein erkennbarer Unterschied zum »Brief« im engeren Sinne; nur der Inhalt, nämlich seine Rechtserheblichkeit unterscheidet Urkunde und Brief. Die Urkunde übernimmt zudem von diesem auch die Möglichkeit der geschlossenen Form *(litera clausa)*, die als »Spezialmandat«, d. h. nur für einen bestimmten Empfänger gedacht, im Spätmittelalter immer häufiger neben der Form des »offenen Briefes« *(litera patens,* Patent) erscheint.

Diese schlichte Form der litera ist es, die die Masse der spätmittelalterlichen Urkunden, insbesondere also der sogenannten »Privaturkunden« ausmacht.

Kanzlei und Kanzleiform

Um die zeitliche und örtliche Herkunft einer Urkunde und ihre Echtheit beurteilen zu können, bedarf es einer genauen Prüfung ihrer äußeren und inneren Merkmale. Die *äußeren Merkmale* (Beschreibstoff, Schrift, Beglaubigungsmittel) lassen sich mit wünschenswerter Genauigkeit nur am Original selbst untersuchen; bis zu einem gewissen Grade auch an Photographien. Die *inneren Merkmale* – Text (Sprache und Stilisierung), Formulierung einzelner Bestandteile (Intitulatio, Inscriptio, Arenga, Promulgatio, Datum usw.), Zeugennennung – können auch an der nichtoriginalen Überlieferung nachgeprüft werden (Abschrift, Druck usw.). Da die Zahl der nur in abschriftlicher (»kopialer«) Form überlieferten Urkunden die der erhaltenen Originale weit übersteigt, ist die Kritik der inneren Merkmale besonders wichtig, freilich auch besonders schwierig und leicht irreführend. Die Urkundenforschung hat daher der Entwicklung dieser Kriterien seit langem besonderes Augenmerk gewidmet. Auf diesem Gebiet sind in den letzten Jahrzehnten die bedeutendsten Fortschritte erzielt worden; sie haben über das Materiell-Formale hinaus auch weit bis in die Bereiche der politischen und Geistesgeschichte geführt.

Äußere und innere Merkmale sind sehr variabel; sie sind abhängig von zeitlichem, örtlichem und persönlichem Brauch, von Gewohnheit, Absicht, Bildungsgrad und Stand des Ausstellers und seiner Mitarbeiter. Es ist die Aufgabe *spezialdiplomatischer* Betrachtung, diese jeweiligen Voraussetzungen für die Prüfung einzelner Urkunden oder Urkundengruppen festzustellen. Ihre wichtigste Aufgabe ist es daher zunächst, zu prüfen, ob für das Urkundenwesen des Ausstellers in der in Betracht kommenden Zeit ein bestimmter *»Kanzleibrauch«* festgestellt werden kann.

Das Wort »Kanzlei« ist ein in der Urkundenforschung gebräuchlicher Verabredungsbegriff. Es ist damit diejenige Stelle oder Personengruppe gemeint, die den Urkunden eines Ausstellers ihre äußere und innere Form gibt. In neuerer Zeit ist vor der Gefahr gewarnt worden *(P. Kehr, H.-W. Klewitz)*, die darin liegt, daß man sich unter diesem Begriff in jedem Fall eine feste bürokratische Organisation im Sinne moderner Verwaltungsinstitutionen vorstellt; das wäre, namentlich für das frühe und Hochmittelalter, allzu häufig eine anachronistische Betrachtungsweise. »Die Kanzlei« eines mittelalterlichen Herrschers oder Dynasten ist häufig nicht mehr als ein Geistlicher der fürstlichen Hofkapelle, der das Schriftwerk als »Notar« selbst oder mit Hilfe von Schreibergehilfen (»Ingrossisten«), oft nur nebenamtlich neben seinem geistlichen Hauptamt, verrichtet. Nur in größeren Verhältnissen, so namentlich und am ersten an der päpstlichen Kurie, dann auch schon an den hochmittelalterlichen Königshöfen und schließlich in den Städten und den werdenden Territorien des Spätmittelalters entwickelt sich ein größerer, fester Apparat, meist mit einem Kanzler an der Spitze, dem mehrere Notare, zahlreiche Schreiber und anderes Hilfspersonal unterstellt sind. Fast immer, auch in den einfacheren Verhältnissen der Frühzeit, sind Kanzler und Notare von Anfang an nicht nur die Autoren des Schreibwerkes, sondern zugleich die politischen und diplomatischen Gehilfen des Herrschers, wie ja z. B. die Bedeutungsentwicklung des Wortes »Kanzler« in der deutschen Sprache bis heute zeigt. Diese Persönlichkeiten sind also sehr häufig nicht nur an der formalen Gestaltung der Urkunden, sondern auch am materiellen Inhalt und an der zugrunde liegenden Willensbildung maßgebend beteiligt. Die Identifizierung dieser Persönlichkeiten und die Erschließung ihres Anteils an den Verwaltungsgeschäften und den politischen Vorgängen gehören zu den wesentlichsten Anliegen der modernen Urkundenforschung; grundlegend waren in dieser Hinsicht die Leistungen der deutschen und österreichischen Mitarbeiter an der ›Diplomata‹-Serie der ›Monumenta Germaniae Historica‹, vorauf diejenigen *Th. Sickels*.

Das jeweilige Kanzleibrauchtum hat sich, wenngleich durch die einzelnen leitenden Persönlichkeiten natürlich stark beeinflußt, oft erstaunlich gleichmäßig und über längere Zeiträume hinweg erhalten; unerreicht sind auch in dieser Hinsicht die Formen der päpstlichen Kanzlei, deren Kontinuität bis heute sich über ein Jahrtausend hinweg verfolgen läßt. Dies ist nur dadurch zu verstehen, daß große Kanzleien sehr häufig, schon im frühen Mittelalter, Musterbücher, *Formelsammlungen* (Formulare) angelegt und benutzt haben, die als Vorlagen für die Ausfertigung von Urkunden (und Briefen) dienten; dergleichen ist ja auch noch in modernen Verwaltungen üblich. Der wohl im Anfang des 9. Jahrhunderts zusammengestellte ›Liber diurnus‹ der päpstlichen Kanzlei, die noch in den Karolingerkanzleien benutzte »Formula Marculfi« (entstanden wohl Ende des 7. Jahrhunderts), die berühmte Briefsammlung des ›Codex Udalrici‹ (Bamberg, um 1125, noch in der Kanzlei Barbarossas in Verwendung), der Baumgartenberger ›Formularius de modo prosandi‹ (Anfang des 14. Jahrhunderts, Kloster Baumgartenberg bei Linz), des Zürichers Konrad von Mure ›Summa de arte prosandi‹ (um 1275) sind einige besonders bekannte Beispiele solcher Muster- und Lehrbücher der Urkunden- und Briefgestaltung.

Diese Formelsammlungen haben ihren Wert nicht allein dadurch, daß sie Anhaltspunkte für den in Betracht kommenden Kanzleibrauch und für die Wanderung, Übernahme und Wandlung von Kanzleiformen geben (woraus ja wiederum auch politische und geistesgeschichtliche Schlüsse gezogen werden können). Viele von ihnen enthalten zudem als Mustervorlagen keine fingierten Texte (»Stilübungen«), sondern mehr oder minder getreue und vollständige Abschriften oder Auszüge echter Urkunden und Briefe, die häufig nur auf diese Weise erhalten sind.

Nur in einfachen Verhältnissen ist der Notar (als Kanzleibeamter, nicht zu verwechseln mit dem *notarius publicus,* dem öffentlichen Urkundsbeamten) zugleich »Diktator« *und* Schreiber der Urkunde. Im allgemeinen begnügt er sich damit, auf Grund des ihm vom Aussteller erteilten »Beurkundungsbefehls« den Text zu formulieren und dem Schreiber zu diktieren. Der in der Urkundenlehre übliche Fachausdruck *Diktat* zur Bezeichnung der Textgestaltung schlechthin setzt dieses Verhältnis voraus; die »Diktatuntersuchung« ist daher ein Kernstück der ganzen urkundenkritischen Arbeit. Die Identifizierung der verschiedenen »Schreiberhände« gestattet dann ferner auch die Prüfung der Schrift als des wichtigsten äußeren Merkmals. Sehr häufig wird der Herstellung der Reinschrift die Anfertigung eines Konzeptes vorausgegangen sein; Konzepte sind aus dem frühen und Hochmittelalter jedoch nur selten, erst seit dem Spätmittelalter häufiger erhalten. Das durch den Notar oder einen besonderen Korrektor korrigierte Konzept wird dann vom Schreiber »mundiert«, ins reine geschrieben. Zu den hiermit gegebenen Kanzleimerkmalen gehören schließlich auch noch die etwa vorhandenen »Kanzleivermerke« (»Rekognitionsvermerk« des Kanzlers oder Notars, Angaben über die Erteilung des Beurkundungsbefehls, »Fertigungsvermerk«, Registratur-, Korrektur-, Gebührenvermerke usw.). Von besonderer Wichtigkeit ist dann schließlich die Prüfung des Datierungsgebrauches: Es ist zu prüfen, ob sich die Orts- und Zeitangaben auf die (der Urkundenausfertigung vorangehende) *Handlung* oder auf den Moment der *Beurkundung* selbst beziehen oder ob es sich um *uneinheitliche Datierung* handelt, wobei sich z. B. die Ortsangabe auf das »Actum« (die Handlung), die Zeitangabe dagegen auf ein früheres oder späteres Stadium der Beurkundung (das »Datum« im ursprünglichen Sinne) bezieht, usw. — Fragen, die sich oft aus äußeren, sonst aus inneren Merkmalen erschließen lassen. Dieses Problem der nichteinheitlichen Datierung als erster erkannt und soweit gelöst zu haben, daß eine Fülle bis dahin ungeklärter Widersprüche, Fälschungsvermutungen usw. hinfällig wurden, ist das Verdienst von *J. Ficker*.

Das Kriterium der Kanzleimäßigkeit zur Prüfung der Echtheit einer Urkunde muß freilich dann versagen, wenn der Aussteller ein geregeltes Kanzleiwesen überhaupt nicht gehabt hat. Das ist im Früh- und Hochmittelalter noch sehr häufig der Fall. Unter solchen Verhältnissen kommt es dann häufig zur sog. *Empfängerausfertigung*, die bei den Urkunden weltlicher Aussteller, selbst der Angehörigen des Reichsfürstenstandes, bis in das 12., in Norddeutschland, Nord- und Osteuropa oft bis in das 13., ja 14. Jahrhundert sogar vorherrschend war; dies namentlich dann, wenn es sich um Urkunden für geistliche, also schreib- und urkundengewohnte Empfänger handelte. In diesen Fällen tritt es der Empfänger selbst, der — natürlich aufgrund einer Einigung über den materiellen Inhalt der Urkunde (»Handlung«) — das Schriftstück, gegebenenfalls in eigener »Kanzlei«, verfertigt oder verfertigen läßt, während der Aussteller sich dann damit begnügt, ihm durch Anbringung des Beglaubigungsmittels (Siegels) die erforderliche Rechtskraft zu verleihen. Die Frage, ob Aussteller- oder Empfängerausfertigung vorliegt, ist mithin die erste, die bei Prüfung und Benutzung von Urkunden namentlich des 11. bis 13. Jahrhunderts zu stellen und zu beantworten ist; im zweiten Fall muß dann die Untersuchung der äußeren und inneren Merkmale selbstverständlich von den Kanzleigegebenheiten des Empfängers ausgehen.

Die Überlieferung. Kopiar, Konzept, Register

Urkunden und sonstige Erzeugnisse des Geschäftsschrifttums können *im Original*, also in der vom Aussteller selbst herrührenden bzw. von ihm gewollten und beglaubigten Form, oder in *nichtoriginaler* Überlieferung erhalten sein. Das Original kann auch in mehrfacher Form vorliegen; sei es, daß mehrere Empfänger je eines erhalten (so wenn eine Gruppe von selbständigen Empfängern vom König gleichlautend privilegiert wird) oder daß ein Empfänger sich aus Sicherheitsgründen eine Urkunde doppelt ausfertigen läßt (z. B. Ausfertigung eines kaiserlichen Privilegs in je einem Exemplar mit Goldbulle und mit Wachssiegel) oder daß Vertragspartner je ein Stück des Vertrages erhalten (so noch heute regelmäßig im zwischenstaatlichen Gebrauch). Bei der nichtoriginalen Überlieferung sind zwei große Gruppen zu unterscheiden: Schriftstücke mit Rechtskraft und solche ohne Rechtskraft. Bei der ersten Gruppe handelt es sich zunächst um die zahlreichen Fälle, in denen ein Aussteller oder sein Rechtsnachfolger eine von ihm früher gegebene Urkunde bestätigt oder erneuert — sei es, daß das Original beschädigt, verloren oder in seiner Rechtskraft zweifelhaft geworden ist, sei es, daß erst durch diese Erneuerung der Nachfolger den Rechtsinhalt der Urkunde auch für sich als bindend anerkennt. Das geschieht in der Regel derart, daß der neue Aussteller den Text des Originals in eine von ihm ausgestellte Urkunde wörtlich einfügt *(inseriert)*. Die neue Urkunde — das *Transsumpt* — stellt für deren Aussteller dann die gleiche rechtliche Verpflichtung her, die für den Aussteller des Originals bestanden hatte. — Formell sehr ähnlich, aber im Rechtszweck abweichend, ist die Form beglaubigter kopialer Überlieferung durch das *Vidimus*. Hierbei handelt es sich um das Bedürfnis des Empfängers (Besitzers), von einer einmalig vorhandenen Urkunde beglaubigte Duplikate zu erwerben — etwa aus allgemeinen Sicherheitsgründen, oder um das Original nicht durch Versendung, Mitgabe an einen Boten, häufige Einsichtnahme usw. zu gefährden. Die Wiederholung geschieht hier ähnlich wie beim Transsumpt durch Aufnahme (Insertion) des originalen Textes in eine von einem Dritten ausgestellte Urkunde, welche den Wortlaut beglaubigt. Der Aussteller des Vidimus ist aber, im Gegensatz zu dem des Transsumptes, persönlich uninteressiert, übernimmt also keine materielle Verpflichtung; er bezeugt lediglich, den unzerstörten und beglaubigten Text des Originals so, wie er wiederholt ist, vor sich gehabt zu haben (daher »Vidimus«, auch »Vidisse«; im englischen Urkundenwesen »Inspeximus«). Voraussetzung ist lediglich, daß der Aussteller des Vidimus zu solcher Beglaubigung rechtsförmlich in der Lage ist; er muß also entweder als Inhaber eines »mächtigen« (authentischen) Siegels oder als öffentliche Urkundsperson (z. B. Notar) zur »Beglaubigung in fremder Sache« qualifiziert sein. Besonders gern werden Inhaber geistlicher Siegel (Bischöfe, Klöster, in Städten vorzugsweise die Konvente der Bettelorden) zur Ausstellung eines Vidimus herangezogen.

Nichtoriginale ohne Rechtskraft dienen lediglich dem internen Gebrauch des Ausstellers, Empfängers oder Besitzers von Urkunden, oder der wissenschaftlichen Forschung. Im einfachsten Fall handelt es sich um Reproduktion durch Abschrift (auch Nachzeichnung), Photographie, Abdruck usw. Viele mittelalterliche Urkunden sind nur durch solche Abschriften, auch durch frühe Abdrucke, nach den Zerstörungen des Zweiten Weltkrieges gelegentlich auch nur noch durch photographische Kopie erhalten. Bereits im Mittelalter aber wurden Abschriften der bei einem Empfänger eingegangenen Urkunden häufig in ganzen Sammelbänden, vorwiegend für Zwecke des Kanzleigebrauches, zusammengestellt: man bezeichnet sie als *Kopialbücher* (Kopiare) oder Chartulare.

Der Abschrift, die der Empfänger oder Besitzer für seine Zwecke fertigt, steht in der Kanzlei des Ausstellers das *Konzept* gegenüber: der unbeglaubigte, häufig korrigierte Entwurf, mithin nicht zu den Urkunden, sondern zu den Akten gehörig (worauf später zurückzukommen ist). Der Wert des Konzepts als Geschichtsquelle liegt also nicht in einer rechtlichen Qualität, sondern in zwei anderen Eigenschaften: einmal läßt es den Vorgang der Willensbildung beim Aussteller in einer früheren Stufe sichtbar werden als das Original, zum anderen muß es dem Forscher den Originaltext in den häufigen Fällen ersetzen, wo dieser gar nicht erhalten ist. — Wie Abschriften des Einganges in Kopiaren beim Empfänger, so sind die Ausgänge (häufig auf der Stufe des Konzepts) bereits im Mittelalter vielfach abschriftlich in entsprechenden Sammelbänden beim Aussteller zusammengestellt worden: den *Registern* (Registerbüchern, Registraturen, Missiven oder Briefbüchern). Die Register enthalten die Texte oft in einer um die Formalien gekürzten Wiedergabe. Ihre Erforschung gehört heute zu den wesentlichen Anliegen der Wissenschaft. Das ergibt sich allein schon aus ihrem rein quantitativen Wert, aus der Masse der nur durch sie überlieferten Texte: So sind von den rund 4000 im Register Innozenz' III. eingetragenen Ausgängen nur 54 im Original erhalten, von den 194 Stücken im ›Regestum super negotio Imperii‹ desselben Papstes sind nur 14 durch anderweitige Überlieferung bekannt, davon nur zwei im Original. Aber auch für die Erkenntnis der Kanzlei- und Verwaltungsbräuche, der Urheberschaft am einzelnen Urkundentext usw. sind die Register von hoher Bedeutung.

Das Registerwesen ist in Übernahme und Fortsetzung spätantik-römischen Brauches zuerst an der päpstlichen Kurie ausgebildet worden. Die ältesten päpstlichen Register (vor Gregor I.) waren noch keine im technischen Sinne, sondern vereinigten — wie es anderwärts auch noch später vorkommt – mit den Ausgängen auch Abschriften von Eingängen. Das älteste erhaltene Originalregister ist das berühmte Register Gregors VII. (Tafel 6). Seit Innozenz III. setzen die, wenn auch nicht lückenlos erhaltenen, gewaltigen Serien päpstlicher Register in vielen Tausenden von Bänden ein. Sie sind teils Generalregister (alle Ausgänge eines bestimmten Zeitraums), teils Spezialregister, die nur das Schriftgut eines sachlich, geographisch oder persönlich begrenzten Zusammenhanges enthalten. Zu der zweiten Gruppe gehört das für die deutsche Reichsgeschichte so wesentliche ›Regestum domni Innocentii tertii pape super negotio Romani Imperii‹ für die Jahre 1199–1210.

Registerführung erscheint relativ früh auch in den französischen, aragonischen, englischen Königskanzleien (sämtlich um die Wende des 12. zum 13. Jahrhundert) sowie in Sizilien (seit 1230–31), dagegen anscheinend erst im Anfang des 14. Jahrhunderts auch in der deutschen Königskanzlei (unter Heinrich VII.); entsprechend der verfassungs- und verwaltungsgeschichtlichen Entwicklung in Deutschland sind Register hier eher in landesherrlichen Kanzleien festzustellen (Hennegau 1287).

Verschieden, in Einzelfällen von der Forschung noch umstritten, war die Art der Registerführung: teils nachträgliche, abschriftliche Eintragung nach dem Text des Originals, teils (wohl meist) Abschrift vom Konzept oder geradezu Eintragung als Konzept – wodurch das Register also den Charakter eines »Konzeptbuches« erhält.

Die Fälschungen

Der Hauptgrund für das Entstehen einer Urkundenwissenschaft seit dem 17. Jahrhundert war das massenhafte Vorkommen gefälschter Urkunden des Mittelalters; um echt und falsch unterscheiden zu können, sind die in den vorstehenden Abschnitten kurz geschilderten Methoden entwickelt worden, und zwar zunächst überwiegend aus praktisch-juristischen Gründen. Aber auch für den Historiker steht selbstverständlich das »discrimen veri ac falsi« am Anfang jeder urkundenkritischen Untersuchung; erst wenn diese Frage beantwortet ist, kann die Verwertung der Urkunde als Quelle beginnen.

Die Fälschung von Urkunden ist im Mittelalter, namentlich in der Zeit etwa vom 10. bis zum 13. Jahrhundert, in einer Massenhaftigkeit betrieben worden, von der sich der Laie kaum eine Vorstellung machen kann. Man hat mit guten Gründen angenommen, daß von den erhaltenen angeblichen Merowingerurkunden etwa jede zweite, von den für geistliche Empfänger bestimmten Urkunden (soweit sie angeblich vor dem 12. Jahrhundert entstanden) schätzungsweise zwei Drittel ganz oder teilweise gefälscht sind.

Der Historiker muß sich fragen, welches die Gründe für diese Erscheinung sind, wenn er Wesen und Quellenwert der Fälschungen nicht gröblich mißverstehen will. Dabei wird etwa folgendes festzustellen sein:

1. Das Verhältnis des antiken und des mittelalterlichen Menschen zu Wahrheit und Lüge, zu Urheberrecht und Recht des Fremden überhaupt, ist ein anderes, als wir es heute gewöhnt sind. Der Begriff der Wahrheit ist kein absoluter, er ist relativ und subjektiv gefärbt, auch von religiösen und sozialen Rangordnungen abhängig. Die Massenhaftigkeit gerade der kirchlichen Fälschungen erklärt sich hiermit: Zugunsten eines kirchlich-religiösen Zwecks erscheint es zulässig, die subjektive Wahrheitsüberzeugung auch durch eine *pia fraus*, also eine »Fälschung«, zu befestigen. Denn die Welt ist unvollkommen in ihren Einrichtungen. Unvollkommenheiten im Sinne des Ideals der Civitas dei — also was dem kirchlichen Interesse zuwiderläuft — können und sollen beseitigt werden. Die Rechtswidrigkeit einer Handlung ist nicht in ihr selbst begründet, sondern erst in ihrer Absicht.

2. Die Gewalt spielt in der mittelalterlichen Rechtsordnung eine viel größere, ja geradezu auch theoretisch anerkannte Rolle, als etwa im modernen (demokratischen) Rechtsstaat. Es wurde als unvermeidbar hingenommen, daß das »Faustrecht« einen erheblichen Anteil an der Ordnung der tatsächlichen Machtverhältnisse nahm. Hinsichtlich solcher materieller Machtmittel befanden sich die geistlichen Träger der Bildung und christlichen Gesittung gegenüber der im Weltlichen herrschenden Kriegerkaste unleugbar im Nachteil. Gegen das rechtschaffende Machtmittel des Schwertes wehrte sich die geistliche Seite mit der ihr monopolistisch eigenen Waffe: der Feder.

3. In jedem Falle aber ist die tatsächliche Unvollkommenheit der mittelalterlichen Rechtszustände unzweifelhaft. So führt beispielsweise die mangelhafte Intensität, Entwicklungsfähigkeit und Geschmeidigkeit des Verwaltungswesens dazu, daß Formen und Rechtszustände noch fortgeschleppt, ja oft ganz schematisch erneuert oder wiederholt werden, die längst durch die lebendige (ungeschriebene!) Entwicklung überholt worden sind. Da Regierungen und Verwaltungen nicht beweglich genug sind, um solchen faktischen Entwicklungen Rechnung zu tragen, muß aus der Initiative der Betroffenen korrigiert werden. Man »fälscht«: das heißt z. B., man bringt einen durch frühere Beurkundung festgelegten Rechtszustand auf den inzwischen erreichten tatsächlichen Stand, den — nach der häufig wohl ehrlichen Überzeugung des »Fälschers« — der ursprüngliche Aussteller auch billigen müßte. Besonders in diesem Fall fehlt also wohl dem mittelalterlichen Menschen nicht selten überhaupt das Gefühl, eine Fälschung (im modernen Rechtssinne) zu begehen. Seiner Absicht nach handelt es sich um eine »Berichtigung«, zu der er sich durchaus befugt fühlt. Eine solche Unbefangenheit gegenüber einem urkundlichen Text

ist übrigens einfachen Menschen auch noch unserer Zeit nicht fremd: etwa wenn sie guten Glaubens Personenstandsänderungen, Berichtigung von Datierungsirrtümern u. ä. eigenmächtig in Steuerkarten, Personalausweisen usw. anbringen, oder etwa eine Unterschrift mit dem Namen des gerade abwesenden Haushaltungsvorstandes leisten.

4. Ehrgeiz und Machtlust gibt es zudem im Mittelalter wie zu allen Zeiten, noch dazu ungebändigter durch pseudomoralische Erwägungen als in Zeiten vollkommenerer Rechtszustände – weil die Wahrscheinlichkeit des Ertapptwerdens damals geringer war.

Denn dies alles wird nun dadurch sehr begünstigt, daß das Fälschen so relativ leicht war. Historischer Sinn und historische Kenntnisse waren im Mittelalter nur sehr mangelhaft entwickelt. Was außerhalb des Erfahrungsbereiches der lebenden Generation lag, befand sich in ungewissem Dämmern. Kaum jemandem fiel es auf, wenn eine angeblich aus dem 9. Jahrhundert stammende erzbischöfliche Urkunde Schriftzüge und Beglaubigungsformen (Siegel!) aufwies, die erst im 12. Jahrhundert möglich waren. Die Aufdeckung von Fälschungen auf Grund formaler oder inhaltlicher Anachronismen brauchte man also wenig zu fürchten, wiewohl solche Fälle gelegentlich auch schon im Mittelalter vorgekommen sind. Auch eine Kritik des materiellen Rechtsinhaltes war wegen der mangelhaften Überlieferung und Verwaltungsführung in der Regel kaum möglich.

Vom »moralischen« Standpunkt aus sind also Fälschungen sehr verschieden zu beurteilen, je nachdem, welchen Zweck sie verfolgen. Sehr viele Fälschungen sind »Verfälschungen«: In eine vorhandene echte Urkunde werden gefälschte Bestimmungen hineingebracht. Das geschieht entweder durch »positive Interpolation«: Sätze oder Satzteile werden eingefügt oder vorhandene erweitert. Dagegen kann die »negative Interpolation« durch Fortlassen von Sätzen oder Satzteilen eine einschränkende Bestimmung zum Verschwinden bringen. Beispiele: 1. In ein königliches Stadtprivileg aus dem Ende des 12. Jahrhunderts werden fünfzig Jahre später drei oder vier Worte eingefügt, durch die der inzwischen entstandene Rat der Stadt eingeführt und mit einer Reihe von Befugnissen betraut wird, die die echte Urkunde dem königlichen Vogt zuschrieb (Anpassung an die inzwischen erfolgte faktische Rechtsentwicklung durch positive Interpolation); 2. Aus einer Urkunde, die dem Bischof von Würzburg den Besitz eines Klosters auf Lebenszeit verschreibt, werden die Worte »ad tempora vite sue« fortgelassen (Rechts-»Besserung« durch negative Interpolation).

Das Erkennen solcher Verfälschungen wird meist dadurch erschwert, daß das gefälschte Stück nicht als angebliches Original, sondern als Abschrift, Transsumpt oder Vidimus erscheint, so daß eine Prüfung äußerer Merkmale unmöglich ist.

Neben den Teilfälschungen steht die seltenere Gruppe der völligen Fälschungen bzw. Erfindungen von Urkunden oder deren Inhalt. Das historisch berühmteste Beispiel ist wohl das ›Constitutum Constantini‹, die Rechtsgrundlage für den Primat des Papsttums, dessen Unabhängigkeit vom Kaisertum und für die Bildung des Kirchenstaates, angeblich aus dem Jahre 370, in Wahrheit wohl im 8. Jahrhundert an der Kurie konstruiert. Ein für die deutsche Geschichte besonders wichtiges Beispiel ist ferner die um 1360 gefertigte, aber auf 1156 datierte ›Privilegium maius‹-Serie für Österreich.

Eine besondere Gruppe stellen neben den mittelalterlichen schließlich die *modernen* Fälschungen alter Urkunden dar. Sie verfolgen in der Regel keine praktisch-rechtlichen Zwecke, sondern sollen genealogischer Beweisführung oder (besonders häufig) der Befriedigung gelehrter Eitelkeit dienen (Entdeckerruhm, Beweismittel für gelehrte Theorien usw.). Aber auch politisch-nationale Gründe spielen bei solchen modernen Fälschungen — die häufig nicht im »Original«, sondern nur in Druck oder Inhaltsangabe erscheinen — gelegentlich eine Rolle. Zu dieser Gruppe ist etwa das wohl am Ende des 18. Jahrhunderts entstandene angebliche ›Testament Peters des Großen‹ zu rechnen.

Im übrigen hat die Neigung zu Fälschungen mit historisch-politischer bzw. »nationaler« Zielsetzung in der Neuzeit zwar keineswegs abgenommen, sich aber vom Gebiet des Urkundenwesens aus leicht erklärlichen Gründen abgewendet und sich vor allem auf das Gebiet der Publizistik, also der *Nachrichten*fälschung und -verfälschung verlagert. Hierher, und nicht eigentlich ins Gebiet der Urkundenfälschung dürften z. B. wohl die tendenziösen Entstellungen, Auslassungen und Verfälschungen zu rechnen sein, die in den staatspolitischen »Farbbüchern« als Mittel der Meinungsbeeinflussung bei internationalen Auseinandersetzungen üblich geworden sind. Denn hierbei werden ja meist nicht die Urkunden — soweit es sich überhaupt um solche und nicht um Aktenstücke (Korrespondenzen o. ä.) handelt — selbst gefälscht oder verfälscht, sondern die unverändert echten Dokumente werden lediglich in Auswahl, fehlerhaft oder bruchstückweise *publiziert*, ohne daß dadurch selbstverständlich an der Tatsache des echten Inhaltes etwas geändert werden kann.

Bei der Kritik der Fälschungen ist zu beachten, daß unsere Betrachtungen vom diplomatischen (urkundenwissenschaftlichen) Fälschungsbegriff ausgehen. Es wird hier also nicht gefragt: Ist das, was die Urkunde aussagt, historische Wahrheit? Die diplomatische Fragestellung lautet vielmehr: Ist die Urkunde das, wofür sie sich ausgibt? Anders ausgedrückt: Gibt sie nach Datum und Inhalt den Willen des Ausstellers wieder?

Denn eine Urkunde kann echt sein und doch Unwahres aussagen. Das ist dann eine historische, aber keine diplomatische Fälschung. Ein Beispiel: Im Jahr 1470 erwarben die an der mittleren Elbe ansässigen Grafen von Barby ein kaiserliches Privileg, das ihnen gestattete, Getreide und Bier aus eigener Produktion stapelfrei an Hamburg vorbei elbabwärts zu exportieren. Um zu beweisen, daß der Kaiser bei Ausstellung des Privilegs von unzutreffenden Voraussetzungen ausgegangen war, nämlich hamburgische Stapelrechte beeinträchtigt hatte, erwarb Hamburg sich zehn Jahre später (1480) von seinem Landesherrn, dem Herzog von Holstein (und dänischen König), ein Stapelprivileg, das der König wunschgemäß auf 1465 zurückdatieren ließ. Da Inhalt und Datum dem Willen des Ausstellers entsprechen, ist die Urkunde diplomatisch echt, aber eine Fälschung der historischen Wahrheit. Umgekehrt: Eine Urkunde kann diplomatisch gefälscht sein, aber inhaltlich keine Wahrheitsfälschung enthalten. Hierfür gilt das bekannte Beispiel vom steirischen Kloster Göß, wo im Jahre 1188 eine Urkunde eines früheren Erzbischofs von Salzburg größtenteils verbrannte. Man übergab sie der Klosterfrau Perhta »ad reparandum«, weil ihr »eiusdem privilegii tenor notissimus erat«. Die Absicht ist also allein, das verlorene Belegstück möglichst originalgetreu zu rekonstruieren, nicht die historische Wahrheit zu fälschen.

Hieraus folgert: Es gibt formale und inhaltliche Fälschungen. Eine formale Fälschung liegt immer dann vor, wenn die Urkunde sich nach der Absicht des Herstellers als etwas anderes ausgibt, als sie in der Tat ist. *Jede* Fälschung ist eine formale Fälschung — auch die von der Nonne Perhta hergestellte Rekonstruktion gibt sich ja als erzbischöfliches Original aus, was sie nicht ist. Eine inhaltliche Fälschung liegt dagegen nur dann vor, wenn die Fälschung materielle Bestandteile größeren oder geringeren Umfanges enthält, für die eine Willenserklärung des angeblichen Ausstellers nicht vorliegt oder vorgelegen hat. Demnach ist die reparierte Urkunde von Göß keine inhaltliche Fälschung, wohl aber sind dies alle anderen von uns angeführten Beispiele für Fälschungen.

Die Feststellung, ob eine Fälschung vorliegt, erfolgt mit Hilfsmitteln der äußeren oder der inneren Kritik. Die äußere Kritik umfaßt alles das, was sich nur aus Prüfung des originalen Stückes erschließen läßt, also: Beschreibstoff, Schrift, Siegelstoff, Siegelform, Siegelanbringung usw. Nur teilweise kann die Anschauung des Originals auch durch ein Photo ersetzt werden (z. B. für Schrift, Siegelbild). Es läßt sich daher eine Urkunde unter Umständen schon im Photo als Fälschung auf Grund äußerer Kriterien (z. B. Schrift) ansprechen. Umgekehrt ist der positive Beweis der Echtheit dagegen nie allein mit einem Photo zu führen, weil es nicht ausreicht, um z. B. Tintenfarbe und Tintenunterschiede, Einzelheiten der Siegelanbringung und Siegelmaße usw. mit ausreichender Sicherheit zu untersuchen. — Die inneren Merkmale umfassen alle diejenigen Bestandteile, die sich aus dem Wortlaut ergeben, also auch anhand von (getreuen) Abschriften oder Abdrucken nachgeprüft werden können: Stil, Sprache, sprachliche oder sachliche Anachronismen, Kanzleimäßigkeit usw. Es versteht sich, daß die inhaltliche Kritik leichter von subjektiven Momenten bestimmt wird und daher unsicherer ist als die äußere — diese sollte mithin immer vorangehen, sofern das Stück im Original erhalten ist. Zahlreiche Fälschungsbestimmungen auf Grund allein inhaltlicher Kriterien sind in der Forschung strittig geblieben, manche auch nachträglich als hyperkritischer Irrtum erwiesen worden.

Die Echtheitsprüfung ist die erste Voraussetzung für die Verwertung der Urkunde als Quelle. Ist eine Urkunde als Fälschung erkannt, so müssen die zwei Fragen beantwortet werden:

a) Wann ist die Fälschung erfolgt (zeitlicher Kausalitätszusammenhang!)?

b) Was ist mit ihr beabsichtigt (Tendenz der Fälschung)?

Nach Klärung dieser beiden Fragen kann die Fälschung als ebenso wertvolle Quelle historischer Untersuchung benutzt werden wie eine echte Urkunde. Ein Wertunterschied als historische Quelle besteht also zwischen echter und gefälschter Urkunde selbstverständlich nicht! Aber die Verwertung der Quelle kann nur für den zeitlichen und sachlichen Zusammenhang erfolgen, in den sie tatsächlich gehört; das ›Constitutum Constantini‹ also nur als Zeugnis für die beginnende Auseinandersetzung zwischen Kurie und Kaisertum des Mittelalters, nicht als Zeugnis für staatliche und kirchliche Verhältnisse des 4. Jahrhunderts, der angeblichen Entstehungszeit. Gleiches gilt für das ›Testament Peters des Großen‹ als Quelle für Tendenzen des russischen Imperialismus um 1800.

Akten. Wesen und Begriff

Akten sind der Niederschlag schriftlicher Geschäftsführung, sie dokumentieren das, was geschehen, »gehandelt« worden ist *(acta)*; dementsprechend war für sie im 16. und 17. Jahrhundert in der deutschen Verwaltungssprache auch die genau entsprechende deutsche Bezeichnung »Handlungen« üblich, ist es in den skandinavischen Sprachen auch noch jetzt *(handlingar)*. Das Wort zeigt durch seine Neutralität bereits an, daß es sich um einen Sammelbegriff handelt, der eine Vielfalt von Einzelformen umfaßt. Es zeigt außerdem die zweite charakteristische Eigenschaft der Akten an: daß sie in der Mehrzahl, »pluralisch« auftreten. Während bei den Urkunden die einzelne Urkunde eine autarke, für sich allein bestehende und in sich allein verständliche Einheit ist, stellt bei den Akten nicht das einzelne Aktenschriftstück (Aktenblatt), sondern eine unter sachlichem oder chronologischem Gesichtspunkt zusammengefügte Mehrzahl solcher Einzelschriftstücke die (autarke) Einheit dar. Man könnte mit einem biologischen Bild sagen: Die Urkunde ist ein einzelliges, die Akte ein mehrzelliges Individuum. Dabei ist es gleichgültig, ob diese plurale Einheit äußerlich durch Bündelung loser Blätter zu einem Paket, durch Heftung zu einem »Aktenband« oder durch Bindung zu einem »Amtsbuch« (Geschäftsbuch) zusammengefügt wird.

Akten können also erst dann und dort entstehen, wo eine bestimmte zivilisatorische Stufe erreicht ist: ein Zustand relativ allgemeiner

»Schriftlichkeit« (vgl. unseren Abschnitt Paläographie), der die Voraussetzung für intensive und das heißt: schriftliche Verwaltungsführung bildet. Diese Intensität der Verwaltungsführung, die einen laufenden schriftlichen Geschäftsgang erfordert, wird im Kulturablauf jeweils erst ziemlich spät erreicht: so in der ausgehenden Antike und so dann wieder am Ende des Mittelalters. Denn die Schrift setzt sich, wie wir früher sahen, nur sehr allmählich im Rechts- und Geschäftsleben durch. Sie wird zunächst nur dann verwandt, wenn es gilt, das rechtsverbindliche Endprodukt einer Handlung festzulegen: das geschieht durch die Urkunde. Im »Aktenzeitalter« wird nicht nur dieses Endprodukt, sondern werden auch alle Zwischenstadien des verwaltungsmäßigen oder geschäftlichen Handelns schriftlich dokumentiert: der Weg des administrativen Handelns, der auf den Rechtsakt (die Urkunde) hinführt oder zu seiner Ausführung weiterführt, ist »mit Schriftstücken gepflastert« *(H. O. Meisner)*. Diese »Pflasterung«, dieses einheitlich schriftliche Substrat des öffentlichen und privaten Geschäftslebens also sind die Akten.

In ihrem vollendeten neuzeitlichen Zustand stellt diese schriftliche Ordnung aller Formen menschlichen Gemeinschaftslebens ein dicht verwobenes Netz dar, das aus drei Bestandteilen zusammengesetzt sein kann:

— dem Eingang (bei der aktenführenden Stelle einlaufende Schreiben, Berichte, Suppliken, Aufträge, Anfragen usw.),
— dem Ausgang (Konzepte, Kopien — modern: Durchschriften — von auslaufenden Schreiben, Berichten, Anweisungen und Anfragen usw.),
— dem Innenlauf (»im Hause« der aktenführenden Stelle entstehende Notizen, Anfragen und Vermerke, Entwürfe, Denkschriften, Protokolle, Listen usw.).

Akten, also die plurale Einheit solcher Schriftstücke, können entweder alle drei Typen in sich vereinigen (meist in sachgebundenem Zusammenhang als Sachakte oder Dossier), oder nur zwei (z. B. Eingang und Ausgang einer politischen Korrespondenz), oder nur einen (z. B. ein Band Gerichtsprotokolle, eine Serie von Gesandtschaftsberichten o. ä.). Dabei kann es vorkommen, daß in die Akten im Zuge des Geschäftsganges auch Urkunden, also die Endprodukte des administrativen Handelns, gelangen. Die in einer Akte befindliche Urkunde verliert dadurch selbstverständlich weder ihre rechtsetzende noch ihre »autarke« Qualität; ebensowenig verliert die Akte dadurch ihre Eigenschaft der »pluralen Einheit«.

Wir können hiernach definieren: »Akten sind im Zuge laufenden schriftlichen Geschäftsganges entstandene Aufzeichnungen und Verhandlungen, die auf Rechtsgeschäfte hinführen oder sie ausführen und die jeweils aus mehreren, in sich unselbständigen Schriftstücken bestehen; doch können in Akten auch Urkunden enthalten sein.«

Dabei ist lediglich anzumerken, daß der Begriff des »Rechtsgeschäftes« auch hier, wie bei den Urkunden, selbstverständlich in einem weiten Sinne gemeint ist. In diesem Sinne ist z. B. jeder politische Beschluß, Vertrag usw. ein Rechtsgeschäft; insofern deckt unsere Definition beispielsweise auch eine Akte, die nichts enthält als eine Serie von Gesandtschaftsberichten — da diese ja die Unterlage für die politische Willensbildung und deren rechtsverbindliche Produkte darstellen. Auf der anderen Seite zeigt unsere Definition, daß der Aktenbegriff sich keineswegs — wie oft stillschweigend angenommen wird — etwa nur auf die »öffentliche« Sphäre (Regierung, Verwaltung, Rechtssprechung) beschränkt. Er trifft vielmehr ebenso auf jede andere, auch private Stelle zu, die kontinuierlich und schriftlich Geschäfte führt und deren Niederschlag systematisch sammelt und aufbewahrt: z. B. eine kirchliche Verwaltung oder eine sonstige Körperschaft oder Vereinigung oder ein Kaufmann, eine Industriefirma, eine Gutsverwaltung usw. usw.

Vom Standpunkt der Quellenkunde ist es nach dem Gesagten ohne weiteres einleuchtend, daß der Augenblick, da uns nicht mehr nur Urkunden, sondern auch Akten als »Überreste« aus der Vergangenheit zur Verfügung stehen, eine Epoche bedeutet. Die Urkunden, mögen sie als Geschichtsquellen mehr oder minder dicht über die historische Zeit und den historischen Raum gestreut sein, vermitteln doch immer nur einen Einzeleindruck von einem (abgeschlossenen) Einzelfakt. Trotz Arenga und Narratio unterrichten sie uns nicht oder doch nur mangelhaft über den Ablauf der vorhergehenden oder anschließenden Vorgänge sowie der Willensbildung selbst; sie lassen meist nicht erkennen, welche Überlegungen, Verhandlungen, Untersuchungen zu ihrer Ausstellung führten, ob der ursprüngliche Gedanke verwirklicht oder im Zuge der Verhandlungen modifiziert wurde, wie sich die Ausführung abgespielt hat usw. usw. Anders ausgedrückt: Wo nur Urkunden als Quellen vorlägen, wäre das Bild, das wir von den »Handlungen« gewännen, nur sehr grob »gerastert«, bestände aus lauter einzelnen, untereinander nicht verbundenen Punkten.

Die Akten geben die Verbindungslinien. Mit ihnen läßt sich das Bild feiner differenzieren; man erkennt die Entwicklung, die endlich zum abschließenden Rechtsakt geführt hat, die Veränderungen, die die ursprüngliche Absicht im Zuge des Geschäftsganges erfahren hat, das Tauziehen zwischen verschiedenen Interessen, Rücksichten und Machtverhältnissen. Beim Gerichtsurteil kann man den Weg der Rechtsfindung verfolgen und die Motive erkennen, die zum Spruch führten; beim Protokoll den Gang der Verhandlung und das Zustandekommen der Meinungsbildung; beim Konzept die Modifikationen, die der ursprüngliche Entwurf erfahren hat; beim kaufmännischen Briefwechsel das Gewicht von Angebot und Nachfrage, aus denen dann die Abschlußbedingungen des Geschäfts resultieren; beim Rechnungsbuch oder der Sammlung von Einzelbelegen das Zustandekommen der Schlußsumme, die Zusammensetzung des Steueraufkommens usw. Aus den »Nachakten« kann man erkennen, ob und wie es zur Verwirklichung eines dispositiven Rechtsaktes, eines Vertrages, Gesetzes, einer

Verordnung gekommen ist, usw. Kurz man sieht den ganzen Ablauf, den Pinselstrich, nicht nur den einzelnen Farbtupfer, den die Urkunde für sich allein darstellt.

Man braucht sich nur einen Augenblick lang vorzustellen, was und wie wenig wir z. B. von der politischen Geschichte des 19. Jahrhunderts wüßten, wenn wir nicht die riesigen Aktenmassen, sondern nur die »Urkunden« besäßen: wenn wir nicht die von Bismarck als Konzept benutzte Depesche Abekens, sondern nur die amtlich publizierte »Emser Depesche« kennten; oder wenn uns nur das vollzogene Original der Reichsverfassung von 1871, nicht aber die Vorstufen und Entwürfe seit Juni 1866 vorlägen; oder wenn uns nicht die Akten des Wiener Kongresses aus allen Staatskanzleien und Archiven, sondern nur der Wortlaut der Abschlußurkunde vom 8. Juni 1815 bekannt wäre.

Konstante Verwaltungsinstitutionen, die befähigt und veranlaßt waren, Akten zu führen, erscheinen in der Regel erst im ausgehenden Hochmittelalter, etwa im 13. Jahrhundert — mit der Ausnahme des kurialen Verwaltungswesens, das auch hier zeitlich vorangeht. Frühe und bescheidene Anfänge eines »Aktenwesens« bilden sich naturgemäß zunächst da aus, wo eine feste »Residenz« die rein äußeren Vorbedingungen zur Führung und Bewahrung von Akten gewährt: also, außer an der Kurie, in den Regierungs- und Verwaltungszentren der westeuropäischen Königsstaaten (England, Frankreich, Aragon, Sizilien), dagegen in Deutschland nicht am Königshof, sondern bei den werdenden Territorialstaaten sowie insbesondere in den Städten. Hier begegnen als Akten zunächst Sammlungen von Schriftgut, das uns zum Teil schon bei der Behandlung des Urkundenwesens begegnet ist: Konzepte (teilweise in der Form des »Registers«, wobei die Buchform an der »Akten«-Eigenschaft nichts ändert), Abschriften des Einganges (Kopiare!), daneben politische Korrespondenzen und Berichte. Ferner aber auch »Verwaltungsakten« im engeren Sinne, wenngleich meist noch in der vom heutigen Gebrauch abweichenden Buch- oder auch Rollenform: Urbare (Aufzeichnungen des Besitz- oder Einkommens-»Solls« vor allem aus Grundbesitz), Lehnsbücher, Bürgerlisten, Steuerlisten, Jahresrechnungen über Einnahme und Ausgabe und andere Finanzakten — überhaupt und vor allem dasjenige Schriftgut, das in der Regel als »Amtsbücher«, besser und in erweitertem Sinne als »Geschäftsbücher« bezeichnet wird (sofern es sich nicht, wie bei den Grund- und Schuldbüchern der Städte, um Bücher mit rein *urkundlicher* Qualität und Zwecksetzung handelt). Gegen Ende des Mittelalters treten auch die Protokolle (Verhandlungsniederschriften) als typische Erzeugnisse kollegialer Staats- und Verwaltungsführung hinzu (im territorialen Ständestaat, in den Städten, bei Reichs- und Bundesversammlungen, Parlamenten und Gerichten).

Dieses »mittelalterliche Aktenwesen«, sporadisch freilich und auch nur zufällig erhalten, in den Formen (überwiegend als Bücher und Serien) von den neuzeitlichen und heutigen Begriffsvorstellungen stark abweichend, stellt doch »geistesgeschichtlich« und quellenkundlich den Anfang jenes Vorganges totaler schriftlicher Regelung des öffentlichen und Geschäftslebens dar, dessen ungeheuerliches Anschwellen heute nicht nur ein historiographisches, sondern ein zivilisatorisches Problem erster Ordnung geworden ist. Jedoch haben jene mittelalterlichen Anfänge noch keine ausreichende theoretische und systematische Behandlung durch die Forschung erfahren. Auch liegt die entscheidende Zäsur tatsächlich erst im 16. Jahrhundert, also im Anfang der Neuzeit. Es ist jene Epoche, in der die Akten als Quellengruppe innerhalb des Geschäftsschriftgutes quantitativ und qualitativ vor den Urkunden an die erste Stelle zu treten beginnen. Insofern ist die vielfach übliche Unterscheidung Mittelalter = »Urkundenzeitalter«, Neuzeit = »Aktenzeitalter« wenigstens relativ gerechtfertigt. Erst die Neuzeit hat die Vielfalt des Aktenschriftgutes und der Aktentypen, ihrer Ordnung und Gliederung entwickelt, die diesem Quellengut seine eigentlichen charakteristischen Merkmale verleiht.

Serie und Sachakte

Die von der Aktenkunde entwickelte Typologie und Systematik des Aktenwesens kann nicht Gegenstand dieser hilfswissenschaftlichen Betrachtung sein. Was für die Benutzung der Akten als Quellen durch den Historiker dagegen unentbehrlich ist, ist die Kenntnis der hauptsächlichen Ordnungsformen des Aktenschriftgutes, das in die Hände des Quellenbenutzers gelangt.

Die plurale Einheit der Akte findet äußerlich ihre Zusammenfassung durch einen Umschlag (»Tektur«, Aktendeckel) oder Einband, dessen Aufschrift den Aktenbesitzer oder -produzenten (Dienststelle usw.), den Akteninhalt (»Betreff«) mit Zeitangabe und das Aktenzeichen (»Signatur«) angibt. Diese äußere Form besagt zunächst jedoch nur wenig über die Ordnungsprinzipien, die für den Inhalt maßgebend sind.

Für diesen Inhalt selbst sowie für die Gesamtheit der Akten einer aktenführenden, also schriftlich verwaltenden Instanz bieten und boten sich seit je verschiedene Gliederungsmöglichkeiten an. Die älteste und am nächsten liegende Ordnungsform ist die der einfachen chronologischen Reihung *(»Serie«)*. Für sie ergibt sich meist von Anfang an eine natürliche Zweiteilung, deren Wurzel in den beiden mittelalterlichen Begriffen von »Register« und »Kopiar« liegt: eine Serie des auslaufenden Schriftguts (in Konzept, Abschrift bzw. Durchschrift) und eine des einlaufenden Schriftgutes (das entweder weiterhin, wie im mittelalterlichen Kopiar, auch in Abschrift oder — so meistens unter neueren Verhältnissen — in den Originalausfertigungen bewahrt wird). Wo das Serienaktensystem bis in neuere Zeiten beibehalten worden ist, wird häufig der »Innenlauf« in Form von (ebenfalls chronologisch abgelegten) »Anlagen« bandweise den eigentlichen Serien des Ein- und Ausganges beigeordnet. Eine noch einfachere Abwandlung der Serie entsteht, wenn Eingang und Ausgang in einer Reihe zusammengefügt werden: etwa ein fürstlicher Briefwechsel oder die Korrespondenz mit einem Gesandten o. ä. Sowie der Schriftbetrieb weitläufiger und umfangreicher wird, reicht in der Regel die primitive Reihung in einer Serie (oder einer Eingangs- und einer Ausgangsserie) nicht mehr aus. Es werden mehrere Serien gebildet, meist nach den Korrespondenten oder auch geographisch oder für einen bestimmten größeren Geschäftsbereich aufgeteilt. Diesen Schritt vom *ungegliederten* zum *gegliederten* Seriensystem vollzieht das Registerwesen der päpstlichen Kanzlei schon im Mittelalter. Die Registerserien erscheinen hier entweder nach Materien (»super negotio Imperii«) oder nach formalen Gesichtspunkten (literae communes, literae curiales, literae secretae) oder geographisch geordnet, anderwärts häufig nach Empfängern; so wird vermutet, daß auch schon Ludwig der Bayer neben einem Reichsregister ein eigenes für bayerische Angelegenheiten geführt hat. In den skandinavischen Ländern und in England sind die bis in die neueste Zeit beibehaltenen Serien meist nach Geschäftsbereichen geordnet (Finanzen, Inneres, Äußeres usw.), wobei in England teilweise das mittelalterliche System der abschriftlichen Bewahrung — also der Register und Kopiare im mittelalterlichen Sinne — beibehalten wurde (»Rolls«), während in Skandinavien, auch in deutschen städtischen Verwaltungen und anderswo das *originale* Schriftgut (Eingänge, Konzepte, Innenlauf) nunmehr die in Serien geordneten Akten bildete.

Die Serie ist also eine entweder abschriftlich oder (meist) im Originalschriftgut gesammelte Reihe, die ihren Ordnungsgrundsatz nicht vom Sachinhalt, sondern von der chronologischen Abfolge erhält; sie kann entweder alles empfangene und (oder) ausgegangene Schriftgut in sich vereinigen oder sich auf einen bestimmten Empfänger oder Empfängerkreis oder Geschäftsbereich konzentrieren. Der *Sache* nach kann eine solche Serie — etwa das ›Missivbuch‹ einer süddeutschen oder das ›Weddebuch‹ einer norddeutschen Stadt des Mittelalters, die ›Inrikesregistratur‹ der schwedischen Staatskanzlei, die Korrespondenz des preußischen Auswärtigen Amts mit dem Gesandten in St. Petersburg, die ›State Papers‹ der britischen Staatssekretariate, das Protokoll des brandenburgischen Geheimen Rates — naturgemäß den buntesten Inhalt haben; denn diese Akten einer Herkunft werden ja lediglich chronologisch »abgelegt«, nicht nach dem Sachinhalt aufgeteilt. Serien in Hunderten von chronologisch aufeinander folgenden, oft jahrgangsweise aufgeteilten Bänden entstehen auf diese Weise nicht selten — so, um nur zwei deutsche Beispiele zu nennen, die vom 17. bis ins 20. Jahrhundert reichende Serie der preußischen Gesandtschaftsberichte aus Petersburg oder die seit 1674 in mehr als tausend Bänden erhaltenen Protokolle des Senats der Stadt Hamburg. Bei solchem Umfang und der rein chronologischen Ordnung wäre es sowohl für die Verwaltung wie für die spätere historische Forschung fast unmöglich, die auf eine bestimmte Sache bezüglichen Schriftstücke innerhalb der Serie aufzufinden oder den Fortgang eines bestimmten Geschäfts zu verfolgen. Voraussetzung für die Benutzbarkeit von größeren Serien ist daher ihre Erschließung durch Sachweiser (Indices), die häufig schon laufend zugleich mit der Serie angelegt und geführt werden.

Sowie der zunehmende schriftliche Geschäftsbetrieb Umfang und Inhalt der Serienakten — auch bei »gegliedertem« System — immer größer und vielgestaltiger werden ließ, mußte der Gedanke aufkommen, anstelle der mühsamen Erschließung durch Indices eine Aufgliederung des *Schriftgutes selbst* nach Sachbetreffen vorzunehmen. Ein solches Verfahren lag vor allem da nahe, wo historische und administrative Vielgestaltigkeit und Buntscheckigkeit die Formen des Verwaltungsschriftgutes besonders komplizierten, wie in den deutschen Territorialstaaten des 16. und 17. Jahrhunderts — oder wo der fürstliche Absolutismus oder revolutionäre Umwälzungen einen rationellen Neuaufbau der Verwaltung ermöglichten oder erzwangen, wie im Preußen des 18. Jahrhunderts oder, nach 1789, in Frankreich. Während daher die sehr früh und relativ straff zentralisierten, zudem stark von alten Verwaltungstraditionen bestimmten und jahrhundertelang in ungestörter Kontinuität verharrenden Staatsbehörden z. B. Englands und Schwedens die Serienordnung bis in das 20. Jahrhundert beibehalten haben, hat sich auf dem Kontinent die Gliederung nach *Sachakten (Dossiers)* durchgesetzt, wenn auch in jeweils charakteristischen nationalen Sonderformen. Die Sachakte vereinigt, wie der Name sagt, im Gegensatz zur Serienakte Schriftstücke *eines* »Betreffs«, aber unter Umständen sehr verschiedener Herkunft in sich — also z. B. Eingänge verschiedenster Absender mit Innenlauf und Ausgängen an verschiedenste Empfänger, die sich sämtlich auf die *eine* Sache »Friedensvertrag mit Frankreich 1814« oder »Holzverkauf aus dem Forst zu Adorf 1816—1867« oder »Erlaß einer Verordnung über Schaffung von Einbahnstraßen in der Innenstadt, 1925 bis 1927« oder »Streitsache mit dem Fürstbischof von Hildesheim über die Gerichtsgefälle in Xstadt, 1651—1713« usw. beziehen. — Wo die Sachaktengliederung durchgeführt ist, bedarf es zu ihrer Erschließung — entsprechend dem Index bei Serienaktenführung — eines »Aktenplans« (Registraturplans), aus dem sich ergibt, an welcher Stelle des Gesamtaktenbestandes die Akten über ein bestimmtes Sachgebiet zu suchen sind (vgl. den folgenden Abschnitt).

Es versteht sich, daß Sachakten nur da gebildet werden können, wo die spezielle Natur des Schriftgutes dies zuläßt. Wo das nicht der Fall ist, weil ein und dasselbe Schriftstück in der Regel mehrere Betreffe behandelt, da bleibt es auch unter der Herrschaft des Sachaktensystems für *dieses Schriftgut* bei der Seriengliederung. Das trifft z. B. zu für die meisten Behördenprotokolle (Sitzungsniederschriften), für die laufende gesandtschaftliche Berichterstattung, für fürstliche Familienkorrespondenzen, vielfach auch für privates Geschäftsschriftgut (kaufmännische Korrespondenz u. ä.). Auch auf dem europäischen

Kontinent, auch in Deutschland, wo man im allgemeinen während des 17. und 18. Jahrhunderts zur Sachakte übergegangen ist, haben sich also solche Formen der Serie zwangsläufig bis heute gehalten. Gerade von der historischen Forschung besonders häufig und mit Vorliebe benutzte Quellen, wie die Reihen der »Reichstagsakten« deutscher Reichsstände, die von Ranke bevorzugten venezianischen Relationen und die päpstlichen Nuntiaturberichte, das wirtschafts- und sozialgeschichtlich so wichtige Verwaltungsschriftgut der Städte im Mittelalter und früher Neuzeit, das meist in Form von »Amtsbüchern« (Geschäftsbüchern) vorliegt, sind Beispiele solcher, dem Historiker oft begegnender Serien. Nur sehr spät und sehr teilweise ist es zum Beispiel gelungen, für Amtsbücher auch einen »sachakten«-ähnlichen Ordnungsgrundsatz zu finden. Die Grundbücher, eine der wichtigsten Erscheinungsformen der städtischen Amtsbuchführung, sind zum Teil erst im 19. Jahrhundert (Lübeck 1818) von der chronologischen Eintragungsform auf die sachliche (»Realfolien«) umgestellt worden.

Akten sind echte »Überreste« im Sinne unserer früheren Definition, d. h. sie sind nicht für historische, sondern für Verwaltungszwecke geschaffen. Ihre Eigenschaft als Quelle für historische Erkenntnis ist also unabsichtlich, und sie tragen daher auch in ihrer Ordnungsform den Forschungsbedürfnissen keine Rechnung. Während man sagen kann, daß die Sachaktenform dem modernen Verwaltungsbedürfnis wohl am besten entspricht, ist damit keineswegs gesagt, daß sie auch für die Zwecke der historischen Forschung immer am vorteilhaftesten sei. Das hängt vielmehr ganz von der jeweiligen historischen Fragestellung ab. Bei der Behandlung historischer Längsschnitte (»Die Beziehungen ... von ... bis ...«), außenpolitischer oder überhaupt politischer Zusammenhänge über größere Zeiträume hinweg, bieten sich lange Serien als besonders willkommene Quellen an; es ist daher kein Zufall, daß Ranke solche Quellengruppen bevorzugt hat. Umgekehrt werden »Querschnitte«, Zustandsschilderungen, sozial-, wirtschafts- und rechtsgeschichtliche Monographien, schließlich überhaupt alle »Spezialuntersuchungen« es leichter haben, wenn sie das aktenmäßige Quellengut in Sachordnung vorfinden. In jedem Fall wird der Historiker bei der Benutzung und Auswertung von Akten verschiedene Arbeitsmethoden anwenden müssen, je nachdem, ob er Serien oder Dossiers vor sich hat. Er wird außerdem — gleichgültig, ob Serie oder Sachakte vorliegt — prüfen und feststellen müssen, ob für ihn die jeweiligen *General-* oder *Spezialakten*, die *Haupt-* oder die *Nebenakten* eines Schriftgutbestandes den wesentlichen Erkenntnisstoff enthalten.

— Beispiel für General-(Allgemeine)Akten: Akte »Einkommensteuergesetzgebung, Allgemeines, 1878—1913«,
— Beispiel für Spezial-(Sonder-)Akten: »Einkommensteuergesetzgebung, Steuerregelung für Einkommen aus schriftstellerischer oder künstlerischer Nebentätigkeit, 1903—1925«,

- Beispiel Hauptakten: Akte »Neuregelung der Einkommensteuer, Erlaß eines neuen Einkommen-Steuer-Gesetzes, 1906–1908«,
- Beispiel Nebenakten: Akte: »Erlaß eines neuen Einkommen-Steuergesetzes, Umfragen bei anderen Regierungen über die dortige Einkommen-Steuer-Regelung, 1907«, usw.

Recht oft werden es gerade die Nebenakten (Beiakten, Adhibenda) sein, die für den Historiker die wichtigsten Aufschlüsse über den Werdegang einer administrativen oder politischen Handlung enthalten – so z. B. die häufig als Beiakten erhaltenen »Kommissionsakten« (zum obigen Beispiel: »Akten der parlamentarischen Kommission zur Vorbereitung eines neuen ...«).

Soviel muß jedenfalls der Historiker als Quellenbenutzer klar erkennen: Form und Methode der *Aktenbenutzung* sind abhängig von Form und Methode der *Aktenordnung*, die er vorfindet und die nur von Verwaltungsrücksichten bestimmt ist. Hier liegt der wesentliche Unterschied zwischen der Benutzung des Verwaltungsschriftgutes, das die Archive aufbewahren, und der Benutzung desjenigen Quellengutes, das in der Regel in Bibliotheken zu finden ist (also der literarischen Quellengruppen der »Tradition«). Nur in den Bibliotheken kann der Benutzer mit einer im Grundsatz überall gleichen, vom Standpunkt der wissenschaftlichen Benutzung ausgehenden, systematischen Anordnung bzw. Erschließung des Schriftgutes rechnen. Beim archivischen Geschäftsschriftgut wird er es dagegen mit sehr verschiedenen, grundsätzlich vom Verwaltungsinteresse her bestimmten Ordnungs- und Erschließungsgrundsätzen zu tun haben. Die wichtigsten dieser Grundsätze müssen daher hier im Zusammenhang des Geschäftsschriftgutes noch behandelt werden.

Registratur und Archiv

Der »Lebensweg« eines Geschäftsschriftstückes beginnt in der Kanzlei, also an der Stelle, von der aus schriftlich verwaltet (regiert) wird. Hier bleibt das Schriftstück jedoch naturgemäß nur so lange, als es sich im »Geschäftsgang« befindet. Irgendwann wird der Augenblick kommen, wo es »abgelegt« werden kann; im neuzeitlichen Behördenbetrieb geschieht das durch die Verfügung »ad acta« (zu den Akten). Auch das Mittelalter kannte schon Formen, durch die ein erledigtes Schriftstück für die Dauer aufbewahrt wurde. Wichtigere Eingänge – also insbesondere die Urkunden und sonstige Schreiben von dauerndem Wert, die man selbst erhalten hatte – wurden an besonders gesicherter Stelle, im Burg- oder Schloßgewölbe, in Kirchtürmen oder Kapellen o. ä. gesammelt und für den Gebrauch bereitgehalten. Es handelt sich dabei also um die Bildung eines »Empfängerarchivs«, für das die Namen »Archiv«, »Briefgewölbe«, »Tresor« (Trese) usw. üblich waren. Die Ausgänge dagegen wurden in der Regel, wie wir bereits sahen, in Form abschriftlicher oder Konzept-Register (registratura), zunächst nur seltener auch schon im Originalkonzept aufbewahrt; meist geschah das noch in der Kanzlei selbst oder doch in unmittelbarer Verbindung mit ihr. So entstand der für die mittelalterlichen Verhältnisse charakteristische »Dualismus von Empfänger- und Ausstellerarchiv«, die räumlich getrennt waren und von denen im Grunde nur das erste schon dem heutigen Sprachgebrauch des Wortes »Archiv« (endgültiger Aufbewahrungsort für Geschäftsschriftgut) entsprach.

Mit dem Augenblick, da eine ständige, kontinuierliche Aktenführung üblich wurde, also in der Regel um die Wende der Neuzeit, trat hier eine Änderung ein. Während die Urkunden (das Empfängerarchiv) zunächst noch weiterhin gesondert aufbewahrt wurden, bildete sich neben der Kanzlei eine besondere Stelle heraus, deren alleinige Aufgabe die Übernahme, Ordnung und Aufbewahrung der aus dem Geschäftsgang kommenden Geschäftsschriftstücke war — und zwar nunmehr des gesamten Aktenwesens, also des Einganges, Innenlaufes und Ausganges (in Konzept oder Abschrift). Da die Wurzel dieses Aufbewahrungsgeschäftes das mittelalterliche »Register« war, wurde im kontinentalen, besonders deutschen Amtsgebrauch für diese aufbewahrende Stelle selbst das vieldeutige Wort *Registratur* üblich. Das Bedürfnis nach einer solchen besonderen, Akten ordnenden und verwaltenden Stelle mußte sich begreiflicherweise da zuerst herausstellen, wo im Lauf des 16. und 17. Jahrhunderts an Stelle der alten Serienreihung die Gliederung in Sachakten üblich geworden war. Aufgabe des Registrators war es nunmehr, nach einem von ihm entwickelten und den Bedürfnissen der Geschäftsführung angepaßten »Registraturplan« (Aktenplan) die Sachakten in einen systematisch gegliederten Zusammenhang zu bringen und sie so zu ordnen und zu verzeichnen, daß jederzeit auf sie zurückgegriffen werden konnte. Das eigentliche Vorbild dieses neuzeitlichen Registraturwesens im deutschen Sinne ist die brandenburg-preußische Aktenverwaltung geworden.

Der Registraturplan gliedert das Schriftgut insgesamt nach dem gleichen Gesichtspunkt, nach dem die einzelne Akte angelegt war: nach den »Betreffen« (oder der »Pertinenz«). Je nach Arbeitsform und Zuständigkeit der Behörde, zu der die Registratur gehört, kann dabei neben der häufigsten Pertinenzform, der »Sachpertinenz«, auch noch lokale (territoriale) oder personelle Pertinenz in Betracht kommen. Doch bleibt die Sachgruppenordnung die wesentliche Grundlage des Systems, und sie soll im Idealfall die Struktur und Aufgabenverteilung der zugehörigen Behörde getreu widerspiegeln.

Die ständige Zunahme des Verwaltungsschriftwesens nach Intensität und Umfang erzwang jedoch noch im Laufe der frühneuzeitlichen Jahrhunderte die Schaffung einer weiteren, letzten Stufe im Lebensgang der Aktenmassen. Die Registratur konnte naturgemäß nur an der Bewahrung derjenigen Akten interessiert sein, die noch irgendwie lebende Bedeutung hatten, auf die die Verwaltung also noch immer einmal wieder zurückgriff, die mit einem Wort noch *kurrent* waren.

Das Schriftgut aber, das die lebende Bedeutung inzwischen mehr oder minder schon verloren hatte, mußte eine andere Unterkunft finden, wenn anders die Registratur nicht schließlich ersticken sollte. Auf dem Umweg über mancherlei Notlösungen (Dachboden- und Kellerablagen, Depots, »Altregistraturen«) kam es auf diese Weise schließlich zur Bildung des Archivs im modernen Sinne als der letzten und endgültigen Etappe im Leben des Geschäftsschriftgutes. Ursprünglich ist das (Akten-)Archiv, genau wie die Registratur, nur Ablagestelle *einer* schriftgutproduzierenden Stelle: *einer »Provenienz«.* Das war im staatlichen Leben zunächst die zentrale Regierungsbehörde: aus ihren Beständen bildete sich das »Staatsarchiv«. Erst sehr allmählich, im Laufe des 18., vielfach auch erst des 19. Jahrhunderts, bildete sich die Auffassung heraus, daß ein solches Archiv als zentrale Sammelstelle für *alle* Einzel-»Archive« sämtlicher Behörden und Instanzen auszubilden sei und schließlich auch das alte, bis dahin vielfach noch gesonderte Urkunden-Archiv aufzunehmen habe. Das moderne »Zentralarchiv« mit unbeschränkter territorialer Zuständigkeit war damit entstanden; es setzt sich in der Regel aus mehreren einzelnen »Archiven« zusammen. In der weiteren Entwicklung kam es bei größeren Staatswesen dann noch zu regionaler bzw. horizontaler Aufgliederung des Archivwesens (Zentralarchiv für die Staatsspitze und obersten Behörden, Provinzial- usw. Archive für die regionalen Instanzen). Archive, die nur aus »einem Archiv« (Schriftgut einer Instanz) bestehen, gibt es in der staatlichen Sphäre heute nur noch ausnahmsweise (z. B. in vielen Ländern das Archiv des Auswärtigen Ministeriums); auch die kommunalen Archive sind in der Regel »Vielheitsarchive«; Einzelarchive des ursprünglichen Typs (eine Provenienz) stellen dagegen noch viele Privatarchive (Firmen-, Familien-, Gutsarchive usw.) dar.

Im inneren Aufbau des Archivs hat jedoch noch lange die ursprüngliche Entstehung aus *einer* Registratur nachgewirkt. Auch wo inzwischen Akten anderer »Provenienzen« (also anderer Behördenregistraturen) in das Archiv gelangten, betrachtete man das Archiv gern als »verlängerte Registratur« der staatlichen Zentralbehörde, aus der es hervorgegangen war. Das hatte die Folge, daß die Archivare bei der Ordnung des Archivgutes genauso verfuhren, wie man es bei der Ordnung des Registraturgutes gewohnt war: man gliederte alle eingehenden Akten, ohne Rücksicht auf ihre Herkunft (Provenienz) nach Sachgruppen, also nach der Pertinenz. Was aber in der Registratur brauchbar und angemessen war, erwies sich im Archiv (Vielheitsarchiv) als verhängnisvoll: die Gliederung nach Materien zerstörte die alten Registraturzusammenhänge und machte dadurch die Erkenntnis des organischen Wachsens eines Verwaltungskörpers, die Beobachtung geschichtlicher (politischer, administrativer) Vorgänge im Ablauf ihrer Bearbeitung und Entscheidung geradezu unmöglich. Zunächst unabhängig voneinander haben daher die französische und die preußische Archivverwaltung im 19. Jahrhundert das Prinzip erkannt und durchgeführt, das seitdem trotz mannigfaltiger Anfechtung und Abwandlung der Fundamentalgrundsatz des modernen Archivwesens geworden ist: *das Provenienzprinzip,* den »respect des fonds«.

Der Name erklärt ohne weiteres den Sinn der Sache: Die in das Archiv gelangenden Akten, Urkunden usw. werden hier nicht nach einem neugeschaffenen Sach- oder sonstigen Prinzip zu einer einheitlichen Masse umgegliedert, sondern sie verbleiben in dem Zusammenhang, in dem sie »erwachsen« sind. Innerhalb des Archivs bleiben »die« Archive der einzelnen Provenienzen nebeneinander bestehen. Unterschiedlich ist dabei lediglich die Behandlung der einzelnen Provenienzen selbst: ob sie genau in der Form erhalten bleiben, in der sie durch die Registratur einmal angelegt worden sind (holländisches oder »Registraturprinzip«), oder ob sie — innerhalb des Provenienzzusammenhanges! — nach einem einheitlichen Schema neu gegliedert werden (französisches »classement des matières«) oder ob sie schließlich, unter Beseitigung von Fehlern oder Unvollkommenheiten der Registraturordnung, derart geordnet werden, daß sie möglichst genau den organischen Aufbau der Behörde widerspiegeln, bei der sie einmal entstanden sind (preußisches oder »Strukturprinzip«, auch »freies Provenienzprinzip«).

Weitere Einzelheiten sind Sache der »Archivwissenschaft«, die sich in den letzten Jahrzehnten zu einem sehr umfangreichen und auch theoretisch sehr komplizierten Wissensgebiet ausgewachsen hat. Was der Historiker als Quellenbenutzer vom Archivwesen wissen und verstehen muß, läßt sich nach dem bisher Gesagten unter wenigen Stichworten zusammenfassen:

1. Zuständigkeit.

Ein Archiv hat stets eine — territorial oder materiell begrenzte — *ausschließliche* Zuständigkeit. Das Schriftgut einer Instanz (Provenienz) kann — sofern keine Störungen durch Gewalt, Zufall oder Verwahrlosung eingetreten sind — grundsätzlich nur in einem, dem zuständigen Archiv gesucht werden. (Gegensatz zur Bibliothek: Die Bibliothek »sammelt«, nach eigenem Ermessen bzw. nach der Aufgabenstellung, dem Archiv fließt sein Gut automatisch, kraft der Verwaltungsfunktion zu. Die Bibliothek ist *Sammlung,* das Archiv organisch erwachsender [einzelliger oder mehrzelliger] *Körper.)*

Folgerung für den Benutzer: Um festzustellen, wo ein bestimmtes Quellengut (Archivalien) zu suchen ist, muß die administrative Zuständigkeit, also der verwaltungsgeschichtliche Zusammenhang überprüft werden: Welches Archiv ist heute für dieses Schriftgut zuständig, bzw. welches Archiv ist jetzt der hoheitsrechtliche Nachfolger?

Beispiele:

a) Akten des preußischen Innenministeriums, Mitte 19. Jahrhundert. Zuständigkeit des Zentralarchivs: Preußisches Geheimes Staatsarchiv, Berlin-Dahlem. Nach gewaltsamer Auflösung des preuß. Staates 1945 zur Zeit aufgesplittert auf zwei Nachfolgeinstanzen: Geheimes Staatsarchiv, Berlin (jetzt Bestandteil der Stiftung »Preußischer Kulturbesitz«) und Deutsches Zentralarchiv, Abteilung II, Merseburg (Zentralarchiv der Deutschen Demokratischen Republik);

b) Zentrale Regierungsakten des welfischen Fürstentums (Braunschweig-)Calenberg. Im 16. Jahrhundert archiviert am Regierungssitz Münden. Nach Anfall an Braunschweig-Wolfenbüttel Überführung ins zuständige Archiv Wolfenbüttel (1584). Nach Aussterben der Wolfenbütteler Linie entsteht das später hannoversche Territorium aus Lüneburg, Calenberg und Göttingen. Regierungssitz und Archiv: Hannover, wohin also jetzt die Calenberger Akten gelangten. Mithin heutige Zuständigkeit: Niedersächs. Hauptstaatsarchiv, Hannover (Zentralarchiv des Landes Niedersachsen).

2. Innere Ordnung.

Innerhalb des Archivs sind »die Archive« der verschiedenen Provenienzen heute in der Regel gesondert erhalten, geordnet und verzeichnet.

Folgerung für den Benutzer: Aktenmaterial zu einem Sachthema ist nicht – wie im Sachkatalog einer Bibliothek – an einer Stelle, unter einem Sachstichwort (»Betreff«) gesammelt und verzeichnet, sondern muß unter Umständen bei sehr verschiedenen Provenienzen (»Archivkörpern«) im entsprechenden Sachzusammenhang aufgesucht werden. Es gibt nicht einen »Katalog« (wie bei der Bibliothek), sondern für jeden Archivkörper ein besonderes Verzeichnis (»Repertorium«, Findbuch); die Gesamtheit der Archivkörper wird in der Regel lediglich durch allgemein gehaltene »Inventare« erfaßt (die aber häufig auch fehlen!).

Beispiele:

a) Forschung über die Geschichte des Forstbesitzes einer Reichsstadt (Nürnberg, Goslar, Lübeck o. ä.). Die wertvollen Forsten gehören der Reichsstadt in der Regel sowohl staatsrechtlich wie privatrechtlich. Der staatsrechtliche Erwerb oder Verlust wird in den Akten der zentralen Regierungsbehörde (Rat, Senat) bzw. ihres auswärtigen Departements (Kommission für auswärtige Angelegenheiten) dokumentiert sein. Zwischenstaatliche Streitigkeiten können außerdem in den Akten des Reichskammergerichts oder Reichshofrates zu suchen sein, die nach Auflösung dieser beiden Behörden im 19. Jahrhundert (entgegen heutiger Archivtheorie) nach Pertinenz an die einzelnen deutschen Staaten, also in deren Archive, abgegeben worden sind. Die Verwaltung der Forsten ist in den Akten des eigenen Forstamtes dokumentiert, die finanziellen Aufwendungen und Erträgnisse im Archiv der städtischen Kämmerei. Akten über die forstlichen Bauten im Archiv des städt. Bauamts, über die Vermessung, grundbuchliche Eintragung usw. in den Archiven des Katasteramtes und Grundbuchamtes, über das Forstpersonal bei der (meist allerdings erst im 20. Jahrhundert gebildeten) zentralen Personalverwaltung, usw.

b) Forschungen über die Beziehungen zwischen Preußen und Schweden im 18. Jahrhundert. Innerhalb des preußischen Zentralarchivs kommen beispielsweise aus verschiedenen Einzelarchiven in Frage: die Gesandtschaftsberichte aus Stockholm (1722—1806), das Archiv der preußischen Gesandtschaft in Stockholm (1736—1806), die Militär- und Kriegsverwaltungsakten aus dem Siebenjährigen Krieg, die Akten über das vorpommersche Staatsgebiet (1715—43), Nachlässe von Staatsmännern und Diplomaten, die an Verhandlungen zwischen beiden Ländern beteiligt waren, usw.

In beiden Beispielsfällen ist also innerhalb eines Archivs (des Archivs der Reichsstadt bzw. des Preußischen Geheimen Staatsarchivs) eine ganze Reihe von Einzelarchiven anhand ihrer Verzeichnisse darauf zu untersuchen, ob sie Material zum Thema enthalten.

Brief und Briefsammlung

Urkunden und Akten sind Erzeugnisse des Geschäftsschriftwesens, deren Bestimmung, wie wir sahen, vorwiegend vom Inhalt ausgehen muß, während die äußeren Formen stark wechseln können. Maßgebend für den Urkundenbegriff ist die Rechtsverbindlichkeit des Inhaltes; die Form kann nach Zeit, Herkunft und Zweckbestimmung verschieden sein, sie variiert zwischen dem feierlichen Diplom und der schlichtesten Brief- oder Zettelform (Fahrkarte!). Akten sind der Sammelbegriff für registraturmäßig verbundene Geschäftsschriftstücke einer unabsehbaren Fülle von Gattungen — vom Notizzettel über Konzept, Protokoll, Mitteilungs-, Auftrags- oder Berichtsschreiben bis zur Staatsdenkschrift usw. In beiden erscheint also u. a. auch die Form des »Briefes« als möglich und häufig angewandt, mit den charakteristischen Eigenschaften, die freilich ebenfalls im Laufe der Zeit wechseln: der subjektiven Stilisierung, der unmittelbaren Anrede mit Anfangs- und Schlußgrußformel usw., und mit der Versendung meist unter Verschluß. Sofern also der Brief nicht reiner »Privatbrief«, »Angelegenheit der persönlichen, intimen Sphäre« *(H. O. Meisner)* ist und damit überhaupt nicht zur Gattung des Geschäftsschriftgutes gehört, sollte man meinen, daß er einer gesonderten quellenkundlichen Behandlung gar nicht bedarf: denn als Urkunde in Briefform (litera clausa) gehört er zum Geschlecht der Urkunden, als »Geschäfts«-Brief (amtlicher, fürstlicher, kaufmännischer Korrespondenz) ist er unter die Akten zu rechnen. Gleichwohl hat sich in der mittelalterlichen Quellenkunde eine eigene »Briefwissenschaft« *(K. Pivec)* herausgebildet. Sie nimmt ihren Anlaß von der eigentümlichen mittelalterlichen Erscheinung der »Briefsammlungen« und geht gleich diesen lediglich von der Brief-*Form* aus, begreift also sowohl »Privatbriefe« im eigentlichen Sinne als auch »Geschäftsbriefe« und politische Korrespondenzen in sich. Es ist mithin der Brief schlechthin als Mitteilungsmittel einer besonderen äußeren Form, um den es sich hier handelt und der

grundsätzlich ebensowohl Liebesbrief wie Geschäftsschreiben, wie politisches Korrespondenz- oder Propaganda-Erzeugnis sein, aber auch urkundlichen Charakter haben kann.
Historisch besonders wichtig ist der mittelalterliche Brief als Form politischen Schrifttums. Er ist als solcher vor allem ein Erzeugnis der Zeit des Investiturstreites, jedenfalls damals nach einer längeren, fast brieflosen (so gut wie urkundenlosen) Zeit wieder aufgekommen. Auch aus jener Zeit des 11. und dann des 12. Jahrhunderts sind freilich Originalbriefe nur in recht geringer Zahl erhalten. Um so größer aber — und in neuerer Zeit immer stärker in das Interesse der Forschung gelangt — ist die Zahl abschriftlicher Sammlungen in Buch- oder Heftform, die teils (meist) Briefe eines einzigen Urhebers, teils aber auch solche verschiedener Verfasser in sich vereinigen oder auch mit Schriftgut anderen Charakters (Literaturwerken i. e. S.) zusammengefügt sind. Innerhalb der deutschen Forschung ist zunächst und insbesondere von *B. Schmeidler, C. Erdmann* und *H. Zatschek* auf die Bedeutung dieser Briefsammlungen für die politische, Geistes- und Personengeschichte hingewiesen worden. Dabei ist die Frage umstritten geblieben, ob die Briefsammlungen des Hochmittelalters mehr administrativen, politischen oder privat-literarischen Zwecken dienten, d. h. ob sie »als Konzepthefte, als Kanzleiakten oder von vornherein als ›literarische Editionen‹ gedacht waren, wie denn auch über das Maß der Verbreitung dieser Gewohnheit die Meinungen auseinandergehen« *(C. Erdmann).* Dazu kommt, daß von manchen dieser Sammlungen nicht einmal feststeht, ob sie fiktive Erzeugnisse oder tatsächlich einmal geschriebene Briefe eines bestimmten Verfassers reproduzieren. Sicher ist, daß nicht alle Briefsammlungen dem gleichen Zweck dienten; manche waren zweifellos zur Verbreitung als politische Propaganda gedacht, andere dagegen als literarisch-sprachliche Dokumente (wofür ja schon antike Vorbilder vorliegen), wieder andere dagegen sind wohl als Musterbücher (»Briefsteller«) im Sinne der Formularbehelfe der Kanzleien aufzufassen. Ebenso dürfte feststehen, daß die Sammlungen auf verschiedene Weise zustande gekommen sind: einige entstanden offenbar laufend in Abschrift ausgehender Briefe (also als »Register« im Sinne der urkundenwissenschaftlichen Terminologie), andere sind nachträglich in einem Zuge teils vom Verfasser, teils auch erst von Späteren zusammengestellt worden. Wiewohl die Briefe großenteils aus der Feder gelehrter (geistlicher) »Politiker« und königlicher Kanzleibeamter stammen, ist jedenfalls auffallend — worauf wiederum bereits *C. Erdmann* hingewiesen hat —, daß die Sammlungen durchweg nicht archivalisch, sondern literarisch (also als Bibliotheksgut) bewahrt geblieben sind. Dies wird darauf beruhen, daß die Briefsammlungen in der Regel wohl nicht vom (Geschäfts- oder sonstigen) Zweck, sondern a) von der Form (»Brief« als Schrifttumsgattung), b) von der Autorschaft her angelegt sind — mag dann auch inhaltlich ein Zweck, eine Tendenz überwiegen.
Der mittelalterliche Brief, vorwiegend in der Gestalt der Briefsamm-

lung, ist also gerade wegen seiner durch die Form zusammengehaltenen *Vielfalt* subjektiven literarischen, politischen, »geschäftlichen« oder privaten Inhalts mehr und mehr als hervorragende Erkenntnisquelle ans Licht getreten. Seine quellenkundliche Erschließung und Nutzung vollzieht sich naturgemäß nach den gleichen Grundsätzen wie die der Urkunden — Diktat, Stil-, Sprachvergleichung —, nur daß hierbei der Sprach- und Stiluntersuchung, angesichts der literarischen Qualität dieser Erzeugnisse, verglichen mit den Urkunden, eine höhere und besondere Bedeutung zukommt.

Briefsammlungen dieser komplexen, nur durch die Form bestimmten mittelalterlichen Art treten innerhalb des neuzeitlichen Quellengutes an Bedeutung zurück. Im allgemeinen reiht sich der Brief hier vielmehr ein in die von uns bereits behandelten Gattungen des Geschäftsschriftgutes — als Urkunde in Briefform, als politische Korrespondenz, als Mitteilungsschreiben verschiedener Art — und gelangt mit diesen und als Bestandteil dieser Gruppen (Urkunden oder Akten) in die Archive. Die von manchen Autoren vertretene Auffassung, daß der Brief neben Urkunden und Akten ein besonderes »drittes Geschlecht« der Archivalien bilde, erscheint insofern unbegründet. Briefe, sofern sie überhaupt nur oder auch geschäftlichen Inhalt haben, lassen sich jeweils zwanglos in eine der beiden Hauptgattungen des Geschäftsschriftgutes eingliedern. Ein »drittes Geschlecht« bildet der Brief nur dann und insoweit, als er reiner Privatbrief, Erzeugnis der privat-intimen Sphäre ist (als Liebes-, Freundschafts-, Familienbrief, Gruß und Teilnahme ausdrückend, als wissenschaftliches oder literarisch-künstlerisches Mitteilungsmittel usw.). Aber in diesem Fall gehört der Brief überhaupt nicht zum Geschäftsschriftgut, sondern ist eine außerhalb dessen stehende besondere »literarische« Form des »Überrestes«, am ehesten noch den subjektiven Kunstwerken, den Memoiren oder literarischen Erlebnisschilderungen zur Seite zu stellen. Sein Aufbewahrungsort ist daher folgerichtig und in der Regel nicht das Archiv (Beschränkung auf Geschäftsschriftgut!), sondern die Bibliothek (als literarischer Nachlaß, biographische Sammlung o. ä.); es sei denn, daß sich der früher schon einmal von *W. Dilthey* angeregte, dann von *H. O. Meisner, W. Flach* u. a. wieder aufgegriffene Gedanke durchsetzt, eigene »Literatur-Archive« zu schaffen, welche die (nichtgeschäftlichen, aber historisch oder literarisch wertvollen) Nachlässe bedeutender Persönlichkeiten nach archivalischen Grundsätzen aufzunehmen hätten, darunter natürlich auch die (Privat-) Briefe; in Deutschland ist dieser Begriff bisher erst ansatzweise und nicht völlig konsequent (wie die Titel der Institute zeigen) an zwei Stellen verwirklicht worden: in Weimar (»Nationale Forschungs- und Gedenkstätten der klassischen deutschen Literatur — Goethe- und Schiller-Archiv«) und in Marbach (»Schiller-Nationalmuseum — Deutsches Literaturarchiv«).

4. Die Wappen: Heraldik

> »Und gewiß, wenn eine Sache oder Wissenschaft ist, die man mit einer fast entsetzlichen Menge allerley wunderlicher und mit dem wahren Wappen-Wesen gar nicht übereinkommender Worte verdunckelt, benebelt und schwer gemacht hat, so ist es in der That die edle Wappen-Kunst.«
>
> *Zedlers* Universal-Lexikon

Wesen und Entwicklung

Heraldik ist die Kunde vom Wappenwesen, als einer nach Formen, Farben und Verwendung charakteristischen Symbolik des ursprünglich mittelalterlichen europäischen Soziallebens. Dabei versteht man unter Wappen: ein bleibendes, nach bestimmten (mittelalterlichen) Regeln festgestelltes Abzeichen einer Person, Familie oder Körperschaft. Wenngleich entstanden aus spezifisch mittelalterlichen Voraussetzungen, hat sich das Wappenwesen in gewissen Restbeständen doch bis in die neuere Zeit lebendig erhalten. Seine Bedeutung als Quelle für den Historiker liegt vor allem in seinem rechts- und sozialgeschichtlichen Gehalt.

Die Wappen in ihrer klassischen mittelalterlichen Form sind in der Zeit der Kreuzzüge, in der ersten Hälfte des 12. Jahrhunderts entstanden — also im Zusammenhang mit dem Auftreten großer Heere des neuen Kämpfertyps des berittenen und geharnischten Ritters. Ihre Herkunft ist strittig, die ältere Ableitung von orientalischem Brauch wird von der Forschung, wohl zu Recht, heute allgemein abgelehnt. In der Tat bedarf es einer solchen Ableitung von fremdem Vorbild nicht. Das Bedürfnis, den Heerführer, aber auch den Einzelkämpfer in seiner Zugehörigkeit zur kämpfenden Partei durch farbige Abzeichen erkennbar und weithin sichtbar zu machen, bestand schon in der Antike und im frühen Mittelalter. Die allgemeine Verbreitung und Ausbildung dieses Brauches ergab sich aber zwangsläufig mit dem Zeitpunkt, als die alles verhüllende eiserne Rüstung des reitenden Kämpfers diesen individuell unkenntlich gemacht hatte. Neben das Feldzeichen (plastisches Tierbild, farbiges Banner oder Fahne) trat daher um diese Zeit die entsprechende farbige Kennzeichnung des Einzelkämpfers. Hierfür brachte man zunächst das *allgemeine* Erkennungszeichen des Heerbannes — anders ausgedrückt: das Erkennungszeichen des Heerbannführers, wie es im Feldzeichen ja bereits vorhanden und bekannt war — auf den Rüstungsstücken des Einzelkämpfers, seinen Schutz-»Waffen« an. Das Wort »Wappen« (mittelhochdeutsch wâpen) ist identisch mit dem Wort Waffen. Der Bedeutungswandel von wâpen = Waffen zu wâpen = Abzeichen auf den Waffen, vollzieht sich bereits im 12. Jahrhundert. Besonders geeignet und daher von Anfang an bevorzugt für die Anbringung dieses Erkennungszeichens sind Helm und Schild. Sie werden daher die Hauptbestandteile des »Wappens«.

Das Wappen ist also zunächst zweifellos kein individuelles, sondern ein allgemeines Erkennungszeichen der Gefolgschaft eines Führers, also eines Angehörigen des europäischen Hochadels. Der Herrscher selbst oder einer der von ihm unmittelbar abhängigen, mit »Fahnenlehen« begabten, mithin selbst fahnenführenden höchsten Amtsträger ist es, dessen Abzeichen *alle* ritterlichen Angehörigen des Heerbannes tragen. So ist noch bei Wolfram von Eschenbach das Heer des Königs Artus gekennzeichnet: »Sie sahen bald, daß alle Schilde – Geziert mit gleichem Wappenbilde« (Parzival 662, 13). Dabei kann Wahl und Herkunft des Abzeichens verschieden begründet sein: Es kann abgeleitet sein (so wohl meist) von Bild und Farbe des (älteren) Feldzeichens – etwa dem schon spätantiken Adler des Kaisers oder den besonders gern und häufig mit dem *Kreuz* in verschiedenen Farben gekennzeichneten Heeresbannern des 10.–12. Jahrhunderts; oder (seltener) vom Siegelbild des Führers, sofern ein solches bereits in vorheraldischer Zeit in Gebrauch und als Abzeichen passend war; oder schließlich von den einmal willkürlich gewählten Farben und Beschlägen an den Rüstungsstücken des Führers, besonders dem Schild. Jedenfalls: »Aus dem dringenden Bedürfnis nach einer weit sichtbaren Kennzeichnung sowohl der Heerhaufen als der Einzelkämpfer sind die Wappen als praktische Notwendigkeit entstanden« (*D. H. Galbreath*).

Es handelt sich also zunächst um eine rein militärische Zweckmäßigkeitsmaßnahme – wie sie übrigens aus gleichen Gründen auch in unserer Zeit von neuem entstanden ist (Abzeichen an Stahlhelmen, Flugzeugen, Panzer- und Troßfahrzeugen). Der Übergang aber zu dem viel weitergehenden Wappengebrauch des eigentlich »heraldischen« Zeitalters (seit der zweiten Hälfte des 12. Jahrhunderts) vollzieht sich nicht ohne Zusammenhang mit der Entwicklung des europäischen Lehnswesens, insbesondere mit der zunehmenden Erblichkeit der Lehen. Was für den Bereich des Lehnsherrn bereits vorgegeben war, nämlich die von der Person unabhängige Dauerhaftigkeit des Abzeichens als »Reichswappen« (z. B. der Adler), das wird nun auch auf die folgenden Stufen der Lehnspyramide übertragen: aus einem einmal gewählten dinglichen Symbol, dem Kampfabzeichen, wird einerseits das (vererbbare) Geschlechtswappen, andererseits das dauernde Territorialwappen. Das Wappen kann also sowohl an die Familie, als auch an den Grund-, Lehens- oder Landbesitz geknüpft sein. Seitdem besteht auf das Wappen ein ausschließlicher Rechtsanspruch des Trägers; und gerade deswegen ist es besonders geeignet, als Rechtssymbol dieses Inhabers in zahlreichen verschiedenen Anwendungsarten zu erscheinen. Das allerdings setzt voraus, daß das allgemeine Heerbann- oder Führerabzeichen eine Wandlung

zum *individuellen* Symbol erfährt. An der Entwicklung in Deutschland läßt sich dieser Vorgang gut verfolgen.
Oberstes Heerbannzeichen ist in Deutschland von alters her teils der Adler, teils das rote Reichsbanner mit weißem Kreuz. Beide Symbole erscheinen daher ursprünglich überall als Amtszeichen, als Zeichen der stellvertretend geführten Reichsgewalt, bei den Fürsten. Indem aber der Amtscharakter des älteren Reichsfürstenstandes sich umwandelt in die Form des erblichen Lehnsbesitzes, der schließlich zur »Landesherrschaft« führt, entsteht das Bedürfnis, sich vom Reichs-Amtssymbol abzusetzen. Das geschieht entweder, und meist, durch Annahme eines neuen eigenen Wappenbildes. So führen Lothringen, Bayern, Pfalz u. a. noch in der zweiten Hälfte des 12. Jahrhunderts zunächst den Reichsadler, gehen dann aber zu neuen, nunmehr an das Geschlecht oder das Territorium geknüpften Wappenbildern über. Eine andere Möglichkeit ist Beibehaltung des alten Amtszeichens, aber unter Abänderung sei es der Farben, sei es der Formen. Verfassungsrechtliche Gründe dürfte es haben, daß dieser Weg besonders gern bei den Markgrafschaften und sonstigen Grenzterritorien gewählt wurde, wobei entweder der Adler oder die rot-weißen Farben oder beide in besonderer Kombination Verwendung finden (Brandenburg, Österreich, Tirol, Savoyen, Holstein u. a.). Nur da, wo — im Gegensatz zum Reichsfürstenstand — gerade besonderer Wert darauf gelegt wurde, die Lehnsrührigkeit vom Kaiser deutlich zu machen, wird das Adlerwappen nach Form und Farbe im wesentlichen unverändert beibehalten: so namentlich bei den Reichsstädten.
Die gleiche Erscheinung — Absetzung vom lehnsherrlichen Wappen durch Wahl eines willkürlichen neuen Wappens oder durch Variation — wiederholt sich im Hochmittelalter auch auf den tieferen Stufen des ständischen Aufbaus: die neue Schicht der ritterlichen Ministerialen (also des späteren niederen Adels) zieht aus dem Erblichwerden auch ihrer Lehen und aus dem Vorbild des dynastischen Hochadels die gleiche Konsequenz. Auch hier wird also das Wappen des Lehnsherrn entweder variiert (durch »Minderung«, durch veränderte Farben usw.) oder ein neues Wappen angenommen. Auch hier wird damit das Wappen zum eigentümlichen, erblichen Zeichen der Person (Familie). Im 13. und 14. Jahrhundert ahmen die Städte das Beispiel der territorialen, die Bürger das Beispiel der ritterlichen Familienwappen nach. Die Entwicklung ist um die Wende des 13. zum 14. Jahrhundert im allgemeinen vollendet. Territorien und Städte, Körperschaften öffentlichen Rechts (Kirchen, Gilden, Zünfte usw.) und die Angehörigen qualifizierter Stände (Hochadel, ministerialer Adel, Vollbürger, auch Bauern, sofern sie persönliche und dingliche Freiheit besitzen) führen Wappen als rechtlich verbindliche und rechtlich beanspruchte, *vererbbare Symbole* ihrer Persönlichkeit bzw. ihrer Familie.
Es ist damit bereits gesagt, daß neben den ursprünglich rein militärischen Zweck nunmehr zunehmend auch andere Verwendungszwecke und -formen des Wappens getreten sind. In der hoch- und spätmittel-

alterlichen Blütezeit der Heraldik ist der Gebrauch des Wappens ein dreifacher: zu kriegerischem, zu rechtlichem und zu künstlerischem (Schmuck-)Zweck — wobei alle drei Anwendungsarten sich teilweise überdecken können, jedenfalls keineswegs immer klar zu scheiden sind. In dieser Zeit erst werden auch die eigentümlichen festen Kunstregeln und die Fachsprache des Wappenwesens entwickelt, die dann in späteren Jahrhunderten geradezu zu einer phantastischen Geheimwissenschaft ausarten (vgl. dazu die Klage im Motto dieses Abschnittes). Als wesentlichen Teil ihrer Berufsausübung pflegen besonders die hoch- und spätmittelalterlichen *Herolde* diese kunstvolle Wappen-Wissenschaft; nach ihnen trägt die Heraldik ihren Namen.

Gegen Ende des Mittelalters scheidet der erste und ursprüngliche Gebrauchszweck, der kriegerische, infolge Wandlung der Waffen- und Kampftechnik aus. Das bedeutet den Anfang vom Verfall des Wappenwesens im klassischen mittelalterlichen Sinn. Denn damit entfielen die alten klaren Stil- und Farbformen, die im Mittelalter zwangsläufig hatten innegehalten werden müssen, damit das Wappen praktisch brauchbar blieb.

In der Neuzeit hält sich das Wappen also lediglich für die beiden anderen Zweckformen, die rechtliche und die künstlerisch-schmückende. In beiden Hinsichten behält es seinen Wert als historische Quelle, wiewohl es darstellerisch zu häufig phantastischen, häufig ganz mißverstandenen Spielereien entartet.

Wappenkunde

Aus der Entstehungsgeschichte ergibt sich, daß Schild und Helm die wichtigsten Bestandteile des Wappens sind. Zum Helm gehören die Helmzier und die Helmdecken. Beizeichen, Rangkronen und die sog. Prachtstücke können unter gewissen Bedingungen das Wappen noch vervollständigen. In der Regel betrachtet man als »vollständiges« Wappen ein solches, das aus Helm mit Helmzier und Helmdecken (oder an dessen Stelle der Rangkrone) einerseits, dem Schild andererseits besteht.

Der *Schild* ist der Hauptbestandteil des Wappens. Er ist seiner Flächigkeit wegen zum Zeigen der Wappenfigur besonders geeignet, ja zweifellos hat eben diese Flächigkeit geradezu den Anstoß zur Entstehung des Wappens als einer flächigen, farbigen Figur gegeben. Der Schild kann daher als Wappen auch durchaus allein stehen; in der neuzeitlichen amtlichen Heraldik ist das sogar fast die Regel. Da eine juristische Person nur schwer als Trägerin eines Helmes vorstellbar ist, fehlt dieser bei Korporations- und auch Staatswappen meistens. So bestehen Staats- und Städtewappen in der Regel nur aus dem Schild, wie z. B. das Wappen der deutschen Republik seit 1919; anders verhält es sich nur dort, wo das Staats- oder Landeswappen noch als ursprünglich dynastisches Wappen gedacht wird, wie in England, in Deutschland z. B. noch in Bayern und bei manchen alten Reichsstädten (kaiserliches Wappen!).

Eine weitere, äußerste, aber heraldisch zulässige Vereinfachung ist es, wenn nur die Schildfigur allein, ohne Schild, als Wappen steht. Aus ihrer Entstehung als »Abzeichen«, »Hoheitszeichen« ist das erklärlich. Doch verliert die Figur damit häufig heraldischen Sinn und heraldische Form. Ein Beispiel dafür war das preußische »Wappen« seit 1919, das einen unheraldischen, schräg auffliegenden Adler ohne Schildumrahmung zeigte.

Der Schild zeigte eine mehr oder minder ausgeprägte Dreiecksform, die aber im Laufe der Jahrhunderte starken, stilgeschichtlich bedingten Veränderungen unterlag.

Die Betrachtung und Beschreibung (»Blasonierung«) des Schildes geht vom Standpunkt des Schildträgers aus. Es wird daher die in der Abbildung linke Seite als (heraldisch) rechte oder vordere, die rechte als (heraldisch) linke oder hintere Seite angesprochen. Wenn der Schild, wie häufig, nicht aufrecht stehend (mit waagerechter Oberkante), sondern schräg stehend (»gelehnt«) dargestellt wird, muß er nach heraldisch rechts gelehnt gezeigt werden, da er am linken Arm getragen wurde. Die heraldisch rechte und die Oberseite des Schildes gelten bei der Placierung mehrerer Figuren in einem Schild als die »vornehmeren«; dazu kann als vornehmster Platz noch ein dem Hauptschild aufgelegter Herz- oder Mittelschild treten (z. B. das hohenzollernsche Wappen im alten Preußischen Staatswappen). Dergleichen Rangfolgen spielen namentlich bei kombinierten Staatswappen eine Rolle.

Farben und Figuren bilden das Wappenbild im Schild. Dabei sind die Farben das wichtigste. Es gibt Wappen ohne Figuren (im engeren Sinne), aber keine Wappen ohne Farben. Das ergibt sich aus dem ursprünglichen Sinn des Wappens als weithin leuchtenden Erkennungszeichens. Viele Schilde bestehen also nur aus Farbkombinationen (die allerdings auch als »Figuren« bezeichnet werden). Nur sechs Farben sind gebräuchlich (»Tinkturen«); sie werden grell, ohne Schattierung oder Lokaltönung, nebeneinander gesetzt:

Gold
Silber } »Metalle«

Schwarz
Rot
Blau
Grün

In der Darstellung (auch in Flaggen usw.) kann Gold durch Gelb, Silber durch Weiß ersetzt werden. Bei nichtfarbiger Darstellung werden die seit dem 16. Jahrhundert üblichen Schraffuren angewendet: punktiert für Gold, kreuzweise Schraffur für Schwarz, senkrechte für Rot, waagerechte für Blau, (heraldisch) schrägrechte für Grün; Silber (Weiß) bleibt ohne Schraffur. Der deutlichen Erkennbarkeit halber setzte man von jeher in der Regel dunkle auf (oder neben) helle Farben und umgekehrt. Da nun die beiden Metalle hell, die eigentlichen Farben dagegen relativ dunkel erscheinen, entwickelte sich hieraus die heraldische Regel: »Metall auf Farbe, Farbe auf Metall«. Sie läßt allerdings Ausnahmen zu, namentlich hinsichtlich der Stellung von Rot, gilt aber grundsätzlich nicht nur für das Aufeinander, sondern auch für das Nebeneinander der Farben im Bild. Manche Ausnahmen — z. B. der schwarze Adler der Reichsstadt Wetzlar im roten Feld — sind übrigens nur scheinbare, indem sie sich als spätere Mißverständnisse erweisen. Anstelle der sechs Farben kann schließlich auch das heraldische Pelzwerk erscheinen, entstanden aus ursprünglich echtem Pelzbezug des Kampfschildes; von Bedeutung ist in diesem Sinne nur das Hermelin (Darstellung: schwarze Hermelinschwänzchen auf Weiß, oder umgekehrt = »Gegenhermelin«).

Der Schild kann entweder lediglich mit Hilfe von Farben verschiedenartig aufgeteilt sein (»Heroldsbilder«) oder auf einer oder mehreren Grundfarben sog. »Gemeine Figuren« zeigen — Gegenstände aus Natur, Gewerbe, Kunst oder Phantasie.

Die Zahl der *Heroldsbilder* ist sehr groß, es seien beispielsweise genannt: gespaltener Schild (senkrechte Teilung) und geteilter Schild (waagerechte Teilung), beides auch in mehrfacher Wiederholung; Balken (waagerecht) und Pfahl (senkrecht), z. B. Österreich: silberner Balken in rotem Feld; Schrägbalken (rechts und links); Sparren (dachsparrenartige Teilung, auch in mehrfacher Wiederholung), z. B. Grafschaft Ravensberg: drei silberne Sparren auf rotem Feld; geschachtes (schachbrettartig geteiltes) und gerautetes oder gewecktes Feld (dasselbe in diagonaler Teilung), z. B. der bayrische »Wecken«-Schild; geviert oder quadriert (quadratisch in vier Felder geteilt), z. B. Zollern: von Silber und Schwarz quadriert; Bord (schmale Umrandung des ganzen Feldes), kann auch gewellt oder gezackt sein, so entsteht durch späteres Mißverständnis das holsteinische sog. »Nesselblatt«, in Wirklichkeit: roter Zackenbord auf silbernem Feld. Schließlich gehören hierher auch die verschiedenen Kreuzformen, jedenfalls sofern sie den Schild ganz (von Rand zu Rand) aufteilen, während sie frei im Schild stehend (Wappen der Schweiz) zu den Gemeinen Figuren gerechnet werden.

Als *Gemeine Figuren* können praktisch und auch theoretisch sämtliche konkrete Erscheinungen der Natur und der menschlichen Kultur und Zivilisation erscheinen, sofern sie nur irgend heraldisch darstellbar sind — von Sonne und Sternen bis zur Stallaterne, von Adler und Löwe bis zum Wurm und Käfer, vom Baum bis zum Blatt, von der Krone bis Strumpf, Schuh und Gürtel; Buch, Handwerkszeug, Waffen aller Art; Gebäude und Gebäudeteile; menschliche, tierische und pflanzliche Einzelteile, wie Köpfe, Arme, Beine, Flügel, halbe Vögel, Blüten usw.; Phantasiewesen wie Nixen, Einhörner, Greifen, Drachen. Einige wenige Beispiele seien genannt: in Gold ein rotbewehrter schwarzer Adler (Deutsches Reich); in Blau ein von Rot und

Silber neunmal geteilter Löwe (Hessen); in Gold ein schwarzer, silbern gehörnter Stierkopf mit ausgerissenem Halsfell (Mecklenburg); in Rot auf goldenem Vierberg ein silberner Elefant (Grafen Helfenstein); in Gold ein roter Schrägrechtsbalken, belegt mit drei gestümmelten silbernen Adlern (Lothringen); in Silber ein roter, golden bewehrter Greif (Pommern); in Gold ein schwarzer Mohrenkopf mit silbernen Ohrgehängen (Freiherren v. Tucher); in Silber eine fünfblättrige rote Rose (Lippe); in Blau drei (2, 1 gestellte) goldene Lilien (Königreich Frankreich); in Gold ein ausgerissener grüner Lindenbaum (Stadt Lindau); in Silber ein achtspeichiges rotes Wagenrad (v. Stülpnagel); in Rot ein silberner Eimer (Stadt Emmerich); in Rot zwei abgekehrte silberne Barten (Äxte; Wolfram v. Eschenbach); in Silber ein aufrecht stehender roter Schlüssel (Stadt Soest); in Blau 14 (4, 4, 3, 2, 1) goldene Kugeln (v. Bülow) usw., usw.

Ebenso wie die Heroldsbilder erscheinen auch die gemeinen Figuren dargestellt in ganz bestimmten konventionellen Formen, nicht naturgetreu, sondern symbolisch vereinfacht: die heraldische Lilie hat mit der natürlichen Lilie nur wenig, der heraldische »Panther« mit dem natürlichen Tier dieses Namens überhaupt keine Ähnlichkeit. Dazu trägt auch die flächige, unkörperliche Darstellungsweise und schließlich die heraldische Farbgebung bei: blaue und rote Adler, Löwen usw. sind nicht selten (vgl. auch den hessischen Löwen, s. o.), wie überhaupt die Naturfarbe des Gegenstandes keine Rolle spielt.

Keineswegs hat das Wappenbild immer eine verborgene »symbolische« Bedeutung. Dagegen sind lehnrechtliche oder verwandtschaftliche Verhältnisse oft daran zu erkennen, daß verschiedene Inhaber ähnliche oder gleiche Wappen führen (z. B. die schleswig-holsteinischen Familien v. Ahlefeld und v. Rumohr u. a.), so daß ganze »Wappenfamilien« entstehen können. Wo dem Wappenbild tatsächlich ein bestimmter Symbolwille zugrunde liegt, handelt es sich meist um sog. »redende« Wappen, die auf den Namen (oder einen Teil des Namens) anspielen sollen. Dabei begnügt man sich häufig mit volksetymologischen Deutungen oder auch reinen Klangähnlichkeiten; vgl. die oben angeführten Beispiele Helfenstein (von helphant = mhd. Elefant) und Emmerich (Emmer = Eimer!).

Der zweite wesentliche Bestandteil des Wappens ist der *Helm*. Auch er kann gelegentlich (z. B. im Siegel) das Wappen allein vertreten. Als Helm erscheinen verschiedene mittelalterliche Formen, unter ihnen am häufigsten der (geschlossene) Stechhelm und der Spangen- oder Turnierhelm. Seit dem Ende des 15. Jahrhunderts wird der zweitgenannte als Helm adliger Wappen, der Stechhelm als bürgerlicher Wappenhelm angesehen und verwendet. Der Helm trägt das *Helmkleinod* (Helmzier), ein ursprünglich wenigstens im Turnier wirklich getragenes Abzeichen, das entweder die Schildfigur einfach wiederholt oder sie auf einem sog. »Hilfskleinod« (Adlerflügel, Hörner, Hüte, Kissen u. ä.) zeigt oder aber ein vollkommen abweichendes Bild gibt. Im letztgenannten Fall — z. B. bei dem Brackenkopf als Helmzier des zollernschen und anderer schwäbischer Wappen – kann häufig auf lehnsrechtlichen, erbrechtlichen oder sonstigen Zusammenhang mit einer anderen Familie geschlossen werden. Es ist das also eine andere Möglichkeit der Wappenkombination, wie sie sonst, und häufiger, durch Unterbringung zweier oder mehrerer Wappenbilder in einem Schild erfolgt.

Vom Helm flattern die *Helmdecken,* auch sie wohl ursprünglich als Sonnenschutz wirklich getragen, graphisch aber vor allem als Übergang vom Helm zum Schild und zum umrahmenden Abschluß des ganzen Wappenbildes verwendet. Die Decken geben in der Regel, mit je teilweise sichtbarem Innen- und Außenteil, die beiden Hauptfarben des Wappens wieder.

Anstelle des Helms können über dem Wappen die sog. Rangkronen erscheinen, die – in verschiedenen nationalen Ausbildungen der Heraldik verschieden geformt – die Zugehörigkeit zu den verschiedenen Rangklassen des Adels versinnbildlichen, also nur bei adligen Wappen (und zwar zuerst in neuzeitlicher Darstellung) erscheinen. Ihr Quellenwert für den tatsächlichen ständischen Rang ist wegen wechselnder Gebrauchsformen und mangelnder Kontrolle nur sehr gering – wenigstens in Deutschland und Mitteleuropa überhaupt (anders in der sehr regelstrengen englischen Heraldik).

Quellenmäßig wertvoller sind die schon mittelalterlichen, namentlich in der westeuropäischen Heraldik häufig erscheinenden *Beizeichen,* die bestimmte Linien oder bestimmte Persönlichkeiten innerhalb eines Geschlechts u. ä. kennzeichnen. Kleine Schindeln, Sterne, Ringe, Merletten (gestümmelte Vögel), der meist dreilätzige sog. Turnierkragen und andere Bilder werden in diesem Fall dem Hauptbild im Schild hinzugefügt. So bezeichnet in England der Turnierkragen im Familienwappen den ältesten Sohn; in Frankreich dagegen führte das Haus Orleans, also die jüngere Linie des Königshauses, einen roten Turnierkragen über dem Lilienschild. Bei der Deutung von Beizeichen muß mithin der jeweilige landschaftliche Gebrauch beachtet werden. Bekannt und international gebräuchlich ist der (häufig nur stückweise und sehr schmal dargestellte) Schräglinksfaden als Zeichen illegitimer Geburt (»Bastardstreifen«). Eine weitere Besonderheit namentlich der englischen Heraldik sind die *Devisen,* die entweder als Spruch- oder Wortdevisen auf flatterndem Spruchband oder als figürliche Devisen neben dem Schild (oder überhaupt statt des Wappens) Verwendung finden. Als Spruchdevisen sind bekannt das »Dieu et mon droit« (König von England), »Je maintiendrai« (Oranien), »Plus ultra« (Spanien seit Karl V.) usw. Berühmte figürliche Devisen (badges) sind die englischen: der Ginster (planta genista) des Hauses Plantagenet und die weißen und roten Rosen von York und Lancaster.

Bei den sog. »großen« Staats- und Fürstenwappen erscheinen als heraldische »*Prachtstücke*« in der Neuzeit schließlich noch die Wappenmäntel oder Zelte, in Form umfangreicher textiler Dekorationen,

schon mittelalterlich dagegen (auch bei nichtfürstlichen Wappen) die
»Schildhalter«: Tier- und Phantasiefiguren, »wilde Männer« u. ä.,
die Schild und Helm halten.

Wappenrecht

Wappenrecht heißt 1. das Recht, überhaupt ein Wappen zu führen
(Wappenfähigkeit), 2. das Recht an einem bestimmten Wappen. Beides vererbt sich, so daß das Wappen besonders und vorzugsweise als
Familienwappen erscheint. Ebenso wird es aber auch zum unveränderten ständigen Symbol von Staaten, Ländern, Körperschaften, solange deren ideeller und materieller Zustand, insbesondere ihr Rechtszustand sich nicht ändert (durch Revolution, Änderung der Staatsform, des Territorialbereiches usw.).

Wappenfähigkeit setzt eine besondere ständische Qualität voraus. Ist
sie vorhanden, so trägt der Wappeninhaber das Wappen kraft eigenen Rechts (nämlich infolge Zugehörigkeit zu einem bestimmten
Stand, einer bestimmten Familie oder auch infolge gewohnheitsrechtlicher Überlieferung usw.). Wappenfähigkeit kann aber auch als abgeleitetes Recht erworben werden, z. B. durch Eheschließung oder
sonstige Formen der Aufnahme in eine Familie oder einen Stand
u. dgl., oder durch Verleihung (nämlich eines Standes oder einer bestimmten ständischen Qualität – Freilassung, Adelserhebung usw.).

Wappenfähigkeit natürlicher Personen ist ursprünglich gleich Waffenfähigkeit. Daraus ergibt sich als erster und weitester Grundsatz,
daß wappenfähig nur der Freie ist. Das Wappentragen entsteht folgerichtig bei demjenigen Stand, der sowohl das Waffentragen wie die
persönliche Freiheit in besonderem, vollkommenem Maße verkörpert:
dem *Adel* des frühen und hohen Mittelalters (der dann großenteils
in den Hochadel späterer Jahrhunderte übergeht). Neben diesen altfreien Adel tritt jedoch mit dem Aufkommen der Reiterheere jener
Stand ursprünglich meist unfreier ritterlicher Dienstmannen, die man
als *Ministerialen* bezeichnet. Sie gleichen sich rechtlich und beruflich
dem altfreien Adel so weit an, daß aus Ministerialen und Altfreien
seit Ende des 12. Jahrhunderts der neue einheitliche Stand der Ritterbürtigen entsteht. Neben dem Hochadel ist seitdem auch der niedere
(ministeriale) Adel auf Grund der angedeuteten Entwicklung eo ipso
wappenfähig.

Zum Stand der Freien gehört, wenigstens seit der Mitte des 12.
Jahrhunderts, ferner auch das *Bürgertum* (in dem übrigens nicht unerhebliche ministeriale Elemente aufgegangen sind). Jedoch bestehen
innerhalb des Bürgertums gewisse interne Rechtsunterschiede. Als
Vollbürger gilt nur, wenigstens ursprünglich, wer eigenen Grund und
Boden in der Stadt besitzt; aus diesem Kreise wiederum sind die
Handwerker zunächst meistens von der Ratswürde ausgeschlossen.
Danach ist es verständlich, daß sich die Wappenfähigkeit zunächst auf
das ratsfähige Vollbürgertum beschränkt. Hier tritt das Wappen zuerst gegen Ende des 13. Jahrhunderts auf. Daß es nicht eher geschieht,

hat einen naheliegenden Grund: die Benutzung des Wappens auf der Kriegsrüstung liegt dem Bürger im allgemeinen fern — soweit er nicht als ursprünglich Ministerialer aus der werdenden Ritterschicht stammte. Es muß daher erst jene *Abstraktion* des Wappens eintreten, die es in der Blütezeit der Heraldik (13.–15. Jahrhundert) vom rein militärischen Zweck löst und seinen Gebrauch auch auf rechtliche und Schmuckzwecke ausdehnt. Damit erst wird das Wappen auch für den Bürger wichtig, vor allem für rechtliche Zwecke: als Eigentums- und Siegelzeichen. Als Siegelbild erscheint das bürgerliche Wappen daher zuerst in der Überlieferung.

Irreführend ist die Behauptung (z. B. bei *F. Hauptmann*), das Wappentragen komme nur dem sog. »Patriziat« zu, zumal es zur Ausbildung eines echten Patriziats im Rechtssinne — geschlossener Geburtsstand mit alleinigem Rechtsanspruch auf die Ratssitze und mit z. T. ritterlicher Lebensführung — längst nicht überall gekommen ist. Grundsätzlich ist vielmehr jeder Vollbürger wappenfähig, und in manchen bedeutenderen Städten des Hoch- und Spätmittelalters haben auch Hunderte von Familien selbstverständlich Gebrauch davon gemacht. Ja, dort wo im Laufe revolutionärer Umwälzungen des 14. und 15. Jahrhunderts auch das Handwerk ratsfähig geworden war, finden sich in völliger logischer Entsprechung auch wappenführende Handwerkerfamilien.

Schließlich hat sich auch ein *bäuerliches* Wappenwesen dort ausbilden können, wo das Bauerntum im späten Mittelalter sich seine volle persönliche und dingliche Freiheit hat bewahren können; das gilt also insbesondere von den bäuerlichen Gemeinwesen z. B. der Schweiz und der Nordseeküstenlandschaften (Dithmarschen usw.).

Die ständische Qualität der Wappenfähigkeit ist also im Spätmittelalter recht weit ausgedehnt: sie umfaßt die gesamte kulturell und sozial führende und rechtsfähig handelnde Bevölkerung. Um die Wende zur Neuzeit tritt daher eine neue Differenzierung insofern ein, als die Wappen durch bestimmte Symbole und Beigaben anfangen, den besonderen *Rang* des Inhabers auszudrücken. Hierhin gehört die schon erwähnte Unterscheidung von Spangenhelm als adligem und Stechhelm als bürgerlichem Standessymbol, ferner die Einführung der Rangkronen des Adels (geschlossene oder Bügelkronen in verschiedener Ausformung auf kaiserlichen, königlichen, herzoglichen und fürstlichen Wappen, Kronen mit verschiedener Anzahl von Perlenzacken oder Blättern für Grafen, Freiherren und einfache Adlige). Hierhin gehört ferner auch das sehr kompliziert ausgebildete System von Amts- und Rangabzeichen an den Wappen kirchlicher Würdenträger.

Neben den natürlichen Personen (bzw. Familien) erscheinen die juristischen Personen als Wappenträger: Staaten, Länder, Provinzen usw., Städte, Körperschaften verschiedenster Art. Unter ihnen sind von Anfang her wappenfähig die Territorien, deren Wappen, wie wir sahen, in unmittelbarem Zusammenhang mit dem dynastischen Wappenwesen steht. In Analogie folgen ihnen die Städte, die in der Regel ursprünglich das (abgewandelte oder originale) Wappen des Stadtherrn führen. An Körperschaften sind selbstverständlich und zuerst die ritterlichen Genossenschaften, Orden, Gesellschaften usw. als Wappenträger hervorgetreten. Neben ihnen erschienen geistliche Korporationen: Orden, Stifter, Klöster usw. Als letzte und jüngste Gruppe begegnen im Spätmittelalter auch Wappen bürgerlicher Genossenschaften — Gilden, kaufmännische Korporationen, schließlich auch Zünfte; dies geschieht zweifellos im Zusammenhang mit verfassungsrechtlichen Entwicklungen, die diesen Körperschaften als solchen Anteil am Stadtregiment verleihen.

Das *Recht an einem bestimmten Wappen* ist die notwendige Ergänzung der Wappenfähigkeit; denn der Sinn des Wappens als eines auch juristisch verbindlichen Kennzeichens setzt die Ausschließlichkeit, also den alleinigen Anspruch des Wappenträgers voraus.

Dieses Recht kann erworben werden a) durch Eintritt in die wappenführende Familie (durch Geburt, Heirat, Erbfall, Adoption), b) durch Annahme eines neuen, d. h. nicht schon belegten Wappens, c) durch Erwerb (Kauf, Schenkung, Mitberechtigung), d) durch Verleihung. Die Verleihung ist ein erst spätmittelalterlich auftretendes Institut, das namentlich der kaiserlichen Hofkasse als willkommene Einnahmequelle diente. Da die Annahme eines Wappens an sich ja frei war, bedurfte es der Verleihung, rechtlich gesehen, nicht; ihr Vorteil lag in der durch sie verbürgten öffentlichen Sicherung und Glaubwürdigkeit des Wappenanspruchs.

Die Frage des ausschließlichen Rechts an einem bestimmten Wappen hat in allen Jahrhunderten immer wieder schwere und historisch bedeutsame Streitigkeiten ausgelöst, namentlich auf dem Gebiet des staatlichen Wappenrechts. Ein solcher Fall ist die Beanspruchung des französischen Lilienwappens durch die englischen Könige (amtlich bis zum Jahre 1801); ein anderer diejenige des schwedischen Dreikronen-Wappens durch die dänischen Könige im 16. Jahrhundert, welche die ostensible Kriegsursache für den Nordischen Siebenjährigen Krieg ergab.

Dem Gewicht, das man von jeher auf den ausschließlichen Rechtsanspruch am Wappen legte, entsprach seine weitgehende *Verwendung als Rechts- und Schmucksymbol*. In dieser Verwendung liegt auch die Hauptbedeutung des Wappenwesens als Geschichtsquelle.

Häufig sind Schmuck- und Rechtssymbolik allerdings kaum scharf zu trennen. Das Anbringen auf privatem Besitz — Kleidern, Möbeln, Häusern, Gerät und Geschirr — dient zweifellos beiden Zwecken zugleich. Wenn aber das Wappen der Stadt bzw. des Landesherrn an Toren und Türmen, Rathäusern der Städte usw. angebracht wird, so überwiegt doch wohl der Rechtszweck. Ganz sicher ist das der Fall bei Grenzsteinen und sonstigen Formen der Grenzbezeichnung mit dem Wappen. Wenn der Eroberer die Fahne mit dem Wappen in den Boden des eroberten Landes stößt, wenn die portugiesischen und spanischen Konquistadoren überall beim Betreten neuen Landes eigens mitgeführte Steinpfeiler mit dem portugiesischen bzw. kastilischen Königswappen errichteten, so ist das eine Form symbolischer Besitzergreifung. Im gleichen Sinn bedeutet eine Besitzergreifung die Aufnahme eines Gebietswappens in das große Staatswappen (so z. B. noch das Frankfurter Wappen im preußischen Staatswappen seit 1866); umgekehrt symbolisiert die Beibehaltung des Wappens eines bestimmten, durch Krieg oder ähnliches verlorenen Gebietes die Aufrechterhaltung des Rechtsanspruches auf dieses Gebiet.

Seine wichtigste rechtssymbolische Verwendung hat das Wappen aber im *Siegel* gefunden. Das Siegel zeigt zwar in seinen Anfängen überwiegend, später noch häufig auch andere Bilder als Wappen. Indessen überwiegt schon im späten Mittelalter das Wappen als Siegelbild derart, daß im volkstümlichen Gebrauch die Begriffe »Wappen« und »Siegel« weithin identisch geworden sind. Nicht selten sind auch ursprünglich nichtheraldische Siegelbilder − z. B. die Tortürme, Schiffe usw. vieler Stadtsiegel − später als Wappen angesehen oder ausgebildet worden. Im Siegel hat also das Wappen diejenige rechtssymbolische Verwendung gefunden, die ihm ganz besonders seine zähe Lebensdauer bis heute verliehen hat.

Das Wappen als Geschichtsquelle

Die Bedeutung und die Besonderheiten der Wappen als Quelle für den Historiker sind im vorstehenden schon mehrfach berührt worden. Insbesondere ergibt sich aus der vorherrschenden Rolle der Familienwappen innerhalb der Heraldik ihre besondere Bedeutung als *genealogische* Quelle, und zwar im weitesten Sinne: nicht nur zur Feststellung der Familienzugehörigkeit einer Person oder Personengruppe (nach Wappenbildern auf Grabsteinen, Porträts, Geräten), sondern auch zum Nachweis verwandtschaftlicher Zusammenhänge (bei kombinierten Wappen mit mehreren »Feldern«, bei Ehe- oder »Allianz«-Wappen, bei abweichender Helmzier usw.), sozialer Veränderungen (»Wappenmehrung«, Änderung der Rangzeichen), innegehabter Ämter usw. Ursprüngliche Sippenzusammenhänge ganzer Familien und Familiengruppen innerhalb einer Landschaft, einer sozial oder national herrschenden Schicht usw. lassen sich häufig nur noch mit Hilfe der Wappen nachweisen. − Dies führt schon über die genealogischen Fragestellungen im engeren Sinne hinaus; und noch weiter darüber hinaus führt die Rolle der Heraldik als Quelle für Vorgänge oder Zustände *sozial-, also gruppengeschichtlicher* Art. Hierher gehört z. B. der Nachweis nationaler Differenzierungen innerhalb einer Adelsschicht − z. B. innerhalb der habsburgischen Monarchie der ungarischen Adelselemente, in den östlichen preußischen Provinzen der ursprünglich polnischen Kleinadelsfamilien, beide unschwer an den besonderen Eigentümlichkeiten ihrer nationalen Heraldik erkennbar. Wappenlisten und -bücher, die gemalten Wappen von Mitgliedern oder Vorstehern von Genossenschaften, Gilden, Stiftern und Stiftungen an Wänden, Deckenbalken, Fenstern usw. der zugehörigen Gebäude lassen die Zusammensetzung und soziale Schichtung dieser Gruppen erkennen und bieten Vergleichsmaterial für ihre relative soziale Einordnung innerhalb eines größeren Ganzen (Tafel 5).

Die häufig wiederholte Behauptung, die Heraldik sei schlechthin eine »Hilfswissenschaft der Genealogie«, stellt jedenfalls eine unzutreffende Einengung ihres historischen Quellenwertes dar. Hier muß ferner auf die Rolle des Wappenwesens als Quelle zur *Kunst- und Kulturgeschichte* hingewiesen werden. Wappen auf Kunstwerken und Geräten aller Art — auch auf oder an Büchern, Handschriften usw. — sind zunächst u. a. ein brauchbares Hilfsmittel zur wenigstens ungefähren Datierung, wo keine anderen Anhaltspunkte zur Verfügung stehen. Wenn nicht aus der Besitz- oder Entstehungsgeschichte mit Hilfe des Wappens sogar ein ziemlich genaues Datum sich ergibt, so bedarf es zur ungefähren Datierung der Kenntnis von den Grundsätzen der sog. *Wappenkunst:* der wechselnden Stilformen in der Darstellung von Helmfiguren und Schildfiguren sowie gewisser Besonderheiten, wie der Schraffierung (Farbdarstellung), der Damaszierung (Flächenverzierung) usw. Die Kenntnis und kritische Auswertung dieser stilgeschichtlichen Eigenarten erlaubt die Aufdeckung von Fälschungen, wie bei allen anderen Quellengattungen, sowie eine Datierung etwa im gleichen zeitlichen Rahmen, wie bei paläographischer Zeitbestimmung. Darüber hinaus können das Wappenbild als solches und sonstige Besonderheiten der Wappendarstellung ebenfalls zur Echtheitskritik herangezogen werden; sie erlauben außer der zeitlichen ferner auch eine räumliche (landschaftliche, örtliche) Einordnung und ermöglichen unter Umständen schließlich auch eine Identifizierung des Urhebers, Eigentümers usw. der fraglichen Gegenstände, Kunstwerke, Dokumente oder sonstigen historischen Zeugnisse.

Neben die sozialgeschichtlich-genealogische und die kunst- und kulturgeschichtliche Quellenbedeutung der Heraldik tritt schließlich als vielleicht wichtigste diejenige für die *Staats- und Rechtsgeschichte.* Hierfür wurden bereits verschiedene Hinweise gegeben. Bild, Bildkombination und Bildfolge im Wappen liefern Anhaltspunkte für lehn- oder erbrechtliche und staatsrechtliche Zusammenhänge, Besitzansprüche und Ranganspräche. Die Reichsadlerwappen der älteren Reichsstädte bilden in dieser Hinsicht eine besonders augenfällige Gruppe ursprünglichen Rechtszusammenhanges. Auch im Rahmen einer Landschaft usw. lassen ähnliche Städtewappengruppen mit jeweiligem Bezug auf ein stadtherrliches Wappenbild vielfach noch heute die ursprünglich dynastisch-territoriale Aufteilung des Gebietes deutlich erkennen. Ein großes dynastisches Staatswappen — wie etwa das preußische mit seinen 52 oder das habsburgisch-österreichische mit seinen sogar 62 Feldern — ist ein getreues Spiegelbild des gesamten dynastisch-territorialen Staatskomplexes und seiner historischen Entwicklung; es ist gewissermaßen ein abgekürztes »Geschichts-Lesebuch«. — Wenn die Bundesrepublik Deutschland das Wappen des Deutschen Reiches der Weimarer Verfassung unverändert übernommen hat (Bekanntmachung betr. das Bundeswappen v. 20.1.1950), so beansprucht sie damit die — allerdings nur provisorische — Rechtsnachfolge.

Wappen an und in Bauwerken, auf Geräten, Fahnen, Waffen usw. werden heute wohl meist nur noch als Schmuck angesehen, haben aber ursprünglich zweifellos immer auch rechtliche Bedeutung. Sie symbolisieren den Eigentümer oder seinen Eigentumsanspruch. Nicht selten können verdunkelte Rechtsverhältnisse historisch und auch juristisch mit heraldischen Beweismitteln wieder aufgedeckt werden: So kann das Wappen auf einem Amtsbuchdeckel oder an einem Kunstwerk die ursprüngliche archivische Zugehörigkeit bzw. den ursprünglichen Aufstellungsort erweisen (was auch für die inhaltliche Auswertung dieser Quelle selbst wesentlich sein kann); oder das Wappen am Eingang oder Gewölbeschlußstein einer bestimmten Kapelle oder eines Turmraumes in einer Stadtkirche kann zeigen, daß dieser Raum nicht im Eigentum der Kirche (Gemeinde), sondern in dem des Rates der Stadt steht. Die in den heutigen Nationalflaggen zusammengefügten Farben gehen in der Regel auf Wappenfarben zurück. Sie gestatten daher Rückschlüsse auf staatsrechtliche oder historische Absichten oder Beweggründe bei der Schaffung der Flagge (Farben der Stadt Paris in der französischen Trikolore, Preußens und der Hansestädte bzw. Kurbrandenburgs in der Bismarckschen Reichsflagge, des Lützowschen Freikorps und des alten Reichswappens im Schwarz-Rot-Gold der Burschenschaft, der Revolution von 1848, des Reichs seit 1919).

Die Beispiele ließen sich häufen. Gerade das schwierige Kapitel der Flaggengeschichte lehrt jedoch auch, daß es für die Verwendung heraldischer Quellen einer besonderen Sachkenntnis und einer besonders sorgfältigen quellenkritischen Prüfung bedarf.

5. Die Siegel: Sphragistik

> »Dâ von geschiht, daz ist wâr,
> daz man dem brieve geloubet niht,
> dâ mans insigel an niht siht.«
>
> *Thomasin von Zirklaere*, Der Welsche Gast

Sinn und geschichtliche Entwicklung

Sigillum (Diminutivform von signum, griechisch sphragis, daher Sphragistik) bezeichnet in erster Linie den Abdruck einer geprägten oder geschnittenen Form (Typar, Petschaft, Stempel) in eine weichgemachte, dann erhärtende Masse (Wachs, Metalle, Lack), in neuerer Zeit auch den Abdruck der Form mittels Farbe oder »Blindprägung«;

in erweitertem Sinne auch die Form selbst. Der Zweck des Siegels ist es, mit Hilfe der vom Typar erzeugten besonderen figürlichen und (oder) inschriftlichen Kennzeichnung *den Willen des Siegelinhabers zu beweisen.* Das kann geschehen, indem das Siegel oder auch das Typar in der Hand eines Boten oder sonstigen Beauftragten, einer Amtsperson usw. als »Ausweis« dient; so nicht selten im frühen Mittelalter. Auch in Märchen und Sage erscheint z. B. der Siegelring als Erkennungszeichen oder Botschaft eines Abwesenden. Häufiger aber ist die Form, daß das Siegel an oder auf einem Schriftstück oder anderen Gegenstand angebracht wird, um auf diese Weise die Beglaubigung bzw. Vollziehung durch den Siegelinhaber zu beweisen oder vor unbefugtem Öffnen zu schützen.

Das Siegel ist also ein Erkennungs- und Beglaubigungszeichen. Um als solches verwendet werden zu können, bedarf es zweier Voraussetzungen: einmal, daß das Siegelbild eine ganz bestimmte Persönlichkeit (den Siegelinhaber) zweifelsfrei bezeichnet, mithin eine einmalige Formgebung zeigt, zum andern, daß es ausschließlich von jenem Inhaber gebraucht wird. Dagegen verstoßen die beiden Siegelverbrechen der »Siegelfälschung« und der »Siegelanmaßung«. Ihre besonders strenge Ahndung ist also notwendig, um dem Siegel die hohe rechtliche Qualität zu sichern, die es seit dem Mittelalter bis heute besitzt.

Unter solchen Voraussetzungen dient das Siegel drei, sämtlich rechtserheblichen Zwecken:

a) als loses Erkennungszeichen (»Ausweis«);

b) als Verschlußmittel, das seinerseits einem oder beiden der folgenden Zwecke dienen kann:
   1. den Inhalt vor Kenntnisnahme durch Unbefugte zu schützen, und (oder)
   2. den Inhalt vor Verfälschungen zu schützen;

c) als Mittel urkundlicher Beglaubigung durch »Untersiegelung«. Dabei sind wiederum zwei Zwecke möglich:
   1. Ausdruck einer rechtsverbindlichen Willenserklärung des Siegelinhabers, oder
   2. Bezeugung der Handlung eines Dritten (Siegelung »in fremder Sache«).

Die Formen zu b) und c) erscheinen gewöhnlich in Verbindung mit Schriftstücken. Doch sind auch andere Verwendungsarten möglich, z. B. zu b) der Verschluß von Räumen, Warensendungen usw., zu c) die in großen Mengen aus dem Mittelalter noch erhaltenen Bleisiegelchen, mit denen Qualität und Herkunft bestimmter Tuchsorten amtlich beglaubigt wurden.

Das Siegel ist also eine Erscheinung des Rechtslebens, und zwar vorwiegend desjenigen Rechtszustandes, in dem die schriftliche Fixierung rechtlicher Handlungen üblich ist. Das ist der Fall in der Antike und dann wieder seit dem frühen Hochmittelalter. Aber erst und vornehmlich im *Mittelalter* spielt das Siegel eine ganz *besondere* Rolle, weil es fast die einzige, jedenfalls die bei weitem wichtigste Form war, in der man eine schriftliche Rechtshandlung beglaubigen konnte, während es sowohl in der Antike als auch später in der Neuzeit andere, zeitweise und teilweise wichtigere Beglaubigungsformen gab, so namentlich die Beglaubigung durch Unterschrift.

In dieser seiner Eigenschaft als mittelalterliches Beglaubigungsmittel liegt der wesentliche Quellenwert des Siegels für den Historiker. Nur nebenbei kann hier darauf hingewiesen werden, daß das Siegel eine erhebliche Bedeutung als Quelle auch für den Kunsthistoriker haben sollte: denn es ist das qualitativ wichtigste und (nächst der Münze) auch quantitativ bedeutendste Erzeugnis der Kleinplastik. Seine meist besonders sorgfältige Ausführung und seine Massenhaftigkeit gestattet eine sehr viel differenziertere Erkenntnis der Ausdrucks- und Stilformen verschiedener Zeitalter und Kunstlandschaften als die meisten anderen Kunstwerke, insbesondere als die nur relativ spärlich (und meist schlecht) erhaltene Großplastik des Mittelalters. Doch hat die Kunstgeschichte von diesem Erkenntnismittel bisher fast ebensowenig Gebrauch gemacht wie von den schriftgeschichtlichen Stilzeugnissen (vgl. S. 50 f., 65, 176 f.).

Das Siegel ist, wie die geschriebene Urkunde selbst, bereits der Antike bekannt. Doch spielt es hier neben dem Beweis durch die Handschrift nur eine zweitrangige Rolle. Wichtiger ist damals seine Bedeutung als Verschlußmittel, und zwar überwiegend zum Schutz gegen Verfälschung: Der Aussteller selbst oder die Zeugen versiegeln das Original, meist in der Form des Wachstafel-Diptychons oder Polyptychons (das »Buch mit sieben Siegeln« der Offenbarung Johannis ist ein sprichwörtlich gewordenes Beispiel).

Da im Mittelalter aus früher schon erörterten Gründen der Beweis durch die Handschrift unbrauchbar bzw. unanwendbar geworden war, bot sich das Siegel als ideale Beglaubigungsform in einer fast schriftlos gewordenen Zeit dar. Denn auch wenn die Urkunde von dem oder den Empfängern nicht selbst gelesen werden konnte, so war doch das daran angebrachte Siegel des Herrschers usw. ein ausreichendes und zudem der besonderen Neigung des Germanen zu handgreiflich-konkreter Symbolik entgegenkommendes, »beglaubigendes« Wahrzeichen. Nachdem das Siegel in spätmerowingischer Zeit zunächst noch zusätzlich neben der eigenhändigen Unterschrift des Herrschers erschien, wird es daher seit karolingischer Zeit zum auf Jahrhunderte fast alleinigen Beglaubigungszeichen — jedenfalls im germanischen Bereich; in romanischen Gebieten und vor allem an der päpstlichen Kurie halten sich neben dem Siegel zwar weiterhin auch unterschriftliche Beglaubigungsformen, doch erobert sich auch hier das Siegel den ersten Platz. In Mitteleuropa und darüber hinaus verbreitet sich das Siegel seit dem 9.–10. Jahrhundert als Beglaubigungsmittel in genau dem gleichen Maße, wie die schriftliche Urkunde selbst wieder Geltung gewinnt. Ausgehend vom kaiserlichen und königlichen Urkundenwesen erscheint es im 10. und 11. Jahrhundert im Gebrauch zunächst der geistlichen, dann auch der weltlichen Fürsten, wird im 12. Jahrhundert außer von dem gesamten Reichsfürstenstand auch schon von Städten (in Rom nachweisbar seit 1148, Köln und Trier 1149 oder früher, Aachen und Mainz ca. 1150, Soest ca. 1160 usw.), einzelnen Grafen und Edelherren verwendet. Im 13. Jahrhundert erscheinen Ministeriale, Bürger und bürgerliche Genossenschaften, gegen Ende des Jahrhunderts auch vereinzelt Juden (soweit nämlich als privilegierte Schutzjuden rechtsfähig) und Judengemeinden als Siegelführer; im 14. Jahrhundert schließlich siegeln auch Bauern, soweit sie frei und rechtsgeschäftsfähig geblieben waren, sowie bäuerliche Landes- und Dorfgemeinden (vgl. die genau entsprechende Entwicklung im Wappenwesen, im vorigen Kapitel). Somit hat im Spätmittelalter der gesamte soziale Stufenbau das Siegel als Beglaubigungsmittel für (schriftliche) Rechtshandlungen übernommen. Es versteht sich übrigens von selbst, daß das Siegel als einmal gewohntes Symbol des Ausstellers außer für Urkunden in gleicher Weise auch für geschäftliche und private Schreiben (»Briefe«) Verwendung findet, also auch in *diesem* Sinne die Unterschrift bzw. Absender-Angabe darzustellen vermag.

Dergestalt bleibt das Siegel während des ganzen Mittelalters *das* entscheidende Beglaubigungsmittel. Es behält diese Rolle auch, seit mit dem Ende des 14. und dem 15. Jahrhundert daneben die Unterschrift wieder häufiger wird. Erst in den neuzeitlichen Jahrhunderten treten Unterschrift und Siegel als Beglaubigungsmittel gleichberechtigt *neben*einander. In der Regel sind auch heute noch beide zusammen für die urkundliche Beglaubigung unerläßlich – das Siegel allerdings überwiegend in der technisch gewandelten Form des Farbabdrucks mittels Gummi- oder Metallstempel.

Siegelrecht

Theoretisch konnte, wie wir aus der Entwicklungsgeschichte des Siegels sahen, im Hochmittelalter jedermann siegeln, sofern er unbeschränkt rechtsfähig war, ein Siegel besaß und – Anlaß zum Siegeln hatte. Das gilt natürlich vorwiegend von denjenigen gehobeneren sozialen Schichten, innerhalb deren sich die Gewohnheit schriftlicher Rechtshandlung durchgesetzt hatte. Dieser Kreis war naturgemäß klein und wuchs erst allmählich immer weiter. Indessen mußte, je weiter der Kreis der gewohnheitsmäßig urkundenden – und das heißt in der Regel: siegelnden – Personen sich dehnte, um so stärker das Bedürfnis einer rechtlichen Differenzierung *innerhalb* dieses Kreises hervortreten. Im Interesse der Rechtssicherheit sowohl wie der sozialen Rangordnung konnte nicht angenommen werden, daß jedermanns Siegel die gleiche unantastbare Qualität besaß.

Die unterschiedliche Bewertung von »öffentlichen« (ursprünglich nur den päpstlichen, kaiserlichen und königlichen) Urkunden und »Privaturkunden« haben wir bereits kennengelernt (vgl. S. 89 f.). Nur die Urkunden jenes begrenzten höheren Personen- und Institutionskreises, hinter dem eine öffentliche oder quasi-staatliche Garantie im Sinne der mittelalterlichen Weltordnung stand, konnten unanfechtbare Beweiskraft in Anspruch nehmen.

Da nun diese Beweiskraft an das Siegel als Beglaubigungsmittel gebunden war, so fand denn diese Differenzierung auch im Siegelwesen ihren eigentlichen, rechtstheoretischen Ausdruck: aus dem weiten Kreis der siegelführenden Personen insgesamt hob sich die bevorrechtete Schicht der Inhaber von »*sigilla authentica*«, von authentischen oder »mächtigen« Siegeln heraus. Über die mehr oder minder anerkannte privatrechtliche Verpflichtung des einzelnen hinaus, die jedermann zustehen mußte, war nur *ihrem* Siegel die öffentlich-rechtliche, unbedingte und unanfechtbare Beweiskraft eigen. Der insbesondere prozeßrechtliche Wert, der hierin lag, mußte nun dazu führen, daß Siegel solcher »mächtiger« Siegler im Rechtsleben allgemein sehr begehrt waren, anders ausgedrückt: daß sie auch für Rechtsgeschäfte Dritter herangezogen wurden, die entweder selbst überhaupt kein Siegel oder jedenfalls kein »authentisches« Siegel besaßen. Die Fähigkeit, auch zum »*Siegeln in fremder Sache*« verwendet zu werden, wurde damit zur ausschlaggebenden Qualität der authentischen Siegel. Wo immer Wert auf eine prozeßrechtlich unbedingte Beweissicherung gelegt wurde, da versuchte man, sich eines authentischen Siegels zu versichern — sofern nicht eine andere, qualitativ gleichwertige Form der Beurkundung zur Verfügung stand, wie etwa das Notariatsinstrument, der Zerter (Chirograph), die Eintragung in ein Buch öffentlichen Glaubens o. ä. (vgl. S. 87 f.).

Der Kreis authentischer Siegler ist freilich, entsprechend der Vielgestaltigkeit der mittelalterlichen Rechtsordnung überhaupt, niemals völlig eindeutig festgelegt worden. So bildeten sich verfassungsrechtlich bedingte territoriale und landschaftliche Unterschiede innerhalb des weltlichen Rechts und insbesondere gewisse Differenzen zwischen diesem und dem kanonischen Recht aus. Die kanonische Rechtsauffassung, wie sie die Glossatoren des 13. Jahrhunderts vertraten, rechnete im allgemeinen zu den authentischen Sieglern außer Papst, Kaiser und Königen die Kardinäle und Legaten, Erzbischöfe, Bischöfe und deren Offiziale, die Ordensgenerale und die Äbte exempter Klöster; von Weltlichen die Fürsten und die Notare; von Institutionen die Orden, Domkapitel und exempten Klöster. Nach der strengen kanonischrechtlichen Auffassung sind überhaupt nur die Siegel dieser authentischen Siegler rechtsverbindlich auch in eigener Sache. Diese Konsequenz hat das weltliche Recht nicht mitgemacht. Es hat darüber hinaus auch den Kreis der mächtigen Siegler weiter gezogen. Das deutsche Gewohnheitsrecht des Spätmittelalters hat der ›Schwabenspiegel‹ (entstanden um 1274—75) zusammengefaßt: Danach kann in eigener Sache jedermann siegeln, in fremder Sache dagegen nur Papst, Kaiser und Könige, Pfaffen- und Laienfürsten, alle Klöster und Konvente, schließlich die Städte, sofern sie ein landesherrlich bestätigtes Siegel führen und nur in Sachen ihrer Bürger, sowie die Richter in Gerichtssachen. Für die Praxis bedeutungsvoll ist die Ausdehnung auf *alle* Klöster und Konvente; Adel und Bürgertum haben mit besonderer Vorliebe die Siegel der städtischen Bettelordenskonvente zur authentischen Beglaubigung herangezogen. Der Kreis ist jedoch in der Praxis oft noch weiter gezogen worden. Insbesondere haben die großen Städte des Mittelalters über die erwähnte Einschränkung hinaus widerspruchslos als authentische Siegelführer gehandelt.

Das Siegeln in fremder Sache ist also eine recht häufige Erscheinung im mittelalterlichen Rechtsleben. Besonders oft begegnet ihm der Historiker in der Form des »Vidimus«, also des von einem Dritten beglaubigten Duplikats einer Urkunde (vgl. S. 96 f.). Jedoch sind auch Originale mit authentischem Siegel in fremder Sache massenhaft aus allen Bereichen des mittelalterlichen Rechtslebens überliefert. Die Besiegelung in fremder Sache kann in verschiedenen Formen vor sich gehen:

a) als »Mitbesiegelung«. Die Urkunde wird vom Aussteller ausgefertigt und beglaubigt. Neben seinem Siegel erscheinen die Siegel weiterer Personen, in der Regel der anwesenden Zeugen, die dann entweder als Handlungs- oder als Beurkundungszeugen siegeln. Sie übernehmen damit in der Regel keine eigene dingliche Verpflichtung, sondern bezeugen nur den von ihnen miterlebten Vollzug. Bei der Mitbesiegelung nimmt man häufig auf die authentische Qualität keine Rücksicht, d. h. es siegeln auch Personen mit, die kein authentisches Siegel besitzen. Hierbei spielt die allgemeine urtümliche Anschauung eine Rolle, daß Vielzahl an sich, auch ohne Qualität, verstärkend wirkt: »man mac wol ein insigel zu dem anderen legen an einen brief, der brief ist niur deste vester« (›Schwabenspiegel‹). Quellenkritisch wohl zu beachten und jeweils zu prüfen, ob tatsächlich Mitbesiegelung (Siegelung in fremder Sache) vorliegt oder ob die Mehrfachbesiegelung einer Urkunde dadurch begründet ist, daß die Urkunde außer dem Aussteller auch die übrigen Siegler rechtlich verpflichtet (sei es auch nur durch eine Konsenserklärung). In diesem Fall liegt natürlich keine Besiegelung in »fremder Sache« vor.

b) Der Aussteller fertigt die Urkunde aus, besiegelt wird sie jedoch nur durch einen (oder mehrere) fremde, »authentische« Siegler. Im einfachsten Fall kann das dadurch begründet sein, daß der Aussteller gar kein eigenes Siegel besitzt oder es nicht bei sich hat; das wird dann (sehr häufig!) im Urkundentext erwähnt. Oder aber sein Siegel reicht qualitativ nicht aus, um der Urkunde die gewünschte unanfechtbare öffentliche Glaubwürdigkeit zu verschaffen.

c) Der Inhaber des authentischen Siegels — so besonders häufig ein bischöflicher Offizial in Westeuropa, ein Stadtschreiber in Süddeutschland — siegelt nicht nur, sondern fertigt die ganze Urkunde für den Aussteller, d. h. beurkundet, daß jener vor ihm gehandelt hat (= Offizialatsurkunde, Ratssiegelurkunde). Im Ergebnis ist das also das gleiche Verfahren wie bei der Eintragung in ein Buch öffentlichen Glaubens oder bei der Ausfertigung eines Notariatsinstruments.

Die Siegelung in fremder Sache mittels eines »authentischen« Siegels hat sich bis heute in der Form der Beglaubigung durch ein Amtssiegel (Behörden-, Gerichtssiegel) lebendig erhalten.

Bei der großen Rechtsbedeutung des authentischen Siegels im Mittelalter lag es nahe, daß immer wieder der Versuch des Mißbrauchs gemacht wurde: sei es in der Form, daß ein authentisches Siegel durch Fälschung vorgetäuscht, sei es, daß ein echtes von einer nicht berechtigten Person verwendet wurde. Das Mittelalter hat sich mit barbarischen Strafen gegen beide Möglichkeiten zu sichern gesucht, zudem ein umständliches System der Verwahrung der Siegel entwickelt (Verschluß durch mehrere Schlüssel in Händen verschiedener Personen; Betrauung besonderer »Siegelbewahrer«). Genützt hat das nicht sehr viel. Siegelfälschungen kommen in allen mittelalterlichen Jahrhunderten ungemein häufig vor, und die Prüfung der Echtheit des Siegels gehört daher zu den wichtigsten Kriterien bei der Echtheitsuntersuchung der Urkunden überhaupt.

Technik, äußere Form, Anbringung

Der im Mittelalter gebräuchlichste Siegelstoff ist farbloses oder gefärbtes *Bienenwachs,* häufig mit Zutaten versehen, die es entweder in der Konsistenz fester oder auch geschmeidiger machen sollten (verschiedene Harze und Öle), teils auch den kostspieligen Stoff »verlängern« sollten (Kreide, Gips, Talg). Sowohl hierauf wie auf den verschiedenen Gegebenheiten der Aufbewahrung beruht es, daß ungefärbte Wachssiegel sehr verschieden aussehen können: von dunkelbraun bis hellgelb, von erdartig-grober bis zu bernsteinartig-durchscheinender Konsistenz. Das *Färben* des Siegelwachses — vorwiegend rot oder grün, häufiger auch schwarz — wird im 12. Jahrhundert Mode; seit dem 14. Jahrhundert häufig in der Form, daß die dicke »Siegelschüssel« ungefärbt bleibt, nur die eingedrückte, vom Stempel geprägte Platte farbig ist. Feste Regeln für die Farbverwendung bestehen ursprünglich nicht. Erst im Spätmittelalter bildet sich in manchen Kanzleien ein mehr oder minder feststehender Brauch aus. So verwenden die Hochmeister des deutschen Ordens schwarzes Wachs, die Könige von Frankreich zu wichtigeren Urkunden grünes, sonst ungefärbtes Wachs, die meisten geistlichen Würdenträger und Institutionen, die englischen Könige und seit dem 15. Jahrhundert die deutschen Kaiser dagegen meist rotes Wachs. Im 15. Jahrhundert kommt vielerorts die merkwürdige Auffassung auf, daß der Gebrauch von rotem Wachs besonders privilegiert sei; seitdem verleiht die kaiserliche Kanzlei (und manche andere) auf Antrag Rotwachs-Privilegien. Doch haben zu allen Zeiten zahlreiche Aussteller ohne jede Privilegierung und ohne festen Brauch die Siegelfarben gebraucht, die ihnen gefielen.

Neben dem Wachs werden auch verschiedene *Metalle* für Siegelzwecke benutzt; solche Siegel werden als Bullen bezeichnet. Am ältesten und am weitesten verbreitet ist die Verwendung des *Bleis,* das sich im Mittelmeergebiet schon aus klimatischen Gründen vor dem leicht erweichenden Wachs empfahl. Schon aus der Antike übernommen, wird die Bleibulle bekanntlich bis heute in der päpstlichen Kanzlei verwendet und hat hier sogar als pars pro toto dem Haupttyp der päpstlichen Urkunden ihren Namen gegeben. Aber auch sonst erscheint die Bleibulle im südlichen Europa häufig: bei den sizilischen Normannen, in Venedig bis zum Untergang der Republik, auf Cypern, in Spanien und Südfrankreich; ferner bei manchen Bischöfen auch außerhalb dieses Bereiches, als Siegel der Konzilien (Konstanz, Basel), schließlich auch im nördlichen Mitteleuropa in dem Sondergebrauch der Bleiplomben als Güte- und Herstellungszeichen für Tuche.

Die *Goldbullen* (auch vergoldete Silberbullen) sind von den byzantinischen Herrschern übernommen, erscheinen daher zuerst im byzantinischen Kulturbereich des Mittelmeers, aber auch bei den russischen und serbischen Zaren und Großfürsten, ferner bei spanischen, ungarischen und gelegentlich auch anderen Königen, besonders häufig bei den deutschen Kaisern und Königen. Sie gelten als Vorrecht der Souveräne, sind im übrigen stets feierliche Ausnahmeerscheinung und werden nur verwendet für besonders wichtige Dokumente oder für Prunkausfertigungen, oft auf Wunsch des Empfängers (der dann auch die entsprechend höhere Ausfertigungstaxe tragen mußte). — Unvergoldete *Silberbullen* erscheinen verhältnismäßig selten, häufiger nur in Byzanz und Venedig.

Bleibullen sind stets massive Plättchen (Schrötlinge), Gold- und Silberbullen regelmäßig hohl.

Der größte Mangel des Wachssiegels blieb immer seine Zerbrechlichkeit und Empfindlichkeit. Besonders ungünstig war das für die aufgedrückten (Verschluß-)Siegel des späten Mittelalters, da das Wachs mit dem Pergament bzw. Papier keine feste Verbindung eingeht. So kam man im 16. Jahrhundert auf die sog. Siegel-*Oblaten,* dünne Scheiben aus ungesäuertem Weizenmehl gebacken, über die noch ein dünnes Papierblättchen vor der Prägung gelegt wurde. Sie hielten sich im Amtsgebrauch der Behörden teilweise bis in das 19. Jahrhundert. Neben ihnen erscheint, ebenfalls schon im 16. Jahrhundert, der *Siegellack* (»spanisches Wachs«), der heiß auf das Papier aufgebracht wird und sich nach dem Erkalten als spröde, harte Schicht fest mit diesem verbindet; er besteht aus Gummilack und Schellack und wird zunächst hauptsächlich für Briefverschluß, im 18. und 19. Jahrhundert auch für Untersiegelung verwendet.

Als *Typare* (Siegelstempel) erscheinen zunächst die schon antiken Siegelringe mit geschnittenen Steinen oder gravierten Metallplättchen als Negativstempel. Da ihr Format nur kleine Siegelbilder zuließ, treten an ihre Stelle im Hochmittelalter immer mehr die eigentlichen Typare (Petschafte), meist Metallplatten aus Messing oder Bronze, gelegentlich auch aus Edelmetallen oder aus Schiefer und verwandten Steinarten; nicht selten und auch besonders schön sind Typare aus Elfenbein. Sie sind meist mit einem Handgriff (Knauf, Ring), oft aus Holz, zur besseren Handhabung versehen; für die Bullen verwendete man zangenförmige Doppeltypare, etwa in der Form der heute noch z. B. vom Zoll benutzten Plombierzangen. Die mittelalterlichen Edelschmiede haben mit den von ihnen hergestellten Typaren sowohl technisch wie künstlerisch teilweise Großartiges geleistet. Manche Typare sind jahrhundertelang in ununterbrochenem Gebrauch gewesen. Das zweite große Typar der Stadt Lübeck ist von 1256 bis 1810 dauernd verwendet worden und ist heute noch in völlig brauchbarem und unbeschädigtem Zustand. Das große Siegel der City of London, das seit vor 1219 in Gebrauch war, ist erst 1957 als ausgedient durch ein neues Typar ersetzt worden.

In ihrer äußeren *Form* haben die Siegel im Lauf der Jahrhunderte stark gewechselt. Überwiegend ist von jeher und bis heute die *runde* Form – sowohl für den Rohstoff (den »Siegelklumpen«) wie für den Abdruck selbst. Allgemein ist die Tendenz zu stetiger Vergrößerung des runden Siegels. So hat das Siegel Karls des Großen einen Durchmesser von rund 4 cm, das Siegel Friedrichs III. am Ende des Mittelalters dagegen einen solchen von 14 cm, das königlich englische Majestätssiegel im 19. Jahrhundert 15 cm. Andere Siegelinhaber eiferten dem nach; ganz offensichtlich hat man in der Spätzeit des Siegelwesens die Größe des Siegels geradezu als einen Maßstab für die ständische Qualität des Ausstellers angesehen, wenn das auch nie in feste Regeln gebracht worden ist. Auch die Metallsiegel folgen teilweise dieser Tendenz; die Goldbullen Kaiser Friedrichs II. haben noch einen Durchmesser von 4–5 cm, diejenigen späterer Herrscher erreichen bis zu 10 cm (bei entsprechender Zunahme auch der Dicke des Siegels). Nur die Papstbullen machen in dieser Hinsicht eine gewisse Ausnahme: ihr Umfang variiert vom 10. bis zum 19. Jahrhundert nur zwischen 2 und 5 cm.

Bei den Wachssiegeln erscheinen neben der runden noch zahlreiche andere, teilweise abenteuerliche Formen, von denen aber nur drei ein größeres historisches Interesse haben:

a) *Mehrkantige* Siegel, wobei sich die Mehrkantigkeit (häufig Achteck) auf das Typar beschränkt, während der Siegelklumpen meist rund ist. Diese (und auch die gewöhnliche ovale) Form ist in allen Jahrhunderten namentlich bei den Siegelring-Typaren häufig und erscheint daher besonders in der Anwendung als »Signet« (s. u.).

b) *Spitzovale* Siegel, üblich seit dem Ende des 12. Jahrhunderts. Sie eignen sich besonders für die Darstellung stehender Figuren im Siegelbild (und sind daraus wohl auch entstanden). Da solche, nämlich in der Form eines Heiligen oder eines geistlichen Würdenträgers unter Baldachin-Überkrönung, nun die charakteristische Siegelfigur geistlicher Siegler sind, so wurde das spitzovale Siegel zur bevorzugten kirchlichen Siegelform (Tafel 7). Seltener erscheint das spitzovale Siegel auch in anderer Verwendung, relativ am häufigsten als Damensiegel (weil auch von Damen gern ein Heiliger als Siegelbild gewählt wird).

c) *Schildförmige* Siegel werden mit der zunehmenden Beliebtheit des Wappens (Schildes) als Siegelbild im 13. und 14. Jahrhundert häufig verwendet. Ebenso wie beim spitzovalen Siegel hat auch hier nicht nur das Typar, sondern auch der Siegelklumpen diese Form. Das Typar zeigt den Schild mit der Umschrift parallel den Schildkanten (Tafel 7).

Abgesehen von den Metallsiegeln, die von Anfang an mittels Schnüren (Hanf-, Seidenschnüren u. ä.) an die Urkunden angehängt wurden, wird das Siegel ursprünglich durch *Aufdrücken* an der Urkunde angebracht, und zwar im unteren Drittel, entweder in der Mitte oder auf der rechten Seite. Obwohl das erwärmte Siegelwachs dabei in der Regel mittels eines Kreuzschnittes durch das Pergament durchgedrückt (und dann gestempelt) wurde, erwies sich diese Methode auf die Dauer aber als unpraktisch: Das Siegel fiel leicht ab oder wurde doch beim Falten und Lagern der Urkunde beschädigt. Im 11. und 12. Jahrhundert erscheint daher zunächst häufig die Variante des »eingehängten« Siegels: Das Wachs wird nicht direkt auf das Pergament, sondern häufig auf einen schmalen Pergamentstreifen gedrückt, der beidseitig durch zwei Einschnitte durch die untere Hälfte der Urkunde hindurchgezogen wird; derart erscheint das Siegel also eingehängt *auf* der Urkunde.

Von hier aus war es dann nur noch ein Schritt zum eigentlichen *Hängesiegel*, das nicht auf der Urkunde, sondern unten an ihr hängt. Es war einfacher anzubringen, gestattete insbesondere die Anbringung mehrerer (zahlreicher) Siegel, man konnte die Siegel beim gerollten oder gefalteten Lagern der Urkunden heraushängen lassen und dadurch vor Zerbrechen besser schützen usw. Waren viele Aussteller oder Mitbesiegler an einer Urkunde beteiligt, so konnte es auf diese Weise zu den erstaunlichsten Massierungen von Siegeln an einer Urkunde kommen; reichte der untere Rand nicht aus, so wurden wohl weitere Siegel auch an den beiden Seitenrändern der Urkunde untergebracht. Ein schönes Beispiel für einen solchen sog. »Igel« ist das Protestschreiben der böhmischen Adligen gegen die Verbrennung von Johan Hus (abgebildet: ›Shorter Cambridge Medieval History‹ II, London 1952, S. 966).

Das Hängesiegel erscheint, seit der Mitte des 12. Jahrhunderts, vor allem in der weitaus häufigsten Form des *»anhängenden«* Siegels: durch Einschnitte im unteren Rand der Urkunde, der zum Schutz gegen Einreißen einmal gefaltet wird (Plica), werden ein oder mehrere Pergamentstreifen, Fadenbündel oder Schnüre (Hanf, Wolle, Seide) hindurchgezogen. Sie werden zwischen die beiden Hälften des

Siegels (oberer und unterer Wachsklumpen bzw. »Schale« und »Platte« des Wachssiegels, Ober- und Unterhälfte des Metallsiegels) gelegt und dann durch den Stempeldruck mehr oder minder fest mit dem gesamten Siegel vereinigt. Für die Farbe der Schnüre oder Fadenbündel bilden sich im Spätmittelalter hier und da besondere Kanzleibräuche aus, ähnlich wie für die Wachsfarbe; besonders beliebt ist Zweifarbigkeit, z. B. Rot und Grün in der kaiserlichen Kanzlei und auch anderswo, später auch die Wappenfarben, so Schwarz-Gold in der spätmittelalterlichen Kaiserkanzlei.

Nur eine Variante ist das sog. *»abhangende«* Siegel, das im 13. und 14. Jahrhundert beliebt war: dabei wird vom unteren Rand des Urkundenpergaments ein Streifen vom einen bis nahe zum anderen Rand herausgeschnitten und auf diesen lappenartig herabhängenden Streifen das Siegel aufgedrückt.

Zu erwähnen sind schließlich noch die verschiedenen Verwendungsformen des *Verschlußsiegels*. Am häufigsten geschieht der Verschluß derart, daß das Schriftstück mehrfach gefaltet und das Siegel dann über die zusammenstoßenden Schmalseitenränder gedrückt wird. Es muß also gebrochen werden, wenn man den Brief öffnen will. Um Beschädigungen des Beschreibstoffes zu vermeiden, konnte es aber auch auf einem durch den gefalteten Brief hindurchgezogenen Pergamentstreifen »eingehängt« angebracht werden. Zweck des Verschlußsiegels war ja nun aber, wenigstens bei Urkunden (literae clausae), zugleich der Verschluß und die Beglaubigung. Die eben geschilderten Verschlußformen hatten insoweit also einen erheblichen Nachteil: um das Schriftstück zu öffnen, mußte man das Beglaubigungsmittel zerstören oder abschneiden! Es sind daher, zunächst in der Papstkanzlei, in der frühen Neuzeit überall auch in weltlichen Kanzleien, verschiedene Methoden »eingehängten« Siegelverschlusses entwickelt worden, bei denen man durch Einschnitte in das Schriftstück das Siegel lösen konnte, ohne es zu zerbrechen oder vom Schriftstück abzuschneiden.

Siegelstoff, Siegelform und Siegelanbringung können als Kriterien zur Beurteilung der Echtheit herangezogen werden: ein anhängendes Siegel an einer ins 11. Jahrhundert datierten Urkunde erweist diese als Fälschung, Siegel mit einer vom Kanzleibrauch abweichenden Form oder Farbe müssen als verdächtig ebenfalls sorgsam geprüft werden, gewisse Formen neuzeitlichen Siegelverschlusses können erweisen, daß das Schriftstück »sub sigillo volante« (unter fliegendem Siegel) zunächst an einen Dritten zur Kenntnisnahme gelangte, bevor dieser es verschlossen weitersandte, usw.

Siegeltypen und Siegelbilder

Ein und derselbe Siegelinhaber kann selbstverständlich im Laufe seines Lebens nacheinander mehrere Typare gebraucht haben, ein Umstand, der bei der Quellenkritik ebenfalls zu beachten ist. Ersatz des bisherigen Typars kann zunächst aus dem einfachen Grunde notwendig werden, daß jenes beschädigt, zerbrochen, verloren oder auch gestohlen worden ist (so das der Stadt Paris im Jahre 1471). Ist das Siegel technisch unbrauchbar geworden, so wird das neue Typar meist nach dem Muster des alten geschnitten, denn eine Voraussetzung der Rechtswirksamkeit des Siegels ist es ja gerade, daß das Siegelbild als das des Inhabers bekannt ist. Identität ist dabei aber natürlich nicht zu erzielen; so bieten gerade Siegel mit gewollt gleichem Siegelbild wertvolle Einblicke in die (unbewußte) Wandlung des Stil- und Kunstempfindens.

Anders verhält es sich dagegen, wenn die Anschaffung eines neuen Siegels durch Veränderung in der Rechtsstellung des Siegelinhabers veranlaßt wird (Aufstieg zu höherem Rang oder Würde, Wahl oder Krönung des bisherigen römischen Königs zum Kaiser, Regierungsantritt des Thronfolgers usw.). In diesen Fällen wird regelmäßig eine *Änderung* der Umschrift, häufig auch des Siegelbildes erforderlich sein. Besonders deutlich zeigt das große Siegelwerk O. *Posses* die hierdurch veranlaßte Abfolge verschiedener Siegel der einzelnen deutschen Herrscher. Die Prüfung des jeweils benutzten Siegels kann für die Datierung von Urkunden wichtig sein. Doch muß dabei beachtet werden, daß unter Umständen zwischen Handlung und Beurkundung ein längerer Zeitraum liegen kann, so daß geprüft werden muß, ob sich die Zeitangabe der Urkunde auf Actum oder Datum bezieht, bevor man etwa Nichtübereinstimmung zwischen Siegeltyp und Datum feststellt.

Mit zunehmender schriftlicher Geschäftstätigkeit und zunehmendem Siegelgebrauch wird es ferner seit dem Hochmittelalter immer häufiger, daß ein Aussteller mehrere Siegel *nebeneinander* in Benutzung hat. Hierfür sind verschiedene Ursachen maßgebend. Zunächst der Wunsch, für die Besiegelung von Schriftsachen geringerer Bedeutung weniger von dem kostspieligen Wachs zu verbrauchen, als für die immer größer werdenden Hauptsiegel erforderlich ist. Zweitens das Bedürfnis, das Siegeln einfacher Geschäftssachen, die Benutzung als Verschlußsiegel usw. im Kanzleibetrieb zu erleichtern, so daß nicht jedes Mal das streng verschlossene und kontrollierte Hauptsiegel herangeschafft werden muß. Drittens, im umgekehrten Sinne, das Bestreben, einen Mißbrauch des Hauptsiegels weiterhin noch dadurch zu erschweren, daß diesem rückwärtig ein (kleineres) Kontrollsiegel – contrasigillum – aufgedrückt wird. Schließlich ergibt sich in größeren Kanzleien, in denen die Massenhaftigkeit des Schriftwerkes zu einer Geschäftsteilung zwingt, das Bedürfnis, für jeden (regionalen oder sachlichen) Geschäftszweig ein eigenes Siegel zur Verfügung zu haben. Mehrere Siegel für die einzelnen Reichsteile scheinen schon bei Heinrich IV. vorzukommen, später dann bei Friedrich II., bei den französischen Königen (Sondersiegel für die Dauphiné), bei den Habsburgern für Ungarn, die Niederlande usw. Als Siegel für Sachbereiche erscheinen zuerst, und so im 13. Jahrhundert auch in Deutschland, besondere Siegel der Hofgerichte.

Es erscheinen also bei einem Siegelinhaber unter Umständen teils eine Reihe von *Spezialsiegeln*, die ohne weiteres als solche kenntlich sind, teils auch mehrere verschiedene Siegel für den allgemeinen Geschäftsgebrauch. Für sie bildet sich bereits im 13. Jahrhundert auch eine Differenzierung in der Beweisqualität aus. Im wesentlichen handelt es sich um folgende Siegeltypen:

1. *Große Siegel*, in kaiserlichen und königlichen Kanzleien nach dem häufigsten Siegelbild, der thronenden Maiestas, »Majestätssiegel« genannt, anderswo sigillum maius, magnum, authenticum. Es ist das meist sehr umfangreiche Hauptsiegel, das nur für besonders wichtige Sachen, insbesondere für Diplome (Privilegien) im Sinne der Urkundensprache verwendet wird, hierfür aber auch unerläßlich ist. Zahlreich sind die Fälle, in denen die Gültigkeit einer solchen Urkunde bestritten wird, weil sie nur mit einem anderen als dem großen Siegel besiegelt ist — oder wo der Ausfertiger verspricht, bei nächster Gelegenheit das provisorisch angebrachte kleinere durch das Große Siegel zu ersetzen. Dem Großen Siegel in der Rechtsqualität gleichgestellt ist die Goldbulle (und natürlich die päpstliche Bleibulle; vgl. Tafel 3 und Tafel 7 oben).

2. *Kleine Siegel* (sigilla minora, parva, secreta, communia usw.) werden selbständig zur Besiegelung weniger bedeutender Geschäftssachen, Mandate usw., auch als Verschlußsiegel benutzt. Je nach der Sachlage entwickeln sich hieraus z. T. verschiedene Typen:
   — sigillum ad causas (ad negotia, zu den sachin) für einfache laufende »Sachen«,
   — sigillum ad citationes im Gebrauch der Gerichte,
   — sigillum ad contractus für einfache Vertragshandlungen von Behörden, Gerichten usw.,
   — sigillum ad missiva für den Briefverschluß.

3. *Sekretsiegel*. Ursprünglich, wie der Name sagt, sekretiert, um als Kontrollsiegel (Gegensiegel) oder selbständig tatsächlich für Geheimsachen verwendet zu werden, ist das Sekret im 14. Jahrhundert mehr und mehr in den allgemeinen Gebrauch als Kleines Siegel übergegangen, also — entgegen dem ursprünglichen Sinn — für weniger wichtige Sachen gebraucht worden. Daneben hält es sich als Rücksiegel. Kleine Siegel und Sekrete gelten in öffentlichen Sachen größerer Bedeutung nicht als ausreichend (Tafel 7).

4. *Rücksiegel* (contrasigilla). Rücksiegel sind zunächst auch die sog. Münzsiegel, d. h. zwei ganz gleich große Stempel verschiedenen Schnitts, die also ein zweiseitig geprägtes Siegel in Form einer Münze erzeugen. Ursprünglich wurden beide Stempel getrennt aufbewahrt, wodurch Fälschung und Mißbrauch erschwert wurden. — Dem gleichen Zweck dienten die aus England übernommenen kleineren, eigentlichen Rücksiegel (sigilla a tergo, contrasigilla). Das Contrasigillum kann mit dem Hauptsiegel so eng zusammen gehören, daß dessen Umschrift auf ihm weiterläuft; beide zu-

sammen sind also erst ein Gesamtsiegel. Anstelle eines besonderen Rücksiegels kann aber, wie erwähnt, auch das Sekret benutzt werden. Contrasigillum oder sigillum a tergo können selbstverständlich, wie der Name und die entsprechende Umschrift besagen, nicht allein für sich rechtswirksam sein. Das schöne, meist mit roter Wachsplatte eingedrückte kaiserliche Rücksiegel des 14. Jahrhunderts mit dem »widersehenden Adler« bezeichnet in der Umschrift überhaupt nicht den Inhaber, sondern gibt nur einen Sinnspruch.

5. Das *Signet* entstammt dem fürstlich-adligen Siegelgebrauch und bezeichnet ursprünglich — und in fürstlichen Kanzleien häufig fortdauernd — einen ganz privaten, persönlichen Anteil des Herrschers usw. am Siegelgeschäft. Es erscheint meist als Ringsiegel, daher oft ohne Umschrift, und dient einmal der Besiegelung (Verschluß!) der Privatkorrespondenz oder sonstiger Schreiben, deren besondere Vertraulichkeit betont werden soll; zum anderen wird es aber auch benutzt, um durch zusätzlichen Eindruck in das Große Siegel (so in der kaiserlichen Kanzlei seit Friedrich III.) die persönliche Mitwirkung des Herrschers zu bezeugen. Diesem »heimlichen vingerlinszeichen« der deutschen Kaiser entspricht der bekannte päpstliche Fischerring, der aber im Gegensatz zu jenem die ursprüngliche, ganz persönliche Bedeutung schon im 15. Jahrhundert verloren hat (vgl. die entsprechende Entwicklung beim Sekret). Bereits im 15. Jahrhundert erscheinen dann Signete, entgegen dem eigentlichen Sinn, auch bei juristischen Personen, z. B. bei Städten, anfänglich meist als Briefverschlußsiegel, dann (mit der Umschrift Signetum ...!) auch zur Untersiegelung minder wichtiger Sachen.

Im Gegensatz zur Vielzahl mehrerer Siegel einer Person oder Institution steht der Gebrauch *eines* Siegels durch *mehrere* Personen: der sogenannten *Gemeinschaftssiegel*. Entsprechend der rechtsverbindlichen Eigenschaft des Siegels kann ein Gemeinschaftssiegel nur da gebraucht werden, wo die Inhaber in irgendeiner bestimmten rechtlichen Verbindung stehen. Das gilt z. B. bei Gemeinschaftssiegeln von Herrschern, die gemeinsam regieren (Vater und Sohn, Geschwister, Ehepaare wie Ferdinand und Isabella in Spanien, Philipp und Mary in England), ferner von Geschwistern, sofern sie in ungeteiltem Besitz stehen (z. B. sog. Ganerbschaft bei süddeutschen Adels- und Bürgergeschlechtern) usw. Aber auch bei mehr vorübergehenden Verbindungen können Gemeinschaftssiegel vorkommen, sofern nur der gemeinsame Rechtszweck ein gemeinsames Urkunden erforderlich macht, z. B. bei Bündnissen und sonstigen Einigungen. Derartige Gemeinschaftssiegel sind z. B. das des Niederrheinischen Landfriedensbündnisses von 1351 oder das sigillum civitatum maritimarum der in der Kölner Konföderation von 1367 vereinigten Seestädte (nur zum Zweck der Zollerhebung benutzt). Dagegen ist das Fehlen eines Ge-

meinschaftssiegels ein charakteristischer und oft übersehener negativer Beweis dafür, daß die Deutsche Hanse im Mittelalter niemals die Rechtsform eines Bundes gehabt oder beansprucht hat.
Nur uneigentlich sind Gemeinschaftssiegel diejenigen, die von Körperschaften, wie den Zünften, Gilden, auch den Auslandskontoren der Hansestädte geführt wurden. Doch sind die Übergänge hier fließend; da das Mittelalter den römischrechtlichen Begriff der juristischen Person selbst noch nicht kannte, ist es häufig eine Ermessensfrage, ob man die siegelführende Gemeinschaft mehr als Körperschaft i. e. S. oder als freien Zweckverband selbständiger Individuen ansehen will. Deutlich ist immerhin, daß das Mittelalter zum mindesten bei den Städten doch den begrifflichen Schritt vom Personenverband zum abstrakten Körperschaftsbegriff getan hat, wenn das auch noch nicht in der Rechtstheorie zum Ausdruck kommt. Das zeigen die Umschriften der Siegel, die teilweise schon um die Mitte des 13. Jahrhunderts von dem älteren Tenor »Sigillum burgensium (civium) de ...« übergehen zu »Sigillum civitatis ...«

Überhaupt ist der *Siegelinhalt* eine reiche Quelle rechts- und kulturgeschichtlicher Erkenntnis. Von seiner Betrachtung, also vom Sammlerstandpunkt, ist denn auch die Sphragistik ursprünglich ausgegangen; Goethe als Siegelsammler in diesem Sinne haben wir bereits kennengelernt. Jedoch auch vom hilfswissenschaftlich-historischen Standpunkt sind, wie sich von selbst versteht, die Fragen von Stil und Inhalt des Siegelbildes und der Umschriften sehr wichtig. Insofern in jedem Historiker auch ein Stückchen vom »Antiquar« verborgen sein sollte, gehört — über den rein quellenkundlichen Zweck hinaus — die Beschäftigung mit diesen Kleinkunstwerken auch für ihn zu den anziehendsten Aufgaben seines Berufes.

Das Siegelwesen setzt in dieser Hinsicht sogleich mit einem besonders hohen künstlerischen Stand ein, weil die frühmittelalterlichen Siegel überwiegend nichts anderes sind, als antike Gemmen (geschnittene Steine), von denen ein großer Teil überhaupt nur auf diesem Wege bewahrt worden ist: Kopfbilder, auch ganzfigurige Darstellungen von Herrschern, Göttern und Göttinnen, die dann das frühe Mittelalter ganz naiv als (Ideal-)Porträt des Siegelinhabers oder seines Schutzpatrons umgedeutet hat. So verwandte Pippin eine Bacchusgemme, Karl der Große einen Kopf des Antoninus Pius, geistliche Siegelinhaber deuteten einen Caracalla-Kopf als »Petrus«, eine Venus als Maria, eine Victoria als Engel um usw. (oft mit einer entsprechenden, nachträglich eingravierten Beischrift).

Diesen *Porträttypen* (Kopf-, Brust-, Standbild) sind dann auch die in der Regel in Metall geschnittenen Typare des frühen Hochmittelalters selbst nachgebildet. Sie geben ein Idealporträt des Herrschers, das etwa zwischen den Begriffen »junger Held«, »heilsbegabter König«, »weiser Weltherrscher« variieren kann. Der Typ wird im 12. Jahrhundert weiterentwickelt zum Bild der thronenden Maiestas in reicher Architekturumrahmung, das dann bis in die Neuzeit Geltung behält. Die Siegel der Geistlichen entwickeln aus den gleichen Anfängen als bleibendes bevorzugtes Motiv das Standbild eines Heiligen oder des Siegelführers selbst, als »Porträt« im geistlichen Ornat. Für den weltlichen Adel dagegen wird zur charakteristischen Form des Porträtsiegels im 12. Jahrhundert das »Reitersiegel«: in Plastik, Bewegtheit der Formen, Ausgewogenheit des Bildganzen, Idealisierung des zeitgenössischen Mannes-(Helden-)Ideals vielleicht das Vollkommenste, was die mittelalterliche Siegelschneidekunst hervorgebracht hat (Tafel 7).

Selbstverständlich beabsichtigt keines dieser Porträtsiegel etwa ein wirkliches Individualporträt — zudem ist beim Reitersiegel der Kopf ohnehin ganz vom Helm verhüllt. Es handelt sich vielmehr immer um Idealbilder. Individuelle Ähnlichkeit strebt in Porträt- und Architekturdarstellung erst das Spätmittelalter an; noch deutlicher, als in den Porträtsiegeln selbst, läßt die Tendenz zu »realistischer« Darstellung sich in der Reihe der deutschen Kaiser-Goldbullen erkennen: die stereotype Darstellung der »aurea Roma« auf deren Rückseite (Tafel 7) wird unter Ludwig dem Bayern zeitweise zu einem ganz realistischen »Vogelschaubild«.

Architekturformen sind das zweite bevorzugte Siegelbildmuster des ganzen Mittelalters. Besonders beliebt sind sie für die Städtesiegel; hier zeigen sie Kombinationen von Tor, Turm, Mauer u. ä. als den (auch rechtlich bedeutsamen) Kennzeichen der Stadt. Nicht selten ist dieses Architekturbild nachträglich auch zum Wappen der Stadt geworden (Hamburg u. v. a.).

Umgekehrt erscheint das *Wappen* seit dem 13. Jahrhundert in zunehmendem Maße als das bis heute vielleicht beliebteste Siegelbild: bei Herrschern, Fürsten, Städten usw. mindestens als Siegelbild für die Kleinen Siegel, Rücksiegel, Sekrete (Tafel 7), im übrigen aber auch als *das* Siegelbild überhaupt in allen Schichten: im 13. Jahrhundert meist der Schild allein (dann häufig in der Form des dreieckigen »Schildsiegels«), nicht selten auch der Helm allein (»Helmsiegel«), seit dem 14. Jahrhundert meist das ganze Wappen mit Helm, Decken und Schild. Dabei werden dann die Decken als willkommenes Mittel zur ornamentalen Ausfüllung des ganzen Siegelrundes verwendet; im 15. und 16. Jahrhundert oft in derart übertriebenem Maße, daß dieser wuchernde »Wappensalat« die Erkenntnis des wesentlichen Bildinhaltes stark erschwert.

Neben diesen Haupttypen des Siegelbildes erscheinen zahlreiche andere; die Fülle der Motive ist fast ebensogroß wie in der Heraldik. Schon auf den antiken Gemmen finden sich Bilder beispielsweise von Weintrauben, Tieren, Fabelwesen usw., die das Mittelalter übernommen hat; manche Tierdarstellungen im Siegel dürften den Anlaß zum späteren Wappenbild gegeben haben, wie schon erwähnt wurde. Bei den Städten besonders beliebt sind, neben den Architektur- und Wappenbildern, Bilder von Schiffen, als dem wichtigsten Transportmittel des städtischen Fernhandels. Die Schiffssiegel von Paris, Lübeck, Wismar, Stralsund, dem norwegischen Bergen, La Rochelle, den englischen Städten Dover, Yarmouth, Bristol, Winchelsea u. a. sind hervorragende (auch für die Geschichte des Schiffbaus wichtige) Beispiele. In bürgerlichen Siegeln des Mittelalters erscheinen schließlich besonders häufig die *Hausmarken*, lineare graphische Kombinationen von teils runenähnlicher, teils aus Buchstaben entstandener Form.

Der ursprüngliche, frühmittelalterliche Sinn des Siegels als eines für jedermann ohne weiteres verständlichen bildlichen Symbols bedurfte keiner *schriftlichen* Verdeutlichung. Aufschriften (im Siegelfeld) oder Umschriften (auf abgesetztem Randstreifen) fehlen daher in frühmittelalterlichen Siegeln häufig. Wo sie sich finden, erläutern sie das Siegelbild, etwa in Form einer Anrufung des dargestellten Heiligen usw., nennen aber nicht den Namen des Siegelinhabers. Das entspricht dem weitgehend schriftlosen Charakter der Zeit. Erst das 12. Jahrhundert empfindet die *Nennung des Siegelinhabers* als notwendig; erst seitdem kann die Theorie ausgebildet werden, daß — wenigstens für urkundliche Zwecke — das Siegel den Inhaber nennen *muß*. Die Inschrift erscheint seitdem — außer bei den anfänglich nur für den Verschluß benutzten Signeten — regelmäßig, und zwar entweder (selten, nur bei Münzsiegeln) als *Randschrift* oder als *Aufschrift* oder (am häufigsten) als *Umschrift*. Die Randschrift entspricht dem Brauch bei manchen Münzen, z. B. noch heute den deutschen Fünfmarkstücken. Die Aufschrift ist — häufig ganz unregelmäßig — ungetrennt vom bildlichen Siegelinhalt in das Siegelfeld selbst gestellt; so durch anderthalb Jahrtausende durchgehend bei den Papstbullen (Vorderseite: Köpfe von Petrus und Paulus mit deren Namen als Aufschrift; Rückseite: nur der jeweilige Papstname im Feld). Die Umschrift schließlich, als die gebräuchlichste Form, umschreibt ringförmig das Siegelbild des mittleren Feldes, von diesem meist durch eine geperlte oder sonstige Trennlinie geschieden. Sie beginnt in der Regel oben rechts, angedeutet durch ein Sternchen oder Kreuz im Mittelpunkt des oberen Randes, und läuft im Uhrzeigersinn um das Feld herum, setzt sich auch wohl in einem zweiten, inneren Ring fort, wenn Name und Titel allzu lang sind. Seit dem 13. Jahrhundert beginnt sie ganz in der Regel mit »Sigillum...« (oft abgekürzt S'... o. ä), dann folgt der Name des Sieglers im Genitiv. Schreibfehler, besonders oft spiegelbildliche Verkehrungen von N, S usw. sind nicht selten. Als Schrifttyp hält sich merkwürdig zäh, aber der antiken Herkunft der alten Typare entsprechend, die Kapitale, erst von Ende des 12. bis Ende des 14. Jahrhunderts ersetzt durch eine unziale Majuskel; seitdem erscheint regelmäßig die gotische Minuskel, freilich in einer gleichmäßig langgezogenen majuskulären Form.

6. Die Münzen: Numismatik

»Moneta, monet mentem, ne fraus sit inter homines.«

Thomas von Aquino,
De regimine principum

Wesen und Quellenwert

Unter den Sachquellen, von denen wir Wappen und Siegel bereits kennengelernt haben, spielen die Münzen eine ganz besonders hervorragende Rolle. Mehr als alle anderen Sachaltertümer ist die Münze eine wichtige Quelle zur Erschließung von chronologischen, personengeschichtlichen, kultur- und wirtschaftsgeschichtlichen Tatbeständen.

Gleich der Heraldik und der Siegelkunde ist auch die Numismatik ursprünglich eine rein kulturgeschichtlich ausgerichtete Liebhaberei des Sammelns und Betrachtens gewesen: Die »Münzbelustigung« — so der Titel vieler älterer numismatischer Sammelwerke — hat schon im 16. Jahrhundert viele Freunde. Fast alle großen Münzsammlungen sind aus dieser Betrachtungsweise entstanden. Von hier aus ist die Münze zunächst als Quelle zur Kunst-, Stil- und Kulturgeschichte entdeckt worden. Namentlich die Kunstgeschichte hat die Münze — und die ihr technisch eng verwandte Medaille — bereits seit langem in den Kreis ihrer Betrachtung einbezogen; dies in auffälligem Gegensatz zum Siegel.

Schon seit der Humanistenzeit hat die Münze ferner ihren ganz besonderen Wert für die antike Geschichte und die Vorgeschichte bewiesen. Wegen des Fehlens bzw. der relativen Seltenheit schriftlicher Quellen ist sie für diese Fachgebiete eine der Hauptquellen geschichtlicher Erkenntnis überhaupt geworden. Man kann sagen, daß durch die systematische Auswertung der Münzen die antike Geschichte in den letzten hundert Jahren geradezu eine ganz neue Grundlage gewonnen hat.

Allgemein gesehen hat sich die Numismatik in neuerer Zeit in zwei Richtungen weiterentwickelt. Im engeren Sinne hat sie als Lehre von den Münzen die Auswertung dieser konkreten Überreste als Quelle für fast alle Bereiche des menschlichen Gemeinschaftslebens betont und ermöglicht. In erweitertem Sinne hat sie als »Geldgeschichte« unter Einbeziehung auch anderer Geldformen und unter Erforschung der theoretischen, metrologischen und wirtschaftlichen Grundlagen der monetären Entwicklung sich zu einer historischen »Zweigwissenschaft«, einem autonomen Teil der Wirtschaftsgeschichte ausgebildet. In diesem Sinne unterscheidet sie sich z. B. von der Siegelkunde, bei der die i. e. S. »hilfswissenschaftliche« Betrachtungsweise durchaus vorherrscht. Die Numismatik ist ein weitgehend autonomes Fach geworden, insofern — von unserem Standpunkt aus gesehen — am ehesten der methodischen und fachlichen Sonderstellung der Historischen Geographie zu vergleichen. Das heißt, daß hier eine eigene Methodik, mit ungemein ausgebreiteter eigener Fachliteratur, entstanden ist, deren Beherrschung und Anwendung dem allgemeinen Historiker in der Regel nicht zuzumuten ist; ähnlich wie in der Geographie ist er hier vielmehr auf die Zusammenarbeit mit dem Fachmann dieses Gebietes angewiesen. Im Rahmen unserer Betrachtung können daher nur Andeutungen im Sinne des quellenkundlichen Arbeitsbereiches der eigentlichen »Münzkunde« gegeben werden.

Bei solcher Betrachtungsweise liegt der wesentlichste Quellenwert der Münzen im früh- und hochmittelalterlichen Zeitraum, und zwar aus den gleichen Gründen wie für die Geschichte der Antike: die Münze muß hier weitgehend die fehlende oder spärliche schriftliche Dokumentation ersetzen. Die Chronologie, die Personengeschichte, die Rechts- und politische Geschichte, insbesondere aber die Wirtschaftsgeschichte des 8.–13. Jahrhunderts haben in dieser Hinsicht namentlich in den letzten Jahrzehnten von seiten der Numismatik wertvolle Hilfen erfahren. Das gilt ganz besonders für die kulturelle und wirtschaftliche Frühgeschichte des nordeuropäischen und mitteleuropäischen Raumes — allgemeiner gesehen für die Geschichte des werdenden Abendlandes überhaupt und für die durch andere Quellen nur sehr mangelhaft erhellte Geschichte der Beziehungen zwischen Nord- und Nordosteuropa, West- und Mitteleuropa und dem mittelmeerisch-orientalischen Bereich.

Im weiteren Rahmen der »Geldgeschichte« hingegen ist die Numismatik unentbehrlich auch für die Erkenntnis historischer Vorgänge namentlich des Spätmittelalters in Deutschland, sowie des 16. und 17. Jahrhunderts in ganz Europa.

Numismatische Grundbegriffe

Die Gegebenheiten des Geld- und Münzwesens sind nur zu verstehen, wenn man sich klarmacht, daß es sich dabei um eine eigentümliche, wechselseitige Abhängigkeit von Gewicht, Feingehalt und Kaufwert bestimmter Mengen Metalls (meist Edelmetalls), nämlich der Münzen, handelt. Münzen sind als gesetzliche Zahlungsmittel dienende Metallstücke, die im Namen und nach Vorschrift des Staates (Münzherrn) eine bestimmte Form und ein bestimmtes Gewicht erhalten und in ihrem Wert vom Staat (Münzherrn) verbürgt werden. Hierfür gibt es grundsätzlich zwei Möglichkeiten:

a) Münzen, deren Wert unmittelbar auf ihrem Metallgehalt beruht oder doch theoretisch beruhen soll (Währungs- oder *Kurantgeld*). Hier soll also der Sachwert gleich dem »Nennwert« sein. Beispiele hierfür sind die meisten modernen Goldprägungen, aber auch die frühen Prägungen aller anderen Sorten. Der theoretische Gehalt geht aber in den meisten Fällen schließlich verloren, und zwar fast regelmäßig im Sinne einer Verringerung (Sachwert kleiner als

Nennwert). Das kann geschehen, weil die Münze aus finanziellem Notstand oder aus Gewinnsucht des Münzherrn geringwertiger ausgeprägt wird, als eigentlich vorgesehen, — oder dadurch, daß der Edelmetallwert sich ändert (z. B. das Sinken des Silberwertes im 16. Jahrhundert infolge der steigenden amerikanischen Ausbeute). Tritt der umgekehrte Fall ein, d. h. wird der Edelmetallwert höher als der Nennwert (z. B. durch Steigen des Goldwertes im 20. Jahrhundert), so verschwindet die Münze sehr schnell aus dem Umlauf: sie wird »gehortet«. Dagegen führt die Differenz zwischen Sachwert und Nennwert im Sinn einer Verringerung des Sachwertes regelmäßig zu einer Teuerung: man muß mehr Münzen geben, um den gleichen Gegenwert zu erhalten.

Wird die Kurantmünze eines Münzherrn schlechter als andere umlaufende Münzsorten des gleichen größeren Verkehrsgebietes, so tritt eine natürliche Folge ein: Jedermann versucht, das schlechtere Geld loszuwerden (d. h. in Umlauf zu bringen) und das bessere zu behalten (d. h. zu horten, also aus dem Verkehr zu ziehen). »Schlechtes Geld verdrängt gutes Geld« (sog. Greshamsches Gesetz).

b) Münzen, deren Wert nur auf Staatskredit beruht, d. h. die von vornherein und gesetzlich geringwertiger sind, als ihr Nennwert besagt, für deren Annahme aber der Staat garantiert. Hierhin gehört Kupfer-, Zink-, Aluminium-Geld usw. Dieses *Kreditgeld* dient als *Scheidemünze* vornehmlich dem täglichen Kleinverkehr. Im Gegensatz zum Währungsgeld kann für die Scheidemünze nur beschränkte Annahmepflicht gelten. Die Theorie der Scheidemünzen ist erst im 18. Jahrhundert entwickelt worden. Tatsächlich sind solche aber schon viel früher, in Deutschland jedenfalls seit dem Spätmittelalter, in Umlauf gekommen. — Zu den Scheidemünzen gehören im Deutschland des 17. Jahrhunderts die »Landmünzen«, so genannt, weil sie nicht nach Reichs-Münzfuß geprägt und nur im Territorium des betreffenden Münzherrn umlauffähig waren.

Die ständigen Münzkrisen des Mittelalters und der frühen Neuzeit sind dadurch verursacht worden, daß die Folgen der Verschiebung des Nennwertes gegenüber dem Sachwert durch geringwertige Ausprägung, durch Schwanken des Edelmetallwertes, durch Hortung usw. nicht erkannt worden sind. Dadurch wurde praktisch Kurantgeld immer wieder zu Kreditgeld, ohne daß der Staatskredit zur Aufrechterhaltung von dessen Nennwert ausreichte.

Hortung von Münzen hat aber in allen Jahrhunderten, besonders in Kriegs- und Unruhezeiten, auch unabhängig von etwaiger Differenz zwischen Sachwert und Nennwert, einfach deswegen stattgefunden, weil die geprägte Edelmetallmünze nach Format und Wert das bequemste Mittel zur Vermögens- und Schatzbildung war. Kein Wertstück konnte besser verborgen gehalten werden als Münzen. Daraus erklärt sich die große Zahl der *Münzschatz-Funde*, die mit ihrer unterschiedlichen Zusammensetzung nach Zeit und Herkunft der Prägungen besonders wichtige Quellen für die Kultur- und namentlich Wirtschaftsgeschichte sind.

Über den Bereich der bisher betrachteten, wirklich geprägten Münzen (»Zählgeld«) hinaus führt die Tatsache, daß Mittelalter und frühe Neuzeit außerdem auch sogenanntes *»Rechengeld«* kannten, d. h. nur in der Idee vorhandene größere Einheiten, die nicht ausgeprägt wurden. Dazu gehörten im Mittelalter vor dem 14. Jahrhundert die Werte des Schillings, der Mark und des Pfundes – dazu gehörte aber auch die bekannte Hamburger Mark Banco des 17. Jahrhunderts, die ein von den ständigen Währungsschwankungen unabhängiges internationales Rechengeld war.

Tatsächlich ist nämlich im europäischen Früh- und Hochmittelalter hauptsächlich nur eine Münze geprägt worden, nämlich der *Pfennig (denarius)*. Das änderte sich erst gegen Ende des 13. und im 14. Jahrhundert, als die fortgesetzte Verschlechterung der Pfennige und die Intensivierung des Handels nach größeren Geprägen verlangten. Dem wurde teils durch die (Wieder-)Aufnahme von *Gold*prägungen entsprochen (seit Mitte des 13. Jahrhunderts zunächst in Italien, im 14. Jahrhundert auch in Deutschland: Florenen, Dukaten, Gulden), teils und insbesondere aber durch die Prägung *größerer Silberwerte:* der französischen Turnosen (gros tournois) und der nach ihrem Vorbild geprägten Groschen im Wert von 12 Pfennigen, der hanseatischen Witten (Albi) im Wert von 4 Pfennigen, später der Schillinge, »Taler« und Mark.

Das alles hängt damit zusammen, daß der Pfennig ursprünglich eben auch (silbernes) Kurantgeld war und seit der Antike in engstem Zusammenhang mit dem Gewichtssystem stand, indem 240 Pfennige einem (römischen) Pfund Silber entsprachen. Indessen war bzw. blieb die Größe des Pfundes selbst nicht einheitlich. Durch die *»karolingische Münzreform«* wurde das Gewicht der Denare und folglich auch das des Pfundes nicht unerheblich erhöht; außerdem trat damals neben das Pfund die wohl aus Skandinavien stammende Gewichtseinheit der *Mark*, die ursprünglich zwei Dritteln des Pfundes (8 statt 12 Unzen) entsprochen haben dürfte. Dem entsprach also die Einteilung des Pfundes in 20 Schillinge (solidi) und 240 Denare, der Mark in 16 Schillinge und 192 Denare. Im einzelnen sind diese Gewichtsverhältnisse von Pfund und Mark – die sich übrigens sehr rasch landschaftlich auseinander entwickelten – noch ungeklärt und strittig. Das Pfund hat sich in England und im Mittelmeergebiet als höchste Münzeinheit gehalten; in Deutschland ist es weitgehend durch die internationales Ansehen genießende Kölner Mark verdrängt worden.

Nicht nur die Größe von Pfund und Mark als Gewichtseinheiten variieren aber zeitlich und landschaftlich ganz erheblich, sondern unabhängig von ihnen auch Feingehalt und Gewicht der Münzen. Die Aufsplitterung des ursprünglich als königliches Regal einheitlichen Münzwesens (namentlich in Italien und Deutschland) begünstigte diese Entartung. Sie hatte nicht nur politisch-finanzielle Gründe (bewußte

Verringerung von Feingehalt und Gewicht), sondern auch technische. Es war nicht möglich, jede Münze genau gleichwertig auszuprägen, man mußte sich damit begnügen, daß das *Gesamtgewicht* der 240 bzw. 192 Pfennige dem Pfund bzw. der Mark im Gewicht entsprach. Dadurch ergab sich im Verkehr selbst eine ständige Verringerung des Durchschnittsgewichts einer Münzsorte: denn jedermann suchte die übergewichtigen Stücke auszusortieren und einzuschmelzen, da dieses »Seigern« einen billigen Gewinn brachte. Hiergegen wurde das eigentümlich mittelalterliche Verfahren der *»Münzverrufung«* angewendet; in öfter wiederholten Abständen — zeitweise alljährlich, ja sogar mehrfach im Jahr — erklärte ein Münzherr seine umlaufende Münze für ungültig und ersetzte sie durch eine neue. Der Gedanke war, das allmähliche Schlechterwerden der Münze infolge des Seigerns damit zu verhindern. Indessen führte die Wirkung des Greshamschen Gesetzes dazu, daß jede neue Münze a priori immer leichter und schlechter geprägt wurde.

Praktisch bedeutete dies, daß aus dem Gewichtspfund bzw. der Gewichtsmark immer mehr Pfennige geprägt wurden. Da man aber — schon aus rechnerischen Gründen — zäh an der Fiktion festhielt, daß 240 Pfennige bzw. 192 (oder auch 160) Pfennige ein Pfund bzw. eine Mark ausmachten, so entsteht allmählich eine Differenzierung zwischen *Gewichtsmark* und *Zählmark:* während jene grundsätzlich unverändert blieb, wird diese zur reinen (gedachten, später auch geprägten) Geldeinheit mit wechselndem und allmählich immer geringer werdendem Gewicht. Das gleiche geht außerhalb Deutschlands mit dem Pfund (Pfund Sterling, Livre, Lira) vor sich. Bereits im 14. Jahrhundert ist das pondus oder die marca argenti (also ein Gewichtspfund oder eine Gewichtsmark Silber) in Norddeutschland doppelt soviel wert wie ein pondus oder eine marca denariorum (d. h. 240 bzw. 192 wirklich geprägte Pfennige).

Die ständige, durch das ganze Jahrtausend trotz aller Bemühungen sich fortsetzende Verschlechterung des Pfennigs erfolgt sowohl hinsichtlich des Gewichts als auch hinsichtlich des Feingehalts. Während der karolingische Denar praktisch aus reinem Silber bestand und zwischen 1,44—1,79 g wog, erscheinen im Spätmittelalter Pfennige, die nur noch ein Siebentel dieses Gewichts brachten und zudem stark mit Kupfer legiert waren. Nur die größerwertigen Kölner Denare (von denen nur 160 auf die Mark gingen) und die aus Gründen des internationalen Handels besonders sorgfältig gepflegten hansestädtischen Prägungen bewahren lange höhere Werte.

Die dauernde Gewichts- und Feingehaltsverringerung der Pfennige hat auch die eigentümliche Erscheinung der *Hohlpfennige (Brakteaten)* verursacht, die besonders im 12. und 13. Jahrhundert die für Deutschland charakteristische Münzform darstellen: Sie bestehen aus ganz dünnem, nur einseitig geprägtem Silberblech, bei dem die Prägung auf der Rückseite also durchgeschlagen sichtbar ist. Wenngleich geldgeschichtlich gesehen ja Erzeugnisse eines monetären Notstandes, gehören die Brakteaten doch kunstgeschichtlich zu den schönsten Erzeugnissen der mittelalterlichen Münzkunst überhaupt. Für Scheidemünzen ist diese Form noch jahrhundertelang benutzt worden. Als Kurantgeld wurden sie von den größerwertigen Silberprägungen des Spätmittelalters und der frühen Neuzeit, endgültig von den Talerprägungen verdrängt; der Name der ältesten dieser Großwerte, »grossi«, also »Dicke«, zeigt ja deutlich den Unterschied zu den bis dahin gewohnten dünnen Blechmünzen. Die Tendenz zur Erleichterung des Gewichts und Verschlechterung des Feingehalts hat sich dann freilich auch in der Neuzeit und an deren größeren Münzen kontinuierlich weiter vollzogen. So kommt es zu den zahllosen verschiedenwertigen Talersorten, die in Europa umlaufen, aber auch zur Schaffung neuen »Rechengeldes« an den Zentralen des europäischen Bank- und Verrechnungsverkehrs (Amsterdam, Hamburg usw.).

Bei dem unvorstellbaren Münz- und Gewichtswirrwarr der älteren Jahrhunderte und ihren ganz anderen Verkehrsverhältnissen gehört zu den schwierigsten, aber immer wieder an den Historiker oder vom Historiker gestellten Fragen diejenige nach dem »Wert« bestimmter historischer Münzen und Geldsorten. Dabei ist zu unterscheiden zwischen dem Edelmetallwert und der Kaufkraft. Die erstgenannte Frage ist für den Historiker verhältnismäßig uninteressant: denn es bringt ihn nicht viel weiter, wenn er erfährt, daß eine Münze Silber im Wert von z. B. 3 DM enthielt – weil sich eben auch der Silberwert stark geändert hat und heute andauernd ändert. Die Frage nach der Kaufkraft aber ist praktisch nie ganz befriedigend zu lösen, weil

a) das mittelalterliche Wirtschaftssystem eine ganz andere Struktur und Wertordnung hatte, auch Quantität und Qualität der Einzelobjekte sich von den heutigen unterschieden (ein Kleid, ein Schwein, ein Pferd, ein Brot des 13. Jahrhunderts war nicht absolut, in Qualität und Quantität, etwas anderes als das entsprechende heutige Objekt, sondern es stand auch relativ, in der Bedürfnisrangordnung, unter Umständen an einem ganz anderen Platz),

b) die Produktionsschwankungen, insbesondere auch der Urproduktion, viel größer waren als heute, was kurzfristig enorme Preisschwankungen zur Folge haben konnte,

c) auch die Verkehrsschwierigkeiten viel größer waren, so daß auch in heute ziemlich einheitlichen Wirtschaftsgebieten damals zahlreiche höchst unterschiedliche Preisgefüge nebeneinander bestehen konnten und örtliche Preisdifferenzen sich viel langsamer oder gar nicht ausglichen,

d) die Vielzahl der Münzsorten und der schnell wechselnden Münzänderungen es häufig sehr schwermachen, festzustellen, von welcher Sorte im Einzelfall eigentlich die Rede ist,

e) und insbesondere es an ausreichenden, statistisch verwertbaren, d. h. massenhaften, gleichmäßigen und langfristigen Nachrichten über Preise mangelt.

Im allgemeinen kann man daher nur mit ganz groben Annäherungswerten arbeiten. Aber auch für sie liegen heute nur sehr teilweise bereits einigermaßen ausreichende Unterlagen vor.

Münztechnik, Münzrecht, Münzbild

Münzen werden in der Regel *geprägt*, nur selten auch gegossen. Die Prägung erfolgte bis zum Ende des Mittelalters durchweg im freien Schlag mit dem Hammer: der auf den feststehenden Unterstempel aufgelegten Münzplatte wird der Oberstempel aufgesetzt, auf den dann die Hammerschläge geführt werden. Erst in der Neuzeit tritt an die Stelle dieses Verfahrens die Prägung durch mehr oder minder mechanische Werke, bei denen auch der Oberstempel in eine feste Führung gebracht ist. Erst seitdem besteht daher auch eine feste Beziehung zwischen den Achsen der beiden Stempel, während bei der Hammerprägung die achsiale Richtung der beiden Münzbilder häufig voneinander abweicht. Noch einfacher war naturgemäß das Verfahren bei der Brakteatenprägung, die keines Unterstempels bedurfte; hier erfolgte die Prägung mit dem Hammer über einer weichen Unterlage.

Das Prägen war die Aufgabe der Münzer *(Münzmeister)*. Sie erscheinen teils als (königliche) Beamte, teils aber auch als Vorsteher eigentümlicher genossenschaftlicher Unternehmungen, der sog. *Hausgenossenschaften*, die nicht nur die Herstellung der Münzen, sondern auch die ganze Verwaltung des Münzwesens, das Wechselgeschäft usw. in Händen hatten; diese privilegierten und vereidigten Genossenschaften erscheinen namentlich in süddeutschen Städten. Anderswo stellte man den Münzmeister als freien Privatunternehmer ein, der einen festen Anteil vom Münzgewinn bezog; diese berufsmäßigen Münzunternehmer stellen einen internationalen, vielfach versippten Stand meist lombardischer oder florentinischer Herkunft dar. Nicht selten erscheint der Name oder ein bestimmtes Erkennungszeichen des Münzmeisters auf den von ihm geprägten Münzen.

Auftraggeber des Münzers ist der Münzherr, der Inhaber der *Münzhoheit* oder des *Münzrechts*. Die Münzhoheit ist ursprünglich überall staatliches, d. h. kaiserliches bzw. königliches Regal, kann freilich an mehreren Münzstätten ausgeübt werden, aber doch unmittelbar im Auftrag des Münzherrn: Er nimmt das Münzrecht selbst wahr. In den westeuropäischen Nationalstaaten, besonders in England, ist es hierbei im wesentlichen auch weiterhin geblieben. Namentlich in Deutschland und Italien geht dagegen die Entwicklung, entsprechend den allgemeinen verfassungsrechtlichen Zuständen, andere Wege. Zunächst wird — schon in spätkarolingischer Zeit — das Münzrecht (Ausübung der Münze unter Anteil am Münzgewinn) weiterverliehen, jedoch bei Wahrung der kaiserlichen Münzhoheit; so daß also immer zahlreichere geistliche und weltliche Herren an immer zahlreicheren Münzstätten selbst prägen, wenn auch nach kaiserlicher Vorschrift (also mit theoretisch einheitlichem »Schrot und Korn«) und mit kaiserlichem Stempel. Im 11. und 12. Jahrhundert dehnen sich diese Privilegierungen aber auch auf das Recht aus, Münzen mit eigenem Bild zu schlagen, bis dann im 13. und 14. Jahrhundert — also parallel mit der Ausbildung der Landeshoheit der »domini terrae« — auch die Bestimmung von Schrot und Korn, Feingehalt und Gewicht, in die Hände dieser neuen Münzherren übergeht. Dies ist einer der wesentlichsten Gründe für den besonderen Grad der Münzzerrüttung im mittelalterlichen und frühneuzeitlichen Deutschland. In Prägung, Schrot und Korn der umlaufenden Münzen herrschte schließlich ein fast anarchischer Zustand. Auch die immer wieder versuchten Heilmittel, wie Münzkonventionen, Reichsmünzgesetze, Gegenstempelung (Kontermarkierung, als Zeichen, daß die Münze eines fremden Münzherrn geprüft und zum Umlauf zugelassen war) halfen auf die Dauer nur wenig, da die Hauptursache des Übels grundsätzlicher, nämlich verfassungsrechtlicher Natur war.

Der Entwicklung des Münzrechts entspricht diejenige von *Bild* und *Schrift* der Münze. Hinsichtlich der Bildmotive und der Beschriftung entsprechen die Verhältnisse des Münzwesens weitgehend denjenigen des Siegelwesens. Fast alle bildlichen Motive — pflanzliche und tierische, ornamentale und gegenständliche aller Art (besonders gern Kreuze), Porträts und Wappen — erscheinen wie in Siegeln, so auch auf Münzen; natürlich mit den Einschränkungen, die durch den regelmäßig geringeren Umfang der Münze und die schwierigere Prägung gegeben sind. Auch die Münzen sind ferner, wie die Siegel, im frühen und hohen Mittelalter vielfach »stumm«, schriftlos. Später ist Beschriftung die Regel, ja sie erscheint unumgänglich wie auch beim Siegel; ebenso wie bei diesem kann sie als Umschrift, Aufschrift (Inschrift) oder — selten — Randschrift erscheinen. Da die Münze, abgesehen vom Hohlpfennig, stets zwei Seiten für die Prägung darbietet, können Bild und Schrift bei ihr eher noch vielgestaltiger ausgeformt werden als beim Siegel. Doch hält sich viel stärker als beim Siegel bei der Münze auf die Dauer die Bevorzugung eines bestimmten Bildtyps, nämlich des (Brust- oder Kopf-)*Porträts* des Münzherrn; es wird schließlich zur Regel für den Stempel der Vorderseite (Avers) bis in die neueste Zeit. Die Rückseite (Revers) nimmt im Spätmittelalter häufig, in neuerer Zeit meist das *Wappen* oder nur die Wappenfigur ein. Münzporträt und Münzwappen beziehen sich in Deutschland nunmehr selbstverständlich meist auf den territorialen Münzherrn, nicht auf den kaiserlichen Oberherrn. Nur die Reichsstädte setzen — vgl. die entsprechende Entwicklung in der Heraldik! — weiterhin und bis ans Ende des alten Reiches das Bildnis des Kaisers in ihre Münzen.

Die Beschriftung der Münze nennt in erster Linie den Münzherrn, mit mehr oder minder ausführlicher Titulatur, die Münzstätte (in neuerer Zeit häufig nur durch einen Buchstaben angedeutet) sowie — seit dem Aufkommen verschiedener Sorten, also seit dem Ende der reinen Pfennigprägung — auch den Nennwert, das Nominale der Münze. Schließlich erscheint das Jahresdatum der Prägung zwar im Mittelalter noch selten, seit dem 15. Jahrhundert häufiger, in der Neuzeit ziemlich regelmäßig auf den Münzen.

Abgesehen von den letztgenannten Besonderheiten der Münzbezeichnung entspricht die bildliche und schriftliche Ausgestaltung der Münzen also weitgehend derjenigen der Siegel, hat naturgemäß auch die gleichen hoheits- bzw. eigentums- und verkehrsrechtlichen Voraussetzungen. Aber doch mit einer sehr charakteristischen Verschiedenheit: Während es zum Wesen und zur Brauchbarkeit des Siegels unbedingt gehört, daß seine Prägung ihre individuelle Besonderheit behält — so daß legale Nachprägung also nur dem Siegelführer selbst zusteht —, hat sich zu allen Zeiten im Bereich des Münzwesens die *Nachprägung durch Dritte* als mindestens quasi-legaler Brauch durchgesetzt, der zu der ständigen Münzverschlechterung nicht wenig beigetragen hat. Der Grund für dieses Verfahren war natürlich der, daß man das Bild einer in Handel und Verkehr beliebten Münze ausnutzen wollte, um das, gewöhnlich minderwertigere, eigene Gepräge mit entsprechendem Gewinn in Umlauf zu setzen. So sind die zahlreichen Groschentypen des Mittelalters sämtlich direkte oder indirekte Nachprägungen der Turnosen, und so ist das charakteristische Münzbild der eigentlichen »Florenen« (Florentiner Guldenprägungen) mit der heraldischen Lilie einerseits, dem Bildnis Johannes des Täufers andererseits massenhaft überall in Europa nachgeprägt worden (vgl. die Münzbeispiele in Tafel 8). Es ging noch an und mochte in der Tat rechtlich zulässig scheinen, wenn es sich lediglich um Nachahmung des Bildes bei anderer Beschriftung (Angabe des tatsächlichen Münzherrn und der tatsächlichen Münzstätte) handelte. Offen betrügerische Absicht dagegen lag bei völlig unveränderter Reproduktion des Vorbildgepräges vor. Als Mittel der Wirtschaftskriegsführung ist dieses Verfahren (Fälschung gegnerischer Geldscheine) bekanntlich noch in allerneuester Zeit angewendet worden. Nicht eigentliche »Nachprägungen« sind dagegen die neuzeitlichen Reproduktionen früherer Prägungen zu besonderen Zwecken durch den gleichen Münzherrn selbst: so die fortgesetzten Goldprägungen Frankreichs oder die bekannten Mariatheresientaler der österreichischen Münze, bestimmt für die Ausfuhr in die Levante, wo sie als Handelsmünze nach wie vor üblich geblieben sind.

Schluß: Vom Wert der Hilfswissenschaften

Diese knappe Übersicht über die als Historische Hilfswissenschaften bezeichneten Fächer hat sich bewußt auf ihre wirklich »hilfswissenschaftliche« Seite, also auf die Qualität als *Werkzeug* beschränkt. Es konnte sich hier nicht darum handeln, die ganze Fülle dessen auszubreiten, was den Arbeitsbereich des Geographen, Genealogen, Archivars, Numismatikers usw. ausmacht und was dieser mit unvergleichlich viel tiefer dringender Forschungsarbeit *um der Sache selbst willen* betreibt, während wir in ihr nur Mittel zum Zweck sahen.
Bei solcher Betrachtungsweise, die durch die Absicht dieses Buches einmal bestimmt ist, müssen freilich viele Wünsche offenbleiben. Die anziehendsten Eigenschaften dieser Fächer, ihr kulturgeschichtlicher und geistesgeschichtlicher Eigenwert, konnten dabei kaum zur Sprache kommen, allenfalls einmal mit einem Hinweis oder Beispiel angedeutet werden; zu schweigen davon, daß die Frage, ob und welche »politischen Implikationen« sich in den Hilfswissenschaften verstecken, gar nicht erwogen worden ist.
Es muß daher hier am Schluß noch einmal daran erinnert werden, daß unsere Betrachtung allerdings einseitig und gewiß auch – vom Standpunkt des Fachmannes dieser Wissenschaftszweige gesehen – sehr skizzenhaft bleiben mußte. Aber das sollte auch nicht anders sein. Das Buch sollte nicht der Ausbildung hilfswissenschaftlicher Spezialisten den Boden ebnen, sondern – wenn das Wort erlaubt ist – die »Allgemeinbildung« des Historikers etwas ergänzen.
Nun hat es freilich immer Historiker gegeben, auch sehr bedeutende, für die die Hilfswissenschaften und insbesondere quellenkundliche Probleme nicht *Voraussetzung* oder *Werkzeug* ihrer Arbeit waren, sondern die – sei es aus natürlicher Veranlagung, sei es in bewußter wissenschaftlicher Selbstbeschränkung – ihnen ihr ganzes Forscherleben *als Selbstzweck* gewidmet haben. Als Beispiel des einen Typs sei *Wilhelm Wattenbach* (1819–1897) genannt, als besonders eindrucksvolles des anderen, der aus voller wissenschaftlicher Überzeugung sich so beschränkte, *Paul Kehr* (1860–1944). Doch geht man wohl nicht fehl in der Annahme, daß diese Forschertypen heute keine maßgebenden Leitbilder mehr darstellen. Die Gefahr des Steckenbleibens in »antiquarischem« Interesse oder in Fragen der Quellenkritik und Editionstechnik, die man früher in einer übertrieben hilfswissenschaftlichen Fach-Ausrichtung wohl erkennen konnte, dürfte heute kaum noch akut sein, wenigstens nicht auf der Ebene der »allgemeinen Geschichte«.
Eher dürfte das Gegenteil der Fall sein. Tatsächlich gehört es zu den

erstaunlichsten Beobachtungen wenigstens innerhalb der deutschen Wissenschaft, mit wie geringem hilfswissenschaftlichem Gepäck jetzt mancher Historiker glaubt auskommen zu können; das heißt also: wie dürftig der Vorrat an Werkzeug ist, mit dem er sich an die Arbeit macht.

Daher erschien mir die schlichte Übersicht über das Werkzeug und seine Handhabung vordringlich.

Aber freilich soll darüber der kulturelle Eigenwert dieser Fächer, mag das Interesse an ihm auch getrost als »antiquarisch« belächelt werden, nicht vergessen werden. In einer Zeit, deren historische Neigungen nicht zuletzt einer geistes- oder ideengeschichtlichen Fachrichtung gehören, muß doch mit Nachdruck darauf hingewiesen werden, daß der echte Historiker mit einem Tropfen antiquarischen Öls gesalbt sein sollte. Man braucht kein Famulus Wagner zu sein, um zu wissen, daß in dem »Und ach, entrollst Du gar ein würdig Pergamen ...« eine Wahrheit steckt. Die handgreifliche oder augenscheinliche Begegnung mit dem geschichtlichen Stoff, sei es Schrift, Beschreibstoff, Kunstwerk oder Landschaft, ist Voraussetzung des »Begreifens«. Es gehört auch Liebe dazu; Ranke wußte das und vielleicht hat keiner so wie er die Atmosphäre und die innere Lust schildern können, die den wahren Historiker vor dem Anblick und der Begegnung mit den geschriebenen Zeugnissen der Vergangenheit ergreifen. Freilich, damit aus dem Gefühl dann auch das Verstehen erwächst, gehören Kritik, Sachkenntnis, fachliche Schulung dazu. Eben das sollen die Hilfswissenschaften vermitteln. Und an dieser Nahtstelle fällt ihr kulturgeschichtlicher Eigenwert mit ihrem Wert als historisches »Werkzeug« genau zusammen.

Literaturhinweise

1. Auswahl wichtiger Allgemeiner Bibliographien, Sachwörterbücher und Fachzeitschriften

Spezialbibliographien unten bei den Literaturangaben zu den Textabschnitten. Von Sachwörterbüchern und Zeitschriften sind nur diejenigen genannt, die regelmäßig und eingehend hilfswissenschaftliche Themen behandeln. Ein Stern vor dem Titel gibt an, daß die Zeitschrift oder Schriftenreihe noch weiter erscheint. Bei besonders häufig heranzuziehenden Titeln ist am Schluß in Klammern die übliche und auch in diesem Buch verwendete Abkürzungsform angegeben.

A. Bibliographische Übersichtswerke

P. Herre (u.a.), Quellenkunde zur Weltgeschichte (1910; stark veraltet)
G. Franz, Bücherkunde zur Weltgeschichte (1956; für die Hilfswissenschaften allzu knapp. Hilfswissenschaftl. Literatur außer im Allgemeinen Teil auch bei den einzelnen Länderabschnitten)
G. F. Howe (u.a.), The American Hist. Association's Guide to Historical Literature (New York 1961 u. Nachdrucke; z.Z. beste weltgeschichtliche Bibliographie)
W. Trillmich, Kleine Bücherkunde zur Geschichtswissenschaft (1949; für d. Hilfswissenschaften zu knapp)
Dahlmann-Waitz, Quellenkunde der deutschen Geschichte (9. Aufl. 1931, Reg.-Bd. 1932; immer noch das beste u. vollständigste bibliogr. Auskunftswerk, auch für d. Hilfswissenschaften. – 10. Aufl. 1969ff., zuletzt Liefg. 41/42 1982; in Bd. 1, Abschn. 12–23, Hilfswissenschaften, Allgemeiner Teil; jedoch Hist. Geographie im Abschn. 26. (= DW^9, DW^{10})
G. Franz, Bücherkunde zur deutschen Geschichte (1950; in d. Auswahl hilfswiss. Literatur recht knapp; Titelangaben zuweilen nicht voll zuverlässig)
W. Baumgart, Bücherverzeichnis zur deutschen Geschichte. Hilfsmittel, Handbücher, Quellen (1971, 5. erw. Aufl.; 1982 dtv-Taschenbuch; zuverlässig und brauchbar, Hilfswissenschaften S. 73–89)

B. Zeitlich begrenzte und Jahres-Bibliographien

* Internationale Bibliographie der Geschichtswissenschaft (International Bibliogr. of Hist. Sciences; 1930ff. für 1926ff.; Lücke f. d. Zeit d. zweiten Weltkrieges; Auswahl, nur Titelangaben)
* Annual Bulletin of Historical Literature (London 1911ff.; keine Kriegslücke; knappe Inhaltsangaben u. Forschungsberichte; ausreichend nur f. d. angelsächs. Literatur)
Jahresberichte der (seit 1927: für) deutsche(n) Geschichte (1920–42, für 1918–40; Inhaltsangaben u. Forschungsberichte)
W. Holtzmann – G. Ritter, Die deutsche Geschichtswissenschaft im zweiten Weltkrieg, Bibliographie d. histor. Schrifttums deutscher Autoren (2 Bde., 1951; erfaßt d. Jahre 1939–45)
* Jahresberichte für deutsche Geschichte, Neue Folge (1952ff., für 1949ff.; Inhaltsangaben, aber keine Forschungsberichte)
* *H. Kramm*, Bibliographie historischer Zeitschriften 1939–1951 (3 Lfg., 1952–54)

C. Sachwörterbücher

E. Haberkern – J. F. Wallach, Hilfswörterbuch für Historiker (2. Aufl. 1964, 3. Aufl., 2 Bände = Taschenbuchausgabe 1972, 6. Aufl. 1980; hilfswissenschaftl. Stichwörter nur, soweit sie rechtsbegriffl. Natur sind. Keine Lit.-Angaben)

E. Bayer (u. a.), Wörterbuch zur Geschichte 4. Aufl. 1980; knappere Stichwort-Auswahl, ähnlich angelegt wie Haberkern-Wallach, aber mit Lit.-Angaben)

W. Besson (Hrsg.), Das Fischerlexikon, Geschichte (1961; fortlaufender Text in alphabet. Abschnitten u. mit eingearbeiteten Einzelstichwörtern, problemgeschichtl. angelegt, gute Bibliographie)

K. Fuchs – H. Raab, dtv-Wörterbuch zur Geschichte (1972, 5. Aufl. 1983, 2 Bde.; relativ zahlreiche u. meist gut orientierende Stichwörter auch z. d. Hilfswissenschaften, Bibliographie u. Lit.-Angabe bei d. Stichwörtern)

R. Klauser – O. Meyer (Hrsg.), Clavis Mediaevalis. Kleines Wörterbuch der Mittelalterforschung (1962, Neudr. 1970; vorzügliches alphabet. Sachlexikon zu den quellenkundlichen Begriffen und Fachausdrücken der Mediaevistik, m. Abbildungen, Lit.-Hinweisen, Bibliographie, Register)

D. Zeitschriften allgemeineren Inhalts

Neues Archiv d. Gesellsch. f. ältere deutsche Geschichtskunde (1876 bis 1935; fortges. durch d. folgende) (= NA)

* Deutsches Archiv für Geschichte (seit 1950: für Erforschung) des Mittelalters (1937 ff.) (= DA)

* Blätter f. deutsche Landesgeschichte (1937 ff.; reichhaltiger Besprechungsteil!) (= Bll. Dt. LdG.)

* Mitteilungen des Instituts f. Österreichische Geschichtsforschung (Bd. 39–55: ...des Österreichischen Inst. f. Gesch.forschung; 1880 ff.; mit Ergänzungsbänden) (= MIÖG bzw. MÖIG)

* Bibliothèque de l'École des chartes (Paris 1839 ff.; die angesehene älteste hilfswissenschaftliche Zeitschrift)

* Speculum. A. Journal of Mediaeval Studies (1925 ff.)

* Zeitschrift d. Savigny-Stiftung für Rechtsgeschichte (Germanist. u. Romanist. Abt. 1880 ff.; Kanonist. Abt. 1911 ff. (= ZRG. GA. usw.)

* Archiv für Diplomatik, Schriftgeschichte, Siegel- u. Wappenkunde (1955 ff.; enthält keinen Besprechungsteil) (= Arch. Dipl.)

E. Zeitschriften für einzelne Fächer

* (Dr. A.) *Petermanns* Mitteilungen aus J. Perthes' Geographischer Anstalt (1855 ff., mit Ergänz.heften; enthält viele hist.-geogr. Beiträge). Seit 1938: Petermanns geographische Mitteilungen. (= Petermanns Mitt.)

* Imago Mundi. A Review of Early Cartography (s'Gravenhage, 1935 ff. Bd. 1–26. Seit 1972 Second Series Bd. 27 ff. mit dem Titel Imago Mundi, The Journal of the International Society for the History of Cartography. Lympne Castle/Kent.)

Familiengeschichtliche Blätter, hrsg. v. d. Zentralstelle f. dt. Personen- u. Familiengeschichte (1902–44).

* Familie und Volk, Zeitschr. für Genealogie u. Bevölkerungskunde (1952 ff.). Ab 1962: Genealogie, Dt. Zs. f. Familienkunde.

* Adler, Zeitschr. f. Genealogie u. Heraldik (Wien 1881 ff.)
* Der Deutsche Herold, Zeitschr. f. Wappen-, Siegel- u. Familienkunde (1869–1938). Fortgesetzt durch: Der Herold, Vierteljahresschr. f. Heraldik, Genealogie u. verwandte Wissenschaften (1939 ff.)
* Schweizer Archiv f. Heraldik (1887 ff.; besonders hochstehend)
* Revue française de héraldique et de sigillographie (Paris 1937 ff.)
* Scriptorium. Revue Internationale des études relatifs aux manuscrits (Brüssel 1946 ff.; mit vorzügl. Lit.- u. Forschungsreferaten)

  Archiv für Urkundenforschung (1–18, 1908–44; jetzt ersetzt durch das oben genannte Archiv f. Diplomatik usw.; dort, Jg. 5/6, auch ein Gesamtregister zum Arch. f. Urk.forsch.) (= AUF.)
* Archivalische Zeitschrift (1876 ff.; enthält auch viele Beiträge z. Urkundenlehre u. a. Hilfswissenschaften) (= Arch. Zs.)
* Archivum, Revue Internationale des Archives (Paris 1951 ff.)
* Blätter für Münzfreunde (1865 ff.)
* Numismatische Zeitschrift (Wien 1869–1937; 1945 ff.)
* Zeitschrift f. Numismatik (1874–1937)
* Jahrbuch für Numismatik u. Geldgeschichte (1949 ff.)
* Revue Numismatique (Paris 1836 ff.)
* Hamburger Beiträge zur Numismatik (1947 ff.)
* Manuscripta (St. Louis 1966 ff.)
* Litterae Textuales (Leiden 1972 ff.)
* Codices Manuscripti (Wien 1974 ff.)
* Scrittura e Civiltà (Rom 1977 ff.)

2. Zu den Textabschnitten

Von vielen der im folgenden genannten älteren Buchtitel liegen inzwischen Neudrucke, teilweise schon mehrere, vor. Da diese Erzeugnisse der Neudruck-Industrie wegen der Zufälligkeiten von Standort, Auswahl, bibliographischer Behandlung und Ankündigung von einem einzelnen nicht zuverlässig und vollständig erfaßt werden können, ist die Angabe, daß ein Neudruck vorliegt, hier nur in Ausnahmefällen erfolgt (besonders dann, wenn der Neudruck wesentliche Veränderungen oder Zusätze enthält bzw. als neue Auflage bezeichnet ist). Zur Auffindung von Nachdrucken sei jedoch auf das ab 1964 regelmäßig erscheinende »Bulletin of Reprints« verwiesen.

Kapitel I

S. 9–11: Grundlagen der Forschung

Hier ist nicht der Ort, die Vielzahl der geschichtstheoretischen und methodologischen Werke aufzuführen. Auch für unseren Zweck grundlegend ist *J. G. Droysen*, Historik (hg. v. *R. Hübner*, 8. Aufl. 1977) und neuerdings *P. Leyh*, Rekonstruktion der ersten vollständigen Fassung der Vorlesungen 1857, Bd. I, 1977, eine kritische Rekonstruktion. Daneben bleibt das an philosophischer und systematischer Durchdringung des Stoffes nicht gleichwertige Lehrbuch d. historischen Methode u. d. Geschichtsphilosophie von *E. Bernheim* (6. Aufl. 1908) wegen seiner gut gewählten methodischen Beispiele unentbehrlich. Stoff- u. gedankenreich, wenn auch von ungleichem Wert f. d. Methodik d. einzelnen Arbeitszweige das französ. Werk: *C. Samaran* (Hrsg.), L'Histoire et ses méthodes (Paris 1961). Zahlreiche Bezüge auf die quellenkundliche Methodik bei *H. Seiffert*, Einführung in die Wissenschafts-Theorie 2, Geisteswissenschaftl. Methoden (1970). Unter den zahlreichen Erscheinungen der letzten Jahre seien besonders – weil leicht zugänglich – genannt: Theorie der Geschichte. Beiträge zur Historik, Bd. 1, Objektivität und Parteilichkeit, hrsg. v. *R. Koselleck – W. J. Mommsen – J. Rüsen* (dtv Wiss. Reihe, 1977); Bd. 2: Historische Prozesse, hrsg. v. *K.-G. Faber* u. *Chr. Meier* (dtv Wiss. Reihe, 1978). Von der Antike ausgehend, errichtete ein gedankenreiches, wenn auch sehr eigenwilliges theoretisches Gebäude *Ed. Meyer*, in der Einführung zu seiner Geschichte des Altertums (Bd. I, 1, 1907). Unter den zahlreichen Einführungen in die Geschichtswissenschaft oder ihr Studium sind für unseren Zweck von besonderer Bedeutung: *W. Bauer*, Einführung in d. Studium d. Geschichte (2. Aufl. 1928), *L. Halphen*, Initiation aux études d'histoire du Moyen âge (3. Aufl. Paris 1952), *H. Quirin*, Einführung in d. Studium d. mittelalterl. Geschichte (4. Aufl. 1971), *E. Opgenoorth*, Einführung in d. Studium d. neueren Geschichte (1969). Knapper, aber beide in ihrer Art vorzüglich: *P. Kirn – J. Leuschner*, Einführung in d. Geschichtswissenschaft (Sammlg. Göschen, 6. Aufl. 1972) und der Aufsatz von *K. Brandi*, Einführung in d. Geschichtswissenschaft u. ihre Probleme (1922, Neudruck in Ausgewählte Aufsätze, 1938).

S. 11–14: Wort und Begriff »Hilfswissenschaften«

Das Zitat nach Karl *Jaspers* in: Vom Ursprung und Ziel der Geschichte (Fischer-Taschenbuch-Ausgabe 1955), S. 85. – Daß der Sprachgebrauch den Fachbegriff Hilfswissenschaften in erster Linie mit der Geschichte verbindet, zeigt auch die – in sich übrigens merkwürdig unzureichende – Worterklärung in Band IV, 2 (1877, bearb. v. *M. Heyne*) von *Grimms* Deutschem Wörterbuch mit einem Zitat aus *Schlossers* Weltgeschichte (Bd. III, S 101; 1816): »Die zur Erklärung der Werke älterer Schriftsteller nötigen Hilfswissenschaften«. – Bisher frühester Nachweis des Begriffs Hist. Hilfswissenschaften bei *J. C. Gatterer*, Von der Evidenz in der Geschichtskunde (1767; frdl. Hinweis von P. Galli, Heidelberg). Bereits 1747 erschien *P. A. Desings* 11bändige »Auxilia Historica« oder »Historischer Behülff« mit einer ausführlichen Behandlung der klassischen Hilfswissenschaften. Erscheinungsformen in Buchtiteln um die Wende des 18. zum 19. Jahrhunderts: *F. G. Canzler*, Allgemeines Literaturarchiv für Geschichte, Statistik, Handlung, deren *Nebenwissenschaften* und Hülfsmittel (1791–97; seit Jahrg. 1793 heißt es im Titel »... deren Hülfswissenschaften ...«); *J. G. Fessmaier*, Grundriß der historischen *Hülfswissenschaften* (1802); *J. E. Fabri*, Encyklopädie der historischen Hauptwissenschaften und deren Hülfs-Doktrinen ... (1808); *J. S. Ersch*, Handbuch d. deutschen Literatur seit d. Mitte d. 18. Jahrhunderts, II. Bd., 2. Abt.: Die Literatur der Geschichte und deren Hülfswissenschaften (1813); *C. F. Rühs*, Propädeutik des historischen Studiums (1811), unterscheidet bereits zwischen historischen »Grund«- und »Hilfs«-Wissenschaften, ähnlich wie von *K. Brandi* (vgl. oben S. 18) vorgeschlagen. Auffällig und unzutreffend der einleitende Satz bei *K. Pivec*, Die Stellung der Hilfswissenschaften in der Geschichtswissenschaft (MÖIG 54, 1942), der anzunehmen scheint, daß Wort und Begriff Hilfswissenschaften zuerst von *Th. Sickel* in der Geschichtswissenschaft eingeführt worden sei. – Zu Gatterer und seiner Schule: *K. Hunger*, Die Bedeutung d. Universität Göttingen f. d. Geschichtsforschung im Ausgang des 18. Jahrhunderts (1933) sowie *H. Butterfield*, Man on His Past. The Study of the History of Historical Scholarship (Cambr. 1955). Über *Hederich* s. Allgemeine Deutsche Biographie, XI, S. 221 ff.

S. 14–18: Die Historischen Hilfswissenschaften

Vgl. im allgemeinen die zu S. 9 ff. genannte Literatur; alle dort genannten Arbeiten setzen sich mehr oder minder ausführlich auch mit dem Problem der »Hilfswissenschaften« als solcher auseinander. Dabei sind die Meinungen so verschieden, daß von einer einheitlichen Theorie kaum die Rede sein kann. Auch die Definitionen sind entsprechend unterschiedlich, wie an mehreren Beispielen im Text schon gezeigt wurde. – Weniger, als der Titel verspricht, bietet der Aufsatz von *K. Pivec*, Die Stellung der Hilfswissenschaften in der Geschichtswissenschaft (MÖIG 54, 1942), da er sich fast ganz auf die Entwicklung der Urkundenforschung beschränkt. Der fast gleichzeitige Aufsatz von *K. Brandi*, Zur Geschichte der historischen Hilfswissenschaften, sollte offenbar die institutionelle und methodische Entwicklung während des letzten Jahrhunderts in großem Überblick behandeln; erschienen ist aber nur ein erster Teil, der sich mit der französischen École des chartes beschäftigt (AUF. 17, 1942). Eine kurze programmatische Zusammenfassung: *K. Brandi*, Die Pflege der historischen Hilfswissenschaften in Deutschland (Geistige Arbeit 6, 1939). Mit weiteren Bemühungen um Systematik und Definition wird sich unser Kapitel »Allgemeine Quellenkunde« noch zu befassen haben. Gute allgemeine Bemerkungen mit Lit.-Hinweisen gibt der Aufsatz von *A. Largiadèr*, Neuere Richtungen im Bereich der hist. Hilfswissenschaften (Schweizer Beitrr. z. Allg. Geschichte 12, 1954). Auch heute noch beachtliche Ausführungen zur oben geforderten Ausbildung weiterer hilfswissenschaftlicher Arbeitszweige: *W. Bauer,* Hilfswissenschaftliche Forschungen und Forschungsaufgaben auf d. Gebiet d. neueren Geschichte (Dt. Gesch.bll. IX, 1908). Zu einer universalen, weniger »zufälligen« Umgrenzung und Gliederung der quellenkundlichen Fächer, unter besonderer Berücksichtigung neuerer Forschungsrichtungen, vgl. *E. Keyser,* Die Geschichtswissenschaft (1931), und auch, mit anfechtbarer Systematik, *O. Stolz,* Zur Systematik der Geschichtsquellen (MÖIG 52, 1938). Vgl. auch *H. Steinacker,* Philologische und diplomatische Gesichtspunkte in den historischen Hilfswissenschaften (Festschr. d. akad. Historikerklubs Innsbruck, 1923) und zuletzt *H. Fichtenau,* Die Historischen Hilfswissenschaften und ihre Bedeutung für die Mediävistik (in: Enzyklopädie der geisteswiss. Arbeitsmethoden, 10. Lief., S. 115–143, 1974).

Gute Einführungen auch in die Hilfswissenschaften bieten besonders die oben (zu S. 9ff.) schon genannten Werke von *Quirin, Opgenoorth* u. *Samaran.* Wenig brauchbar, da übermäßig knapp und auch für Quellenkunde und Hilfswissenschaften ständig einen orthodox-marxistischen Standpunkt betonend: *W. Eckermann – H. Mohr,* Einführung in d. Studium der Geschichte (2. Aufl. 1969). Im allgemeinen gut unterrichtend: *R. Delort,* Introduction aux sciences auxiliaires de l'histoire (Paris 1969). *J. Mazzoleni,* Paleografia e Diplomatica e Scienze Ausiliarie (Napolie 1970), behandelt die nicht im Titel genannten Einzelfächer nur anhangsweise ganz knapp.

S. 19–20: Historische Zweigwissenschaften

Historische Geographie als Zweigwissenschaft aufgefaßt u. a. von *H. Quirin,* a. a. O. Zu den übrigen Teilwissenschaften vgl. u. a.: *H. Mitteis,* Die Rechtsgeschichte u. das Problem der historischen Kontinuität (Abh. Ak. Berlin, Phil.-Hist. Kl., 1947); *W. Jaeger,* Philologie und Historie (Humanistische Reden u. Vortrr., Bln.-Leipz. 1937). Zur Textphilologie: *H. Fuhrmann,* Die Sorge um den rechten Text (DA 25, 1969). *H. Sedlmayr,* Geschichte und Kunstgeschichte (MÖIG 50, 1936) betont mit Recht, daß der Kunsthistoriker zwar die Methoden der hist. Hilfswissenschaften beherrschen und anwenden müsse, darüber hinaus aber auch mit einer weitgehend eigenen Methodik zu arbeiten habe. – Daß eine Zweigwissenschaft (in diesem Fall die Wirtschaftsgeschichte) natürlich auch als Hilfswissenschaft angewendet werden kann, und welche Probleme dabei entstehen, zeigt der schwed. Wirtschaftshistoriker *E. Söderlund* (Den ekonomiska historien som hjälpvetenskap, Hist. Tidskr. 1957) – übrigens mit der Einleitung, die für alle um den Rang ihres Faches Besorgten beherzigenswert ist: »Es ist mir immer schwergefallen, zu begreifen, warum es von den Ausübern einer Wissenschaft als erniedrigend empfunden werden sollte, daß ihr Fach überwiegend als Hilfswissenschaft behandelt oder von gewissen Leuten angesehen wird ... Am wenigsten kann ich das verstehen, wenn es sich um Spezialitäten innerhalb der Geschichtswissenschaft handelt. Niemand kann in einem Fach von dieser Ausdehnung alles beherrschen, und es ist daher nicht ungereimter, wenn die Wirtschaftsgeschichte als Hilfswissenschaft verwandt wird, als wenn das mit der Sphragistik geschieht« (übers. v. mir). – Gegenüber dieser souveränen Bemerkung vgl. die zahlreichen Klagen anderer Autoren darüber, daß ihr Fach durch hilfswissenschaftl. Betrachtung degradiert werde, z. B. in den Vorworten u. Einleitungen bei *O. Lorenz,* Lehrb. d. gesamten wissenschaftl. Genealogie (1898; hier S. 73), *F. Friedensburg,* Die Münze in der Kulturgeschichte

(1926), *H. Fichtenau*, Mensch u. Schrift im Mittelalter (Wien 1946 – über das Ungerechtfertigte in Fichtenaus robuster Kritik an der hilfswissenschaftlich aufgefaßten Paläographie und ihren Vertretern vgl. die treffenden Bemerkungen von *A. J. Walther* in MÖIG 57, 1949, S. 375ff.). Auch *H. Zatschek* beklagt es gelegentlich, daß Wissenszweige »wie die Urkundenforschung als ›Hilfswissenschaften‹ ein nicht gerade erfreuliches Firmenschild erhalten haben« (Zs. f. sudetendeutsche Gesch., 5, 1941, S. 30). Vgl. schließlich auch die für den jeweils wechselnden Gesichtspunkt besonders charakteristische Äußerung des Althistorikers *H. Bengtson*: Epigraphik und Papyrologie seien nicht Hilfswissenschaften »wie etwa die Paläographie oder die Diplomatik«, sondern autonome Grundwissenschaften (Welt als Geschichte 15, 1955, S. 97).

Kapitel II

1. Der Raum: Historische Geographie

S. 22–25: Definition und Aufgaben

Die Hist. Geographie hat vor den meisten anderen Hilfswissenschaften den Vorzug, daß sie über eine, zwar einem Spezialzweck dienende, aber doch einen Überblick über den neueren Forschungsstand ermöglichende Bibliographie verfügt: *G. Franz, H. Jäger*, Historische Kartographie, Forschung und Bibliographie (Veröff. d. Ak. f. Raumforschung u. Landesplanung 46, 3. Aufl. 1980). Auf sie sei grundsätzlich verwiesen. Zur Aufgabenstellung und Methodik sind besonders zu nennen: *H. Beschorner*, Wesen u. Aufgaben d. Hist. Geographie (Hist. Vjschr. 9, 1906; grundlegend für die damals begonnene Diskussion innerhalb d. Geschichtswissenschaft); Grundsätzliche Gedanken: *K. A. Habbe – J. Kühne – F. Tichy*, Überlegungen zum Plan eines Atlas zur Landeskunde von Franken, in: Festschrift f. G. Pfeiffer (Jb. f. fränk. Landesforschung 34/35, 1975, S. 85–108). *F. Mager*, Die Stellung d. hist. Geographie im Rahmen d. Gesamtgeographie (Petermanns Geogr. Mitt. 23, 1923); *H. Hettner*, Zur Stellung d. hist. Geographie (Geogr. Anzeiger 1922). Schließlich und besonders für Deutschland: *W. Vogel*, Stand u. Aufgaben d. hist.-geogr. Forschung in Deutschland (Petermanns Mitt., Erg.-H. 209, 1930); eine neuere Bestandsaufnahme *K. Fehn*, Stand und Aufgaben der Histor. Geographie (in: Bll. f. dt. LG 111, 1975, S. 31–53) gibt einen Überblick seit Beginn des Jahrhunderts. *H. Aubin*, Aufgaben u. Wege d. geschichtl. Landeskunde (in: Geschichtl. Landeskunde, Rhein. Neujahrsbl. 4, 1925). Zu vergleichen ferner die jeweils einleitenden Abschnitte in den größeren Handbüchern und Gesamtdarstellungen, wie *F. Ratzel*, Anthropogeographie oder Grundzüge d. Anwendung d. Geographie auf d. Geschichte, 2 Bde., 2. Aufl. 1909–12), *H. Hassinger, H. Kretschmer* und *R. Kötzschke* (s. die Titel im nächsten Abschnitt).

S. 25–27: Die Arbeitsgebiete der Historischen Geographie

Allgemeine Darstellungen, Deutschland: *H. Hassinger*, Geographische Grundlagen d. Geschichte, 2. Aufl. (1953); *W. G. East*, An historical Geography of Europe (5. Aufl. London 1966); *H. Kretzschmer*, Hist. Geographie v. Mitteleuropa (Below-Meinecke Hdb., 1904 – einstweilen immer noch die umfänglichste Zusammenfassung des Stoffes); *R. Kötzschke*, Quellen und Grundbegriffe d. hist. Geographie Deutschlands u. seiner Nachbarländer (Meisters Grundr., 1906 – knapp, aber besonders methodisch lehrreich). *A. v. Hofmann,* Das deutsche Land u. d. deutsche Geschichte (2 Bde., 3. Aufl. 1935), geht aus von Relief und Gewässer u. entwikkelt eine generalstabsartige »Geländekunde«, geistvoll, aber in vielem auch grundsätzlich anfechtbar, unbefriedigend namentlich in wirtschafts- und siedlungsgeschichtl. Hinsicht. *F. Metz,* Geogr. Grundlagen d. deutschen Geschichte (in *O. Brandt – A. O. Meyer,* Handb. d. dt. Gesch., I, 1936), gute knappe Einführung. *B. Knüll,* Hist. Geographie Deutschlands im Mittelalter (1903); *G. Strauss,* Sixteenth-Century Germany. Its Topography und Topographers (Madison/Wisc. 1959; würdigt die hist.-geogr. Leistung d. Humanistenzeit). Eine stoffreiche zeitgenössische Darstellung der hist.-geogr. Weltzustände vor den großen Revolutionen, somit bis ins Mittelalter zurückreichende Verhältnisse schildernd, ist *A. F. Büschings* 11bändige Erdbeschreibung (7. Aufl. 1790–92; Bd. 6–10 enthält die Beschreibung des röm.-dt. Reiches u. seiner Teritorien). *Paul Kletler,* D. Gestaltung d. geogr. Weltbildes unter d. Einfluß d. Kreuzzüge (MIÖG 70, 1962).

Einzeldarstellungen, nach Sachgebieten: J. Hoops, Waldbäume u. Kulturpflanzen im german. Altertum (1905); *J. Wimmer,* Gesch. d. deutschen Bodens mit seinem Pflanzen- und Tierleben (1905); *K. u. F. Bertsch,* Gesch. unserer Kulturpflanzen (1947 – knapper guter Überblick). *G. Schwarz,* Allgemeine Siedlungsgeographie (3. Aufl. 1966); *O. Schlüter,* Die natürl. Grundlagen d. Besiedlung Deutschlands (1926); *W. Frenzel,* Hist. Landschafts- u. Klimaforschung (Petermanns Mitt. 1924); *E. Le Roy Ladurie,* Times of Feast, Times of Famine. A History of Climate since the Year 1000 (1972); *W. Abel,* Die Wüstungen d. ausgehenden Mittelalters (3. Aufl. 1976; grundlegend); *H. Pohlendt,* Die Verbreitung d. mittelalterl. Wüstungen in Deutschland (1950). Ein Überblick über die Wüstungsforschung vom 19. Jhdt. an bis zum Problem kartographischer Darstellung: *H. Quirin,* Ista villa iacet totaliter desolata. Zum Wüstungsproblem in Forschung und Kartenbild (in: Festschr. f. W. Schlesinger, hrsg. v. W. Beumann, Bd. I, Mitteldeutsche Forschung 74/1, 1973, S. 197–272). *H. Höhn,* Wege u. Ziele d. Flurnamenforschung (1935); *H. Beschorner,* Hdb. d. dt. Flurnamenliteratur (1928; 1. Anschlußbericht 1932). *E. Frhr. v. Künßberg,* Rechtssprachgeographie (Sitzberr. Heidelb. Ak., 1926–27). *J. Nadler,* Literaturgesch. d. dt. Stämme u. Landschaften, Bd. 1 (1911; gänzl. veränderte Neuaufl. unter d. Titel Lit. Gesch. d. dt. Volkes 1938f.). *H. Strzygowsky,* Vgl. Kunstforschung auf geogr. Grundlage (Mitt. Geogr. Ges. Wien, 61, 1918); *F. Knapp,* Kunstgeographie (Neue Jb. f. Wiss. u. Jugendbildg. 4, 1928); *P. Pieper,* Aufgaben einer kunstgeogr. Betrachtung Deutschlands (Geogr. Anz. 1934).

Einzeldarstellungen, territorial (nur einige ausgewählte Beispiele): *P. Kirn,* Polit. Geschichte d. dt. Grenzen (4. Aufl. 1958, Standardwerk); *K. Schumacher,* Siedlungs- u. Kulturgesch. d. Rheinlande, 3 Bde. (1923–25); *R. Gradmann,* Süddeutschland (= Bibl. länderkundl. Handbücher, 2 Bde., 1931; meisterhafte histor. Durchdringung des geogr. Stoffes); *F. Metz* (Hrsg.) u. a., Vorderösterreich, eine geschichtl. Landeskunde (1959). *W. Ebert,* Ländl. Siedelformen im deutschen Osten (1937); *W. Ebert – R. Kötzschke – Th. Frings* u.a., Kulturräume u. Kulturströmungen im mitteldt. Osten (1936); *W. Kuhn,* Planung in d. dt. Ostsiedlung (in: Hist. Raumforschg. I = Forsch.-berr. d. Ak. f. Raumforsch. u. Landesplanung VI, 1956); *H. u. G. Mortensen – R. Wenskus,* Hist.-geogr. Atlas des Preußenlandes (1968ff., vorzüglich!). *H. Aubin – Th. Frings – J. Müller,* Kulturströmungen u. Kulturprovinzen in d. Rheinlanden (1927); *H. Aubin, F. Petri* u.a., Der Raum Westfalen, 4 Bde. (1931–58); *P. Johansen,*

Umrisse u. Aufgaben d. hansischen Siedlungsgesch. u. Kartographie (HansGbll. 73, 1955). Klassisch, in ihrer Art unerreicht die »Beschreibung des Königreichs Württemberg nach Oberamtsbezirken«, hrsg. v. Statist. Landesamt (64 Bde., 1826–86; unvollst. die 2., zuletzt v. *V. Ernst* bearb. Aufl., 9 Bde., 1883–1930); jetzt fortgesetzt als »Die Stadt- und Landkreise in Baden-Württemberg«, z. B.: Die Stadt- u. Landkreise Heidelberg u. Mannheim, 3 Bde. (1966–70). Auf einmaliger Gunst d. Quellenlage beruhend das große engl. Werk, das die Geographie Englands im 11. Jhdt. auf der Grundlage d. Domesday-Book darstellt (The Domesday Geography of England, hrsg. v. *H. C. Darby* u. a., auf sechs Bde. angelegt, mit vielen Karten, bisher 5 Bde. erschienen, Cambr. 1952 ff.). Von demselben Hrsg. auch: Historical Geography of England before 1800 (Cambr., 1936). Beachtenswert u. in ihrer Art ebenfalls einmalig die Publikationen d. engl. *Hakluyt-Society* (gegründet 1846), weit über 100 Textveröffentlichungen u. fast 200 Reproduktionen alter Karten zur Geschichte d. Entdeckungen, Weltreisen u. Seeschiffahrt. *L. Mirot*, Manuel de géographie historique de la France (2. Aufl., 2 Bde., Paris 1947, 1950).

Ortsnamen, Topographische Lexika usw.: *H. Oesterly*, Hist.-geogr. Wörterbuch d. dt. Mittelalters (1881–83; wertet aber nur d. literar., nicht d. urkundl. Quellen aus). *J. Th. Graesse*, Orbis latinus oder Verzeichn. d. wichtigst. lat. Orts- u. Ländernamen (1861); 4., erw. Aufl. (= »Handbuchausgabe«) *»Graesse – Benedict – Plechl«* (1971), daneben gleichnamige »Großausgabe« in 3 Bdn. (1972). *Ritters* Geogr.-Statist. Lexikon, 9. Aufl., hrsg. v. *J. Penzler* (1905–06, 2 Bde. umfaßt d. ganze Welt); *Meyers* Orts- u. Verkehrslexikon des Deutschen Reiches, 6. Aufl. (1935); *R. Gradmann*, Wörterbuch d. dt. Ortsnamen in d. Grenz- u. Auslandsgebieten (1929); *O. Kredel – F. Thierfelder*, Deutsch-Fremdsprachiges Ortsnamenverzeichnis (1931). *E. Schwarz*, Deutsche Namenforschung, Bd. 2: Orts- u. Flurnamen (1949); *A. H. Smith*, English Place-Name Elements, 2 Bde. (Cambr. 1956; beispielhafte moderne Untersuchung). *A. Vincent*, Toponymie de la France (Brüssel 1937). Beispiel eines guten älteren landschaftl.-topogr. Lexikons: *J. v. Schröder*, Topogr. d. Herzogthums Holstein (2 Bde., 1841). Neuere Werke: Hist. Ortsnamenbuch v. Bayern (1952 ff.; nach Regierungsbezirken geordnet); *L. Buzas – F. Junginger*, Bavaria Latina. Lexikon der lateinischen geographischen Namen in Bayern (1971); *K. Blaschke*, Hist. Ortsverzeichnis v. Sachsen (1957); *L. Enders* u. a., Hist. Ortslexikon f. Brandenburg (1962 ff.); *H. Kleinau*, Geschichtliches Ortsverzeichnis des Landes Braunschweig (3 Bde., 1967 f.). Weiteres bei *G. Franz*, *H. Jäger*, Hist. Kartographie (1980) Nr. 276–328.

S. 28–29: Kartographie

a) Grundsätzliches, Methodisches, Kritisches: *G. Seeliger*, Probleme d. hist. Kartographie u. Topographie (Hist. Vjschr. 6, 1903); *H. Hefele*, Zur Methode d. hist. Kartographie (Kultur- u. Universalgesch., Festschr. W. Goetz, 1927); *H. Aubin*, Methodische Probleme hist. Kartographie (Neue Jbb. f. Wiss. u. Jugendbild., 5, 1929); *H. Quirin*, Vom Wesen d. Geschichtskarte (Gesch. in Wiss. u. Unterr., 5, 1954); *E. Meynen*, Geogr. u. kartogr. Forderungen an die hist. Karte (Bll. f. dt. Landesgesch. 94, 1958; lehrreiche method. Anregungen u. Überlegungen, m. zahlr. Beispielen f. gute u. schlechte Ausführung). *R. Ogrissek*, Die Karte als Hilfsmittel des Historikers (1968; gute kleine Einführung). *G. Wrede*, Der Hist. Atlas v. Niedersachsen; zur kartogr. Darstellung landesgeschichtl. Probleme (Bll. Dt. LdG. 97, 1961). *H. Bachmann*, Zur Methodik d. Auswertung der

Siedlungs- und Flurkarte (Zs. f. Agrargeschicht. u. Agrarsoziol. 8, 1960). *H. Quirin,* Forschungsprobleme d. Siedlungsgeschichte im Spiegel d. themat. Kartographie (Bll. Dt. LdG. 107, 1971).
b) Alte Karten: L. Bagrow – R. A. Skelton, Meister der Kartographie (1963; vorzügl. Abbildungen); *G. Wiebeck,* Zur Methodik d. Kartenvergleichs, ein Beitr. z. Auswertung alter Karten f. hist.-geogr. Zwecke (Mitt. d. Reichsamts f. Landesaufn., Sonderh. 16, 1938); *F. C. Wieder,* Monumenta cartographica, Reproductions of unique and rare maps, plans and views, 5 Bde. (Haag, 1925–33). *H. Kramm,* Verzeichnis deutscher Kartensammlungen (1969). *A. Hermann,* Die ältesten Karten von Deutschland bis Gerhard Mercator (1940). *W. Rosien,* Die Ebstorfer Weltkarte (1952; Reproduktion einer d. bekanntesten mittelalterlichen Karten, mit Erläuterungen; das Original der Karte im zweiten Weltkrieg zerstört). Hervorragend in Reproduktion und Text: *H. Chr. Freiesleben,* Der Katalanische Weltatlas von 1375 (1977). *F. Engel,* D. kurhannoversche Landesaufnahme des 18. Jhdts. (Niedersächs. Jb. 31, 1959); *M. Hanke – H. Degener,* Gesch. d. amtl. Kartographie Brandenburg-Preußens b. z. Ausgang d. friderizianischen Zeit (1935); *R. Oehme,* Geschichte d. Kartographie d. deutschen Südwestens (1961; methodisch vorbildlich). *E. G. R. Taylor,* Tudor Geography (Lond. 1930). Alte Seekarten: *K. Kretschmer,* Die ital. Portolane d. Mittelalters (1909); *A. H. W. Robinson,* Marine Cartography in Britain. A History of the Sea Chart to 1855 (Oxf. 1962).
c) Grundkarten: K. Lamprecht, Zur Organisation d. Grundkartenforschung in Deutschland (Dt. Gesch.bll., 1, 1900); *E. Rubow,* Die Beständigkeit d. Gemarkungsgrenzen u. d. Bedingungen ihrer Veränderung (Pomm. Jb. 25, 1928); *W. Koch,* D. dt. Gemeindegrenzen u. ihr hist. Wert (Diss. Greifsw. 1932). *E. Meynen,* Die Gemeindegrenzenkarten d. dt. Länder (Zs. f. Raumforschung, 1950; Lit. u. Übersicht über d. vorhandenen hist.-statist. Grundkarten).
d) Umfassendere Kartenwerke u. Atlanten: F. W. Putzger, Hist. Schulatlas 100. Aufl. 1979 Westermanns Großer Atlas z. Weltgesch. (1969); Großer Hist. Weltatlas, hrsg. v. Bayerischen Schulbuchverlag, 3 Bde. (1954 ff., T. 2: Mittelalter, 1979 in überarbeiteter Aufl.); Atlas zur Geschichte, 2 Bde., hrsg. v. Zentralinstitut f. Geschichte d. Ak. d. Wiss. d. DDR (1973–75); *C. H. Darby,* The New Cambridge Modern History, Atlas (1970); The Cambridge Medieval History, Vol. Maps (1936). *Muir's* Historical Atlas, 8. Aufl., ed. *G. Goodall u. R. F. Treharne* (Lond. 1956). *R. R. Palmer* (Hrsg.), Atlas of World History (Chicago 1957).
e) Zur deutschen Geschichte: P. Goessler, Blatt M 32 in Tabula Imperii Romani (Germania superior et inferior; 1940); *G. Franz,* Deutschland im J. 1789, Staats- u. Verwaltungsgrenzen (1952; Karte u. Erläuterungstext); *E. Hölzle,* Der deutsche Südwesten am Ende d. alten Reiches (Karte m. Text, 1938); *W. Fabricius,* Karte d. polit. u. administr. Einteilung d. heut. Rheinprovinz i. J. 1789 (in: Geschichtl. Atl. d. Rheinprovinz, 1894; 7 Bll.); *G. Wrede,* D. westfäl. Lande i. J. 1801 (Karte d. polit. Gliederung, in: Veröff. d. Hist. Komm ... f. westfäl. Landes- u. Volksk., Bd. 26, 1953); *J. Prinz,* Niedersachsen um 1780, Lief. 1 (Veröff. d. Hist. Komm. f. Hannover, 17, 1938; 4 Bll. m. Erl.); *H. Kleinau – Th. Penners – A. Vorthmann,* Hist. Karte d. Landes Braunschweig im 18. Jhdt. (Veröff. d. Hist. Komm. f. Niedersachsen, 23; bisher 22 Bll., 1956 ff. Methodisch neuartig: Umzeichnung v. Karten usw. d. Braunschweig. Landesaufnahme d. 18. Jhdt. auf modernes Meßtischblattformat). – Hist. Atlas d. österr. Alpenländer, A. Landesgerichtskarte, 27 Bll. (1906–29); B. Kirchen und Grafschaften (1940 ff.); Hist. Atl. v. Bayern (1950 ff.); *M. Spindler* (Hrsg.),

Bayerischer Geschichtsatlas (1969 – knapp, gut, preiswert!). Historischer Atlas von Baden-Württemberg (1972 ff.). Geschichtl. Atlas d. Rheinprovinz, 3 Abt. m. 8 Erl.-Bänden (1894–1932), gekürzte Neubearbeitung: *J. Niessen*, Geschichtl. Handatlas d. dt. Länder am Rhein, Mittel- u. Niederrhein (1950). Die rheinischen Atlaswerke nach Methode u. Durchführung klassisch. Geschichtl. Handatlas Niedersachsens, hrsg. v. *G. Schnath* (1939); Atlas des Saale- u. mittl. Elbegebietes, Hrsg. *O. Schlüter – O. August* (2. neu bearbeitete Aufl. 1959–1960, 3 Teile, Erläuterungshefte 1959–1961, ausgezeichnet); Hist. Handatlas v. Brandenburg u. Berlin (begr. v. *B. Schulze*, hrg. v. *H. Quirin*, 1962–1979, 60 Lieferungen). Hist. Atlas d. Provinz Pommern (1935 ff., N. F. 1959 ff.; methodisch lehrreich wegen Verwertung besonders früher topogr. Landesaufnahmen). – *F. Bruns – H. Weczerka*, Hansische Handelsstraßen, 3 Bde. (Atlas u. Text, 1963–68; umfaßt ganz Mitteleuropa, genauer Straßenverlauf aus d. Quellen erarbeitet). – *H. Stoob*, Kartogr. Möglichkeiten z. Darstellung d. Stadtentwickl. in Mitteleuropa (in: Hist. Raumforschung I = Forsch.berr. d. Ak. f. Raumforsch. u. Landesplanung, Bd. VI, 1956); *H. Stoob*, Deutscher Städteatlas (1973 ff.) für 70 Städte; Niedersächs. Städteatlas, 2 Abt. (1935–53; noch unabgeschlossen); Rhein. Städteatlas, R. 1 Niederrhein, bearb. v. F. Gorissen, 1952–1956; und Rhein. Städteatlas bearb. v. *E. Ennen* u. *K. Flink*, Lief. 1–3, 1972–1977.

f) Kartographie von Sachgebieten: G. *Lüdtke – L. Mackensen*, Deutscher Kulturatlas, 5 Bde. (1928–38; z. T. fragwürdig und umstritten, in Auswahl u. Darstellung d. Grenzen d. kartographisch Erfaßbaren überschreitend). *F. Wrede – B. Martin – W. Mitzka*, Deutscher Sprachatlas (1926–56); *W. Mitzka*, Deutscher Wortatlas, Bd. 1 ff. (1951–1973 ff; Darstellung v. »Wortlandschaften«, Zustand v. 1939). *H. Harmianz – E. Röhr*, Atlas d. deutschen Volkskunde, Bd. 1 (1937–39), Neue Folge, hrg. v. *M. Zender*, Lief. 1–6, 1958–1977. *W. König*, dtv-Atlas zur deutschen Sprache, Karten u. Texte, 1978, knapp, übersichtlich u. informativ. *H. Jedin* u. a. (Hrsg.), Atlas z. Kirchengeschichte (1970). *R. Nagel*, Deutscher Literaturatlas (1907). *M. Megele*, Baugeschichtl. Atlas d. Stadt München, 2 Bde. (1955–56; neuartig u. bemerkenswert).

g) Ausland: A. *Gasser*, Die territoriale Entwickl. d. schweizer. Eidgenossenschaft 1291–1797 (1932); *H. Ammann – K. Schib*, Hist. Atlas d. Schweiz (2. Aufl., 1958). *J. Boussard*, Atlas historique et culturel de la France (Paris 1957). *Th. Kraus – E. Meynen – H. Mortensen – H. Schlenger*, Atlas Östliches Mitteleuropa (1959). Sudetendeutscher Atlas, hrsg. v. *E. Meynen* (1954). *A. A. Beekman*, Geschiedkundiger Atlas van Nederland, 2 Bde., 21 Erl.-Hefte (1917–38). *C. O. Paullin*, Atlas of the Hist. Geography of the United States (1932). *L. H. Grollenberg*, Atlas of the Bible (1956). *H. W. Hazard – J. L. Cooke*, Atlas of the Islamic History (1951).

2. Die Zeit: Chronologie

S. 29–30: Astronomische Grundlagen

W. F. Wislicenus, Astronomische Chronologie, ein Hilfsbuch für Historiker, Archäologen und Astronomen (1895). *K. F. Ginzel*, Handbuch d. mathematischen und technischen Chronologie, 3 Bde. (1906 bis 14). *P. V. Neugebauer*, Astronomische Chronologie, 2 Bde. (1929). *J. F. Schroeter*, Spezieller Kanon d. zentralen Sonnen- und Mondfinsternisse 600–1800 n. Chr. (Kristiania 1923). – Zur Einführung in die hier nicht behandelte antike Chronologie: *E. Bickermann*, Chronologie, in: *Gercke-Norden*,

Einleitg. in die Altertumswissensch., Bd. III 5 (1933); vgl. auch die immer noch lehrreichen Ausführungen zur Chronologie bei *Ed. Meyer*, Gesch. d. Altertums, 3. Aufl., Bd. I, 1 (1910), § 136—142.
Zum Problem der hist. Zeitrechnung überhaupt vgl. *A. v. Brandt*, Historische Grundlagen u. Formen der Zeitrechnung (Studium Generale, Jg. 19, 1966).

S. 31—34: Kalenderjahr, Jahresanfang und Jahreszählung

Sowohl für die Angaben dieses Abschnitts, wie für die weiterhin folgenden muß wegen der Einzelheiten grundsätzlich auf die bekannten Hand- und Lehrbücher der Chronologie verwiesen werden: *H. Grotefend*, Zeitrechnung des deutschen Mittelalters und der Neuzeit, 2 Bde. (1891—98; der »große Grotefend«); allgemeine Darstellung der Grundlagen des Kalenderwesens im 1. Band, in knapperer Form auch wiederholt in desselben Vfs. Abriß d. Chronologie d. deutschen Mittelalters u. d. Neuzeit (Meisters Grundr., 2. Aufl., 1912). Als Hilfsmittel für die praktische Arbeit in den meisten Fällen ausreichend *H. Grotefend*, Taschenbuch d. Zeitrechnung d. deutschen Mittelalters u. d. Neuzeit (11. Aufl., 1971, hrsg. v. *Th. Ulrich*; der »kleine Grotefend«, im Gegensatz zu d. beiden anderen Werken ohne Lit.-Angaben). Darin auch die nötigsten Angaben über die ephemere, im obigen Text nicht berücksichtigte Kalender-»Reform« der französ. Revolution. Ähnlich, jedoch umfangreicher und ausführlicher *A. Cappelli*, Cronologia, Cronografia e Calendario Perpetuo, 4. Aufl. 1978, vom Beginn der christlichen Zeitrechnung bis in die Gegenwart. Auch die Kalenderformen der Spätantike sowie des Islams berücksichtigt das knappe Handbuch von *H. Lietzmann*, Zeitrechnung der römischen Kaiserzeit, des Mittelalters u. d. Neuzeit (Sammlg. Göschen, 3. Aufl., bearb. v. *K. Aland*; 1956). Grundlegende Darstellung d. Gregorianischen Kalenderreform u. ihrer Vorgesch. in verschied. Aufsätzen v. *F. Kaltenbrunner*, Sitzungsber. d. Wiener Ak. d. Wiss., 82 (1876), 87 (1877), 97 (1880). Gutes Beispiel eines regional begrenzten Nachschlagewerks: *F. M. Powicke* (Hrsg.) Handbook of British Chronology (2. Aufl. London 1961; reichl. Angaben auch über Regierungs- u. Amtsdaten usw.). Vgl. auch die Behandlung der Datierungsprobleme im Urkundenwesen bei *H. Bresslau — H. W. Klewitz*, Hdb. d. Urkundenlehre, Bd. II, 2 (3. Aufl., 1960), Kapitel 16; hier besonders die eingehende Erörterung der Gebräuche des Jahresanfangs und der Epochen der Regierungsjahre in deutschen und italienischen Kanzleien des Mittelalters. Zum rechtsgeschichtl. Begriff »Jahr u. Tag« vgl. *F. Klein-Bruckschwaiger* in ZRG.GA. 67 (1950) u. *L. Hardenberg*, ebda. 87 (1970).

S. 34—35: Monat, Woche, Osterrechnung

Allgemein und für die Einzelheiten der zyklischen Berechnung vgl. die beim vorigen Abschnitt angegebene Literatur. Wochenrechnung: *F. H. Colson*, The Week. An Essay on the Origin and Development of the Sevenday Cycle (Cambr. 1926). Die bei *Grotefend* u. a. gegebenen Berechnungsgrundlagen sind so zuverlässig und vollständig, daß der Historiker nur in Ausnahmefällen genötigt sein wird, die Rechnungsvorgänge der spätantiken und mittelalterlichen Kalenderwissenschaft selbst nachzuprüfen. A.a.O. auch die teilweise abweichenden Daten einiger protestantischer Kalendarien des 18. Jahrhundert.

S. 35—38: Tagesbezeichnung

Vgl. die Angaben bei den vorigen Abschnitten. In Zweifelsfällen findet man die ausführlichsten Angaben über lokale oder landschaftliche Datierungsgebräuche in Bd. 2 des »großen« *Grotefend* (Kalender d. einzelnen Diözesen u. Orden!). Weiterführende Angaben auch in vielen örtlichen Urkundeneditionen; Einzelheiten über die urkundlichen Gebräuche bei Tagesdatierungen: *Breßlau – Klewitz* Handb. d. Urk.-Lehre 3. Aufl., Kap. 16. *H. Aichler*, Beitrr. z. Geschichte d. Tagesbezeichnungen im Mittelalter (Innsbruck 1912). *G. Bilfinger*, Die mittelalterl. Horen u. d. modernen Stunden (1892); ders., Der bürgerl. Tag, Untersuch. über den Beginn d. Kalendertages im klass. Altertum u. christl. Mittelalter (1888).

Bei modernen Festtagsdatierungen ist zu beachten, daß das heute im offiziellen Gebrauch der kath. Kirche stehende *Calendarium Romanum* in einer Reihe von Fällen vom mittelalterlichen Brauch abweicht; dasselbe gilt hinsichtlich der zur Datierung benutzten Meßeingänge (Introitus missae) der beweglichen Sonntagsfeste vor und nach Ostern nach dem jetzt gültigen *Missale Romanum*, das zum mindesten für deutsche Datierungen vor 1570 daher nicht verwendet werden kann.

3. Die Menschen: Genealogie

S. 39—40: Definition und Aufgaben

Die Literatur zur Genealogie im allgemeinen ist ungemein ausgebreitet, entsprechend ihrer Bedeutung nicht nur im wissenschaftlichen Sinne, sondern auch als eines geschätzten volkstümlichen »hobbys«. Dementsprechend ist die Zahl der rein praktischen Anweisungen zur »Sippenforschung« u. ä. Legion; auf ihre Anführung wird hier verzichtet. Neu und zusammenfassend *E. Henning* u. *G. Jochums*, Bibliographie zur Heraldik, 1982. – Als Begründer der modernen wissenschaftl. Genealogie kann *O. Lorenz* mit seinem Lehrbuch der gesamten wissenschaftlichen Genealogie (1898) angesehen werden, obwohl sein Werk in manchen Einzelheiten, so namentlich in der von ihm entwickelten Generationenlehre anfechtbar und auch überholt ist. Als moderne Gesamtdarstellung am wertvollsten, obwohl die Bedeutung des Faches (z. B. in erbbiologischer Hinsicht) etwas übersteigernd und zudem durch eine gewollt witzig-saloppe Tonart schwer erträglich, ist *O. Forst de Battaglia*, Wissenschaftliche Genealogie. Eine Einführung in d. wichtigsten Grundprobleme (Sammlg. Dalp, Bern 1948; auch französisch u. d. Titel: Traité de Généalogie, Lausanne 1949). Weniger ergiebig, in Einzelheiten dürftig: *W. K. Prinz v. Isenburg*, Historische Genealogie (1940). Gute Übersicht über die Forschungsrichtungen des letzten Halbjahrhunderts: *F. v. Klocke*, Die Entwicklung d. Genealogie v. Ende d. 19. bis z. Mitte d. 20. Jahrhunderts (1950). *J. H. Mitgau*, Schrifttumsberr. z. Genealogie u. z. ihren Nachbarwissensch., Bd. 1 (1959); Bd. 2 ff. (1962 ff.) hrsg. v. *H. Schünemann*. Für die genealogische Praxis nützlich: *E. Wentscher – H. Mitgau*, Einführg. in d. praktische Genealogie (4. Aufl. 1966); *E. Henning – W. Ribbe*, Handbuch der Genealogie (1972). In sämtlichen Werken weiterführende bibliographische Angaben. Zu beachten ist, daß das bei *Dahlmann-Waitz* (9. Aufl.) unter Nr. 816 und bei *G. Franz*, Bücherkunde z. dt. Gesch., unter Nr. 509 aufgeführte Werk von *F. Wecken*, Handwörterbuch d. Genealogie u. verwandter Wissenschaften (angebl. 1931), tatsächlich nie erschienen ist. Die hilfswissenschaftliche Aufgabenstellung der modernen Genealogie hat ihre programmatische Erklärung gefunden in der Berliner Antrittsvorlesung (1909) von *A. Hofmeister*, Genealogie u. Familienforschung als Hilfswissenschaft der Geschichte (gedr. Hist. Vjschr. 15, 1912).

S. 40–44: *Ahnenforschung und Formen der Ahnentafel*

Zur Theorie der Ahnentafel und ihrer Gesetze vgl. die im vorigen Abschnitt genannte Literatur, insbesondere *Forst-Battaglia*. Dort auch mehrere Beispiele für Ahnentafeln, Ahnenverlust, Deszentorien und Deszente. – *St. Kekule v. Stradonitz*, Ahnentafelatlas. Ahnentafeln zu 32 Ahnen der Regenten Europas und ihrer Gemahlinnen (1898 bis 1904). Ahnentafeln berühmter Deutscher, hrsg. v. d. Zentralstelle f. dt. Personen- u. Familiengeschichte, 6 Bde. (1929–44; zahlreiche Ahnentafeln aus allen Bereichen, darunter auch für viele Geistesgrößen wie Goethe, W. v. Humboldt usw.). *H. Banniza v. Bazan*, Deutsche Geschichte in Ahnentafeln, 2 Bde. 1929–42 (Ahnentafeln auf 16 Ahnen, Bd. I: Persönlichkeiten aus d. Mittelalter und d. Neuzeit bis 1800, Bd. II: Persönl. aus d. ersten Hälfte d. 19. Jahrhunderts). *W. K. Prinz v. Isenburg*, Die Ahnen d. deutschen Kaiser, Könige und ihrer Gemahlinnen (1932); (beginnend mit Otto III.). *F. Wecken*, Ahnentafeln um 1800, eine Ahnentafelsammlung, 5 Bde. (1929–42). Methodisch vorbildliche Einzelahnentafel: *E. Brandenburg*, Die Ahnen August des Starken (1937).

S. 44–46: *Nachkommenforschung. Nachfahrentafel und Stammtafel*

Zum allgemeinen vgl. die Angaben bei den vorigen Abschnitten. Vollständige Nachfahrentafeln sind sehr selten. Bekanntestes und lehrreiches Beispiel: *E. Brandenburg*, Die Nachkommen Karls des Großen (1935; erfaßt die ersten 14 Generationen, bis zur Wende des 12./13. Jahrhunderts); *S. Rösch*, Caroli Magni Progenies, T. 1 (1977); methodisch u. allgemeinhistorisch noch weiterführend: *K. F. Werner*, Die Nachkommen Karls d. Großen bis um das Jahr 1000 (in: *W. Braunfels* [Hrsg.], Karl der Große, Bd. IV, Das Nachleben, 1967). Ähnlich wertvoll f. d. Nachweis d. dynastischen Versippung über ganz Europa: *S. O. Brenner*, Nachkommen Gorms des Alten (König v. Dänemark 936), I.–XVI. Generation (1965). Eine begabungs- und sozialgeschichtlich interessante Nachkommenschaft: *K. Kiefer*, Die Gesamtnachkommenschaft des P. A. Brentano (Frankf. Fam.gesch. Bll., Bd. 2, 1909); vgl. auch *M. Clasen – L. Schmidt*, Das neue Luther-Nachkommenbuch 1525–1960 (4. Aufl. 1960). Konsanguinität: *S. Rösch*, Goethes Verwandtschaft. Versuch e. Gesamtverwandtschaftstafel m. Gedanken z. deren Theorie (1956).

Stammtafelsammlungen (meist nicht in Tafelform, sondern als darstellende Aufzählung, häufig begrenzt auf einige »Stammreihen«): Für den Adel die verschiedenen Serien der Gothaischen Genealogischen Taschenbücher (der »Gotha«), nämlich Hofkalender (180 Jgg., 1763 bis 1943), Gräfl. Häuser (1825ff.), Freiherrl. Häuser (1866ff.), Adlige Häuser (1900ff., später getrennt nach Uradel und Briefadel). Neuerdings wieder fortgesetzt durch Genealogisches Handbuch des Adels (seit 1951, in mehreren entspr. Serien). Für das Bürgertum das Deutsche Geschlechterbuch, hrsg. v. *B. Körner* u. a. (1889ff., großenteils landschaftlich geordnet). – *O. Lorenz*, Geneal. Handb. z. europ. Staatengesch. (3. Aufl., 1908). *W. K. Prinz v. Isenburg*, Stammtafeln z. Gesch. d. europ. Staaten (2. Aufl., m. d. Obertitel »Europ. Stammtafeln«, hrsg. v. *F. Baron Freytag v. Loringhoven*, 1953, Neudruck 1976, Bd. 1 Deutsche Staaten, Bd. 2 Außerdeutsche Staaten;

dazu ein 3. und ein 4. Bd. (3. Aufl. 1975), bearb. v. *Freytag-Loringhoven*, 5. Bd. hrsg. v. *D. Schwennicke*, 1978. Seit 1978 Europ. Stammtafeln, Neue Folge, hrsg. v. *D. Schwennicke*, Bd. 6–7, noch im Erscheinen begriffen, mit weiteren dt. u. außerdeutschen Stammtafeln; heute das gebräuchlichste und brauchbarste Handbuch; *B. Sokop*, Stammtafeln europäischer Herrscherhäuser. Teil A: Stammtafeln. Teil B: Register (1976), umständlich zu benutzen und sparsam in den Angaben, keine Alternative zum »*Isenburg*«, trotz dessen gelegentlicher Fehler. Ein sehr zuverlässiges Sammelwerk mit territorialer Begrenzung: *W. Möller*, Stamm-Tafeln westdeutscher Adelsgeschlechter im Mittelalter (3 Bde., 1922–36). – In diesem Zusammenhang zu beachtende neuere Forschungen zur mal. Adelsgeschichte: *K. Schmid*, Zur Problematik v. Familie, Sippe u. Geschlecht, Haus u. Dynastie beim mal. Adel (Zs. f. Gesch. d. Oberrheins 105, 1957); *K. Kimpen*, Zur Königsgenealogie der Karolinger- bis Stauferzeit (ebd. 103, 1955); *J. P. J. Gewin*, Blüte- u. Niedergang hochadl. Geschlechter im MA (s'Gravenhage 1955; methodisch umstritten).

Kapitel III

1. Allgemeine Quellenkunde

S. 49–56: Quellengruppen

Knappe, einleuchtende Charakteristik des Unterschieds zwischen Primär- und Sekundärquellen bei *K. Erslev*, Historische Technik (1928), mit der zutreffenden Feststellung: »Der Unterschied ist demnach ein rein praktischer; er liegt nicht in der Natur der Quellen, sondern in unserer Stellung zu ihnen« (S. 45). Die Gliederung in Überreste und Tradition bei *J. G. Droysen*, Historik (7. Aufl., 1972), S. 37 ff., bei *E. Bernheim*, Lehrbuch d. hist. Methode (6. Aufl., 1908) im III. Kap., § 1. – Versuche zu einer »absoluten« Systematik der Quellen: *E. Keyser*, Die Geschichtswissenschaft, Aufbau und Aufgaben (1931), und vor allem, aber aus m. E. verfehlter Grundhaltung, *O. Stolz*, Zur Systematik der Geschichtsquellen (MÖIG 52, 1938); vgl. hierzu die treffenden Bemerkungen von *H. Mikoletzky*, Quellenkunde d. Mittelalters (MIÖG 58, 1950), der vom Standpunkt des Historikers, also *Benutzers* der Quellen, die Fruchtbarkeit und grundsätzliche Richtigkeit des Droysen-Bernheimschen Gedankenganges erneut betont. Im gleichen Sinne im allgemeinen auch *K. Brandi*, Einführung in d. Geschichtswissenschaft u. ihre Probleme (1922, Neudruck in Ausgew. Aufsätze, 1938). Mikoletzky, Brandi u.a. (stellenweise auch Bernheim) generalisieren allerdings den Begriff der »erzählenden« Quellen allzusehr, wenn sie gänzlich vom Zweck der Erzählung absehen und daher z. B. die Briefe (Brandi) oder gar Urkunden (Mikoletzky, stellenweise unklar auch Bernheim) jenen näherrücken wollen – ohne zu berücksichtigen, daß deren erzählende Bestandteile nicht auf den »Zweck, historische Kenntnisse zu vermitteln«, hinzielen – worauf sogleich zurückzukommen ist.

S. 56–60: »Überreste«

Im allgemeinen vgl. *Droysen, Bernheim* und die übrige, zum vorigen Abschnitt genannte Literatur. Quellenkundliche Literatur vgl. beim übernächsten Abschnitt. Zur hier nur angedeuteten Problematik der publizistischen und ikonographischen Quellen: *G. Wolf*, Einf. in d. Studium d. neueren Geschichte (1910), S. 307ff.; *W. Bauer*, Die moderne Presse als Geschichtsquelle (Zeitungsgeschichtl. Mitt., 4, 1921); *W. A. Münster*, Die Zeitung als Quelle hist. Forschung (Berliner Monatshefte, 15, 1937); *W. Mommsen*, Die Zeitung als historische Quelle (in: Beitrr. z. Zeitungswissenschaft, Festgabe f. *Karl D'Ester*, 1952); *W. Hager*, Das geschichtl. Ereignisbild, Beitrr. zu einer Typologie d. weltl. Geschichtsbildes bis z. Aufklärung (1939); *S. H. Steinberg*, Bibliographie z. Geschichte d. deutschen Porträts (1934); *A. Timm*, Das Bild als publiz. Mittel vor d. Verbreitung d. Buchdrucks (Publizistik 1, 1956). *E. Patzelt*, Das Bild als urkundliche Quelle d. Wirtschaftsgeschichte (Archival. Zs. 50/51, 1955). *W. Treue*, Das Filmdokument als Geschichtsquelle (HZ 186, 1958; methodisch beachtenswert, Lit.-Angaben). Grundsätzliche Überlegungen zum Problem der sachlichen Überreste: *W. Schlesinger*, Archäologie des Mittelalters in der Sicht des Historikers, in: ZAM, Zs. f. Archäologie d. MA 2, 1974.

S. 61–64: »Tradition«

Vergleiche im allgemeinen die Angaben zu den vorigen Abschnitten. Über die Rolle der topoi in der mittelalterl. Literatur das Wesentliche bei *E. R. Curtius*, Europäische Literatur u. latein. Mittelalter (3. Aufl. 1961). *L. Arbusow*, Colores Rhetorici (2. Aufl., 1963). Zur Quellenkunde Angaben beim nächsten Abschnitt. Das Problem der »Zeitgeschichte« (Gegenwartsgeschichte) als des für uns ja wesentlichsten Bestandteils z. B. der mittelalterl. Chronistik u. d. sonstigen Tradition überhaupt behandelt grundlegend *F. Ernst*, Zeitgeschehen u. Geschichtsschreibung (Welt als Geschichte 17, 1957); methodisch wichtig vor allem E.s Hinweis darauf, daß sich die »Zeitgeschichtschreibung« in erster Linie an die *Zeitgenossen* wendet, womit ein weiterer, für die quellenkritische Behandlung der »Tradition« wesentlicher Gesichtspunkt ins Licht gerückt wird.

S. 64: Quellenkundliche Hilfsmittel

(Nur knappe Auswahl!) Die allgemeinen Bibliographien, die im Deutschen leider häufig den irreführenden Titel »Quellenkunde« tragen *(Herre, Dahlmann-Waitz, Franz)* s. o. S. 160. *U. Chevalier*, Répertoire des sources historiques du Moyen-Age (1. Bio-Bibliographie, Bd. I–II, 2. Aufl., 1905–07; 2. Topo-Bibliographie, Bd. I–II, 1894–1903; Neudrucke New York 1959/62). *A. Potthast*, Bibliotheca historica medii aevi, Wegweiser durch d. Geschichtswerke d. europ. Mittelalters, Bd. I–II, 2. Aufl. 1896; das Werk enthält nur Quellen d. Tradition). *M. Manitius*, Gesch. d. latein. Literatur d. Mittelalters, Bd. I–III (1911–31; reicht nur bis gegen 1200); *E. R. Curtius*, Europ. Literatur u. latein. Mittelalter (3. Aufl., 1961); die beiden letztgen. Werke behandeln auch (Curtius vorwiegend) die nichthist. Literatur. *L. Santifaller*, Neuere Editionen mittelalterl. Königs- u. Papsturkunden (Graz 1958; gute Übersicht über die großen Urk.-Werke). *R. C. can Caenegem – F. L. Ganshof*, Kurze Quellenkunde des Westeuropäischen Mittelalters (1964; nützliches Orientierungsmittel, wenn auch systematisch u. typologisch nicht voll befriedigend). *M. Jansen – L. Schmitz-Kallenberg*, Historiographie u. Quellen d. deutschen Gesch. bis 1500, 2. Aufl. (1914; Meisters Grundriß; sehr zuverlässig). *K. Jacob*, Quellenkunde d. deutsch. Gesch. im Mittelalter, Bd. 1–3 (Sammlg. Göschen; Bd. 1: Allgemeines, Karolinger, 6. Aufl., 1959; Bd. 2: Kaiserzeit bis 1250, 6. Aufl., 1968, Bd. 3

bearb. u. herausg. v. *F. Weden*, Spätmittelalter bis 1500, 1952); die beiden ersten Bände gut und sehr geeignet zur ersten Orientierung, der dritte unzulänglich. *W. Wattenbach*, Deutschlands Geschichtsquellen im Mittelalter bis z. Mitte d. 13. Jahrhunderts, das klassische Hauptwerk d. deutschen mittelalterl. Quellenkunde; Bd. I (7. Aufl., 1904); Merowinger und Karolinger, Bd. II (6. Aufl., 1894): Bis zum Ende der Staufer; Neuauflagen im Gange, bisher erschienen: Bd. I *Wattenbach-Levison(-Löwe)*, H. 1–4 und Beiheft v. *R. Buchner*, Die Rechtsquellen (sämtl. 1957–63); Bd. II *Wattenbach-Holtzmann*, Neuausgabe durch *F.-J. Schmale*, 1967–71 (3 Teile, bis 1125). Ferner: Deutschlands Geschichtsquellen im Mittelalter, vom Tode Ks. Heinrichs V. bis zum Ende des Interregnum Bd. I (1978); *O. Lorenz*, Deutschlands Gesch.quellen seit d. Mitte des 13. Jahrh., 3. Aufl. 1886–87. *F. Schnabel*, Deutschlands geschichtl. Quellen u. Darstellungen in d. Neuzeit, 1. Teil: Das Zeitalter d. Reformation 1500–1550 (1931; vorbildlich nach Form u. Inhalt). *G. Wolf*, Quellenkunde d. deutschen Reformationsgeschichte, Bd. I–III (1915–23; ausführlich). – Quellenkunden entsprechender Art für die neueren Jahrhunderte fehlen aus naheliegenden Gründen.

Wichtig für Bearbeitung v. Quellentexten: *J. Schultze* (Hrsg.), Richtlinien f. d. äußere Textgestaltung bei Herausgabe v. Quellen zur neueren dt. Geschichte (Bl. Dt. LdG. 98, 1962).

2. Die Schrift: Paläographie

S. 65–66: Wesen und Arbeitsformen

Die »hilfswissenschaftliche« Begründung der Paläographie enthalten die einschlägigen Lehrbücher, vgl. dazu die Lit.-Angaben zum übernächsten Abschnitt. *H. Fichtenaus* etwas überheblich wirkende Frontwendung gegen die »alte Schule« der Paläographie, im Sinne einer philosophisch-geistesgeschichtlichen Methode: Mensch und Schrift im Mittelalter (Wien 1946). Hierzu die kritische Besprechung von *A. J. Walter*, Die Schrift als Kulturobjekt (MIÖG 57, 1949), der mit Recht betont, daß auch die hilfswissenschaftliche Betrachtungsweise ihr legitimes Recht hat, und den Gewinn aus Fichtenaus »strukturpsychologischer« Methode hauptsächlich in geistesgeschichtlicher Richtung sieht. Fichtenau wirkt da am anregendsten, wo er (mit Recht) die Vernachlässigung gewisser physiologischer Grundlagen des Schreibens und Gestaltens kritisiert und wo er sich mit der allerdings gänzlich unzureichenden Verbindung zwischen Paläographie und Kunstgeschichte auseinandersetzt. Es gehört zu den merkwürdigsten Folgen aus unserer gängigen Fächereinteilung, daß bisher weder die Kunsthistoriker von der Schriftgeschichte, noch die Paläographen von der Kunstgeschichte ernstlich Kenntnis genommen haben. Die zukunftweisende, universalistische Betrachtungsweise des großen Philologen und Paläographen *L. Traube* hat bisher in dieser, wie in anderen Hinsichten keine rechte Nachfolge gefunden; zum Teil wohl, weil *Traube* kein geschlossenes Hauptwerk hinterlassen hat (Vorlesungen u. Abhandlungen, hrsg. v. *F. Boll*, I, 1909: Zur Paläographie und Handschriftenkunde hrsg. v. *P. Lehmann*). Auch *Traube* und viele seiner Schüler haben sich freilich Erkenntnisse auf dem Gebiet stilgeschichtlicher Analyse der Schrift dadurch verbaut, daß sie glaubten, sich im wesentlichen auf die Geschichte der Buchschrift beschränken zu können (vgl. den übernächsten Abschnitt). So stellt noch *A. Mentz* (Geschichte der griechisch-römischen Schrift, 1920) die Frage, »ob auch die Schrift der Urkunden des täglichen Lebens in die Schriftgeschichte gehört« (a. a. O., S. 47), bejaht sie dann allerdings mit durchaus zutreffenden Gründen. Was bisher über den Zusammenhang zwischen Paläographie und Kunstgeschichte geschrieben wurde, ist wenig befriedigend. *R. Kautzsch*, Wandlungen in der Schrift und in der Kunst (1929; unzulänglich). *L. Coellen*, Die Stilentwicklung der Schrift im christlichen Abendland (1922) bringt gute Gedanken und Beobachtungen, verwertet sie aber zum Aufbau einer unhistorischen »kunstphilosophischen« Dogmatik. Lehrreich zu einem Einzelproblem: *W. Stammler*, Wort u. Bild, Studien z. d. Wechselbeziehungen zw. Schrifttum u. Bildkunst im Mittelalter (1962). Anregende Hinweise eines erfahrenen Archivars: *K. Dülfer*, Bemerkungen zum Verhältnis von Schreibschrift und Kunst in der Neuzeit (in: *K. Dülfer – H. E. Korn*, Schrifttafeln zur deutschen Paläographie des 16.–20. Jahrhunderts, 1966).

Am befriedigendsten ist bis heute die Eingliederung der Paläographie in eine universalhistorische Betrachtungsweise in zwei ganz kurzen, aber in ihrer Art meisterhaften Darstellungen geschehen: *A. Mentz*, a. a. O., und *K. Brandi*, Die Schrift (1925; Neudruck in Ausgewählte Aufsätze, 1938). Die Arbeit namentlich von Brandi ist als knappe Einführung in die Problematik der Schriftgeschichte bisher unübertroffen.

S. 66–70: Beschreibstoffe und Schreibgeräte

Angaben über Beschreibstoffe u. Schreibgerät in allen allgemeineren paläogr. Darstellungen, vgl. den nächsten Abschnitt. Für die ganze »Kulturgeschichte« des Schreibwesens überhaupt bis heute unentbehrlich das klassische Werk von *W. Wattenbach:* Das Schriftwesen im Mittelalter (3. Aufl., 1896; Neudruck 1958, als 4. Aufl. bezeichnet). *K. v. Larisch*, Über Schreibwerkzeuge und ihren gestaltenden Einfluß auf die Schriftentwicklung (Graphische Revue, 1924); *O. Hurm*, Schriftform u. Schreibwerkzeug. Die Handhabung d. Schreibwerkzeuge u. ihr formbildender Einfluß auf die Antiqua (1928). *W. Schubart*, Einführung in d. Papyruskunde (1918); *L. Santifaller*, Beitr. z. Geschichte d. Beschreibstoffe im Mittelalter, m. bes. Berücksicht. d. päpst. Kanzlei. I (MIÖG, Erg.-Bd. 16, 1953); *R. Reed*, The Nature and Making of Parchment (1975). *A. Renker*, Das Buch vom Papier (3. Aufl., 1950; volkstümliche, aber gute Zusammenfassung). *V. Thiel*, Papiererzeugung u. Papierhandel vornehmlich in d. deutschen Landen v. d. ältesten Zeiten bis z. Beginn d. 19. Jahrhunderts (Archival. Zschr. 41, 1932). *J. Warncke*, Mittelalterl. Schulgeräte im Museum z. Lübeck (Zschr. f. Gesch. d. Erziehung u. d. Unterrichts 2, 1912). Wertvolle Angaben über Pergament u. Papier, deren Herstellung u. chemische Eigenschaften, Schädlinge usw. bei: *J. Papritz* (Hrsg.), Die Archivtechnische Woche d. Archivschule Marburg, Erfahrungen u. Verhandlungsbericht (1956; als Mskr. gedruckt). – Wasserzeichen: *G. Piccard*, Wasserzeichenforschung als hist. Hilfswissenschaft (Archival Zschr. 52, 1956). *C. M. Briquet*, Les filigranes, Bd. I–IV (2. Aufl., 1923) enthält als Nachschlagewerk systematisch u. chronologisch geordnet rund 16000 Wasserzeichen der Zeit zwischen 1282 und 1600; Faksimile-Ausgabe mit Ergänzungen, hrsg. v. *A. Stevenson* (Amsterdam 1968), und seit 1961 erscheinend: *G. Piccard*, Die Wasserzeichenkartei Piccard im Hauptstaatsarchiv Stuttgart. Findbücher nach datierten Wasserzeichen. – Gute Abbildungen v. Wachstafeln u. a. bei *G. Voit*, Das Wachstafelzinsbuch d. Reichsveste zu Nürnberg von etwa 1425 (Q. z. Gesch. u. Kultur d. Stadt Nürnberg 7, 1967).

S. 70–79: Grundbegriffe und Grundlinien der Schriftentwicklung

Allgemeines, größere Gesamtdarstellungen: P. Sattler – G. v. Selle, Bibliographie z. Gesch. d. Schrift bis 1930 (1935). *B. Bischoff,* Deutsches Schrifttum z. lat. Paläogr. u. Handschriftenforschung (in mehreren Jahrgängen der Zs. Scriptorium seit 7, 1953; in anderen Jahrgängen entspr. Berichte über d. Forschung anderer Länder); regelmäßige Lit.-Übersichten auch in MIÖG und DA und umfassend: *J. u. M. D. Maten Ibars,* Bibliografia paleográfica (1974), weit über die Titelangabe hinausgehend. – *H. Jensen,* Die Schrift in Vergangenheit u. Gegenwart (3. Aufl. 1969; guter Gesamtüberblick auch über d. nichtabendl. Schriftformen, aber allzu knapp); *A. Petrau,* Schrift u. Schriften im Leben d. Völker (2. Aufl. 1944; Versuch tiefen- u. kulturpsychologischer Deutung); ähnlich angelegt, aber vielfach anfechtbar *M. Cohen,* La grande invention de l'écriture et son évolution (2 Bde. u. Tfl.-Bd., Paris 1958). *H. Delitsch,* Geschichte d. abendländ. Schreibschriftformen (1928; im ganzen sehr gut, befaßt sich ausführlich auch mit d. Problemen von Schreibwerkzeug, Handhaltung usw.); die letztgenannten Werke mit reichem, aber teilweise zu kleinem Abb.-Material. Kulturgeschichtlich anregend, in den Schlußfolgerungen jedoch nicht immer stichhaltig: *S. Morrison,* Politics and Script. Aspects of Authority and Freedom in the Development of Graeco-Latin Script from the Sixth Century B. C. to the Twentieth Century A. D. (1972). Eine französ. Darstellung: *J. Fevrier,* Histoire de l'écriture (2. Aufl., Paris 1959). – Vielfach anregend der vom Centre International de Synthèse hrsg. Sammelbd. L'écriture et la psychologie des peuples (Paris 1963). Das italienische Werk von *G. Cencetti,* Storia della scrittura latina (Bologna 1958) umfaßt auch die neuzeitliche Entwicklung; die jüngste, umfangreiche und sehr pointierte Darstellung: *B. Bischoff,* Paläographie des römischen Altertums und des abendländischen Mittelalters (1979) mit reicher Literatur. Ein wissenschaftlich nicht immer stichhaltiges, aber hervorragend aufgemachtes Werk: *H. Hussmann,* Über die Schrift (1977).
Lehrbücher: B. Bretholz, Lat. Paläographie (3. Aufl., 1926; Meisters Grundriß); knapp, konservativ, teilweise überholt. *H. Foerster,* Abriß d. lat. Paläographie (2. Aufl., Bern 1963); an Bretholz angeglichen, aber ausführl. über den Stand d. Forschung resümierend. *P. Lehmann,* Lat. Paläographie, in: *Gercke-Norden,* Einleitg. in d. Altertumswiss., Bd. 1 (3. Aufl. 1927; behandelt hauptsächl. Buchschriften, reicht nur bis z. karol. Minuskel). *B. Bischoff,* Paläographie, in: W. Stammler (Hrsg.), Dt. Philologie im Aufriß (2. Aufl. 1957; knapp, sehr gut). *E. M. Thompson,* An Introduction to Greek and Latin Paleography (2. Aufl., Oxf. 1912; klassisches Werk, auch mit reichem Abb.-Material). Das entsprechende klassische Lehrbuch d. ital. Schule: *C. Paoli,* Grundr. z. Vorlesungen über lat. Paleographie u. Urkundenlehre, Bd. 1: Lat. Paläographie (3. Aufl. 1902), Bd. 2: Schrift- u. Buchwesen (1895); *G. Battelli,* Lezioni di paleografia (3. Aufl., Vatikanstadt 1949). Stoffreich u. zuverlässig auch das bekannteste französ. Werk: *M. Prou,* Manuel de Paléographie latine et française (4. Aufl., ed. *A. de Boüard,* Paris 1924; enthält auch ein brauchbares Kürzungsverzeichnis. Dazu ein Album mit 24 Tafeln) und zuletzt *J. Stiennon,* Paléographie du Moyen Age (1973), mit zahlreichen Schrifttafeln und Transskriptionen. – Zur Terminologie: *B. Bischoff – G. J. Lieftinck – G. Batelli,* Nomenclature des écritures livresques du IXe au XVIe siècle (Paris 1954). Nur die neuzeitlichen Geschäftsschriften behandelnd: *K. Gladt,* Deutsche Schriftfibel. Anleitung zur Lektüre der Kurrentschrift des. 17. bis 20. Jahrhunderts (1976).

Kürzere und volkstümliche Übersichten: Außer den schon genannten vorbildl. Arbeiten von *A. Mentz* und *K. Bandi* (oben, S. 177) ist recht brauchbar *W. H. Lange,* Schriftfibel (3. Aufl., 1951). Empfehlenswerte Übersicht über d. neuesten Stand d. Forschung: *Ch. Higounet,* L'Écriture (Sammlg. »Que Sais-Je?«, Paris 1955; verzichtet allerdings gänzlich auf Behandlung d. mittelalterl. Kursiven). Kleines Hilfsbüchlein f. d. Praxis, das im Gegensatz z. d. meisten anderen auch die Neuzeit umfaßt: *H. Sturm,* Unsere Schrift. Einführung in d. Entwickl. ihrer Stilformen (1961). Mehr vom kalligraphisch-ästhet. Standpunkt aus: *R. Benz – U. Schleicher,* Kleine Geschichte d. Schrift (1956); eine reich bebilderte, populäre Übersicht über Schrift- u. Schreibentwicklung: *D. Jackson,* Alphabet – Die Geschichte vom Schreiben, 1981.

Tafel- u. Abbildungswerke: Wichtig zur Datierung u. Lokalisierung v. Buchschriften das internat. Gemeinschaftswerk: Catalogue des manuscrits en écriture latine portant des indications de date, de lieu ou de copiste (Paris 1959 ff., bisher 7 Bde.). *H. Degering,* Die Schrift. Atlas d. Schriftformen d. Abendlandes vom Altertum b. z. 18. Jahrhundert (4. Aufl. 1964; Übersichtswerk, für paläogr. Studium nicht ausreichend). *J. Tschichold,* Gesch. d. Schrift in Bildern (4. Aufl. 1961; gute Abbildg.). Hervorragend die leider schwer erreichbaren großen Publikationen aus England u. Frankreich, besonders d. engl. Palaegr. Society und New Pal. Soc. (Facsimiles of ancient manuscripts and inscriptions, Ser. I, II, 1873–94, mit 455 Tafeln, und die beiden Serien d. neuen Gesellschaft, 1903–30, mit 430 Tafeln); aus Frankreich besonders *L. Delisle,* Album paléographique ou Recueil des documents importants ... (1887; 50 Tafeln, umfassend d. 5.–17. Jahrhundert). Gleichwertig ist das ebenfalls selten gewordene, unabgeschlossene Werk von *A. Chroust* (Hrsg.), Monumenta Paleographica, Denkmäler d. Schreibkunst d. Mittelalters (1899–1939; drei Serien m. über 500 Lichtdrucktafeln, regional aufgebaut). Sehr schön auch die entsprechend aufgebaute Schweizer Parallele zu Chroust: *A. Bruckner,* Scriptoria medii aevi Helvetica (Genf 1935 ff.). Für Lern- u. Lehrzwecke immer noch das beste deutschsprachige Werk: *F. Steffens,* Latein. Paläographie (2. Aufl. 1929; 125 Tafeln nebst knapper guter Textdarstellung und sehr guten, ausführl. Einzelerläuterungen). Steffens nicht ganz ebenbürtig das weit verbreitete Werk von *W. Arndt – M. Tangl,* Schrifttafeln z. Erlernung d. lat. Paläographie (H. 1, 2 in 4. Aufl. 1904, bringen überwiegend Buchschriften, am wertvollsten H. 3 mit Nachträgen u. Geschäftsschriften, hrsg. v. *Tangl,* 2. Aufl. 1907, verkleinerter Nachdruck 1976 mit schlechter Wiedergabe der Schriftbeispiele. Nur auf Buchschriften beschränkt, mit sehr guten Abbildungen, aber zu knappen Erläuterungen: *J. Kirchner,* Scriptura latina libraria (2. Aufl. 1970; 52 Tafeln, bis Ende d. Mittelalters); ergänzend dazu von demselben Vf.: Scriptura Gothica libraria (1966; 87 Abb. von durchweg datierten u. lokalisierten Handschriften). Zeitlich oder örtlich beschränkt: *E. Diehl,* Inscriptiones Latinae (Tabulae in usum scholarum 4, 1912); *F. Ehrle – P. Liebaert,* Specimina Codicum Latinorum Vaticanorum (Tabulae in usum ..., 3, 2. Aufl. 1932); *E. A. Lowe,* Codices Latini Antiquiores (Oxf. 1934–66; Gesamtedition der Handschriften aus d. Zeit vor 800, Tafeln in Originalgröße, m. Text, 11 Bde.); *A. Bruckner,* Chartae Latinae Antiquiores (1954 ff.), bisher 12 Bde.; Parallelwerk z. Lowe: Urkunden d. Zeit vor 800); *E. Petzet – O. Glauning,* Deutsche Schrifttafeln d. 9. bis 16. Jahrhunderts (5 Abteilungen, 75 Tafeln, 1910–30; gute Auslese deutscher Handschriften d. Münchener Staatsbibliothek); *R. Thommen,* Schriftproben aus Basler Handschriften d. 14.–16. Jahrhunderts (2. Aufl. 1908). *H. Gutzwiller,* Die Entwicklung der Schrift v. 12. bis ins 19. Jh. Dargestellt anhand v. Schriftstücken des Solothurner Staatsarchivs, 1981; *G. Mentz,* Handschriften d. Reformationszeit (Tabulae in usum ..., 5, 1912; hervorragend); *J. Ficker – O. Winckelmann,* Handschriftenproben d. 16. Jahrhunderts nach Straßburger Originalen (1902–05; 2 Bde. mit 102 Tafeln). *K. Dülfer – H.-E. Korn,* Schrifttafeln zur deutschen Paläographie des 16.–20. Jahrhunderts (2 Teile 1966; gute knappe Auswahl, 50 Tfln.). – Zum frühen Buchdruck: [*C. Wehmer,* Bearb.], Deutsche Buchdrucker des 15. Jahrhunderts (1971; 100 sehr schöne Tfln., vorzügl. Erläuterungen).

Zur Schriftgeschichte einzelner Perioden: L. Schiaparelli, La scrittura latina nell' età Romana (1921; die klassische Darstellung). *J. Mallon,* Paléographie romaine (Madrid 1952; wichtige neue Gesichtspunkte, namentlich auf Grund d. neugefundenen afrikanischen Papyri m. römischen Schriften, sehr anregend, aber in Datierung u. Wertung umstritten; zur Kritik vgl. die eingehende Bespr. von *J. O. Tjäder, MIÖG 61, 1953). J. Mallon, R. Marichal, Ch. Perrat,* L'écriture latine de la capitale à la minuscule (Paris 1939; schöne Abbildungen). *R. Seider,* Paläographie d. lateinischen Papyri, Bd. I, 1, Tafeln: Urkunden (1972; gute Abbildungen m. Erläuterungen); *J.-O. Tjäder,* Der Ursprung der Unzialschrift, in: Basler Zs. f. Gesch. u. Altertumskunde 74 (1974), S. 9–40. – *E. A. Lowe,* Handwriting. Our Medieval Legacy (Roma 1969. Schöne Darstellung d. mittelalterl. Entwicklung m. großen Abbildungen!). *H. Steinacker,* Zum liber diurnus u. z. Frage d. Entstehung d. Frühminuskel (Miscellanea Francesco Ehrle, IV, 1924). *A. Hessel,* Zur Entstehung d. karoling. Minuskel (AUF. 8, 1923); ders., Studien z. Ausbreitung d. karolingischen Minuskel (AUF. 7, 1921, 8, 1923). *A. de Boüard,* La question des origines de la minuscule caroline (Palaeographia Latina, IV, Oxf. 1925; krit. Besprechung durch *F. Peeters,* Revue belge, 1931, unter demselben Titel). *Ph. Lauer,* La réforme carolingienne de l'écriture latine et l'école calligraphique de Corbie (Mém. de l'Ac. des Inscr., 13, 1933). *B. Bischoff,* Die südostdeutschen Schreibschulen u. Bibliotheken d. Karolingerzeit I u. II (3. Aufl. 1974/1981). *D. W. H. Schwarz,* Die karolingische Schriftreform, ein Problem d. Kulturgeschichte (Schweiz. Beitrr. z. Allg. Gesch. 4, 1946). – *E. Crous, F. Kirchner,* Die gotischen Schriftarten (1928; vorzüglich, aber auf d. Buchschriften beschränkt). *W. Heinemeyer,* Studien z. Geschichte d. got. Urkundenschriften I, II (Arch. f. Diplomatik 1, 1955, 2, 1956; sorgfältige formgeschichtl. Untersuchungen), 2. Aufl. 1982 als Beiheft z. Arch. f. Dipl. 4, 2.

Zur Geschichte d. »Schriftlichkeit« im Mittelalter: *F. Rörig,* Mittelalter u. Schriftlichkeit (Welt als Geschichte 13, 1953); *F. L. Ganshof,* Charlemagne et l'usage de l'écrit en matière administrative (Moyen-âge 57, 1951); *E. Hajnal,* Le rôle social de l'écriture et l'évolution européenne, (Revue de l'institut de sociologie Solvay, Bruxelles, 14, 1934); ders., L'enseignement de l'écriture aux universités médiévales (2. Aufl., Budapest 1959); *W. Schmidt,* Vom Lesen und Schreiben im späten Mittelalter (Festschr. f. J. Schröbler, 1973). – *Wilh. Meyer,* Die Buchstabenverbindungen der sog. gotischen Schrift (Abh. Ges. d. Wiss., Göttingen, Phil.-hist. Kl. I, 6, 1897). *A. Hessel,* Die Schrift d. Reichskanzlei seit d. Interregnum u. d. Entstehung d. Fraktur (Nachr. Ges. d. Wiss., Göttingen, Phil.-hist. Kl., N. F. II, 3, 1937); ders., Die Entstehung d. Renaissanceschriften (AUF. 13, 1933); ders., Von d. Schrift z. Druck (Zeitschr. d. Dt. Vereins f. Buchwesen u. Schrifttum, 6, 1923). *B. L. Ullmann,* The Origin and Development of Humanistic Script (Rom 1960). *H. Hirsch,* Gotik u. Renaissance in d. Entwicklung unserer Schrift (Almanach d. Ak. d. Wiss., Wien, 1932); *K. Friedland,* »Antiqua«, Geschichtliches und Kritisches zum

Namen unserer Schrift (Philobiblon 20, 1976). – Zum Problem der neuzeitlichen Paläographie: *K. Pivec*, Paläographie des Mittelalters – Handschriftenkunde der Neuzeit? (in: Festschr. z. Feier d. zweihundertjähr. Bestandes d. Haus-, Hof- u. Staatsarchivs, Bd. 1, Wien 1949). *L. Santifaller*, Bozener Schreibschriften d. Neuzeit, 1550 bis 1851 (Jena 1930; gute Monographie z. neuzeitl. Paläographie, entwickelt am Beispiel eines wesentlichen Schriftzentrums im dt. Kulturgebiet). – Moderne gute Übersicht über die Geschichte des Buchdrucks: *S. H. Steinberg*, Die Schwarze Kunst (2. Aufl. 1961).
Zur neuesten Schriftgeschichte unter »weltanschaulicher« Einwirkung: *A. J. Walther*, Schriftentwicklung unter d. Einfluß der Diktaturen (MIÖG 68, 1960 = Festgabe L. Santifaller).

S. 79–80: Kürzungen und Geheimschriften

L. Traube, Lehre u. Geschichte d. Abkürzungen (in: Vorlesungen u. Abhandlungen I, 1909); vgl. auch die Einleitung in d. unten genannten Lexikon von *Cappelli*. *A. Mentz*, Die tironischen Noten (AUF. 16, 1939, 17, 1941; auch in Buchform: Die Tiron. Noten, eine Gesch. d. röm. Kurzschrift, 1942); *W. M. Lindsay*, Notae Latinae (Cambr. 1915; nur f. d. 8. u. 9. Jahrhundert); *D. Bains*, Notae Latinae (Cambr., 1936; Forts. bis Mitte 11. Jahrh.); *H. Boge*, Griechische Tachygraphie und Tironische Noten. Ein Handbuch der antiken und mittelalterlichen Schnellschrift (1973). Zur neuzeitl. Entwicklung: *A. Mentz*, Gesch. d. Kurzschrift (1949). – *J. L. Walther*, Lexicon diplomaticum (2. Aufl. 1756, Nachdruck 1973), wegen der Fülle des Materials immer noch unentbehrlich). *L. A. Chassant*, Dictionnaire des abréviations latines et françaises (5. Aufl., 1884). *A. Cappelli*, Lexicon abbreviaturarum (Die ital. Originalausgabe – Dizionario di abbreviature latine ed italiane – in 6. Aufl. Milano 1973; dt. Ausgabe in 2. Aufl. 1928. Das bei weitem brauchbarste Werk dieser Art); dazu Supplement: *A. Pelzer*, Abréviations latines médiévales (Louvain 2. Aufl. 1966). *K. Dülfer*, Gebräuchliche Abkürzungen des 16.–20. Jhdts. (1966).
F. Stix, Geheimschriftenkunde als hist. Hilfswissenschaft (MÖIG, Erg. Bd. XIV, 1939). *B. Bischoff*, Übersicht über die nichtdiplomat. Geheimschriften d. Mittelalters (1954). *A. Meister*, Die Anfänge d. modernen dipl. Geheimschrift (1902).

3. Das Geschäftsschriftgut: Urkunden und Akten

S. 82–84: Der Urkundenbegriff

Definitionen der Urkunde in allen unten angegebenen Handbüchern der Urkundenlehre. Wenn selbst ein so stark vom Juristischen herkommender Autor wie *R. Heuberger* (s. u.) einem etwas weiteren »historischen« Urkundenbegriff das Wort redet (S. 2f.), so beruht das doch nur auf der einfachen wissenschaftsgeschichtlichen Tatsache, daß beim Erscheinen seines Buches eine eigene Disziplin der »Aktenkunde« noch nicht einmal als Begriff geschaffen war. – Die oben angedeutete abweichende Auffassung *Bernheims* in seinem Lehrbuch d. hist. Methode (5.–6. Aufl.), III § 3. Urkundenforschung und Urkundenlehre haben eine lange Geschichte, die hier nicht darzustellen ist; auch sie findet sich in allen größeren Urkundenlehren, so bei *Breßlau* im 2. Kapitel des 1. Bandes (s. u.). Über den Zusammenhang von Urkunden und Akten und über die Anwendung des

Aktenbegriffes auch auf mittelalterl. Schriftgut vgl. *A. v. Brandt,* Vorbemerkungen zu einer mittelalterl. Aktenlehre (in: Archivar u. Historiker, Festschr. H. O. Meisner 1956), sowie neuerdings, aus abweichender aber bemerkenswerter formgeschichtl. Betrachtungsweise, *K. Dülfer,* Urkunden, Akten u. Schreiben in Mittelalter u. Neuzeit (Arch. Zs., 53, 1957). Grundsätzliche Erwägungen über das Wesen der Urkunden und die Aufgaben und Fortschritte der Urkundenforschung: *K. Brandi,* Einführung zu AUF. 1, 1908 und »Urkundenforschung« (ebda. 2, 1909; knappe, z.T. polemische Rechtfertigung seiner Auffassung u. Arbeitsziele gegenüber der sog. »österreichischen Schule«). *O. Redlich,* Fortschritte d. Urkundenlehre (MIÖG 41, 1926); *H. Hirsch,* Methoden u. Probleme d. Urkundenforschung (MÖIG 53, 1939; vgl. auch desselben Aufsätze z. mittelalterl. Urkundenforschung, hrsg. v. *Th. Mayer,* 1965); *K. Pivec,* Die Stellung der Hilfswissenschaften in der Geschichtswissenschaft (MÖIG 54, 1942; entwicklungsgeschichtliche Skizze namentlich der Fortschritte in der Urkundenforschung, berührt sich vielfach mit d. vorigen). Knapper Leitfaden für das früh- und hochmittelalterl. Urkundenwesen vom Standpunkt der modernen Forschung: *L. Santifaller,* Urkundenforschung. Methoden, Ziele, Ergebnisse (3. Aufl. 1968). Eine noch kürzere problemgeschichtl. Übersicht über d. neueren Forschungsrichtungen: *H.-W. Klewitz,* Urkundenforschung u. Geschichtswissenschaft (Geistige Arbeit 6, 1939).
Während die Urkundenforschung in den fünf letzten Jahrzehnten bedeutende Fortschritte gemacht hat, hinkt die Urkunden*lehre,* also die Verarbeitung zu Gesamtdarstellungen u. Lehrbüchern, sehr hinterher. Diese Werke sind z.T. mehrere Jahrzehnte alt, aber noch nicht ersetzt. Die umfassendste Darstellung: *H. Breßlau,* Handbuch d. Urkundenlehre für Deutschland und Italien, 2. Aufl., Bd. I (1912), II, 1 (1915), II, 2 (1931; bearb. durch *H.-W. Klewitz*); Neudruck des Ganzen (»3. Aufl.«) sowie Band III (Register) 1960. Breßlaus Handbuch ist nach wie vor das unentbehrliche Standardwerk d. deutschen Forschung; systematisch gegliedert, große Stoffülle. Eine gute und relativ moderne französ. Darstellung: *A. de Boüard,* Manuel de diplomatique française et pontificale, Bd. I Diplomatique générale, Bd. II L'acte privée (Paris 1929—1948; dazu 3 Alben m. guten Tafeln, 1929—52); der fehlende Teil III ersetzt durch *G. Tessier,* Diplomatique royale française (Paris 1962). Boüard behandelt ausreichend auch die neuzeitl. Entwicklung. Kürzer: *P. Bonenfant,* Cours de diplomatique (Lüttich 1941). Aus Below-Meineckes Handbuch: Teil I, *O. Redlich,* Allgem. Einleitung z. Urkundenlehre (sehr kurz, aber gut) u. *W. Erben,* Die Kaiseru. Königsurkunden d. Mittelalters (1907); Teil III, *O. Redlich,* Die Privaturkunden des Mittelalters (1911; gibt mehr, als der Titel sagt, als bis heute in Klarheit und Systematik unübertroffene Gesamtübersicht besonders empfehlenswert); Teil II, der die Papsturkunden behandeln sollte, ist nie erschienen. Aus Meisters Grundriß: Teil I, *R. Thommen,* Grundbegriffe, Kaiser- und Königsurkunden (1913; allzu knapp); Teil II, *L. Schmitz-Kallenberg,* Papsturkunden (1913; gut, aber in Einzelheiten durch die neuere Forschung überholt); Teil III, *H. Steinacker,* Privaturkunden (1906; seinerzeit maßgeblich, auch heute noch sehr anregend. In zweiter Auflage, aber doch mit anderer Zielsetzung, ersetzt durch das folgende); *R. Heuberger,* Allg. Urkundenlehre für Deutschland und Italien (1921; wegen schärfster Komprimierung der Stoff- und Zitatenfülle und mehr juristischer Denkart nicht leicht benutzbar, aber lehrreich; hat den Vorteil, daß es die Betrachtung bis zur Neuzeit fortführt). *H. Foerster,* Urkundenlehre in Abbildungen (Bern 1951), ist kein Lehrbuch, sondern eine (gut durchdachte) Beispielsammlung für den akademischen Gebrauch; die Abbildungen

reichen wegen des verwendeten, billigen Offsetdruckverfahrens für ihren Zweck zum Teil nicht aus. Für das an Besonderheiten reiche byzantinische Urkundenwesen die Sammlung von 20 Aufsätzen des Altmeisters der Byzantinistik: *F. Dölger,* Byzantinische Diplomatik (1956), sowie *F. Dölger – J. Karayannopulos,* Byzantinische Urkundenlehre, 1. Abschn. Die Kaiserurkunde (= Byz. Hdb. III 1, 1, 1968; in Einzelheiten nicht voll befriedigend).
Zum neuzeitlichen Urkundenwesen, soweit es den Historiker besonders angeht: *L. Bittner,* Die Lehre von den völkerrechtlichen Vertragsurkunden (1924, grundlegend). *H. O. Meisner,* Archivalienkunde vom 16. Jh. bis 1918 (1969; Hauptgewicht liegt auf der aktenkundlichen Seite, vgl. dazu weiter unten).
An Abbildungswerken sei auf die zur Paläographie genannten Tafelwerke verwiesen. Im übrigen, außer den eben genannten Werken von *Boüard* und *Foerster: H. v. Sybel – Th. Sickel,* Kaiserurkunden in Abbildungen (1889 bis 91; gute Abb. von 360 ausgewählten Urkunden der Zeit von 760 bis 1517). Vorzüglich, aber leider unvollendet die von *G. Seeliger* hrsg. Sammlung Urkunden und Siegel in Nachbildungen für den akademischen Gebrauch, Heft 2: *A. Brackmann,* Papsturkunden (1914), Heft 3: *O. Redlich – L. Groß,* Privaturkunden (1914; Heft 1, in dem Seeliger selbst die Kaiser- und Königsurkunden behandeln wollte, ist nicht erschienen); Diplomata Karolinorum. Faksimile-Ausgabe der in der Schweiz liegenden originalen Karolinger- und Rudolfinger-Diplome, 4 Tafelbde., 1 Textbd. (1977).

S. 84–87: Beweisurkunde und Dispositive Urkunde

Die Scheidung von Beweis- und dispositiver Urkunde in ihrer antiken Herkunft ist eine Erkenntnis *H. Brunners:* Carta und Notitia (Festschr. Th. Mommsen 1877; Neudruck in *Brunner,* Ges. Abh., Hrsg. K. Rauch, I, 1931) und Zur Rechtsgeschichte der römischen und germanischen Urkunde (1880, Neudr. 1961). Seine Darlegungen modifiziert durch *H. Steinacker:* Die antiken Grundlagen der frühmittelalterlichen Privaturkunde (1927); vgl. auch *O. Redlich,* Geschäftsurkunde und Beweisurkunde (MIÖG, Erg. Bd. 6, 1901 = Sickel-Festschr.) sowie *P. Classen,* Kaiserreskript u. Königsurkunde, Diplom. Studien z. röm.-germ. Kontinuitätsproblem (Arch. Dipl. 1, 1955, 2, 1956, überarbeitete Fassung als selbst. Druck: Thessaloniki 1977) und *ders.:* Fortleben und Wandel des spätrömischen Urkundenwesens im frühen Mittelalter, in: Recht und Schrift im MA, Hrsg. P. Classen (= Vorträge und Forschungen 23, 1977). Beispielhafte Einzeluntersuchung: *H. Steinacker,* »Traditio cartae« u. »traditio per cartam«, ein Kontinuitätsproblem (Arch. Dipl. 5/6, 1960) und für das 10. und 11. Jhdt. *P. Johanek,* Zur rechtlichen Funktion von Traditionsnotiz, Traditionsbuch und früher Siegelurkunde, in: Recht und Schrift im MA, Hrsg. *P. Classen* (= Vorträge und Forschungen 23, 1977). – Die begriffliche Verständigung wird dadurch sehr erschwert, daß in d. Literatur zahlreiche verschiedene Benennungen üblich sind: so für die dispositive Urkunde, neben Carta und »konstitutiver Urkunde«, auch »Geschäftsurkunde« *(H. Brunner u. O. Redlich)* und »Verfügungsurkunde« *(R. Heuberger).*

S. 87–90: Beglaubigung

Zum Siegelwesen vgl. die Angaben bei Abschn. 5. Die übrigen Beglaubigungsformen werden in den schon genannten Lehrbüchern sämtlich ausreichend behandelt. Zur carta partita vgl. die von *F. Rörig* behandelten besonders lehrreichen Lübecker Beispiele in: Monumenta Palaeographica III, Lief. 19, 1938, Taf. 10 (Text u. Abbildungen); *B. Bischoff,* Zur Frühgeschichte d. mittelalterl. Chirographum (Arch. Zs, 50/51, 1955) und *W. Trusen,* Chirograph und Teilurkunde im MA, in Arch. Zs. 75/1979, eine begriffliche Klärung. Stadtbücher: *P. Rehme,* Stadtbücher als Geschichtsquellen (Korr.bl. d. Gesamtvereins d. dt. Gesch.- u. Altert.- Vereine 1914); *K. Beyerle,* Die deutschen Stadtbücher (Dt. Gesch.bll. 11, 1910); *P. Rehme,* Stadtbücher d. Mittelalters (Festschr. V. Ehrenberg, 1927). Eine mustergültige Untersuchung für einen begrenzten Raum: *G. Richter,* Lagerbücher- und Urbarlehre. Hilfswissenschaftliche Grundzüge nach württembergischen Quellen (1979). Die weitverzweigte Lit. über lokale Stadtbücher kann hier nicht aufgeführt werden. Notariat in Deutschland: *L. Koechling,* Untersuchungen über d. Anfänge d. öffentlichen Notariats in Deutschland (Marburger Stud. z. ält. dt. Gesch. II, 1, 1925); *F. Luschek,* Not.-Urkunden u. Notariat in Schlesien (Hist.-dipl. Forsch. 5, 1940). Notariatsarchive: *H. v. Voltelini,* Südtiroler Notariatsimbreviaturen des 13. Jahrhunderts I, 1899, II, 1951 (Textedition); *J. Strieder,* Aus Antwerpener Notariatsarchiven, 1930 (Auswahl unter wirtschaftsgeschichtl. Blickpunkt); *P.-J. Schuler,* Südwestdeutsche Notariatszeichen (1976) und *ders.,* Geschichte des südwestdeutschen Notariats. Von seinen Anfängen bis zur Reichsnotariatsordnung 1512 (1976), beide Werke mit umfangreicher Literatur.

Zum Unterschied von öffentlichen u. »Privaturkunden« vgl. besonders die Angaben bei *Breßlau* a.a.O., Bd. I, S. 3, 4, 651 ff., 726 ff.; *Redlich,* Privaturkunden (1911), Vorwort.

S. 90–92: *Diplom und Mandat*

Das Formular des Diploms wird in allen Lehrbüchern ausreichend behandelt. In unserer Übersicht wird die Arenga, abweichend von der üblichen Darstellung, als Bestandteil des Protokolls (nicht des Kontextes) betrachtet, da sie in der Regel unabhängig vom Einzelzweck der Urkunde ist und daher logisch richtiger zum Protokoll gehört. Über sie: *H. Fichtenau,* Arenga. Spätantike u. Mittelalter im Spiegel von Urkundenformeln (MIÖG, Erg.- Bd. 18, 1957). Die klassischen Hauptwerke der vier genannten Forscher: *Th. Sickel,* Die Urkunden d. Karolinger (2 Bde., 1867); *J. Ficker,* Beiträge z. Urkundenlehre (2 Bde., 1877–78); *H. Brunner,* Zur Rechtsgesch. d. röm. u. german. Urkunde (1880); *P. Kehr* (Hrsg.) Regesta pontificum Romanorum, darin von K. selbst bearb.: Italia pontificia, 1–7, 2, 1906 ff. Über Urkunde u. Brief vgl. weiter unten S. 116.

Über die besonderen Formen der Diplomatik mittelalterlicher Staatsverträge (vgl. für die Neuzeit das oben angegebene Werk von *L. Bittner):* *W. Heinemeyer,* Studien z. Diplomatik mittelalterl. Verträge, vornehml. d. 13. Jahrhunderts (AUF. 14, 1936); *A. v. Brandt,* Der Stralsunder Friede, Verhandlungsablauf u. Vertragswerk 1369–1376 (Hansische Geschichtsbll. 88, 1970).

S. 93–96: *Kanzlei und Kanzleiform*

Zu den Arbeiten von *Sickel* und *Ficker* vgl. die Angaben beim vorigen Abschnitt. Für die kuriale Kanzlei: *M. Tangl,* Die päpstlichen Kanzleiordnungen von 1200 bis 1500 (1894); wichtige neue Ergebnisse bei *P. Herde,* Beitrr. z. päpstl. Kanzlei- u. Urkundenwesen im 13. Jahrhundert (2. Aufl. 1967). Zur Geschichte der deutschen Kaiser- u. Königskanzleien: die

Abhandlungen von *P. Kehr* über die spätkarolingischen Kanzleien (von Ludwig d. Deutschen bis z. Ludwig d. Kind u. Konrad I.), erwachsen aus d. Bearbeitung der entspr. Diplomata-Bände, in Abh. Ak. d. Wiss. Berlin, Phil.-Hist. Kl., 1932–33, 1936–37, 1939–49 – insgesamt eine zusammenfassende Darstellung des Urkundenwesens d. deutschen Karolinger, durch die *Sickels* früher genanntes klassisches Werk teilweise überholt und ersetzt wird; ferner *Kehrs* kanzleigeschichtl. Einleitung zu seiner Edition d. Urkunden Heinrichs III. (M. G. Dipl. 5, 1931) sowie *D. v. Gladiss*, Die Kanzlei u. d. Urkunden Kaiser Heinrichs IV. (1938) u. *F. Hausmann*, Reichskanzlei u. Hofkapelle unter Heinrich V. u. Konrad III. (1956). Über die eigenhändige Beglaubigung der Kaiser- u. Königsurkunden eine längst notwendige Untersuchung: *W. Schlögl*, Die Unterfertigung deutscher Könige von der Karolingerzeit bis zum Interregnum durch Kreuz und Unterschrift (1978).

Nach den von den Monumenta gegebenen Vorbildern ist in den letzten fünf bis sechs Jahrzehnten eine Fülle von Untersuchungen über einzelne Kanzleien entstanden, häufig im Zusammenhang mit d. Edition der betreffenden Urkunden (brauchbare Zusammenstellung solcher territorialgeschichtl. Literatur bei *H. Planitz – Th. Buyken*, Bibliogr. z. deutschen Rechtsgesch., 1952, Nr. 1562–1594). Zum fürstlichen Kanzleiwesen vgl. etwa die Einleitungen zu den Ausgaben von *K. Jordan*, Die Urkunden Heinrichs d. Löwen (1941–49); und *H. Fichtenau, E. Zöllner* u.a. Urkundenbuch z. Gesch. d. Babenberger in Österreich (Bd. 1–3, 1950–55). Gutes Beispiel einer kanzleigeschichtl. Einzeluntersuchung mit Berücksichtigung d. politischen und geistesgeschichtl. Zusammenhänge: *H. Beumann*, Beitrr. z. Urkundenwesen d. Bischöfe von Halberstadt (1939).

Die Anschauungen über das Kanzleiwesen der deutschen Könige u. seinen Zusammenhang mit d. Hofkapelle sind stark beeinflußt worden durch die Forschungen von *H.-W. Klewitz*, von denen genannt seien: Cancellaria, Ein Beitr. z. Gesch. d. geistl. Hofdienstes (DA 1, 1937); Königtum, Hofkapelle u. Domkapitel im 10. u. 11. Jhdt. (AUF. 16, 1939); vgl. auch *S. Görlitz*, Beitrr. z. Gesch. d. königl. Hofkapelle im Zeitalter d. Ottonen u. Salier (1936).

Für die Tendenz, über die formal-»bürokratischen« Fragen hinaus zur Erkenntnis der leitenden Persönlichkeiten u. geistesgeschichtl. Hintergründe zu gelangen, sind etwa bezeichnend: *H. Hirsch*, Reichskanzlei u. Reichspolitik im Zeitalter d. salischen Kaiser (MIÖG 42, 1927); *B. Schmeidler*, Heinrich IV. und seine Helfer im Investiturstreit (1927; aus der folgenden polemischen Auseinandersetzung *Schmeidlers* mit d. Kritik ist noch sein Aufsatz bemerkenswert: Bamberg, der Codex Udalrici u. d. deutsche Reichsverwaltung im 11. u. 12. Jahrh., Zs. f. bayer. Landesgesch. 2, 1929); *H. v. Fichtenau*, Bamberg, Würzburg u. d. Stauferkanzlei (MÖIG 53, 1939); *H. Zatschek*, Wibald v. Stablo, Stud. z. Geschichte d. Reichskanzlei u. d. Reichspolitik unter d. älteren Staufern (MIÖG, Erg.-Bd. 10, 1928); *W. Koch*, Die Reichskanzlei in den Jahren 1167–1174. Eine diplomatisch-paläographische Untersuchung (1973). Dazu auch die ausführliche und in vielen Punkten korrigierende Besprechung von *R. M. Herkenrath* (Archival. Zs. 71, 1975). *G. Barraclough*, The English Royal Chancery and the Papal Chancery in the Reign of Henry III. (MIÖG 62, 1954). Zum Problem allgemein *H.-W. Klewitz*, Urkundenforsch. u. Geschichtswissenschaft (Geist. Arbeit 6, 1939), außerdem *H. Wohlgemuth*, Das Urkundenwesen des Deutschen Reichshofgerichts 1273–1378. Eine kanzleigeschichtliche Studie (1973). Weitere Lit. im Abschn. über d. Briefwesen. – Zur Frage einer organisierten Schulung d. Kanzleipersonals: *D. v. Gladiss*, Die

Salische Kanzleischule zu Kaiserswerth (AUF. 16, 1939); dazu *H.-W. Klewitz*, Kanzleischule u. Hofkapelle (DA 4, 1940).
Beispiele kanzleigeschichtl. Untersuchungen für Spätmittelalter und Neuzeit: *H. M. Schaller*, D. Kanzlei Ks. Friedrichs II. Ihr Personal und ihr Sprachstil (Arch. Dipl. 3, 1957, 4, 1958); *S. Herzberg-Fränkel*, Gesch. d. deutschen Reichskanzlei 1246–1308 (MIÖG, Erg.-Bd.1, 1885), ferner auch *D. Hägermann*, Studien zum Urkundenwesen Wilhelms von Holland. Ein Beitrag zur Geschichte d. dt. Königsurkunde im 13. Jh. Beiheft 2 zum Arch. f. Dipl. 1977; *G. Seeliger*, Erzkanzler u. Reichskanzlei (1889); *H. Spangenberg*, Kanzleivermerke als Quelle verwaltungsgeschichtl. Forschung (AUF. 10, 1928); *P. Moraw*, Grundzüge der Kanzleigeschichte Kaiser Karls IV. (Actes Ve Congrès international de diplomatique 1977); *ders.*, Kanzlei und Kanzleipersonal König Ruprechts (AD 15, 1969). *H. Heimpel*, Aus d. Kanzlei Kaiser Sigismunds (AUF. 12, 1931); *L. Groß*, Gesch. d. deutschen Reichshofkanzlei 1559–1806 (Inventar d. Wiener Haus-, Hof- u. Staatsarchivs V, 1933).
Über Formulare vgl. beispielsweise *F. Beyerle*, Das Formel-Schulbuch Markulfs, in: Aus Verfassungs- u. Landesgesch., Festschr. Th. Mayer, Bd. 2 (1955), sowie die beiden gründlichen Arbeiten z. staufischen Zeit von *F. Hausmann*, Formularbehelfe d. frühen Stauferkanzlei (MIÖG 58, 1950), *G. Ladner*, Formularbehelfe in d. Kanzlei Friedrichs II. u. d. »Briefe des Petrus de Vinea« (MIÖG, Erg.-Bd. 12, 1933). Arbeiten, Pflichten, Produkte einer städtischen Kanzlei untersucht *V. Thiele*, Die Freiburger Stadtschreiber im Mittelalter (1973). Zur Frage der Ausfertigung: *J. Kruisheer*, Kanzleianfertigung, Empfängerausfertigung und Anfertigung durch Dritte, in Arch. f. Dipl. 25/1979.
Zum Gebrauch der deutschen Sprache: *M. Vancsa*, Das erste Auftreten d. deutschen Sprache in d. Urkunden (1895); *H. G. Kirchhoff*, Zur deutschsprachigen Urkunde d. 13. Jahrh. (Arch. Dipl. 3, 1957); *H. Hirsch*, Zur Frage d. Auftretens d. deutschen Sprache in d. Urkunden u. d. Ausgabe d. Urkundentexte (MIÖG 52, 1938); *F. Merkel*, Das Aufkommen d. deutsch. Sprache in d. städtischen Kanzleien d. ausgehenden Mittelalters (Beitrr. z. Kulturgesch., 45, 1930). Sozialgeschichtl. bemerkenswert: *B. Boesch*, Die deutsche Urkundensprache – Probleme ihrer Erforschg. im dt. Südwesten (Rhein. Vjbll. 32, 1968); *J. Stolzenberg*, Urkundsparteien u. Urkundensprache (Arch. Dipl. 7, 1961, 8, 1962).

S. 96–98: Die Überlieferung. Kopiar, Konzept, Register

Zum Ganzen vgl. Kap. IV bei *Breßlau*, Urkundenlehre. Besonders zu beachten ferner die weitverzweigte Literatur zum Registerwesen, aus der hier nur einige Beispiele genannt werden können: *R. v. Heckel*, Das päpstl. u. sizialian. Registerwesen in vergleichender Darstellung m. bes. Berücksichtigung d. Ursprünge (AUF. 1, 1908; behandelt auch das englische u. angiovinische Registerwesen); *H. Zatschek*, Studien z. mittelalterlichen Urkundenlehre: Konzept, Register u. Briefsammlung (Prag 1929: grundsätzlich wichtig, in Einzelheiten umstritten). Zum päpstl. Registerwesen vgl. auch: *E. Caspar*, Stud. z. Register Gregors VII. (NA 38, 1912), und dessen Edition dieses Registers, in MG. Epp. sel., 1–2, 1920–23; *F. Kempf*, Die Register Innozenz' III. (Rom 1945), sowie die Diskussion um Entstehung u. Form dieser Register zwischen *F. Bock* (Archiv. Zschr. 50/51–56, 1955–60), *W. Holtzmann* (DA 12, 1956), *F. Kempf* (Quellen u. Forsch. aus ital. Arch. u. Bibl. 36, 1956). Dazu allgemein: *O. Hageneder*, Die päpstlichen Register des 13. und 14. Jahrhunderts (Annali della scuola speciale per archivisti e bibliotecari dell'Università di Roma 12, 1972/73), besonders zu Zweck und Differenzierung der Register. Editionen durch *W. Holtzmann* (1947; Textausg. f. Übungszwecke) u. *F. Kempf*, Regestum Innocentii pape super negotio Romani Imperii (Rom 1947; jetzt maßgebende kommentierte Edition). Sehr aufschlußreich für spätmittelalterl. Geschäftsgang u. Registerwesen: *E. Pitz*, Supplikensignatur und Briefexpedition an d. römischen Kurie im Pontifikat Papst Calixts III. (1972). *H. Niese*, Über d. Register Friedrichs II. (AUF. 5, 1914). – Deutsche Verhältnisse: *H. Zatschek*, s.o.; *G. Seeliger*, Die Registerführung am deutschen Königshof bis 1493 (MIÖG, Erg.-Bd. 3, 1894); *L. Groß* (Hrsg.), Die Reichsregisterbücher Kaiser Karls V. (1930; Inventar in zeitl. Reihenfolge, m. knappen Inhaltsangaben); *K. Forstreuter*, Zur Frage der Registerführung in d. zentralen Deutschordenskanzlei (Archiv. Zs. 52, 1956; gutes Beispiel territorialgeschichtl. Untersuchung).

S. 98–103: Die Fälschungen

Die neueste Diskussion über d. mittelalterl. Fäschungswesen (anknüpfend an einen Vortrag v. *H. Fuhrmann*): HZ 197, 1963. – Allgemeines in den Handbüchern der Urkundenlehre, besonders *H. Breßlau* a.a.O., Kap. I, ferner auch *E. Bernheim*, Lehrb. d. hist. Methode, 5.–6. Aufl., mit vielen Beispielen auch aus dem nichturkundl. Bereich; lehrreich die ausführliche Behandlung der Privilegium maius-Fälschungen (Kap. 4, § 1); vgl. dazu *A. Lhotsky*, Privilegium maius. Die Geschichte e. Urkunde (1958). Zu bekannten Beispielen kirchl. Fälschungen: *P. Scheffer-Boichorst*, Neue Forschungen über d. Konstantin. Schenkung (Ges. Schr., I, 1903); *H. Fuhrmann*, Konstantinische Schenkung u. abendländ. Kaisertum (DA 22, 1966); ders., Das Constitutum Constantini (= MGH, Fontes iuris germ. Bd. X, 1968; Textausg.); *E. Dümmler*, Über die Fälschungen d. Bischofs Pilgrim v. Passau (SB. Berl. Ak., 1898); *K. Brandi*, Die Reichenauer Urkundenfälschungen (1890; Musterbeispiel kritischer Untersuchung einer großen Fälschungsgruppe). – *A. Hessel*, Von modernen Fälschern (AUF. 12, 1931). Methodisch interessanter Nachweis d. Echtheit einer von *J. v. Pflugk-Harttung* aus Gründen innerer Kritik für gefälscht erklärten Urkunde Gregors VII. durch *P. Kehr*, Nachr. Gött. Ges. d. Wiss., Phil.-hist. Kl., 1897. – *H. Foerster* gibt »Beispiele mittelalterlicher Urkundenkritik« in Arch. Zs. 50/51 (1955). Grundsätzl. zu beachten: *P. Herde*, Römisches u. kanonisches Recht bei der Verfolgung d. Fälschungsdelikts im Mittelalter (Traditio 21, 1965). – Wie schwer die Frage der Echtheit auch bei einem im Original erhaltenen Stück im Einzelfall zu entscheiden ist, zeigt die Diskussion um die »Berner Handfeste« (Privileg Friedrichs II. für Bern) zwischen *H. Strahm* und *H. Rennefahrt* in Schweiz. Zs. f. Gesch., 4, 1954, 6, 1956; der neueste Beitrag dazu: *W. Heinemeyer*, Die Berner Handfeste (Arch. Dipl. 16, 1970).

S. 103–107: Akten. Wesen und Begriff

Die Aktenkunde als Hilfswissenschaft ist sehr jungen Datums. Sie ist, wie natürlich, ausgegangen von praktischen Bedürfnissen und zuerst an einem vollendeten neuzeitlichen Beispiel ausgebildet worden: *H. O. Meisner*, Aktenkunde (»m. bes. Berücksicht. Brandenb.-Preußens«, 1935). Neuausgabe: Urkunden- u. Aktenlehre d. Neuzeit (2. Aufl. 1952); endlich erweitert zur »Archivalienkunde vom 16. Jahrhundert bis 1918« (1969). Auch die Entwicklung im einzelnen beruht weitgehend auf *Meisners* Anregungen, vgl. z. B. noch dessen Bemerkungen zur Archiv- u. Aktenkunde (in: Archivarbeit und Geschichtsforschung, Schr. R. d. Inst. f. Archivwiss., 2, 1952) und Das Begriffspaar Urkunden u. Akten (in: Forsch. aus mitteldeutschen Archiven, Festschr. H. Kretzschmar, 1953). Die aktenkundliche Forschung vollzieht sich meist im Zusammenhang mit der Archivwissenschaft, vgl. die unten S. 188 angegebene Lit., insbesondere *Brenneke-Leesch*, *Enders*, *Schellenberg*. Modernes Aktenwesen u. seine Probleme: *R. Schatz*, Behördenschriftgut (1961). *E. Neuss*, Aktenkunde der Wirtschaft, Tl. I (1954). – Eine Lehre von d. mittelalterl. Akten fehlt noch; doch werden diese, ohne als solche bezeichnet zu werden, mehr oder minder systematisch u. ausführlich in den meisten Urkundenlehren erwähnt. Vgl. als besonders wichtiges Beispiel: *H. Zatschek*, Studien z. mittelalterl. Urkundenlehre. Konzept, Register und Briefsammlung (1929) – wo aber, wie in der sonstigen Lit., die »Akten« nur als dienende Bestandteile der Lehre v. d. Urkunden gesehen werden. Vgl. dazu: *A. v. Brandt*, Vorbemerkungen zu einer mittelalterl. Aktenlehre (in: Archivar u. Historiker, Festschr. H. O. Meisner, 1956). Musterhafte Einzeluntersuchung: *E. Pitz*, Schrift- u. Aktenwesen d. städt. Verwaltung im Spätmittelalter; Köln, Nürnberg, Lübeck (1959).

S. 107–111: Serie und Sachakte

Vgl. die Angaben beim vorigen und beim folgenden Abschnitt, besonders *Meisner*, Archivalienkunde (§ 3, 13 u. ö.; vgl. auch die ausführl. Bibliographie) und *Brenneke-Leesch*, Archivkunde (mit ziemlich ausführl. Angaben auch über das außerdeutsche Aktenwesen); ferner auch die einschlägigen Angaben bei *G. Enders*, Archivverwaltungslehre (3. Aufl. 1968; hier besonders III 1 d).

S. 111–116: Registratur und Archiv

A. Brenneke – W. Leesch, Archivkunde (1953; m. reichhaltiger Lit.-Übersicht). *G. Enders*, Archivverwaltungslehre (3. Aufl. 1968; Lehrb. f. Archivare, auch f. Archivbenutzer lehrreich!). *Th. R. Schellenberg*, Akten- u. Archivwesen in d. Gegenwart (1961; wichtig bes. f. amerikan. Verhältnisse). Gegenwartssituation in Deutschland: *F. Kahlenberg*, Deutsche Archive in West u. Ost. Zur Entwicklung d. staatl. Archivwesens seit 1945 (1972). – *H. O. Meisner*, Privatarchivalien u. Privatarchive (Arch. Zs. 55, 1959). Wertvolle Beiträge zu Einzelproblemen auch in den drei Sammelwerken Archivarbeit u. Geschichtsforschung (1952), Forschungen aus mitteldeutschen Archiven (Festschr. H. Kretzschmar, 1953), Archivar u. Historiker (Festschr. H. O. Meisner, 1956). Zur Archivtheorie insbesondere die Aufsätze von *H. O. Meisner*, Bemerkungen z. Archiv- u. Aktenkunde (in Archivarbeit u. Geschichtsforschung), *W. Leesch*, Methodik, Gliederung u. Bedeutung d. Archivwissenschaft, *G. Enders*, Probleme des Provenienzprinzips (beide Meisner-Festschr.), *W. Flach*, Vom Wesen d. Archivwissenschaft (Archivmitteilungen, Jahrg. 1953), *B. Schwineköper*, Zur Gesch. d. Provenienzprinzips (Kretzschmar-Festschr.); ferner *J. Papritz*, Grundlagen d. Archivwissenschaft (Archiv.Zsch. 52, 1956; Auseinandersetzung mit terminologischen und systematischen Hauptproblemen). Nachschlagewerk: [Minerva-]Handb. d. Archive, Hrsg. *P. Wentzcke*, *G. Lüdtke*, Bd. I (1932; enthält in alphabet. Anordnung d. Archive Deutschlands, der skand. u. balt. Länder, d. Niederlande u. Luxemburgs, Österreichs u. d. Schweiz, mit knappen Angaben über Archivgesch. u. Inhalt;

teilweise veraltet, aber für die ausländischen Archive noch unentbehrlich), neu: Archive im deutschsprachigen Raum, [Minerva-]Handbuch (1974); Verzeichnis der Archivare an dt. u. österr. Archiven, hrsg. v. Verein dt. Archivare (11. Ausg. 1972; enthält auch Namen u. Adressen fast aller Archive Deutschlands u. Österreichs!). – *Elsevier's* Lexicon of Archive Terminology (Amsterd. 1964; sechssprachig m. Französisch als Leitsprache). Besonders auch für Archivbenutzer *E. G. Franz*, Einführung in die Archivkunde (1974). Für die oftmals nur schwierig aufzufindenden kirchlichen Archive: Die zentralen Archive in der evangelischen Kirche, bearbeitet von *K. H. Dumrath, W. Eger, H. Steinberg* (1977) und: Führer durch die Bistumsarchive der katholischen Kirche in der Bundesrepublik Deutschland und in Westberlin. Hrsg. von der Bischöflichen Fachkommission für die kirchlichen Archive in Deutschland (1977).

Die Gesamtverzeichnisse einzelner Archive werden je nach ihrer Ausführlichkeit bezeichnet als »Bestandsübersichten« (knappe Gliederungsübersicht) oder als »Inventare« (ausführlicher, mit Inhaltsangaben u. Beschreibungen). Beispiele: Übersicht über d. Bestände d. Geh. Staatsarchivs zu Berlin-Dahlem, bearb. v. *E. Müller, E. Posner, H. O. Meisner, G. Winter, R. Lüdicke* (= Mitt. d. Preuß. Archivverwaltung, H. 24, 1934, 25, 1935, 26, 1939); *L. Bittner*, Gesamtinventar d. Wiener Haus-, Hof- u. Staatsarchivs, 5 Bde. (1936–40; monumentales Werk mit reichl. Angaben auch z. Behörden- u. Verwaltungsgesch.); Guide to the Contents of the Public Records Office, 2 Bde. (London 1963). – Zur Orientierung über eines der bedeutendsten Archive vgl. auch: *K. A. Fink*, Das Vatikanische Archiv. Einführung in d. Bestände u. ihre Erforschung (2. Aufl., Rom 1951; unentbehrlich z. Verständnis d. kurialen Verwaltungs- u. Archivwesens) und neuerdings *L. E. Boyle*, A Survey of the Vatican Archives and of its Medieval Holdings (1972). Zum Nationalarchiv Paris: *W. Paravacini*, Das Nationalarchiv in Paris, ein Führer zu den Beständen aus dem MA u. d. frühen Neuzeit. 1981.

S. 116–118: *Brief und Briefsammlung*

Eine zusammenfassende Behandlung d. »Briefwissenschaft« v. quellenkundl. Standpunkt fehlt noch; den ersten Überblick gab *B. Schmeidler*, Über Briefsamml. d. frühen Mittelalters in Deutschland u. ihre kritische Verwertung (Vetenskaps-Societeten i Lunds Arsbok, Lund 1926); vgl. ferner *H. Zatschek*, Stud. z. mittelalterl. Urkundenlehre. Konzept, Register u. Briefsammlung (Prag 1929). Die Briefsammlungen d. Investiturzeit sind dann besonders von *Schmeidler, C. Erdmann* u.a. – z.T. mit gegensätzl. Auffassung – behandelt worden. Vgl. besonders: *C. Erdmann*, Stud. z. Briefliteratur Deutschlands im 11. Jahrhundert (Mon. Germ., Schriften, Bd. 1, 1938); ders., Untersuchungen z. d. Briefen Heinrichs IV. (AUF. 16, 1939); mit grundsätzl. Ausführungen über d. äußeren u. inneren Merkmale dieser Quellengattung); Edition durch dens. u. *N. Fickermann*, Briefsammlungen aus d. Zeit Heinrichs IV. (Mon. Germ., Briefe d. deutschen Kaiserzeit, Bd. 5, 1950); die Gegenliteratur, die Briefe Gregors VII. (aus dessen Register) ed. *E. Caspar* (Mon. Germ., Epp. sel., 1–2, 1920–23). Kurze zusammenfassende Übersicht über den Stoff durch *C. Erdmann* in *Wattenbach-Holtzmann*, Deutschlands Gesch.quellen im Mittelalter, Teil II (1967), 2. Kapitel. Einige weitere neuere Einzeleditionen und -darstellungen: *K. Beyerle*, Das Briefbuch Walahfrid Strabos (Hist. Aufs., Aloys Schulte... gewidm., 1927); *B. Schmeidler*, Die Briefsammlung Froumunds von Tegernsee (Hist. Jb. 62/69, 1949; mit Bemerkungen zur Be-

schaffenheit frühmittelalterl. Briefsammlungen überhaupt, in Polemik gegen C. Erdmann); *F. Weigle,* Die Briefe Rathers v. Verona (Mon. Germ., Brr. d. deutschen Kaiserzeit, 1, 1949); *W. Bulst,* D. ältere Wormser Briefsammlung (Mon. Germ., Brr. d. dt. Kaiserzeit, 3, 1949); *C. Erdmann,* D. Briefe Meinhards v. Bamberg (NA 49, 1931); *F. Peeck,* Die Reinhardsbrunner Briefsammlung (Mon. Germ., Epp. sel. 5, 1952); *H. Zatschek,* Wibald v. Stablo (MIÖG, Erg.-Bd. 10, 1928).
Briefe in d. politischen Propaganda: *C. Erdmann,* D. Anfänge d. staatl. Propaganda im Investiturstreit (HZ 154, 1936); *E. Otto,* Friedrich Barbarossa in seinen Briefen (DA 5, 1942); *W. v. d. Steinen,* D. Kaisertum Friedrichs II. nach d. Anschauungen seiner Staatsbriefe (1922).
Zur Stilgeschichte: *K. Pivec,* Stil- u. Sprachentwicklung in mittelalterl. Briefen vom 8.–12. Jahrhundert (MIÖG, Erg.-Bd. 14, 1939). »Literaturarchive«: *W. Dilthey,* Von Literaturarchiven (Dt. Rundschau 58, 1889); *H. O. Meisner,* Archive, Bibliotheken, Literaturarchive (Archiv. Zschr. 50–51, 1955); *W. Hoffmann,* Bibliothek – Archiv – Literaturarchiv (Der Archivar, 9, 1956); *W. Flach,* Goethes literarisches Archiv (Archivar u. Historiker, Festschr. H. O. Meisner, 1956).

4. Die Wappen: Heraldik

S. 119–122: Wesen und Entwicklung

Allgemeines, größere Gesamtdarstellungen, Lehrbücher: E. v. Berchem, Heraldische Bibliographie (= Fam.geschichtl. Bibliographie, Bd. 6, 1936 bis 37); *O. Neubecker,* Heraldik (= Schrifttumsberichte u. Genealogie u. ihren Nachbargebieten, hrsg. v. *J. H. Mitgau,* 3, 1 ff., 1951 ff.). Kritisch u. reichhaltig die Berichterstattung von *E. Kittel* über Wappen- und Siegelwesen im Schrifttum der Nachkriegszeit in: Bll. f. deutsche Landesgeschichte 1957 ff. *F. Hauptmann,* Wappenkunde (Below-Meineckes Hdb., 1914), unbefriedigend; H. mißachtet den historisch-quellenkundlichen Zweck des Handbuchs, bringt auch eine Reihe anfechtbarer oder falscher Angaben u. Auffassungen. Sehr knapp: *E. Gritzner,* Heraldik (Meisters Grdr., 2. Aufl., 1912). *T. De Renesse,* Dictionnaire des figures héraldiques (7 Bde., Brüssel 1894–1903). *M. Gritzner,* Handbuch d. heraldischen Terminologie (1890; Teil d. folgenden Werkes). *J. Siebmacher,* Großes und allgemeines Wappenbuch (1. Aufl., Nürnberg 1596, seitdem noch 7, ständig vermehrte Aufl., die letzte 1854 ff.), 7 Abteilungen m. zahlreichen Unterabteilungen, insgesamt fast 100 Bde. (teilweise wiederum in mehreren Aufl., zuletzt 1975–1979); größte systematische Sammlung v. Wappendarstellungen, als solche unentbehrlich, obwohl in den textl. Teilen oft unkritisch und überholt, die Zeichnungen großenteils stilwidrig, ja häßlich. Darin auch *G. A. Seyler,* Gesch. d. Heraldik (1885–89), in vielem überholt, als Quellensammlung noch unersetzt. Zum Ganzen: *H. Jäger-Sunstenau,* General-Index zu d. Siebmacherschen Wappenbüchern 1605–1961 (Graz 1964). Ein Prachtwerk mit zuverlässigem Text und reichem Abb.-Material: *H. G. Ströhl,* Heraldischer Atlas (1899). Derzeit beste Zusammenfassung des ganzen Stoffes, mit gut ausgewählten Abb., leider unübersichtlich gegliedert: *D. L. Galbreath,* Handbüchlein d. Heraldik (2. Aufl., Lausanne 1948), von dems. jetzt auch eine große Darstellung: Lehrbuch der Heraldik (1978), gut und zuverlässig; recht zuverlässig auch *J. B. Rietstap – C. Pama,* Handboek der Wapenkunde (4. Aufl., Leiden 1961) u. *J. Franklyn,* Heraldry (London 1965); *F. Gall,* Österreichische Wappenkunde. Handbuch der Wappenwissenschaft (1977). Neuestes brauchbares dt. Werk: Wappenfibel,

Handbuch d. Heraldik, begr. durch *A. M. Hildebrandt* (16. Aufl., 1970); *W. Leonhard,* Das große Buch der Wappenkunst, Entwicklung, Elemente, Bildmotive, Gestaltung (1976), trotz der hervorragenden Ausstattung in vielen Punkten mehr versprechend. Zur Entstehung d. Wappen: *C. U. Frhr. v. Ulmenstein,* Über Ursprung u. Entstehung d. Wappenwesens (= Forsch. z. dt. Recht, I 2, 1941). Zum Heroldswesen: *E. Frhr. v. Berchem – D. L. Galbreath – O. Hupp,* Beitr. z. Gesch. d. Heraldik (= Schriften d. Reichsst. f. Sippenforschg., III, 1941); *A. R. Wagner,* Heralds and Heraldry in the Middle Ages (2. Aufl., Oxf. 1956) und *O. Neubecker,* Heraldik, Wappen – Ihr Ursprung und Wert (1977).
Kleinere volkstümliche Darstellungen: O. Neubecker, Kleine Wappenfibel (1969); *R. Steimel,* Kleine Wappenkunde (1963); *A. Zappe,* Grundriß der Heraldik (1968). *K. F. Bauer,* Das Bürgerwappen (1935); *H. Hussmann,* Deutsche Wappenkunst (Inselbändchen 1942) – in den beiden letztgenannten bes. gute graphische Darstellung.

S. 122–127: Wappenkunde

Die ausführlichsten Angaben über Herolds- und Gemeine Figuren, systematisch geordnet und sämtlich abgebildet bei *Gritzner,* Hdb. d. herald. Terminologie (1890) und auch *O. Neubecker* und *W. Rentzmann,* Wappenbilderlexikon. Dictionnaire heraldique – Encyclopaedia of Heraldry (1974); schöne Beispiele u. a. bei *Ströhl,* Heraldischer Atlas. Eine lehrreiche Monographie: *H.-E. Korn,* Adler u. Doppeladler, ein Zeichen im Wandel der Geschichte (Der Herold, Vjschr. f. Heraldik usw., N. F. 5/6, 1963–68). Beste Übersicht über Beizeichen, badges, Devisen, Prachtstücke usw. bei *Sacken,* Heraldik (8. Aufl., 1920). Zum oben angeführten Beispiel d. Wetzlarer Wappens: *H. v. Brockhusen,* Wetzlar u. d. Reichsadler (Mitt. d. Wetzlarer Gesch. V., 16, 1954). Zu den redenden Wappen u. ihren sprachlichen Ableitungen: *v. Brockhusen,* Redende Wappen (Nassauische Annalen 62, 1951). Zu den Besonderheiten d. engl. Wappenkunst: *A. R. Wagner,* Heraldry in England (2. Aufl., Oxf. 1956); *J. Franklyn,* Shield and Crest (2. Aufl., Lond. 1963); *G. Scheibelreiter,* Tiernamen und Wappenwesen (1976).

S. 127–130: Wappenrecht

Außer den entsprechenden Abschnitten in den oben erwähnten allgemeinen Werken von *Hauptmann, Gritzner, Ulmenstein* usw. vgl. besonders: *F. Hauptmann,* Wappenrecht (1896; in vielen historischen Angaben anfechtbar, gibt im wesentlichen das geltende Wappenrecht des 19. Jahrhunderts). *Edw. Beck,* Grundfragen d. Wappenlehre u. d. Wappenrechts (= Veröff. d. Pfälz. Gesellsch. z. Förd. d. Wissensch., XX, 1931; ebenfalls hauptsächl. dem geltenden Recht gewidmet, aber auch historisch einwandfrei und lehrreich). – Bäuerliches Wappenwesen: *H. Stoob,* Über die bäuerliche Wappenführung in den Marschen der Nordseeküste (= Einleitg. zu: *W. Thiessen,* Wappen u. Siegel aus Dithmarschen, Heide/H. 1964). *B. B. Heim,* Wappenbrauch und Wappenrecht d. Kirche (1947; grundlegend für die kath.-kirchl. Amtsheraldik). Zur Vermischung des Siegel- u. Wappenbegriffs: *O. Renkhoff,* Stadtwappen und Stadtsiegel (Festschr. E. E. Stengel, 1949).

S. 130–132: Das Wappen als Geschichtsquelle

Eine heraldische Quellenkunde gibt es noch nicht. Die quellenkundliche Auswahl beschränkt sich bisher überwiegend auf genealogische Zwecke. Einige lehrreiche Ausnahmen: Wappen-Symbole der Geschichte. Katalog der gleichnamigen Ausstellung im Hauptstaatsarchiv Stuttgart, 1973, bearbeitet von *E. Gönner* unter Mitarbeit von *H. Bardua, G. Cordes* und *R. Trunk* (1973) und: Wappen in Bayern. Katalog der Ausstellung, bearbeitet von *K. Stadler* (1974). Beides hervorragende quellenkundliche Zusammenstellungen. *H. Appelt,* Die Entstehung d. steirischen Landeswappens (in: Festschr. J. F. Schütz, Hrsg. *B. Sutter,* Graz 1954); *N. Denholm-Young,* History and Heraldry, a Study of the Historical Value of the Rolls of Arms (Oxf. 1965; ständegeschichtl. interessant!); *G. F. Timpson,* The Heraldic Element in Wolfram's Parzival (German Life & Letters, N. S. vol. 13, 1960); *B. Schwineköper,* Eine unbekannte heraldische Quelle zur Geschichte Kaiser Ottos IV. u. seiner Anhänger (Festschr. H. Heimpel, Bd. II 1972; methodisch wie stofflich gleichermaßen bemerkenswert!). Wertvolle Hinweise und Beispiele zur Verwertung der Wappen als rechtsgeschichtliche Quellen bei *Edw. Beck,* Grundfragen der Wappenlehre u. d. Wappenrechts (1931; gutes Lit.-Verzeichnis). Zur Wappenkunst vgl. die entsprechenden Abschnitte in allen allgemeinen Darstellungen; eine gute Monographie: *P. Ganz,* Gesch. d. herald. Kunst in d. Schweiz im XII. u. XIII. Jhdt. (1899). – Ein besonders empfindlicher Mangel bei jeder quellenkundlichen Arbeit ist das Fehlen wissenschaftl. brauchbarer Wappen-Publikationen. Die riesigen Stoffsammlungen des *Siebmacher* sind insofern ganz unbrauchbar, da sie von stilgeschichtlichen Gesichtspunkten völlig absehen und auch in d. materiellen Einzelangaben großenteils unkritisch sind. Gute landschaftl. Publikationen sind selten; vorbildlich *W. Ewald,* Rheinische Heraldik (1934). Selten sind auch nach Wappenbildern geordnete Sammlungen, welche die Frage nach dem Inhaber eines bestimmten Wappens, aber auch nach Wappenzusammenhängen usw. beantworten könnten. Beispiele: *A. Schellenberg,* Schlesisches Wappenbuch Bd. 1 (1938). *J. Krassler,* Steirischer Wappenschlüssel (Graz 1968). Ein geplantes gesamtdt. Unternehmen ist in den Anfängen steckengeblieben. – Für Studien- u. Vergleichszwecke stilgeschichtl. u. thematischer Art immer noch am besten die b. *H. G. Ströhl,* Herald. Atlas (1899) gebotene reiche Auswahl. Gute, aber naturgemäß nur knappe Hinweise auch b. *D. L. Galbreath,* Handbüchlein d. Heraldik (1948). Kritische, chronol. Übersicht über »Die Wappenbücher d. dt. Mittelalters« b. *Berchem-Galbreath-Hupp,* Beitrr. z. Gesch. d. Heraldik (1941). Städtewappen (in Einzelheiten unkritisch u. auch fehlerhaft) am vollständigsten i. d. v. *O. Hupp* bearb. sog. Kaffee-Hag-Sammlung der dt. Städtewappen (teilweise in 2. Aufl., 1896–1928); jetzt teilweise ersetzt durch *K. Stadler,* Deutsche Wappen, Bundesrepublik Deutschland (8 Bände 1964–72; Länder-, Kreis- u. Gemeindewappen, gut u. zuverlässig). Rechtlich u. ideologisch nicht uninteressant: *W. Schupp,* Wappen in der DDR (Archivmitteilungen 21, 1971). – Maßgebend zur Geschichte der deutschen Flagge: *P. Wentzcke,* Die deutschen Farben (1927, mehr. Aufl., zuletzt Neue Fassung 1955); dort S. 124ff. die wechselnde Auslegung der schwarz-weiß-roten Reichsfarben durch Bismarck und seine Zeitgenossen.

5. Die Siegel: Sphragistik

S. 132–135: Sinn und geschichtliche Entwicklung

M. Tourneur-Nicodème, Bibliographie générale de la sigillographie (Besançon 1933). Regelmäßige bibliograph. Übersichten von *E. Kittel* in Bll. f. deutsche Landesgeschichte, 93, 1957 ff. Vorzügliche Gesamtdarstellung: *E. Kittel,* Siegel (1970; zahlr. Abb., umfängl. Bibliographie). Weitere Hand- u. Lehrbücher: *W. Ewald,* Siegelkunde (Below-Meineckes Hdb., 1914), immer noch gut brauchbar. *Th. Ilgen,* Sphragistik (Meisters Grdr., 1912), gut, aber recht knapp. Eine ausländ. Monographie: *J. Roman,* Manuel de sigillographie française (Paris 1912). Gute Kapitel über d. Siegelwes. bei *Breßlau,* Urkundenlehre, 3. Aufl., I, Kap. 9, II, Kap. 19, sowie b. *O. Posse,* D. Lehre v. d. Privaturkunden (1887). In Text u. Abbildungen gleich vorzüglich: *F. Philippi,* Siegel (= H. 4 von *Seeliger,* Urk. u. Siegel in Nachbildungen f. d. akadem. Gebrauch, 1914). Weitere Abb.-Werke: *O. Posse,* D. Siegel d. deutschen Kaiser u. Könige v. 751 bis 1806 (4 Tafelbde., 1 Textbd., 1909–13), Nachdruck 1982; *F. Philippi, G. Tumbüll, Th. Ilgen,* Westf. Siegel d. Mittelalters (4 Bde., 1892–1900); *W. Ewald,* Rheinische Siegel (6 Bde., 1906–42, Bd. 4, 1: Text und Nachträge, 1972, Bd. 4, 2, 1975; bisher größte landschaftl. Siegelsammlung). Andere landschaftl. Sammlungen: *K. H. Blaschke,* Siegel u. Wappen in Sachsen (1959); Urkundenbuch z. Geschichte d. Babenberger, Bd. III Die Siegel, v. *O. Frhr. v. Mitis* u. *F. Gall* (Wien 1955). Eine Sammlung v. dt. Städtesiegeln fehlt leider. Ausländische Stadtsiegel: *G. C. Bascapé,* I Sigilli dei Communi Italiani nel medioevo e nell' età moderna (Studi in onore C. Manaresi, Milano 1953; viele Abb., auch rechtl. Würdigung); *P. B. Grandjean,* Danske Köbstaeders Segl indtil 1660 (Kopenh. 1937). Eine durch die Vielfalt des Stoffes wichtige Edition: *P. Sella,* I Sigilli dell' Archivo Vaticano (2 Bde., 1937–46).

Ein hübsches Werk vom Standpunkt des Siegelsammlers: *E. Frhr. v. Berchem,* Siegel (= Bibl. f. Kunst- u. Antiquitätensammler, 11, 2. Aufl. 1923).

Zur Kunstgeschichte: In neuerer Zeit ist das Siegel als Stoff der Kunstgesch. zuerst von *W. Pinder,* berücksichtigt worden (Würzburger Plastik, 1911; Dt. Plastik v. ausgeh. Mittelalter bis z. Renaissance, 1929); vgl. ferner *G. Bascapé,* L'arte del sigillo nel medioevo e nel rinascimento (L'arte, Rivista trimestre, 1961). Wertvolle Hinweise auch bei *P. Ganz,* Gesch. d. herald. Kunst in d. Schweiz (1899). Aufschlußreiche Stil- u. Sachuntersuchung: *J. Déer,* Die Siegel K. Friedrichs I. u. Heinrichs VI. in d. Kunst u. Politik ihrer Zeit (Festschr. H. R. Hahnloser, Basel 1961). Durch religiös-mythischen Höhenflug in ihrem Wert beeinträchtigt die größere Monographie: *F. Kletler,* Die Kunst im oesterr. Siegel (Wien 1927). Recht aufschlußreich: *R. Kahsnitz,* Spätgotische Siegel am Nieder- u. Oberrhein (Arch. Zs. 67, 1971).

S. 135–138: Siegelrecht

Außer in den Lehrbüchern der Sphragistik wird das Siegelrecht in den meisten Urkundenlehren mehr oder minder ausführlich behandelt, am befriedigendsten bei *Breßlau* a.a.O. Dort auch weitere Literatur und zahlreiche Beispiele. Zu den Siegelverbrechen: *W. Ewald,* Siegelmißbrauch u. Siegelfälschung im Mittelalter (1911). – Im Hinblick auf die besondere rechtl. Qualität ist es kein Zufall, daß – nächst dem König – die geistlichen

Fürsten besonders früh siegeln: *F. Zaisberger*, Die Frühzeit d. geistl. Siegelurkunde in Deutschland (MIÖG 74, 1966). Auch die Frage nach d. ältesten Stadtsiegeln hat verfassungsrechtl. Bedeutung; letzte (polem.) Äußerung dazu: *H. Horstmann*, Köln, Trier oder Aachen. Zur Frage des ältesten dt. Stadtsiegels (Nassauische Annalen 81, 1970).

S. 138–142: Technik, äußere Form, Anbringung

Vgl. die allgemeinen Angaben beim ersten Abschnitt. Ausführlichere Darstellung der technischen Seite des Siegelwesens bei *Kittel, Ewald, H. Grotefend*. Über Sphragistik, Beitr. zu. Aufb. d. Urkundenwissenschaft (1875). Zur Dauerhaftigkeit der Typare: *G. Fink*, Die Lübecker Stadtsiegel (Zs. d. Vereins f. Lüb. Gesch., 35, 1955), S. 17f. Die Angabe über das Londoner Siegel nach einer Meldung der »Times« vom 25. 7. 1957. Auch das (zweite) große Siegel Kölns von 1269 blieb über 500 Jahre im Gebrauch (*Kittel,* Siegel, S. 159).

S. 142–148: Siegeltypen und Siegelbilder

Zum Ganzen vgl. alle allgemeineren Darstellungen der Siegelkunde, besonders *Ewald* sowie die ebenfalls schon genannten Tafel- u. Abbildungswerke. Für Gemeinschaftssiegel (aber ohne jede Berücksichtigung der rechtl. Voraussetzungen): *F. K. Fürst Hohenlohe,* Über die gemeinschaftlichen Siegel (Archival. Zs. 8, 1883). Wesentlich aufschlußreicher: *E. Kittel,* Ehegattensiegel (Arch. f. Dipl. 8, 1962). Eine befriedigende Behandlung der rechtshistorisch sehr interessanten Korporationssiegel fehlt. *F. Battenberg,* Das Hofgerichtssiegel der deutschen Kaiser und Könige 1235–1451, 1979. Das Siegelwesen vom Standpunkt des Sammlers behandeln am besten, neben *E. Frhr. v. Berchem,* Siegel (1923), die Publikationen des *Fürsten F. K. Hohenlohe-Waldenburg,* besonders: Sphragistische Aphorismen (1882). Dieser hat für die Einteilung der Siegel nach Inhalt und Form ein verzwicktes und weitschweifiges »sphragistisches System« entwickelt, das von allen Lehr- u. Handbüchern wiederholt wird, für den Historiker aber durchaus uninteressant ist.
Auch zur Entwicklungs- u. Stilgeschichte des Siegelbildes sind größere Untersuchungen noch selten. Monographienz: *W. Erben,* Rombilder auf kaiserl. u. päpstl. Siegeln des Mittelalters (= Veröff. d. Histor. Seminars d. Univ. Graz, VII, 1931); zur »Siegelepigraphik«: *J. M. Michael-Schweder,* Die Schrift auf d. päpstl. Siegeln (ebd. III, Graz 1925). Untersuchungen der inhaltlichen Symbolformen eines Siegels: *B. Schwineköper,* Zur Deutung des Freiburger Stadtsiegels (Schauinsland, Freiburg, Jahrg. 78, 1960); zu Lübeck: *J. Goetze,* Zur Bedeutung der Lübeckischen Schiffssiegel, in: Zs. d. Vereins f. Lüb. Gesch. 61/1981, zu Köln: *H. Jakobs,* Eugen III. u. die Anfänge europäischer Stadtsiegel, 1980. Zu Stadtsiegeln auch grundsätzliche Überlegungen: *T. Diederich,* Zum Quellenwert und Bedeutungsgehalt mittelalterlicher Städtesiegel (Aus Geschichte und ihren Hilfswissenschaften, Festschr. W. Heinemeyer = Veröff. d. Hist. Komm. Hessen 40, 1979). *E. Crusius,* Flucht u. Heimkehr, Studien z. Ikonographie d. mittelalterl. Siegel (Archiv. Zs. 49, 1954; gute Untersuchung eines selteneren Einzelmotivs). Verwendung der städt. Schiffssiegel für schiffbaugeschichtl. Untersuchungen: *P. Heinsius,* Das Schiff der hansischen Frühzeit (Quellen u. Darst. z. hansischen Geschichte, N. F. 12, 1956). Zwei fast gleichzeitig erschienene schöne Abbildungssammlungen mit kurzen Erläuterungstexten: *H. Wiechell,* Das Schiff auf Siegeln d. Mittelalters u. d. beginnenden

Neuzeit (= Kultusverwaltung Lübeck, Veröff. IV, 1971); *H. Ewe,* Schiffe auf Siegeln (Rostock 1972; darin auch gute Farbaufnahmen).

6. Die Münzen: Numismatik

S. 149—150: Wesen und Quellenwert

Allgemeines: Zwei gute moderne Bibliographien: *E. E. Clain-Stefanelli,* Select Numismatic Bibliography (New York 1965); *Ph. Grierson,* Bibliographie numismatique (Bruxelles 1966). – *A. Luschin v. Ebengreuth,* Allgemeine Münzkunde u. Geldgeschichte (2. Aufl., 1926, Teil von Below-Meineckes Hdb.), für den Historiker immer noch die beste Einführung, übersichtlich, mit guten Lit.-Angaben u. Abbildungen. *F. Friedensburg,* Münzkunde u. Geldgeschichte d. Einzelstaaten (1926, Teil v. Below-Meinecke, brauchbares Nachschlagewerk). Neueste allgemeinverständliche, hervorragend illustrierte Gesamtdarstellung: *J. Porteous,* Münzen, Geschichte u. Bedeutung in Wirtschaft, Politik u. Kultur (1969). Unentbehrlich wegen ihrer Stoffülle zwei ältere Werke: *H. Grote,* Münzstudien, Bd. I–IX (1857–77; gelehrte Sammlung von Einzelabhandlungen, behandelt auch Geldgeschichte); *A. Engel – R. Serrure,* Traité de numismatique du Moyen-âge (3 Bde., Paris 1891–1905) u. Traité de numismatique moderne et contemporaine (2 Bde., Paris 1897–99). An neueren Werken, mit zahlreichen Abbildungen: *E. Fournial,* Histoire monétaire de l'occident médiéval (1970); *Ph. Grierson,* Numismatics (1975) und *ders.,* Monnaies du moyen âge (1976). Aus Meisters Grundriß: *F. Friedensburg,* Deutsche Münzgeschichte (1912; sehr knapp). Zeitlich noch enger beschränkt, aber ausführlicher: *A. Suhle,* Deutsche Münz- u. Geldgeschichte v. d. Anfängen b. zum 15. Jhdt. (4. Aufl. 1970). *H.-D. Kahl,* Hauptlinien d. dt. Münzgeschichte vom Ende d. 18. Jhs. bis 1878 (1972). Zuverlässiges Nachschlagewerk: *Friedr. Frhr. v. Schrötter,* Wörterbuch d. Münzkunde (1930). Für d. Historiker besonders lehrreich: *W. Jesse,* Quellenbuch z. Münz- u. Geldgeschichte d. Mittelalters (1924). – Von den großen Münzpublikationen seien nur beispielsweise genannt: *H. Dannenberg,* Die deutschen Münzen d. sächs. u. fränk. Kaiserzeit (4 Bde., 1876–1905) u. zur brandenb.-preuß. Münzgeschichte *E. Bahrfeld,* D. Münzwesen d. Mark Brandenburg (3 Bde., 1889–1913), *Fr. Frhr. v. Schrötter,* D. preuß. Münzwesen im 18. Jhdt. (4 Bde., 3 Hefte, 1902–11; Teil von Acta Borussia, Denkm. d. preuß. Staatsverwaltung im 18. Jhdt.); Corpus nummorum Italicorum (12 Bde., Rom 1910–30); *G. Probszt,* Österreichische Münz- und Geldgeschichte von den Anfängen bis 1918 (1973). – Die Fülle d. landes- u. ortsgeschichtl. Monographien kann hier nicht genannt werden.

Zur Kunst- u. Kulturgeschichte: *F. Friedensburg,* Die Münze in d. Kulturgeschichte (2. Aufl., 1926). *C. H. V. Sutherland,* Art in Coinage. The Aestetics of Money from Greece to the Present Day (London 1955). Gut u. zuverlässig: *W. Gramberg – G. Hatz,* Das Buch vom Geld, Kulturgeschichte der Münzen u. d. Münzwesens (1957). Gutes Abb.-Werk: *K. Lange,* Münzkunst d. Mittelalters (1942).

Münzen als Quellen: *R. Gaettens,* Mittelaltermünzen als Quellen d. Geschichte (Welt als Geschichte, 14, 1954), gibt Beispiele zur Chronologie u. polit. Geschichte. Insbesondere zur polit. u. wirtschaftl. Geschichte d. Früh- u. Hochmittelalters: *St. Bolin,* Mohammed, Charlemagne and Rurik (in The Scandinavian Econ. History Review, 1, 1953; im theoret. Ausgangspunkt stark umstritten); *H. Jankuhn,* D. fränkisch-friesische Handel zur Ostsee im frühen Mittelalter (Vjschr. f. Soz.- u. Wirtsch.gesch. 40,

1953); *ders.,* Sechs Karten zum Handel d. 10. Jahrhunderts im westl. Ostseebecken (Archäologica geographica 1, 1950); *W. Hävernick,* Hamburg als karolingische Münzstätte (Hamb. Beitrr. z. Numismatik 1, 1947); *W. Jesse,* Wik-Orte u. Münzprägung (Hans. Geschbll. 73, 1955); *V. Jammer,* Die Anfänge d. Münzprägung im Herzogt. Sachsen, 10. u. 11. Jhdt. (= Numismat. Studien, hrsg. v. *W. Hävernick,* 3–4, 1952; vorbildlich in d. Art, wie d. historische Quellenwert d. Münzen herausgearbeitet ist); *W. Hävernick,* Der Kölner Pfennig im 12. u. 13. Jhdt. (1930; grundlegend für die wichtigste Münzquelle d. deutschen Hochmittelalters). Die hier genannten u. eine Reihe weiterer Arbeiten v. *H. Jankuhn* u. *W. Hävernick* u. seiner Schule beruhen insbesondere auf d. theoretischen Ausdeutung u. praktischen Verwertung d. *Münzfunde* als Gesch.-Quellen; es sind die heute maßgebl. Beispiele für fruchtbare Zusammenarbeit zwischen numismat., prähistorischer u. wirtschaftsgeschichtl. Forschung. Lehrreiche zusammenfassende Darstellungen der Funde in einer Landschaft: *P. Berghaus,* Schatzfunde aus Westfalen u. s. Nachbarlandschaften (1955), und vor allem: *W. Hävernick,* Die mittelalterl. Münzfunde in Thüringen (2 Bde., 1955). *H. Krusky,* Gegenstempel auf Münzen des Spätmittelalters, 1974. – Eine auf reichem Quellenmaterial beruhende Untersuchung über d. Zusammenhänge zwischen polit. Vorgängen, Weltmarktpreisen u. Münzprägung: *F. C. Spooner,* L'économie mondiale et les frappes monétaires en France 1493–1600 (Paris 1956).

S. 150–155: *Numismatische Grundbegriffe*

Vgl. allgemein die zum ersten Abschnitt genannte Literatur. Zu den entscheidenden Vorgängen im europäischen Münzwesen der Karolingerzeit vgl. *W. Hävernick,* Epochen der deutschen Geldgeschichte im frühen Mittelalter (Hamburger Beitrr. z. Numismatik 9–10, 1956; nur sechs Seiten, aber sehr aufschlußreich!) und *ders.,* Die karolingischen Münzreformen, Ende der alten Zustände oder Beginn einer neuen Entwicklung (Vjschr. f. Soz.- u. Wirtsch.gesch., 41, 1954). Umfassendes Standardwerk hierzu: *K. F. Morrison – H. Grunthal,* Carolingian Coinage (New York 1967). Rascheste Orientierung über die oben behandelten Begriffe und Einzelheiten bei *Schrötter,* Wörterbuch d. Münzkunde (1930). – Das große Quellenwerk zur Geschichte der Preise: *J. M. Elsas,* Umriß einer Geschichte d. Preise u. Löhne in Deutschland v. ausgeh. Mittelalter bis z. Beginn d. neunzehnten Jahrhunderts, Bd. I–II B (Leiden 1936–49). Ein methodisch lehrreicher Versuch, der auch die Grenzen des Verfahrens deutlich werden läßt: *E. Waschinski,* Währung, Preisentwicklung und Kaufkraft des Geldes in Schleswig-Holstein von 1226–1864 (= Quellen u. Forsch. z. Gesch. Schlesw.-Holstein, Bd. 26 I, II, 1952–59) und *F. Engel,* Tabellen alter Münzen, Maße und Gewichte zum Gebrauch für Archivbenutzer (2. Aufl., 1970). Für die Neuzeit: auf reiches statistisches Material gestützt, jedoch nur Vergleichswerte bietend: *John J. McCusker,* Money and Exchange in Europe and America, 1600–1775 (1978).

S. 155–157: *Münztechnik, Münzrecht, Münzbild*

Außer der oben angegebenen allgemeinen Literatur vgl. beispielsweise: *F. Schlösser,* Die Münztechnik (1884); *W. Jesse,* Die deutschen Münzer-Hausgenossen (Wiener Numismat. Ztschr. 62, 1929). Zwei wichtige rechtsgeschichtl. Monographien: *P. Volz,* Königliche Münzhoheit u. Münzprivilegien im Karolingischen Reich u. die Entwicklg. in der sächs. u. fränk. Zeit

(Jb. f. Numismatik 21, 1971, 22, 1972). *G. A. Löning,* Das Münzrecht im Erzbistum Bremen (1937). Zu Münzbild u. -inschrift: *F. Friedensburg,* Die Symbolik der Mittelaltermünzen (3 Teile, 1913–22); *J. Sydow,* Paläographie der Kölner Münzinschriften des Mittelalters (Bonner Jahrbücher, H. 149, 1949).

Literaturnachträge
von Franz Fuchs

Stand: November 2006

Für die folgende Zusammenstellung der in den letzten 20 Jahren erschienenen wissenschaftlichen Literatur gilt die Bemerkung, die v. Brandt im Vorwort zur ersten Auflage zu seiner Bibliographie machte: es handelt sich um eine »subjektive Auswahl«. Dabei wurden in erster Linie Monographien und Sammelbände verzeichnet; auf die Anführung einzelner Aufsätze wurde – mit Ausnahme von Forschungsberichten – weitgehend verzichtet.

Bibliographische Übersichtswerke:
Bibliograhie de l'histoire médiévale en France (1965–1990). Hrsg. *M. Balard* (Paris 1992). *A. Brenneke – W. Leesch*, Archivkunde. Bd. 2: Internationale Archivbibliographie. Mit besonderer Berücksichtigung des deutschen und österreichischen Archivwesens (2. Aufl. München 1993). Der Buchdruck im 15. Jahrhundert. Eine Bibliographie, 2 Bde. Hrsg. *S. Corsten – R. W. Fuchs* (Stuttgart 1988/1993). Medieval Studies. A Bibliographical Guide. Bearb. *E. U. Crosby* u.a. (New York u.a. 1983). *A. Heit*, Bibliographie deutschsprachiger persönlicher Festschriften, Gedenkschriften und Sammelschriften aus dem Bereich der Geschichtswissenschaften. 1950–1990 (Trier 1991). *A. Heit*, Bibliographie deutschsprachiger persönlicher Festschriften, Gedenkschriften und Sammelschriften aus dem Bereich der Geschichtswissenschaften. 1991–1999 (Trier 1999). Bibliographie zur Geschichte des Mittelalters. Hrsg. *A. Heit – E. Voltmer* (München 1997). International Medieval Bibliography. Bibliographie zur Erforschung des europäischen Mittelalters (450–1500). Hrsg. *R. S. Hoyt – P. H. Sawyer* (Leeds 1968 ff.); auch als CD-ROM. Medioevo Latino. Bolletino bibliografico della cultura europea. Hrsg. *C. Leonardi*, Bd. 1 ff. (Spoleto 1980 ff.); auch als CD-ROM. *L. J. Paetow*, A Guide to the Study of Medieval History (2. erw. Aufl. New York 1980). Revue d'histoire ecclésiastique, Bd. 1 ff. (Louvain 1900 ff.). Bibliographie annuelle du moyen-âge tardif. Auteurs et textes latins. Vers 1250–1500. *Hrsg. J.-P. Rothschild* Bd. 1 ff. (Turnhout 1991 ff.) *R. H. Rouse*, Serial Bibliographies for Medieval Studies (Berkeley 1969). *P.-J. Schuler*, Grundbibliographie Mittelalterliche Geschichte (Stuttgart 1990). *M. Vázquez de Parga* u.a., International Bibliography of Directories and Guides to Archival Repositories (München u.a. 1990).

Sachwörterbücher:
Dizionario del medioevo. Hrsg. *A. Barbero – C. Frugoni* (3. Aufl. Bari 2005). Lexikon des Mittelalters, Bd. 1 ff. Hrsg. *R.-H. Bautier* (Zürich u.a. 1980 ff.); auch als CD-ROM. Lexikon für Theologie und Kirche. Begr. *M. Buchberger*. Hrsg. *W. Kasper* (3. völlig neu bearbeitete Aufl., Bd. 1–12; Freiburg i. Br. 1993 ff.). Sachwörterbuch der Mediävistik. Hrsg. *P. Dinzelbacher* (Stuttgart 1992). Dictionnaire de la France médiévale. Hrsg. *J. Favier* (Paris 2003). Bildwörterbuch der Kleidung und Rüstung. Vom Alten Orient bis zum ausgehenden Mittelalter. Hrsg. *H. Kühnel* (Stuttgart 1992). Dictionary of the Middle Ages. Hrsg. *J. R. Strayer*, Bd. 1–12 und 1 Indexband (New York 1982–85). *R. Neumüllers-Klauser*, Res medii aevi (Wies-

baden 1999). Reclams Sachlexikon des Buches, hrsg. v. *U. Rautenberg* (2. verb. Aufl., Stuttgart 2003). *W. Volkert*, Adel bis Zunft: ein Lexikon des Mittelalters (München 2004).

Grundlagen der Forschung:
E. Boshof u.a., Grundlagen des Studiums der Geschichte (5. Aufl. Köln 1997). *H. Boockmann*, Einführung in die Geschichte des Mittelalters (7. durchges. Aufl. München 2001). Europäische Mentalitätsgeschichte. Hauptthemen in Einzeldarstellungen. Hrsg. *P. Dinzelbacher* (Stuttgart 1993). *G. Duby*, Europa im Mittelalter (Stuttgart 1984). *E. Faber – I. Geiss*, Arbeitsbuch zum Geschichtsstudium (3. Aufl. Heidelberg u.a. 1996). *H. Fuhrmann*, Einladung ins Mittelalter (3. Aufl. München 2004). *H. Fuhrmann*, Überall ist Mittelalter (2. überarb. Aufl. München 2003). *A. Gerlich*, Geschichtliche Landeskunde des Mittelalters: Genese und Probleme (Darmstadt 1986). *H.-W. Goetz*, Proseminar Geschichte: Mittelalter (2. Aufl. Stuttgart 2000). Der Mensch des Mittelalters. Hrsg. *J. Le Goff* (Essen 2004). *M. Hartmann*, Mittelalterliche Geschichte studieren (Konstanz 2004). *I. Heidrich*, Einführung in die europäische Geschichte des Mittelalters (Bad Münstereifel 2003). *H.-D. Heimann*, Einführung in die Geschichte des Mittelalters (2. überarb. Aufl. Stuttgart 2006). *P. Hilsch*, Das Mittelalter – die Epoche (Konstanz 2006). *H.-H. Kortüm*, Menschen und Mentalitäten. Einführung in Vorstellungswelten des Mittelalters (Berlin 1996). *J. Leuschner – H. Boockmann*, Europa im Hoch- und Spätmittelalter (Stuttgart 1982). *E. Pitz*, Europa im Früh- und Hochmittelalter (Stuttgart 1982). Mittelalter und Moderne: Entdeckung und Rekonstruktion der mittelalterlichen Welt. Hrsg. *P. Segl* (Sigmaringen 1997)

Historische Hilfswissenschaften:
Die archivalischen Quellen. Mit einer Einführung in die Historischen Hilfswissenschaften, hrsg. v. *F. Beck – E. Henning* (4. durchges. Aufl. Köln u.a. 2004). Vom Nutz und Frommen der historischen Hilfswissenschaften: Beiträge der gemeinsamen Tagung des Herold mit seiner Fachgruppe »Historische Hilfswissenschaften« anläßlich ihres fünfjährigen Bestehens am 5. Oktober 1999 im Museum Europäischer Kulturen in Berlin-Dahlem, hrsg. von *F. Beck* (Neustadt a.d.A. 2000). Sedes scientiarum auxiliarum: Ausstellung der Abteilung Geschichtliche Hilfswissenschaften des Historischen Seminars der LMU München zum 60. Geburtstag von Prof. Dr. Walter Koch; 22. April 2002 bis 17. Mai 2002; wissenschaftliche Beiträge und Katalog. Hrsg. von *F.-A. Bornschlegel* (München 2002); 1 CD-ROM. *E. G. Franz*, Einführung in die Archivkunde (6. unveränderte Aufl. Darmstadt 2004). *L.-F. Genicot*, Introduction aux sciences auxiliaires traditionnelles de l'histoire de l'art. Diplomatique, héraldiques, épigraphie, sigillographie, chronologie, paléographie (Louvain-la-Neuve 1984). International directory of archives = Annuaire international des archives (München u.a. 1988). *W. Leesch*, Neuere Archivübersichten und Inventare (Bll. Dt. LdG 126, 1990; 131, 1995; 134, 1998). Medieval Studies. An Introduction. Hrsg. *J. M. Powell* (2. Aufl. Syracuse Univ. 1992). Mabillons Spur. Zweiundzwanzig Miszellen aus dem Fachgebiet Historische Hilfswissenschaften der Philipps-Universität Marburg. Hrsg. *P. Rück* (Marburg 1992). *P. Rück*, Fachgebiet Historische Hilfswissenschaften. Ausgewählte Aufsätze zum 65. Geburtstag, hrsg. von *E. Eisenlohr* (Marburg 2000).

Historische Geographie:

Progress in historical Geography. Hrsg. *A. R. H. Baker* (Newton Abbot 1972). Period and Place. Research methods in historical Geography. Hrsg. *A. R. H. Baker* – *M. Billunge* (Cambridge u.a. 1982). Deutschlands Grenzen in der Geschichte. Hrsg. *A. Demandt* (3. durchges. Aufl. München 1993). *K. Fehn*, Historische Geographie, Siedlungsgeschichte und Siedlungsforschung (Bll. Dt. LdG 122, 1986, 125, 1989; 128, 1992; 135, 1999). *A. J. Gurjewitsch*, Das Weltbild des mittelalterlichen Menschen (München 1986). *H. Jäger*, Entwicklungsprobleme europäischer Kulturlandschaften. Eine Einführung (Darmstadt 1987). *H. Jankuhn*, Einführung in die Siedlungsarchäologie (Berlin 1977). Das geographische Weltbild um 1300. Politik im Spannungsfeld von Wissen, Mythos und Fiktion. Hrsg. *P. Moraw* (Berlin 1989). Géographie du monde au Moyen âge à la Renaissance. Hrsg. *M. Pelletier* (Paris 1989). *N. J. P. Pounds*, An Historical Geography of Europe 450 B. C. – A. D. 1330 (Cambridge 1973). *P. Rossi*, Studi e ricerche di geografia storica (Bari 2000). Bibliograhie der Ortsnamenbücher des deutschen Sprachgebietes in Mitteleuropa. Hrsg. *R. Schützeichel* (Heidelberg 1988). *R. Simek*, Erde und Kosmos im Mittelalter. Das Weltbild vor Kolumbus (Augsburg 2000).

Kartographie:

J.-G. Arentzen, Imago mundi cartographica. Studien zur Bildlichkeit mittelalterlichen Welt- und Ökumenekarten unter besonderer Berücksichtigung des Zusammenwirkens von Text und Bild (München 1984). *A.-D. von den Brincken*, Fines Terrae. Die Enden der Erde und der vierte Kontinent auf mittelalterlichen Weltkarten (Hannover 1992). *A.-D. von den Brincken*, Kartographische Quellen. Welt-, See- und Regionalkarten (Turnhout 1988). *K. Fehn*, Historische Kartographie (Bll. Dt. LdG 123, 1987; 127, 1991). *G. Franz* – *H. Jäger*, Historische Kartographie: Forschung und Bibliographie (3. erg. Aufl. Hannover 1980). *B. Hahn-Woernle*, Die Ebstorfer Weltkarte (2. Aufl. Ebstorf 1993). The history of cartography, Bd. 1: Cartography in prehistoric, ancient and medieval Europe and in the Mediterranean. Hrsg. *J. B. Harley* – *D. Woodward* (Chicago u.a. 1987). Medieval Maps. Hrsg. *P. A. D. Harvey* (London 1991). *A. Hüttermann*, Karteninterpretation in Stichworten. Bd. 1: Geographische Interpretation topographischer Karten (4. Aufl. Berlin u.a. 2001). Lexikon zur Geschichte der Kartographie von den Anfängen bis zum ersten Weltkrieg. Die Kartographie und ihre Randgebiete. Enzyklopädie. Hrsg. *I. Kretschmer* u.a., Bd. 1–2 (Wien 1986). Ein Weltbild vor Columbus. Die Ebstorfer Weltkarte. Interdisziplinäres Colloquium 1988. Hrsg. *H. Kugler* – *M. Eckard* (Weinheim 1991). *L. Zögner*, Verzeichnis der Kartensammlungen in Deutschland (2. Aufl. Wiesbaden 1998).

Atlanten:

Knaurs Historischer Weltatlas. Hrsg. *G. Barraclough* – *N. Stone* (6. Aufl. Augsburg 2002). Atlas historique Larousse. Hrsg. *G. Duby* (Paris 1994). Großer Historischer Weltatlas. Tl. 1–3 (München 1953–83); Tl. 2: Mittelalter. Red. *J. Engel* (2. Aufl. München 1979); Erläuterungen. Hrsg. *E. W. Zeeden* (2. Aufl. 1995). *D. Hill*, An Atlas of Anglo-Saxon England (Oxford 1981). *F. H. Litell*, Atlas zur Geschichte des Christentums (o.O. 1980). Dtv-Atlas zur Weltgeschichte. Hrsg. *H. Kinder* – *W. Hilgemann*, Bd. 1–2 (aktualisierte Neuausgabe 2006). Atlas zur Kirchengeschichte, hrsg. v. *H. Jedin* u.a. (Sonderausgabe Freiburg u.a. 2004). Geschichtlicher Atlas von Hessen. Begr. *E. E. Stengel*, Bearb. *F. Uhlhorn* (Marburg 1960–78).

Chronologie:
L. Basnizki, Der jüdische Kalender. Entstehung und Aufbau (Königstein/Ts. 1986). *K.-H. Bieritz*, Das Kirchenjahr. Feste, Gedenk- und Feiertage in Geschichte und Gegenwart (7. überarb. Aufl. München 2005). *A. von den Brincken*, Historische Chronologie des Abendlandes: Kalenderreformen und Jahrtausendrechnungen. Eine Einführung (Stuttgart 2000). *G. Declerq*, Anno Domini. The origins of the Christian era (Turnhout 2000). *M. Gossler*, Begriffswörterbuch der Chronologie und ihrer astronomischen Grundlagen. Mit einer Bibliographie (2. verb. Aufl. Graz 1985). *Ph. Harnoncourt – H. auf der Maur*, Feiern im Rhythmus der Zeit, Bd. 2,1: Der Kalender (Regensburg 1994). *F. Maiello*, Storia del calendario: la misurazione del tempo, 1450–1800 (Turin 1996). *H. Maier*, Die christliche Zeitrechnung (5. Aufl. Freiburg u.a. 2000). *M. Meinzer*, Der französische Revolutionskalender 1792–1805. Planung, Durchführung und Scheitern einer politischen Zeitrechnung (München 1992). *W. Sulzgruber*, Zeiterfahrung und Zeitordnung vom frühen Mittelalter bis ins 16. Jahrhundert (Hamburg 1995). *T. Vogtherr*, Zeitrechnung: von den Sumerern bis zur Swatch (2. durchges. Aufl. München 2006). *H. Zemanek*, Kalender und Chronologie (5. verb. Aufl. München u.a. 1990, 1. Aufl. 1978 unter dem Titel: Bekanntes und Unbekanntes aus der Kalenderwissenschaft).

Genealogie:
Prosopographie et genèse de l'État moderne. Actes de la table ronde organisée par le Centre National de la recherche scientifique et l'École Normale Supérieure de jeunes filles Paris, 22–23 octobre 1984. Hrsg. *F. Autrand* (Paris 1986). Medieval lives and the historian. Studies in medieval prosopography. Proceedings of the First International Interdisciplinary Conference on Medieval Prosopography, University of Bielefeld, 3–5 December 1982. Hrsg. *N. Bulst – J.-P. Genet* (Michigan 1986). *L. Genicot*, Les généalogies, 2 Bde. (Turnhout 1975/1985). *W. Glocker*, Die Verwandten der Ottonen und ihre Bedeutung in der Politik. Studien zur Familienpolitik und zur Genealogie des sächsischen Kaiserhauses (Köln u.a. 1989). *K. Heck*, Genealogie als Denkform in Mittelalter und früher Neuzeit (Tübingen 2000). *D. C. Jackman*, The Konradiner. A study in genealogical methodology (Frankfurt/M. 1990). *D. Malétras*, Manuel pratique de la généalogie (Paris 1999). *W. Möller*, Stamm-Tafeln westdeutscher Adelsgeschlechter im Mittelalter, Bd. 1–3 (Darmstadt 1922–36; N.F. 1950–51). Europäische Stammtafeln. Stammtafeln zur Geschichte der europäischen Staaten. Begr. *W. K. Prinz zu Isenburg*, fortgef. v. *F. Baron Freytag von Loringhoven* (Berlin u.a. 1936–78); NF Hrsg. *D. Schwennicke* (Marburg 1979–2002). *W. Ribbe – E. Henning*, Taschenbuch für Familiengeschichtsforschung (13. völlig überarb. Aufl. Neustadt a.d. A 2005). *L. Roy*, Dictionnaire de généalogie (Bruxelles 2001). *S. B. Sokop*, Stammtafeln europäischer Herrscherhäuser (3. verb. Aufl. Wien u.a. 1993). Staaten, Wappen, Dynastien. 18. Internationaler Kongreß für Genealogie und Heraldik in Innsbruck vom 5.–9. September 1988 (Innsbruck 1988). *A. Thiele*, Erzählende genealogische Stammtafeln zur europäischen Geschichte, Bd. 1,1: Deutsche Kaiser-, Königs-, Herzogs- und Grafenhäuser (2. Aufl. Frankfurt/M. 1993). Genealogische Tafeln zur mitteleuropäischen Geschichte. Hrsg. *W. Wegener – F. Tyroller* (Göttingen 1957–69).

Allgemeine Quellenkunde:
J. M. Bak, Mittelalterliche Geschichtsquellen in chronologischer Übersicht. Nebst einer Auswahl von Briefsammlungen. In Zusammenarbeit mit

H. Quirin und *P. Hoolingsworth* (Stuttgart 1987). *J. Berlioz*, Identifier sources et citations (Turnhout 1994). Quellenkunde zur deutschen Geschichte im Spätmittelalter. Hrsg. *W. Dotzauer* (Darmstadt 1996). Typologie des sources du moyen âge occidental. Hrsg. *L. Genicot* (Turnhout 1972 ff.). *A. Gransden*, Legends, traditions and history in medieval England (London u.a. 1992). *E. M. C. van Houts*, Local and Regional Chronicles (Turnhout 1995). Clavis Scriptorum Latinorum Medii Aevi. Auctores Galliae 735–987. Hrsg. *M.-H. Jullien* u.a. (Turnhout 1994–1999). *A. Lhotsky*, Quellenkunde zur mittelalterlichen Geschichte Österreichs (2. unveränd. Aufl. Wien 1991); dazu weiterführend: *P. Uiblein*, Die Quellen des Spätmittelalters (in: Die Quellen der Geschichte Österreichs. Hrsg. *E. Zöllner*, red. v. *H. Möcker* mit einem Register v. *E. Brix*) (Wien 1982). Répertoire bio-bibliographique des auteurs latins, patristiques et médiévaux. 492 Mikrofiches (Paris 1987). *F.-J. Schmale*, Funktion und Formen mittelalterlicher Geschichtsschreibung. Eine Einführung. Mit einem Beitrag v. *H.-W. Goetz* (2. unveränd. Aufl. Darmstadt 1993). Zweisprachige Geschichtsschreibung im spätmittelalterlichen Deutschland. Hrsg. *R. Sprandel* (Wiesbaden 1993). *R. Sprandel*, Chronisten als Zeitzeugen. Forschungen zur spätmittelalterlichen Geschichtsschreibung in Deutschland (Köln u.a. 1994). *P. Stotz*, Handbuch zur lateinischen Sprache des Mittelalters. Bd. 1–5 (München 1996–2003). *G. Theuerkauf*, Einführung in die Interpretation historischer Quellen: Schwerpunkt: Mittelalter (Paderborn u.a. 1991). Die deutsche Literatur des Mittelalters. Verfasserlexikon, Bd. 1–11, hrsg. v. *K. Ruh* u.a. (2. Aufl. Berlin 1978–2004). Repertorium Fontium Historiae Medii Aevi, Bd. 1–10 (Rom 1962–2005).

Die Schrift: Paläographie:

J. J. Alexander, Initialen aus großen Handschriften (München 1978). *F. Ausbüttel* – *R. Lenz*, Abkürzungen aus Personalschriften des XVI. bis XVIII. Jahrhunderts (3. völlig überarb. Aufl. Stuttgart 2002). *J. Autenrieth*, »Litterae Virgilianae«. Vom Fortleben einer römischen Schrift (München 1988). Renaissance- und Humanistenhandschriften. Hrsg. *J. Autenrieth*, Mitarb. *U. Eigler* (München 1988). *L. Avrin*, Scribes, Scripts and Books. The Book Arts from Antiquity to the Renaissance (Chicago u.a. 1991). *B. Bischoff*, Mittelalterliche Studien. Ausgewählte Aufsätze zur Schriftkunde und Literaturgeschichte, 3 Bde. (Stuttgart 1966–1981). *B. Bischoff*, Paläographie des römischen Altertums und des abendländischen Mittelalters (2. überarb. Aufl. Berlin 1986). L'écrit dans la Société médiévale. Divers aspects de sa pratique du XIe au XVe siècle. Hrsg. *C. Bourlet* u.a. (Paris 1991). *E. v. Boeselager*, Schriftkunde. Basiswissen (Hannover 2004). *L.-E. Boyle*, Paleografia Latina medievale: introduzione bibliografica (Rom 1999). *L.-E. Boyle*, Integral palaeography (Turnhout 2001). *A. Cappelli*, Dizionario di abbreviature latine ed italiane: usate nelle carte e codici specialmente del medio-evo riprodotte con oltre 14000 segni incisi con l'aggiunta di uno studio sulla brachigrafia medioevale, un prontuario di sigle epigrafiche, l'antica numerazione romana ed arabica ed i segni indicanti monete, pesi, misure, etc.(6. korrigierte Aufl. Milano 2004). *G. Cencetti*, Scritti di paleografia. Hrsg. *G. Nicolaj* (2. Aufl. Dietikon u.a. 1995). Gli autografi medievali. Problemi paleografici e filologici. Atti del convegno di studio della Fondazione Ezio Franceschini, Erice, 25 settembre–2 ottobre 1990. Hrsg. *P. Chiesa* u.a. (Spoleto 1994). *A. Cohen-Mushlin*, A Medieval Scriptorium. Sancta Maria Magdalena de Frankendal, 2 Teile (Wiesbaden 1990). *H.W. Eckardt*, u.a., Paläographie – Aktenkunde – archivalische Textsorten: »thun kund und zu wissen jedermänniglich«

(Neustadt a.d. Aisch 2005). *R. Favreau*, Les inscriptions médiévales, 2 Bde. (Turnhout 1979–85). *R. Favreau*, L'épigraphie médiévale: naissance et développement d'une discipline, Comptes rendus des séances de l'Académie des inscriptions et belles lettres (1989). *R. Favreau*, Études d'épigraphie médiévale. Recueil d'articles de Robert Favreau rassemblés à l'occasion de son depart à la retraite, 2 Bde. (Limoges 1995). *R. Favreau*, Épigraphie médiévale (Turnhout 1997). *H. Foerster*, Abriss der lateinischen Paläographie (3. überarb. und von *T. Frenz* um ein Zusatzkapitel »Die Schriften der Neuzeit« erw. Aufl. Stuttgart 2004). Le livre au moyen âge. Hrsg. *J. Glénisson* (Paris 1988). *P. A. Grun*, Schlüssel zu alten und neuen Abkürzungen (Limburg/Lahn 1966). *H. Haarmann*, Universalgeschichte der Schrift (2. durchges. Aufl. Frankfurt/M. u.a. 1991). Probleme der Bearbeitung mittelalterlicher Handschriften. Hrsg. *H. Härtel* u.a. (Wiesbaden 1986). Das Buch in Mittelalter und Renaissance. Hrsg. *R. Hiestand* (Düsseldorf 1994). *H. Hoffmann*, Buchkunst und Königtum im ottonischen und frühsalischen Reich, 2 Bde. (Stuttgart 1986). *H. Hoffmann*, Bücher und Urkunden aus Helmarshausen und Corvey (Hannover 1992). *H. Hoffmann*, Bamberger Handschriften des 10. und 11. Jahrhunderts (Hannover 1995). *I. Illich*, Im Weinberg des Textes. Als das Schriftbild der Moderne entstand (Frankfurt/M. 1991). *I. Illich – B. Snaders*, Das Denken lernt Schreiben. Lesekultur und Identität (Hamburg 1988). *Ch. Jakobi-Mirwald*, Buchmalerei. Ihre Terminologie in der Kunstgeschichte (2. vollst. überarb. u. erw. Aufl. Berlin 2004). *L. Jegensdorf*, Schriftgestaltung und Textanordnung. Theorie und didaktische Praxis der visuellen Kommunikation der Schrift. Unter Mitarbeit von *P.-J. Bodmann* u. *R. Jahnz* (Ravensburg 1980). *A. Kapr*, Schriftkunst, Geschichte, Anatomie und Schönheit der lateinischen Buchstaben (ND der 4. Aufl. Dresden 1996). Pragmatische Schriftlichkeit im Mittelalter. Erscheinungsformen und Entwicklungsstufen. Hrsg. *H. Keller* u.a. (München 1992). *E. Kessler*, Die Auszeichnungsschriften in den Freisinger Codices von den Anfängen bis zur karolingischen Erneuerung (Wien 1986). *R. M. Kloos*, Einführung in die Epigraphik des Mittelalters und der frühen Neuzeit (2. erg. Aufl. Darmstadt 1992). *W. Koch*, Literaturbericht zur mittelalterlichen und neuzeitlichen Epigraphik (1976–1984) (München 1987). *W. Koch* u.a., Literaturbericht zur mittelalterlichen und neuzeitlichen Epigraphik (1985–1991) (München 1994). *W. Koch* u.a., Literaturbericht zur mittelalterlichen und neuzeitlichen Epigraphik (1992–1997) (Hannover 2000). *W. Koch* u.a., Literaturbericht zur mittelalterlichen und neuzeitlichen Epigraphik (1998–2002) (Hannover 2005). *S. Krämer*, Handschriftenerbe des deutschen Mittelalters, 3 Bde. (München 1989–90). *P. O. Kristeller – S. Krämer*, Latin manuscript books before 1600 (4. durchges. u. erw. Aufl. München 1993). *R. Kunze*, DuMonts Handbuch Kalligraphie. Einführung in Geschichte, Theorie und Praxis der handschriftlichen Gestaltung (Köln 1992). *J. Lemaire*, Introduction à la codicologie (Louvain-la-Neuve 1989). *M. Maniaci*, Archeologica del manoscritto. Metodi, problemi, bibliografia recente (Roma 2003). Mise en page et mise en texte du livre manuscrit. Hrsg. *H.J. Martin – J. Vezin* (Paris 1990). *O. Mazal*, Einbandkunde. Die Geschichte des Bucheinbandes (Wiesbaden 1997). *O. Mazal*, Lehrbuch der Handschriftenkunde (Wiesbaden 1986). *O. Mazal*, Paläographie und Paläotypie. Zur Geschichte der Schrift im Zeitalter der Inkunabeln (Stuttgart 1984). Vocabulaire codicologique. Répertoire méthodique des termes français relatifs aux manuscrits. Hrsg. *D. Muzerelle* (Paris 1985). *R. Neumüllers-Klauser*, Inschriftenveröffentlichungen (Bll. Dt. LdG, 124, 1988; 128, 1992). *J. Römer*, Geschichte der Kürzungen. Abbreviaturen in deutschsprachigen Texten des Mittelalters und der Frühen Neuzeit (2. Aufl. Göppingen 1999). Pergament. Geschichte, Struktur, Restaurierung, Herstellung. Hrsg. *P. Rück* (Sigmaringen 1991). *K. Schneider*, Gotische Schriften in deutscher Sprache, Bd. 1: Vom späten 12. Jahrhundert bis um 1300, 2 Bde. In Text und Tafeln (Wiesbaden 1987). *K. Schneider*, Paläographie und Handschriftenkunde für Germanisten: eine Einführung (Tübingen 1999). Paläographie 1981. Colloquium de Comité International de Paléographie (München 1982). Hrsg. *G. Silagi* (München 1982). L'écriture. Le cerveau, L'œil et la main. Hrsg. *C. Sirat* u.a. (Turnhout 1990). *J. Stiennon*, L'écriture (Turnhout 1995). *P. Supino Martini*, Roma et l'area grafica romanesca (Alessandria 1987). Die Buchkultur im 15. und 16. Jahrhundert. Erster Halbband. Hrsg. *Vorstand der Maximilian-Gesellschaft – B. Tiemann* (Hamburg 1995).

Das Geschäftsschriftgut: Urkunden und Akten:

R.-H. Bautier, Chartes, sceaux et chancelleries. Études de diplomatique et de sigillograhie médiévales, 2 Bde. (Paris 1990). *F. M. Bischoff*, Urkundenformate im Mittelalter. Größe, Format und Proportionen von Papsturkunden in Zeiten expandierender Schriftlichkeit (11.–13. Jahrhundert) (Marburg 1996). Typologie der Königsurkunden: Kolloquium de Comission Internationale de Diplomatique in Olmütz, 30.8.–3.9.1992; acta colloquii Olomucensis 1992. Hrsg. *J. Bistrický*. International Commission on Diplomatics. (Olomouc 1998). *Ch. Freiherr von Brandenstein*, Urkundenwesen und Kanzlei, Rat und Regierungssystem des Pfälzer Kurfürsten Ludwig III. (1410–1436) (Göttingen 1983). *G. Bromm*, Die Entwicklung der Großbuchstaben im Kontext hochmittelalterlicher Papsturkunden (Marburg 1995). *C. Brühl*, Aus Mittelalter und Diplomatik. Gesammelte Aufsätze, Bd. 1–3 (Hildesheim u.a. 1989–97). *M. Camargo*, Ars dictaminis, Ars dictandi (Turnhout 1991). *S. Charton-Le Clech*, Chancellerie et culture au XVIe siècle. Les notaires et secrétaires du roi de 1515 à 1547 (Toulouse 1993). La memoria delle chiese. Cancellerie vescovili e cultura notarili nell'Italia centro-settentrionale. Hrsg. *P. Cancian* (Turin 1995). Vocabulaire international de la diplomatique. Hrsg. *M. Cárcel Ortí* (2. Aufl. Valencia 1997). *G. Constable*, Letters and letter-collections (Turnhout 1976). *P. Csendes*, Die Kanzlei Kaiser Heinrichs VI. (Wien 1981). *H. Dormeier*, Verwaltung und Rechnungswesen im spätmittelalterlichen Fürstentum Braunschweig-Lüneburg (Hannover 1994). *L. Duranti*, Diplomatics: New Uses for an Old Science (Lanham u.a. 1998). *T. Ertl*, Studien zum Kanzlei- und Urkundenwesen Kaiser Heinrichs VI. (Wien 2002). *B. Ettelt-Schönewald*, Kanzleischriftgut; Kanzlei, Rat und Regierungssystem Herzog Ludwigs des Reichen von Bayern-Landshut 1450–1479 (München 1996). Fälschungen im Mittelalter. Internationaler Kongreß der Monumenta Germaniae Historica, München 16.–19. September 1986. Tl. 1–6 (Hannover 1988–90). Falsos y falsificaciones de documentos diplomáticos en la edad media (Zaragoza 1991). *I. Fees*, Abbildungsverzeichnis der original überlieferten fränkischen und deutschen Königs- und Kaiserurkunden von den Merowingern bis zu Heinrich VI. (558–1197) (Marburg 1994). *I. Fees*, Eine Stadt lernt schreiben. Venedig vom 10. bis zum 12 Jahrhundert (Tübingen 2002). *H. Fichtenau*, Das Urkundenwesen in Österreich vom 8. bis zum frühen 13. Jh. (Wien u.a. 1971). *H. Fichtenau*, Beiträge zur Mediävistik. Ausgewählte Aufsätze, 3 Bde. (Stuttgart 1975–1986). *H. Fichtenau*, Forschungen über Urkundenformeln (MIÖG 94, 1986). *Chr. Fischer*, Studien zu den Arengen in den Urkunden Kaiser Ludwigs des Bayern (1314–1347). Beiträge zu Sprache und Stil (Kallmünz

1987). *Th. Frenz*, Die Kanzlei der Päpste der Hochrenaissance 1471–1527 (Tübingen 1986). *Th. Frenz*, Papsturkunden des Mittelalters und der Neuzeit (2. Aufl. Stuttgart 2000). Les actes publics. Hrsg. *L. Genicot*, 2 Bde. (Turnhout 1972–85). Cancelleria e cultura nel medio evo. Hrsg. *G. Gualdo* (Vatikanstadt 1990). Diplomatique médiévale. Hrsg. *O. Guyotjeannin* u.a. (2. Aufl. Turnhout 1995). *R. Haub*, Das Urkundenwesen in der Diözese Eichstätt bis zur Mitte des 13. Jahrhunderts (München 1993). Arengenverzeichnis zu den Königs- und Kaiserurkunden von den Merowingern bis Heinrich VI. Hrsg. *F. Hausmann* – *A. Gawlik* (München 1987). *W. Heinemeyer*, Studien zur Geschichte der gotischen Urkundenschrift (2. durchges. Aufl. Köln u.a. 1982). *P.-J. Heinig*, Kaiser Friedrich III. (1440–1493). Hof, Regierung und Politik, Bd. 1–3 (Köln u.a. 1997). Papsturkunde und europäisches Urkundenwesen: Studien zu ihrer formalen und rechtlichen Kohärenz vom 11. bis 15. Jahrhundert. Hrsg. *P. Herde u. H. Jacobs* (Köln u.a. 1999). *R. M. Herkenrath*, Die Reichskanzlei in den Jahren 1181 bis 1190 (Wien 1985). Hundert Jahre Papsturkundenforschung. Bilanz – Methoden – Perspektiven. Akten eines Kolloquiums zum hundertjährigen Bestehen der Regesta Pontificium. Hrsg. *R. Hiestand* (Göttingen 2003). Initien- und Empfängerverzeichnis zu Italia pontificia I–X. Zusammengestellt v. *R. Hiestand* (München 1983). Initienverzeichnis und chronologisches Verzeichnis zu den Archivberichten und Vorarbeiten der Regesta Pontificum Romanorum. Zusammengestellt v. *R. Hiestand* (München 1983). *A. Huber*, Das Verhältnis Ludwigs des Bayern zu den Erzkanzlern von Mainz, Köln und Trier (1314–1347) (Kallmünz 1983). Deutsche Verwaltungsgeschichte. Bd. 1: Vom Spätmittelalter bis zum Ende des Reiches. Hrsg. *K. G. A. Jeserich* – *H. Pohl* – *G.-Ch. von Unruh* (Stuttgart 1983). *S. Hirschmann*, Die päpstliche Kanzlei und ihre Urkundenproduktion 1141–1159 (Frankfurt 2001). Wörterbuch der mittelhochdeutschen Urkundensprache (WMU) auf der Grundlage des Corpus der altdeutschen Originalurkunden bis zum Jahr 1300. Hrsg. *B. Kirchstein* – *S. Ohly* (Berlin 1986ff.). *W. Koch*, Die Schrift der Reichskanzlei im 12. Jahrhundert (1125–1190). Untersuchungen zur Diplomatik der Kaiserurkunde (Wien 1979). *Th. Kölzer*, Studien zu den Urkundenfälschungen des Klosters St Maximin von Trier (10.–12. Jahrhundert) (Sigmaringen 1989). *Th. Kölzer*, Merowingerstudien, Bd. 1–2 (Hannover 1998/99). *M. Kordes*, Der Einfluß der Buchseite auf die Gestaltung der hochmittelalterlichen Papsturkunde. Studien zur graphischen Konzeption hoheitlicher Schriftträger im Mittelalter (Hamburg 1993). *H.-H. Kortüm*, Zur päpstlichen Urkundensprache im frühen Mittelalter. Die päpstlichen Privilegien 896–1046 (Sigmaringen 1995). *I. Krüger*, Das Nürnberger Schrift- und Urkundenwesen von 1240 bis 1350 (Bonn 1988). Landesherrliche Kanzleien im Spätmittelalter. Referate zum 6. Internat. Kongreß für Diplomatik, Bd. 1–2 (München 1984). *G. M. Lucha*, Kanzleischriftgut, Kanzlei, Rat und Regierungssystem unter Herzog Albrecht III. von Bayern-München 1438–1460 (Frankfurt/M. u.a. 1993). *H. E. Mayer*, Die Kanzlei der lateinischen Könige von Jerusalem, 2 Bde. (Hannover 1996). *M. Mersiowsky*, Die Anfänge territorialer Rechnungslegung im deutschen Nordwesten. Spätmittelalterliche Rechnungen, Verwaltungspraxis, Hof und Territorium (Stuttgart 2000). *J. Mötsch*, Die Balduineen. Aufbau, Entstehung und Inhalt der Urkundensammlung des Erzbischof von Trier (Koblenz 1980). *P. Moser*, Das Kanzleipersonal Kaiser Ludwigs des Bayern in den Jahren 1330–1347 (München 1985). Wörterbuch der mittelhochdeutschen Urkundensprache. Auf der Grundlage des »Corpus der altdeutschen Originalurkunden bis zum Jahre 1300«. Hrsg. *S. Ohly* u.a. (Berlin 1986ff.). Der deutsche Territorialstaat im 14. Jh., Bd. I. Hrsg. *H. Patze* (2. Aufl. Sigmaringen 1986). À propos des actes d'évêques. Hommage à Lucie Fossier. Hrsg. *M. Parisse* (Nancy 1991). *J. Petersohn*, Rom und der Reichstitel »Sacrum Romanum Imperium« (Stuttgart 1994). *W. Petke*, Kanzlei, Kapelle und Königliche Kurie unter Lothar III. (1125–1137) (Köln u.a. 1985). *E. Pitz*, Papstreskripte im frühen Mittelalter. Diplomatische und rechtsgeschichtliche Studien zum Brief-Corpus Gregors des Großen (Sigmaringen 1990). *E. J. Polak*, Medieval and Renaissance Letter Treatises and Form Letters. 2 Bde. (Leiden u.a. 1993/1994). Initienverzeichnis zu *A. Potthast*, Regesta Pontificum Romanorum (1193–1304). Zusammengestellt v. *H. M. Schaller* (München 1978). La diplomatique urbaine en Europe au moyen âge. Actes du congrès de la Commission Internationale de Diplomatique, Gand, 25–29 août 1998. Hrsg. v. *W. Prevenier*, International Commission on Diplomatics (Leuven u.a., 2000). *M. Rathsack*, Die Fuldaer Fälschungen. Eine rechtshistorische Analyse der päpstlichen Privilegien des Klosters Fulda von 751 bis ca. 1158, 2 Bde. (Stuttgart 1989). *P. Rück*, Bildberichte vom König. Kanzlerzeichen, königliche Monogramme und das Signet der salischen Dynastie (Marburg 1996). Fotografische Sammlung mittelalterlicher Urkunden in Europa. Hrsg. *P. Rück* (Sigmaringen 1989). Graphische Symbole in mittelalterlichen Urkunden. Beiträge zur diplomatischen Semiotik. Hrsg. *P. Rück* (Sigmaringen 1996). *R. Schieffer*, Neue regionale Urkundenbücher und Regestenwerke (in: Bll. Dt. LdG 127, 1991). *W. Schlögl*, Die Unterfertigung deutscher Könige von der Karolingerzeit bis zum Interregnum durch Kreuz und Unterschrift (Kallmünz 1978). Ortsname und Urkunde. Frühmittelalterliche Ortsnamenüberlieferung. Münchener Symposion 10. bis 12. Oktober 1988. Hrsg. *R. Schützeichel* (Heidelberg 1990). *P.-J. Schuler*, Notare Südwestdeutschlands. Ein prosopographisches Verzeichnis für die Zeit von 1300 bis ca. 1520, 2 Bde. (Stuttgart 1987). *P.-J. Schuler*, Die spätmittelalterliche Vertragsurkunde: untersucht an den Urkunden der Grafen von Württemberg 1325–1392 (Paderborn u.a. 2000). *U. Schulze*, Lateinisch-deutsche Parallelurkunden des 13. Jh. Ein Beitrag zur Syntax der mittelhochdeutschen Urkundensprache (München 1975). *B. Schwarz*, Die Organisation kurialer Schreiberkollegien von ihrer Entstehung bis zur Mitte des 15. Jahrhunderts (Tübingen 1972). *A. Seibold*, Sammelindulgenzen: Ablassurkunden des Spätmittelalters und der Frühzeit (Köln u.a. 2001). *A. Sprinkart*, Kanzlei, Rat und Urkundenwesen der Pfalzgrafen bei Rhein und Herzöge von Bayern 1294–1314 (1317). Forschungen zum Regierungssystem Rudolfs I. und Ludwigs IV. (Köln u.a. 1986). *B.-M. Tock*, Une chancellerie épiscopale au XIIe siècle. Le cas d'Arras (Louvain-la-Neuve 1991). *P. G. Tropper*, Urkundenlehre in Österreich vom frühen 18. Jahrhundert bis zur Errichtung der »Schule für Österreichische Geschichtsforschung« 1854 (Graz 1994). *St. Weiß*, Die Urkunden der päpstlichen Legaten von Leo IX. bis Coelestin III. (1049–1198) (Köln u.a. 1995). Intitulatio 3. Lateinische Herrschertitel und Herrschertitulaturen vom 7. bis zum 13. Jahrhundert. Hrsg. *H. Wolfram* u.a. (Wien u.a. 1988). *P. Worm*, Karolingische Rekognitionszeichen. Die Kanzlerzeile und ihre graphische Ausgestaltung auf den Herrscherurkunden des achten und neunten Jahrhunderts, 2 Bde (Marburg 2004). Der Brief im Zeitalter der Renaissance. Hrsg. *F. J. Worstbrock* (Weinheim 1983). *F. J. Worstbrock – M. Klaes – J. Lütten*, Repertorium der Artes dictandi des Mittelalters. Teil I: Von den Anfängen bis um 1200 (München 1992). *Ch. Wrede*, Leonhard von München, der Meister der Prunkurkunden Kaiser Ludwigs des Bayern (Kallmünz 1980).

Heraldik:
Wappenbilderordnung. Symbolorum armorialium ordo. Hrsg. Verein Herold, Bearb. *J. Arndt* u.a. Bd. 1–2 (Bd. 1: 2. Aufl. Neustadt a.d. A. 1996, Bd. 2: Neustadt a.d. A. 1990). *J. Arndt*, Biographisches Lexikon der Heraldiker sowie der Sphragistiker, Vexillologen und Insignologen. Hrsg. Verein Herold unter Mitw. v. *H. Hilgenberg* u. *M. Wehner* (Neustadt a.d.A. 1992). *L. Caratti di Valfrei*, Dizionario di Araldica (Mailand 1997). *A. Chiusano*, Elementi di araldica (Rom 1995). *H. Drös*, Das Wappenbuch des Gallum Öhem, neu hrsg. nach der Handschrift 15 der Universitätsbibliothek Freiburg (Sigmaringen 1994). *V. Filip*, Einführung in die Heraldik (Stuttgart 2000). *D. L. Galbreath* – *L. Jéquier*, Handbuch der Heraldik (München 1989). *E. Henning* – *G. Jochums*, Bibliographie zur Heraldik. Schrifttum Deutschlands und Österreichs bis 1980 (Köln u.a. 1984). Wappenfibel: Handbuch der Heraldik. Hrsg. *A. M. Hildebrandt*. Herold, Verein für Heraldik, Genealogie und Verwandte Wissenschaften (Neustadt a.d. A. 2002). *W. Leonhard*, Das große Buch der Wappenkunst. Entwicklung, Elemente, Bildmotive, Gestaltung (4. Aufl. Augsburg 2001). Großes Wappen-Bilder-Lexikon der bürgerlichen Geschlechter Deutschlands, Österreichs und der Schweiz, bearb. v. *O. Neubecker* (Augsburg 1997). *O. Neubecker*, Heraldik: Wappen – ihr Ursprung, Sinn und Wert (München 2002). *F. Luz*, Le blason et ses secrets (Paris 1995). *G. Oswald*, Lexikon der Heraldik (Mannheim u.a. 1985). *W. Paravicini*, Verlorene Denkmäler europäischer Ritterschaft. Die heraldischen Malereien des 14. Jahrhunderts im Dom zu Königsberg. Hrsg. *E. Böckler* (in: Kunst und Geschichte im Ostseeraum, Kiel 1990). *M. Pastoureau*, Traité d'héraldique (4. durchges. u. erw. Aufl. Paris 2003). *M. Pastoureau*, Blue: The History of a Color (Princeton u.a. 2001). *M. Schroeder*, Kleine Wappenkunst (Frankfurt/M. 1990). *J.-M. Thiébaud*, Dictionnaire des termes du blason (Besançon 1994).

Numismatik:
E. Bahrfeldt, Mittelaltermünzen. Ausgewählte Schriften 1881–1928 (Leipzig 1987). *M.-C. Bailly-Maitre*, L'argent. Du minéral au pouvoir dans la France médiévale (Espace médiévaux), (Paris 2002). Numismatische Literatur. 1500–1864. Die Entwicklung der Methoden einer Wissenschaft. Wolfenbütteler Symposium 1992. Hrsg. *P. Berghaus* (Wiesbaden 1995). *P. Berghaus*, Der Münzschatz von Querenburg in der Bochumer Universität (Bochum 1990). *A. Blanchet* – *A. Dieudonné*, Manuel de numismatique française, Bd. 1–4 (Paris 1912–36). Brakteaten der Stauferzeit 1138–1254. Aus der Münzensammlung der Deutschen Bundesbank (Frankfurt/M. 1977). Minting, Monetary Circulation and Exchange Rates (Budapest 1982). *M. Bompaire*, Numismatique médiévale: monnaies et documents d'origine française (Turnhout 2000). *E. E. Clain-Stefanelli*, Numismatic bibliography (München 1985). *H. Emmerig*, Der Regensburger Pfennig. Die Münzprägung in Regensburg vom 12. Jahrhundert bis 1409 (Berlin 1993). *H. Fengler* – *G. Gierow* – *W. Unger*, Lexikon der Numismatik (3. bearb. Aufl. Berlin 1982). *H. Frère*, Numismatique. Initiation aux méthodes et aux classements (Louvain-la-Neuve 1982). *R. Göbl*, Numismatik. Grundriß und wissenschaftliches System (München 1987). *Ph. Grierson*, Münzen des Mittelalters (München 1976). Die Friesacher Münze im Alpen-Adria-Raum. Akten der Friesacher Sommerakademie Friesach (Kärnten), 14. bis 18. September 1992. Hrsg. *R. Härtel* (Graz 1996). *P. Hauke* – *E. Henning*, Bibliographie zur Medaillenkunde. Schrifttum Deutschlands und Österreichs bis 1990 (Bad Honnef 1993). *H. Martin*,

Bibliographie zur Medaillenkunde. Schrifttum Deutschlands und Österreichs von 1990 bis 2000 (Berlin 2004). *W. Holtz*, Lexikon der Münzabkürzungen. Mit geschichtlich-geographischen Erläuterungen (München 1981). *H. Kahnt – B. Knorr*, Alte Maße, Münzen und Gewichte. Ein Lexikon (Mannheim u.a. 1987). *B. Kluge*, Deutsche Münzgeschichte von der späten Karolingerzeit bis zum Ende der Salier (ca. 900–1125) (Sigmaringen 1991). *T. Kroha*, Großes Lexikon der Numismatik (Gütersloh 1997). *E. Nau*, Numismatik und Geldgeschichte (Bll. Dt. LdG 118, 1982; 126, 1990; 127, 1991). *H.-W. Nicklis*, Geldgeschichtliche Probleme des 12. und 13. Jahrhunderts im Spiegel zeitgenössischer Geschichtsschreibung, Tl. 1–2 (Hamburg 1983). *M. North*, Das Geld und seine Geschichte. Vom Mittelalter bis zur Gegenwart (München 1994). *M. Pastoureau*, Jetons, méreaux et médailles (Turnhout 1984). *G. Probszt*, Österreichische Münz- und Geldgeschichte. Von den Anfängen bis 1918 (2. Aufl. Wien u.a. 1983). *M. van Rey*, Einführung in die rheinische Münzgeschichte des Mittelalters (Mönchengladbach 1983). *F. Frh. von Schrötter*, Aufsätze zur deutschen Münz- und Geldgeschichte des 16.–19. Jahrhunderts (1902–1938) (Leipzig 1991). *P. Spufford*, Handbook of Medieval Exchange (London 1986). *H. Steinecke*, Bibliographie Numismatik (Sömmerda 1980). *J. Weschke* u.a., Mittelalterliche Goldmünzen. In der Münzsammlung der Deutschen Bundesbank (Frankfurt/M. 1982). *H. Witthöft*, Münzfuß, Kleingewicht, Pondus Caroli und die Grundlegung des nordeuropäischen Maß- und Gewichtswesens in fränkischer Zeit (Ostfildern 1984).

Sphragistik:
G. C. Bascapé, Sigillografia. Il sigillo nella diplomatica, nel diritto, nella storia, nell'arte, Bd. 1–3 (Mailand 1969–84). *Fr. Battenberg*, Das Hofgerichtssiegel der deutschen Kaiser und Könige 1235–1451. Mit einer Liste der Hofgerichtsurkunden (Köln 1979). Vocabulaire international de la sigillographie. Hrsg. *St. Ricci Noè*. (Roma 1990). Corpus des sceaux français du Moyen Age. Bd. II: Les sceaux des rois et de régence. Hrsg. *M. Dalas/ B. Bedos-Rezak* (Paris 1991). *T. Diederich*, Stadtpatrone an Rhein und Mosel (in: Rheinische Vierteljahresblätter 58, 1994). *T. Diederich*, Rheinische Städtesiegel (Neuss 1984). *M. Fabre*, Sceau médiéval: analyse d'une pratique culturelle (Paris 2001). *E. Henning*, Zum gegenwärtigen Stand der Siegelforschung in Deutschland und Österreich (Bll. Dt. LdG 120, 1984). *E. Henning*, Siegel und Wappen 1982–1986 (Bll. Dt. LdG 125, 1989). *E. Henning – G. Jochums*, Bibliographie zur Sphragistik. Schrifttum Deutschlands, Österreichs und der Schweiz bis 1990 (Köln u.a. 1995). Bild und Geschichte. Studien zur politischen Ikonographie. Festschrift für Hansmartin Schwarzmaier zum 65. Geburtstag. Hrsg. *K. Krimm – H. John* (Sigmaringen 1997). *R. Laurent*, Sigillographie (Brüssel 1986). *M. Leenders*, Siegelwesen in der Evangelisch-lutherischen Landeskirche Hannovers (in: Jahrbuch für Geschichte der niedersächsischen Kirchengemeinden 83, 1985). *M. Pastoureau*, Les sceaux (Turnhout 1981).

Nützliche Internetadressen:
Zu allen Teilbereichen der Historischen Hilfswissenschaften gibt es zahlreiche nützliche Seiten im Internet. Aktuelle Informationen aus der deutsch-, italienisch-, französisch- und englischsprachigen Tagespresse zum Fach finden sich unter www.historiker.de. Bibliographische Angaben lassen sich leicht über den Karlsruher Virtuellen Katalog (http://www.ubka.uni-karlsruhe.de/kvk.html) und das Zeitschriftenfreihandmagazin (http://www.erlangerhistorikerseite.de/zfhm/zfhm.html) nachweisen. Ei-

nen guten Einstieg vor allem für den deutschsprachigen Bereich bieten die Universität München unter http://www.vl-ghw.uni-muenchen.de/hw.html sowie die Universität Erlangen unter http://adyton.phil.uni-erlangen.de/~p1ges/ma_resso.html (jeweils mit vielen nützlichen Links). Wichtige Tafelwerke, wie z.B. die »Kaiserurkunden in Abbildungen«, sind im Netz abrufbar (http://mdz.bib-bvb.de/digbib/urkunden1/kuia/); vereinzelt haben Archive schon ganze Bestände online zugänglich gemacht, und auch das wichtigste Regestenwerk zur deutschen Geschichte des Mittelalters, die Regesta Imperii, ist hier zu benutzen (http://www.regesta-imperii.de/). Die Homepage www.dmgh.de bietet alle bis zum Jahr 2000 publizierten Editionsbände der Monumenta Germaniae Historica (www.mgh.de). Seit März 2006 wird auf der Seite der Kommission für das Repertorium Fontium Historiae Medii Aevi der Bayerischern Akademie der Wissenschaften der aktuelle Forschungsstand zu den „Geschichtsquellen des deutschen Mittelalters" zugänglich gemacht (http://www.repfont.badw.de). Für alle Bereiche des Archivwesens, mit Links zu vielen deutschen, europäischen und internationalen Archiven, ermöglicht die Archivschule Marburg auf ihrer Homepage (http://www.uni-marburg.de/archivschule/fv61.html) einen schnellen Zugriff. Eine Handschriftendatenbank, die viele neuere Kataloge abrufbar macht, ist unter http://www.manuscripta-mediaevalia.de zu finden. Für die Inkunabelsammlungen deutscher Bibliotheken ist ebenfalls eine Datenbank im Aufbau: http:www.uni-tuebingen.de/ub/kata/inkun.htm. Speziell für die Epigraphik weiterführend: http://www.epigraphica-europea.uni-muenchen.de. Eine nützliche Bibliographie zum Papsturkundenwesen: http://www.phil.uni-passau.de/histhw/bibliographie. Für mittelalterliche Rechnungen und überhaupt für das Geschäftsschriftgut wichtig: http://online-media.uni-marburg.de/ma_geschichte/computatio. Geradezu unüberschaubar sind die Beiträge zur Genealogie. Die jeweils aktuellen Fassungen sind über Suchmaschinen leicht zu ermitteln.

Nachwort zur 16. Auflage

Nach den Worten seines Heidelberger Kollegen Peter Classen war der in Berlin geborene, einer alten preußischen Offiziers- und Beamtenfamilie entstammende Ahasver von Brandt »ein Gelehrter eigener Art, der zum Direktor eines bedeutenden Archivs aufstieg ohne ein Archivar-Examen abzulegen, und der von einer alten Ordinarien-Fakultät auf einen Lehrstuhl berufen wurde, ohne habilitiert zu sein ...« Neben einer Vielzahl von Studien zur Geschichte der Hansestadt Lübeck und des Nord- und Ostseeraumes wurde der Ruf dieses Forschers vor allem durch das hier erneut aufgelegte Buch begründet. Als das »Werkzeug des Historikers« vor 40 Jahren in der von Fritz Ernst herausgegebenen »Wissenschaftlichen Taschenbuchreihe« zum erstenmal erschien, dürfte allerdings kaum vorhersehbar gewesen sein, daß dieses Werk eines der meistverkauften Mittelalter-Bücher in Deutschland werden sollte. Ahasver von Brandt wollte mit seiner zusammenfassenden Darstellung der hilfswissenschaftlichen Disziplinen bewußt »keine neuen wissenschaftlichen Erkenntnisse« liefern, sondern einem Mangel des akademischen Unterrichts abhelfen. Und in der Tat ist seine aus der Lehrpraxis entstandene »propädeutische Einführung« zum unverzichtbaren Begleitbuch des Proseminars für mittelalterliche Geschichte im deutschsprachigen Raum geworden und bis heute geblieben. Die Ursachen für diesen nachhaltigen Erfolg sind verschiedenartig. Die konzise, unprätentiöse Sprache, der klare Aufbau und nicht zuletzt die auf Schritt und Tritt zu beobachtende souveräne Stoffbeherrschung, die sich der Verfasser durch langjährige Archivarstätigkeit erworben hat, dürften hierzu beigetragen haben. Hinzu kommt noch ein »subjektives Moment«, eine ganz persönliche Note, die nach wie vor den besonderen Reiz des Buches ausmacht. Ahasver von Brandt berief sich wiederholt auf Rankes Diktum, daß es Aufgabe des Historikers sei, »das Allgemeine ohne Umschweife im Besonderen darzustellen«, und so ist es zu erklären, daß man das Kapitel über Paläographie in diesem Werk auch als ein »Exposé für die Geschichte der geistigen Kultur nordeuropäischer Städte im späten Mittelalter« (Klaus Friedland) bezeichnen konnte.

In der Antrittsrede anläßlich seiner Aufnahme in die Heidelberger Akademie aus dem Jahre 1966 hat von Brandt »das dem Archivar natürliche Lustgefühl beim täglichen Umgang mit den Quellen« beschworen und schon im Vorwort zur ersten Auflage des vorliegenden Buches erklärte er es als seine dezidierte Ansicht, dem Leser die Überzeugung zu vermitteln, »daß die Beschäftigung mit diesen Hilfsmitteln auch eine *Lust* sein kann.« Daneben wird aber, unter Berufung auf Karl Brandi, der bereits im Jahre 1939 über den Niedergang der hilfswissenschaftlichen Fächer lamentiert hatte, auch betont, »daß sich in der allgemeinen Geschichtswissenschaft ... ein Interessenwandel vollzogen hat, welcher der Pflege der Hilfswissenschaften, insbesondere der quellenkundlichen Fächer im herkömmlichen Sinne, wenig günstig ist.« Nahezu identische Klagen äußerte auch der namhafte belgische Hilfswissenschaftler Albert Derolez: »Wir leben in einer Zeit, in welcher die Hilfswissenschaften der historischen und philologischen Forschung ständiger Kritik unterworfen werden, ja mehr und mehr aus dem akademischen Lehrbetrieb zurückgedrängt und in der Forschung als unwesentlich abgetan werden« (Mittellateinisches Jahrbuch 32, 2, 1997, S. 203). Gerade der anhaltende Erfolg des hier wieder aufgelegten Werkes scheint allerdings derlei allzu negative Aussagen zu relativieren, und es bleibt zu wünschen, daß auch künftige Studentengenerationen durch dieses Buch dazu »verlockt« werden können, sich – auch außerhalb des Proseminars – den Quellen mit dem »Werkzeug des Historikers« zu nähern.

Franz Fuchs

Erläuterungen zu den Abbildungen

Tafel 1 Zur Historischen Kartographie: Reisekarte des Nürnberger Kompaßmachers und Kartographen Erhard Etzlaub, 1501. Südliche Hälfte.

Eine der ältesten deutschen Landkarten. Sie zeigt die für den Reisenden wichtigsten Landschaften, Orte und Straßen des ausgehenden Mittelalters, mit Nürnberg im Mittelpunkt (hier am unteren Rande). Die Karte ist nach Süden orientiert, sie war ausgesprochen als Reisekarte für den praktischen Gebrauch bestimmt.
(Nach G. Wolkenhauer, Erhard Etzlaubs Reisekarte durch Deutschland 1501, Berlin 1919)

Tafel 2 Zur Paläographie: Bruchstück einer karolingischen Prunkhandschrift des Johannes-Evangeliums, 9. Jahrhundert. Obere Hälfte des Blattes.

Die schöne Handschrift, mit prachtvoller Initiale, verwendet in zeittypischer Auswahl eine Reihe überkommener Schrifttypen als schulmäßig geschriebene Auszeichnungsschriften. Die Überschrift (Zeile 1—3) in Capitalis Quadrata; die Vorrede setzt neben der Initiale mit Unziale ein (Z. 4—9) und fährt dann bis zum Ende der Spalte in Halbunziale fort. Erst das anschließende Inhaltsverzeichnis auf der rechten, nur teilweise erhaltenen Spalte ist in der Buchschrift der Zeit, der Karolingischen Minuskel, geschrieben, jedoch mit unzialen Initialen.
(Original in Privatbesitz)

Tafel 3 Zur Urkundenlehre: Päpstlicher Gnadenbrief (Litera cum filo serico), 1257.

Die Urkunde zeigt den Typ der päpstlichen Litera, also die einfache, ursprünglich nur für »Mandate« verwendete Briefform, ohne den umfänglichen Formelapparat der feierlichen Diplome. Hier jedoch für einen Gnadenzweck verwendet, daher mit etwas reicherer Ausgestaltung von Schrift (Initialen, Buchstabenverbindungen usw.) und Formular, und mit der Bleibulle an seidener Schnur.
(Original Archiv Lübeck)

Tafel 4 Zur Urkundenlehre: Notariatsinstrument, 1324. Untere Hälfte.

Durch das Instrument wird eine (anhängende) Urkunde von 1323 beglaubigt. Die fünfzeilige eigenhändige Unterschrift des Notars (unten rechts) beginnt mit der Namensnennung: Et ego Thidericus de Brunswik, quon-

213

dam dictus Daldorp, Clericus Hildesemensis dyocesis, publicus auctoritate Imperiali Notarius ... und bezeugt ferner, daß er der Handlung beigewohnt, ihren Inhalt aufgeschrieben und in die vorliegende Form eines öffentlichen Instruments gebracht habe. Links daneben das (gezeichnete) Signum des Notars.
(Original Archiv Lübeck)

Tafel 5 Zur Wappenkunde: Doppelseite aus einer städtischen »Ratslinie«, Mitte 16. Jahrhundert.

In das Buch wurden die zu Rat gewählten Bürger mit Wahl- und Lebensdaten eingetragen. Die Eintragung der Familienwappen neben den jeweiligen Namen hat nicht nur dekorativen Zweck. Sie zeigt die Herkunft aus ratsfähigem Geschlecht und damit auch zugleich das von dem betreffenden Ratsherrn gewöhnlich geführte Siegelbild. Am unteren Rand links und rechts die Namen und Wappen des revolutionären Lübecker Rats unter Jürgen Wullenwever (1531 ff.), die zunächst ausgelassen worden waren. — Zu beachten ist, daß die Wappen fast sämtlich in Form und Wahl der Wappenbilder durchaus dem auch beim Adel üblichen Brauch entsprechen.
(Original Archiv Lübeck)

Tafel 6 Zur Urkunden- und Aktenlehre: Eine Seite aus dem Registrum Gregorii VII. papae.

Einer der ältesten erhaltenen Original-Registerbände der päpstlichen Kanzlei. Das Register, also ein für abschriftliche Eintragung ausgehenden Schriftgutes bestimmtes Buch, enthält auf der abgebildeten Seite den Anfang des Bannurteils über Heinrich IV., vom Februar 1076.
(Nach A. Brackmann, Papsturkunden, in: Urk. u. Siegel f. d. akadem. Gebrauch, hrsg. v. G. Seeliger, H. 2, 1914)

Tafel 7 Zur Siegelkunde: Typen von Siegelformen und Siegelbildern des Mittelalters.

Oben links und rechts die Goldbulle Kaiser Karls IV. Die Vorderseite zeigt den thronenden Kaiser im Ornat, flankiert von Wappenschilden mit dem Reichsadler und dem böhmischen Löwen. Auf der Rückseite das stilisierte Bild der »Aurea Roma« (Inschrift im Torbogen), mit der bekannten Umschrift: Roma Caput Mundi regit Orbis frena Rotundi.
Mitte links fürstliches Reitersiegel (Graf Guido von Flandern, 1298): der geharnischte Reiter zeigt im Schild und auf den Pferdedecken den flandrischen Löwen. Mitte rechts geistliches Spitzovalsiegel (Richard de Marsh, Bischof von Durham/England, um 1220): im Mittelfeld der Bischof im Ornat. Beide Siegel zeigen besonders schön die ausgewogene Komposition von Siegelform, Siegelbild und Umschrift.

Unten links Siegel in Schildform (»redendes« Wappen der westfäl. Familie v. Hamern, um 1330): im Schild ein Balken, belegt mit drei Hämmern. Die Schraffur dient nur der plastischen Hervorhebung, bedeutet noch keine Farbbezeichnung. Unten rechts städtisches Gerichtssiegel (Nürnberg, 1343): das Siegel mit dem Reichsadler trug bis 1343 die Umschrift »Sigillum sculteti de Nurinberc«, da dem königlichen Schultheißen ursprünglich die Gerichtsbarkeit zustand; damals wurde sie geändert in »Sigillum judicii de Nurenberch«, womit das Gericht als städtisches Amt erscheint.
(Alle Siegel etwa zwei Drittel natürl. Größe)

Tafel 8   Zur Münzkunde: Auswahl bekannter Münztypen des Mittelalters und der beginnenden Neuzeit.

Obere Reihe: Pfennige des Hochmittelalters. Von links nach rechts: Pfennig (Denar) Karls des Großen, Kopfbild des Kaisers als antiker Imperator; Kölner Pfennig, Ende 10. Jahrhundert, »Colonia A(grippinensis)«; Brakteat (Hohlpfennig) Heinrichs des Löwen.
Zweite Reihe: »Dicke« Pfennige des Spätmittelalters. Von links: franz. Turnose (gros tournois) um 1300, Prägung Philipps IV. mit dem dreitürmigen Stadtzeichen von Tours; Prager Groschen um 1360, Prägung Karls IV. mit dem böhmischen Löwen; hansestädtischer Witten, vor 1379, Lübecker Prägung mit dem Doppeladler. (Die Dicken sind durchweg sehr flach geprägt und daher meist stark abgegriffen).
Dritte Reihe: Goldgulden. Links Florentiner Gulden, zweite Hälfte 13. Jahrhundert, mit dem Stadtwappen, der heraldischen Lilie. Rechts Rheinischer Gulden, um 1380, Trierer Prägung mit dem erzbischöflichen Wappen.
Untere Reihe: Talerprägungen. Links Joachimstaler um 1500 (sog. Klappmützentaler) mit Doppelbild der Herzöge Johann und Georg von Sachsen. Rechts hessischer Moritztaler 1624, mit dem hessischen Löwen.
(Alle Münzbilder natürl. Größe)

Sachregister

Abkürzungen:

A = Aktenlehre
C = Chronologie
G = Genealogie
Gg = Hist. Geographie
H = Heraldik
N = Numismatik
P = Paläographie
Q = Quellenkunde
S = Sphragistik
U = Urkundenlehre

Actum (U) 95
Agnaten (G) 40
Ahnen
 -forschung 40 ff.
 -gleichheit 42
 -linie s. Deszent
 -probe 42
 -tafel 40 ff., 173
 -verlust 42
Akt (U) 84 f.
Akten 56, 81 ff., 103 ff., 116
 -band 103
 -forschung 82
 -lehre, -kunde 21, 107, 187
 -ordnung 107 ff.
 -plan 109, 112 ff.
 -serie 107 ff.
 General- 110
 Haupt- 111
 Kommissions- 111
 Neben- 111
 Sach-(Dossier) 104, 109 ff., 112
 Spezial- 110
 s. a. Amtsbuch, Ausgang, Betreff, Eingang, Innenlauf, Inventar, Kanzlei, Konzept, Pertinenz, Protokoll, Provenienz, Register, Registratur, Repertorium, Rolle, Sachweiser, Strukturprinzip
Allianzwappen s. Wappen
Amtsbuch (Geschäftsbuch) 106, 110, 132
Annalen (Q) 61 f.

Annunciationsstil (C) s. Jahresanfang
Anthropogeographie s. Siedlungskunde, Hist.
Antiqua (P) 78 f.
Archiv 64, 111 ff., 118
 -körper 115
 -zuständigkeit 64, 114 f.
 Aussteller- 112
 Einzel- 113
 Empfänger- 111 f.
 Kommunal- 113
 Notariats- 89
 Privat- 113
 Provinzial- 113
 Staats- 113
 Vielheits- 113
 Zentral- 113
 s. a. Inventar, Pertinenz, Provenienz, Registratur, Repertorium, Strukturprinzip
Arenga (U) 56, 91, 105, 184
Aszendenz (G) 40
Aufbewahrung an öffentl. Stelle (U) 88
Aufschrift (S, N) 148, 156
Aufschwörung (G) 42
Ausfertigung (U)
 Aussteller- 93 ff.
 Empfänger- 95 f.
Ausgang, -lauf (A) 104, 107 f.
»Aussterben« (G) 44 f.
Autobiographie (Q) s. Biographie
Avers (N) 156

Badge (H) s. Devisen
Bastarda (P) 77 f.
Bastardstreifen (H) 126
Beglaubigung (U) 87 ff.
 durch Siegel 87, 133 ff., 142
 s. a. Unterschrift
Beizeichen (H) 122, 126
Beschreibstoffe (P) 66 ff.
Besiegelung
 Mit- 137
 in fremder Sache 87, 97, 136 f.
Bestandsübersicht (A) s. Inventar
Betreff (A) 107, 112, 115
 s. a. Pertinenz
Beurkundung(sbefehl) 95
Beweisurkunde s. Urkunde
Bibliothek 64, 111, 114, 117 f.
Biographie (Q) 61 ff.
Blasonierung (H) 123, 131
Brakteat s. Pfennig
Breve memorativum s. Notitia
Brief 56 f., 92 f., 116 ff., 135
 -buch s. Register
 -gewölbe 111
 -sammlung 117 f.
 Geschäfts- 116 ff.
 Privat- 116 ff.
 s. a. Litera
Bücher öffentl. Glaubens 88, 138
 s. a. Amtsbuch, Stadtbücher
Buchrollen 68
Buchschrift (P) 71 ff.
Buchstabenverbindung s. Ligatur
Bulle (S) 139 ff.
 Blei- 139, 144, 197
 Gold- 96, 139 f., 144, 198
 Silber- 139
Bürgerbücher (A) 57, 106
Byzantin. Stil s. Jahresanfang

Capitalis (P)
 Quadrata 70, 197
 Rustica 70, 74
Carta (U) 68, 84 ff.
 partita s. Chirograph
 s. a. Urkunde
Chartular (U) 97
Chirograph (Carta partita, Kerbschnitturkunde, Zerter) 84, 87 f., 136
Chroniken (Q) 61 ff.
Chronologie 20, 29 ff.
 Astronomische 29 f.
 Historische 30 ff.
 s. a. Cisiojanus, Datierung, Festkalender, Frühlingsanfang, Gemeinjahr, Indictio, Jahr, Kalender, Monat, Mond, Ostern, Sonntagsbuchstabe, Stunde, Tag, Woche
Circumcisionsstil s. Jahresanfang
Cisiojanus (C) 38
Codex (P) 68 f.
Consuetudo Bononiensis s. Tagesbezeichnung
Corroboratio (U) 91 f.

Damaszierung (H) 131
Datierung (C, U) 31 ff., 91 f., 95
 uneinheitliche 95
Datum (U) 95
Deklaratorisch (U) s. Urkunde
Denar (N) 152
 s. a. Pfennig
Denkmäler (Q) 52 f.
Deszendenz (G) 40
Deszent (G) 41 ff.
Deszentorium (G) 43
Devisen (H) 126
Diktat, Diktator (U) 91, 94 f.
Diplom 90 ff., s. a. Urkunde
Diplomatik s. Urkundenlehre
Diptychon (P) 67, 134
Dispositio (U) 59, 91 f.
Dispositiv s. Urkunde
Dossier s. Akten
Druckschrift (P) 72 f., 78
Dukaten (N) 152

Eingang, -lauf (A) 104, 106 ff.
Epigraphik 67, 71
Erbintensität (G) 43
Eschatokoll (U) 91

Fälschungen (U) 98 ff., 131, 133 f., 138, 157
 s. a. Interpolation
Farbbücher (U) 101
Farben, heraldische 123 ff.
Feldzeichen (H) 119 f.
Feria (C) 37
 s. a. Tagesbezeichnung
Festkalender (C) 31 f., 35 ff.
Festtage s. Festkalender, Tagesbezeichnung
Findbuch s. Repertorium
Flaggen (H) 123, 132
Florenen (N) 152, 187
Flurnamen (Gg) 25

Formelsammlungen, Formulare
  (U) 94, 117
Fraktur (P) 77
Frühlingsanfang (C) 31, 35

Geheimschriften 80
Geld s. a. Münzen
  Kredit- 151
  Kurant- 150 f., 154
  Rechen- 152, 154
  Währungs- 150 f.
  Zähl- 152
Gemeinjahr (C) 31, 34
Gemeinschaftssiegel s. Siegel
Gemmen (S) 146 f.
Genealogie 20, 39 ff.
Genealogische Einheit 40
Geographie
  beschreibende 27
  historische 20, 22 ff., 25 ff.
  historisch-politische 23
»Geopolitik« 25
Geschäftsbuch (A) s. Amtsbuch
Geschäftsschrift (P) 67, 71 ff.
  s. a. Kursive, Kurrent
Geschäftsschriftgut (Q, A) 53 f.,
  56 ff., 81 f.
Goldene Zahl (C) 34 f.
Goticoantiqua (P) 78
Gotische Schriften 77 f.
Greshamsches Gesetz (N) 151
Groschen (N) 152, 157, 199
Großbuchstaben (P) 70 f.
Grundbuch (Q) 88, 90, 106, 110
Grundkarten (Gg) 25
»Grundwissenschaften«, Hist. 18
Gulden (N) 152, 187, 199

Hadern s. Papier
Halbkursive 75 f.
»Halbunziale« 74 f., 197
Hausgenossenschaften (N) 155
Hausmarken (H) 148
Heiligentage s. Tagesbezeichnungen
Helm (H) 122, 125 f., 128, 147
  -decken 122, 126, 147
  -kleinod, -zier 122, 125 f., 130
  Spangen- 125, 128
  Stech- 125, 128
  Turnier- 125
  s. a. Wappen, Siegel
Heraldik 119 ff.
  s. a. Wappen

Herold (H) 122
  -bilder 124 f.
Hilfskleinod (H) 125 f.
Hilfswissenschaften 9, 11 ff.,
  158 f.
Hofpfalzgraf 89
Hohlpfennig (N) s. Pfennig

Iden (C) s. Tagesbezeichnungen
»Igel« (U) 141
Ikonographie 15, 49, 60
Imbreviatur (U) 89
Index (A) s. Sachweiser
Indictio (C) 33
Ingrossist (U) 93
Innenlauf (A) 104, 107 ff., 112
Inscriptio (U) 90, 92
Insertion (U) 96
Inspeximus s. Vidimus
Insulare (P) 75
Interpolation 100, s. a. Fälschung
Intitulatio (U) 90, 92
Inventar (A) 115, 188
Invocatio (U) 90
Inzucht (G) 42
Itinerar (Q) 57

Jahr (C) 30 ff.
  -esanfang 32, 38
  -eszählung 33 f.

Kalenden (C) s. Tagesbezeichnungen
Kalender
  -reform 31, 34 f.
  Julianischer 31, 34
  Gregorianischer 31, 35
Kanzlei (U, A) 93 f., 112
  -brauch 93 ff.
  -form 112 ff., 93 ff.
  -mäßigkeit 95
  -schriften (P) 77 f.
  -vermerke 95
Kanzler (U) 93 f.
Kartographie (Gg) 24 f., 26,
  28 f., 197
Kaufkraft (N) 154
Kerbschnitturkunde s. Chirograph
Kognaten (G) 40
Konsanguinitätstafel s. Verwandtschaftstafel
Konstitutiv s. Urkunde
Kontext (U) 91

219

Konzept (U, A) 95, 97 f., 105 ff.,
   111 f., 116
   -buch 98
   -register 111
Kopialbuch, Kopiar (U, A) 97,
   106 f.
Korrektor (U) 95
Kritik (Q, U) 51, 58 ff., 63 f., 93,
   102 f., 142
Kunstgeschichte 19, 51, 65, 77,
   131, 134, 177
Kurrent (P) 78
Kursive (P) 67, 72 ff., 78
   ältere römische 74
   jüngere römische 72, 74
   gotische 72, 77
   Antiqua- 78
   Halb- 75 f.
   s. a. Schrift
Kürzungen (P) 79 f.

Landesaufnahme, topo-
   graphische 28
Landschaftskunde, hist. 23
Lehnsbücher (A) 106
Ligatur (P) 72
Lira, Livre (N) 153
Litera (U) 92
   clausa 92, 116, 142
   de gracia 92, 197
   de iustitia 92
   patens 92
Literae dominicales s. Sonntagsbuchstaben

Majuskel (P) 70 ff.
Mandat (U) 90, 92, 144
Mariatheresientaler (N) 157
Marienjahr (C) s. Jahresanfang
Mark (N) 152 ff.
   Banco 152
   Pfennige 153
   Silber 152 f.
   Gewichts- 152 f.
   Zähl- 153
Memoiren (Q) 61 ff.
Minuskel (P) 70 f., 74 ff.
   diplomatische 76
   karolingische 76 f., 197
   gotische 77 f.
   -buchschrift 71, 74 f.
   -geschäftsschrift 71
   -kursive 74 f.
   s. a. Schrift

Missive s. Register
Monat (C) 30, 34 ff.
   synodischer 30
Mond (C) 30, 34 f.
   -jahr 34
   -phasen 30, 34 f.
   -zyklus 34 f.
Monogramm (U) 91
Mos Anglicanus, Gallicus (C)
   s. Jahresanfang
Mundierung (U) 95
Münzen, Münz- 149 ff.
   -bild 156 f., 199
   -gewicht 152 ff.
   -herr 150 ff., 155 f.
   -hoheit 155 f.
   -hortung 151
   -meister 155
   -porträt 156
   -recht 155 ff.
   -reform, karoling. 152
   -schatz 151
   -schrift 156 f.
   -siegel 144, 148
   -technik 155 ff.
   -verrufung 153
   -verschlechterung 151 ff.
   -wappen 156 f.
   -wert 150 ff.
   s. a. Geld

Nachfahren, Nachkommen (G)
   40, 44 ff.
Namensträger (G) 40, 44
Narratio (U) 50, 59, 91, 105
»Nationalschriften« 74
Notar (Scriniarius, Tabellio) 85,
   88 f., 93 f.
Notariat (U)
   -archiv 89
   -instrument 85, 88 f., 136,
      138, 197 f.
   -zeichen 88, 198
Nonen (C) s. Tagesbezeichnung
Notitia, Breve memorativum (U)
   84 ff.
Notula (P) 77
Numismatik 21, 149, s. a. Geld,
   Münzen

Oberlängen (P) 70 f.
Olympiade (C) 33
Ortsnamen (Gg) 26 f.

Ostern (C) 32, 35 f.
  -datum (C) 35
  -rechnung 35

Paläographie 21, 65 ff.,
  s. a. Schrift
Patent (U) s. Litera
Papier (P) 69 f.
Papyrus (P) 67 f.
Pergament (P) 68 f.
Pertinenz, Betreff (A) 107 ff.,
  112 f.
  -prinzip 112 f.
Petschaft s. Siegelstempel
Photographie 97
Pfennig (N) 152 ff.
  Hohl- (Brakteat) 153 f., 156
Pfund (N) 152 f.
Plica (U) 141
Poenformel s. Sanctio
Polyptychon (P) 67, 134
Prachtstücke (H) 122, 126 f.
Prägung (N) 150 ff., 155 ff.
  Gold- 150, 152
  Nach- 157
  Silber- 151 ff.
  Taler- 154
Präzept (U) 90
Primärquellen 52 f.
Primogenitur (G) 46
Privileg (U) 53, 83, 90 ff.
  s. a. Urkunde
Promulgatio (U) 91
Protokoll (U; A) 50, 59, 90 f.,
  104 ff., 108
Provenienz (A) 113 ff.
  -prinzip 114 f.
Publicatio s. Promulgatio
Publizistik (Q) 15, 60, 101

Quellen
  -gruppen 49 ff.
  -kritik s. Kritik
  -kunde 21, 58 ff., 64
  -publikation 64, 176
  Primär- 51 f.
  Sekundär- 51 f.
  Erkenntniswert 50 f.

Randschrift (S, N) 148, 156
Rangkronen (H) 122, 126, 128
Rechnungsbücher, -listen (U, A)
  57, 59 f., 106

Recht(s)
  -geschäft, -handlung 83 ff.,
    104 ff.
  -inhalt 90 ff.
  -kraft 84 ff., 87 ff., 96 f., 144
  -quellen 53, 56, 81 ff.
  -symbolik 83 ff., 120 ff., 127 ff.,
    134, 148
  -widrigkeit 99
  -zustände 53, 81 ff., 84 ff.,
    99 f., 104, 135 f.
  Abstammungs- 41 f.
  Archiv- 114
  Erb- 43 f., 131
  Faust- 99
  Geblüts- 44
  Münz- 155 f.
  Siegel- 135 ff., 145 f.
  Wappen- 121 f., 127 ff., 131 f.
Register (Briefbuch, Missiv,
  Registratura) 97 f., 106 ff.,
  111, 117, 198
  General- 98
  Spezial- 98
Registratur (A) 111 ff.
  -plan 109, 112
  -prinzip 114
Reich(s)
  -adler 121, 124, 131
  -banner 121
  -farben 132
  -wappen 120, 132
Repertorium, Findbuch (A) 115
Reskript (U) 92
Revers (N) 156
Rolle (P, A) 68 f., 108
Rotunda (P) 77

Sachakte s. Akten
Salische Erbfolge (G) 46
Sachweiser, Index (A) 109
Sanctio (U) 91
Schaltjahr 31
Scheidemünze (N) 151, 154
Schild (H) 120, 122 ff., 144, 147
  -halter 127
  -siegel 141, 147
  Herz- 123
Schilling (N) 152
Schraffur (H) 123, 131
  s. a. Farben, herald.
Schreiber (U) 84 f., 87 f., 94 f.
Schreibgeräte 66 ff.
Schreibschulen (P) 75 f.

221

Schrift 65 ff., 83 f.
-entwicklung 70 ff.
s. a. Antiqua, Bastarda, Buchschrift, Capitalis, Druckschrift, Fraktur, Geheimschriften, Geschäftsschrift, Goticoantiqua, Gotische, Großbuchstaben, Halbkursive, Halbunziale, Kanzlei, Kurrent, Kursive, Kürzungen, Ligatur, Majuskel, Minuskel, Nationalschriften, Notula, Oberlängen, Rotunda, Schwabacher, Textura, Unterlängen, Unziale
Schriftlichkeit 66, 71 f., 74, 77, 81, 85, 87, 104
Schrot und Korn (N) 156
Schrötling (S) 139
Schuldbuch (Q) 88, 106
Schwabacher (P) 78
Scriniarius s. Notar
Seigern (N) 153
Sekundärquelle 51 f.
Serie s. Akten
Siedlungskunde, Hist. 23, 25
Siegel 86 f., 92, 132 ff.
-anbringung 141 f.
-anmaßung 133
-beschriftung 143, 148
-bild 143 f., 146 ff., 198 f.
-fälschung 133, 138, 142
-farben 138 f.
-form 140 f., 142
-inhaber 133 ff., 136 f.
-kunde 21, 132 ff.
-lack 139
-mißbrauch 133, 138, 143
-platte 138, 142
-recht 135 ff., 145 f.
-ring 133, 139 f., 145
-schnüre 141 f.
-schüssel, -schale 138, 142
-stempel, Typar, Petschaft 132 f., 139 f., 142 f.
-stoff 132, 138 f.
-typen 142 ff., 198 f.
-verschluß 133 f., 142
authentisches, mächtiges 87, 97, 136 ff.
Architektur- 147
Gemeinschafts- 145 f.
Helm- 147
Majestäts- 144
Münz- 144, 148
Oblaten- 139
Porträt- 146 f.
Reiter- 147, 198
Rück-(Gegen-, Kontra-) 144 f.
Schiffs- 147 f.
Schild- 141, 147, 198 f.
Sekret- 144
Spezial- 144 f.
Wappen- 147
Signet- 145, 148
s. a. Beglaubigung, Besiegelung, Bulle, Gemmen, Randschrift, Umschrift, Verschluß, Wachs
Sonnentag, mittl. s. Tag
Sonntagsbuchstaben (C) 35
Spangenhelm s. Helm
Sphragistik s. Siegelkunde
Stadtbücher 88
»Stammbaum« 40
Stammreihe (G) 44, 173
Stammtafel (G) 40, 45 f.
Stechhelm s. Helm
Steuerbücher, -listen (A) 106
Stilformen, -geschichte, -wandlung 54, 65, 72 ff., 77 ff., 122, 131, 134, 143, 146 f.
Stilübung (U) 94
Stilus Pisanus, Florentinus s. Jahresanfang
Strukturprinzip (A) 114
Stunde (C) 30 f.
Subscriptio (U) s. Unterschrift
Supplik (U) 104

Tabellio s. Notar
Tag (C) 30 f., 36
Fest- 31 f., 36 ff.
Heiligen- 36 ff.
Kalender- 34 f.
Sonnen- 30
Wochen- 34 ff.
s. a. Feria, Vigilia
Tagesbezeichnung (C) 35 ff.
Taler (N) 152, 154, 199
Textura (P) 77
Tinktur s. Farben, herald.
Tironische Noten 79 f.
Topographie (Gg) 23 f.
Traditio cartae (U) 85
Tradition (Q) 48, 52 ff., 61 ff., 111
-notiz (U) 84 f.
Transsumpt (U) 96, 100

222

Turnierhelm (H) s. Helm
-kragen 126
Turnosen (N) 152, 157, 199
Typar s. Siegelstempel

Überlieferung (U) 96 ff.
Überreste (Q) 52 ff., 56 ff., 81, 105, 110
  Sach- 53, 56, 58
  Abstrakte 53, 56, 58 f.
  Schriftliche 53 f., 56 f., 59 f.
Umschrift (S, N) 144 f., 148, 156 f.
Unterlängen (P) 70 f.
Unterschrift (U) 84 ff., 87 f., 134, s. a. Beglaubigung
Unziale (P) 70, 74, 197
Urbar (A) 106
Urkunden 53 f., 56 f., 59, 81 f., 104 ff., 116, 134 ff.
  -bestandteile 90 f.
  -forschung, -lehre 21, 81 ff., 89 f., 91 ff., 93 ff., 181 ff.
  -schrift 75 f.
  dispositive (konstitutive, deklaratorische) 84 ff.
  Beweis- 57, 84, 86
  Kaiser- u. Königs- 89 f.
  Konzils- 139
  Offizialats- 137 f.
  Papst- 89 f., 139
  Privat- 89 f., 92
  Siegel- 86 f.
  s. a. Ausfertigung, Beglaubigung, Besiegelung, Beurkundung, Chirograph, Corroboratio, Datum, Diplom, Dispositio, Fälschungen, Kanzlei, Litera, Mandat, Notariat, Notitia, Privileg, Promulgatio, Reskript, Sanctio, Supplik, Traditio cartae, Transsumpt, Unterschrift, Vertrag, Vidimus, Zeugen

Vaterreihe (G) 44
Verfälschung s. Fälschung
Verkündungsformel s. Promulgatio
Versalien 70 f.
Verschluß (S) 133 f., 142 ff.
Vertrag (U) 50, 53, 59, 83, 87 f., 90, 96
Verwandtschaftstafel 46 f.

Vidimus, Vidisse (U) 96, 100, 137
Vigilia (C) 37
Vorfahren (G) 40 ff.

Wachs (P, S) 67, 132, 138 ff.
  -tafeln 67, 134
  Spanisches 139
Wappen
  -bild 123 ff., 147
  -bücher 130, 198
  -erwerb 129
  -fähigkeit 127 f.
  -familien 125, 130
  -figuren 124 ff.
  -kunde 21, 122 ff.
  -kunst 131
  -listen 130, 198
  -mäntel 126
  -mehrung 130
  -recht 127 ff.
  -siegel 147, 198 f.
  -verleihung 129
  -zelte 126
  Allianz- 130
  Bürger-, Bauern- 127 f., 198
  Ehe- 130
  Familien- 120 f., 127
  Korporations- 122 f., 127
  Staats- 122 f., 127 ff.
  Städte- 122, 128
  Territorial- 121, 127 f.
  Redende 125, 198 f.
  Kombinierte 123, 131
  s. a. Bastardstreifen, Beizeichen, Blasonierung, Damaszierung, Devisen, Farben, Feldzeichen, Flaggen, Hausmarken, Helm, Heraldik, Herold, Prachtstücke, Rangkronen, Reichsadler, Schild, Schraffur, Turnierkragen
Wasserzeichen (P) 70
Weihnachtsstil (C) s. Jahresanfang
Witten (N) 152, 199
Woche (C) 30, 34 f.
Wüstungen (Gg) 25 f.

Zerter s. Chirograph
Zeugen(urkunde) 57, 84 ff.
  s. a. Notitia, Unterschrift
Zollbuch 57
Zweigwissenschaften, Historische 19 f.

Von der Schulbank zum Hörsaal – vom Universitätsexamen zum Schulunterricht

Grundkurs Geschichte

Herausgegeben von Michael Erbe

Dr. Michael Erbe ist em. Professor für Neuere Geschichte an der Universität Mannheim.

Diese neue Reihe soll Studienanfängern des Faches Geschichte den Einstieg in das Fach erleichtern, ist aber auch so konzipiert, dass sie für Examenskandidaten eine wichtige Grundlage für die Auffrischung des allgemein notwendigen Geschichtswissens bildet. Geschrieben von erfahrenen Hochschullehrern werden vom Altertum bis in die jüngste Geschichte die notwendigen Basiskenntnisse in eingängiger, verständlich aufbereiteter Form vermittelt.

Die erzählende Darstellung der historischen Fakten und Daten wird auf der gegenüberliegenden Seite ergänzt durch Illustrationen in Form von:

- Karten
- Graphiken und Abbildungen
- Auszügen aus schriftlichen Quellen
- und Definitionen von Fachausdrücken

Weitere Bände sind geplant

- Die Frühe Neuzeit (1492-1789)
- Das 19. Jahrhundert (1789-1914)
- Einführung in die Geschichte. Methoden, Geschichtsschreibung, Theorie

---

Karen Piepenbrink

Das Altertum

2006. 252 Seiten mit 47 Abb. und 23 Karten. Kart. € 20,-
ISBN 978-3-17-018971-3

Jörg Schwarz

Das europäische Mittelalter I

Grundstrukturen
Völkerwanderung
Frankenreich
2006. 136 Seiten mit zahlr. Abb. und Karten. Kart. € 16,-
ISBN 978-3-17-018972-0

Jörg Schwarz

Das europäische Mittelalter II

Herrschaftsbildungen und Reiche 900-1500
2006. 236 Seiten mit zahlr. Abb. und Karten. Kart. € 20,-
ISBN 978-3-17-019719-0

Wolfrum/Arendes

Globale Geschichte des 20. Jahrhunderts

Ca. 240 Seiten mit zahlr. Abb. und Karten. Kart Ca. € 20,-
ISBN 978-3-17-018975-1

W. Kohlhammer GmbH · 70549 Stuttgart
Tel. 0711/7863 - 7280 · Fax 0711/7863 - 8430

www.kohlhammer.de

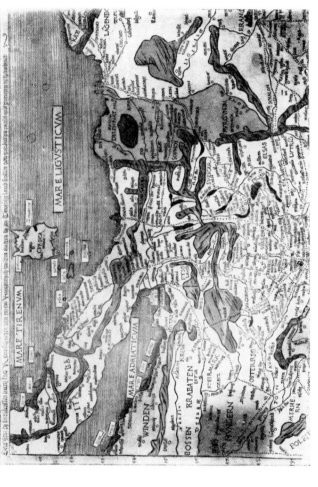

Tafel 1 Reisekarte des Erhart Etzlaub, 1501 (Südliche Hälfte)

Tafel 2   Karolingische Prunkhandschrift, 9. Jahrhundert (Obere Hälfte)

Tafel 3   Päpstliche Litera cum filo serico, 1257

Anno dñi. m°. ccc°. vicesimoqrto. Indicc̃e septima. mensis octob. die octava. pontificatus sanctissimi patris dñi Iohannis diuina puidentia pape xxij. Anno eius octauo. in curia Romana acta sunt hec, coram me notario publico et testibus infrascriptis, ad hoc uocatis specialiter et rogatis. uidelicet dño petro plebano de seuelt. et dño petro de gerůltshusen plebano de grefenberch. et alijs plurimis fide dignis. Anno. die. Indicc̃e. mense et loco predictis. Prefatus dñs Eberhardus Spechshart presentauit et exhibuit ad legendum coram uenerabili uiro dño Egidio canonico ecclesie Bambergensis generali auditore curie dñi Cardinalis et rogauit —

Et ego Albertus de Scrobsis filius quondam Volboldi de Aslowa Monacensis dyoc. publicus imperiali auctoritate notarius, hijs omnibus, et singulis dum sic ut p̄mittitur fierent agerent̃ et dicer̃et, vna cum prenominatis testib. psens interfui eaq̃ sic fieri vidi et audivi, et de mandato dñi auditoris supradicti in hanc publicam formam redegi, meo signo et nomine consuetis signaui rogatus —

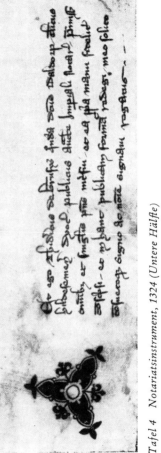

Tafel 4 Notariatsinstrument, 1324 (Untere Hälfte)

Tafel 5 Aus einer städtischen „Ratslinie" des 16. Jahrhunderts

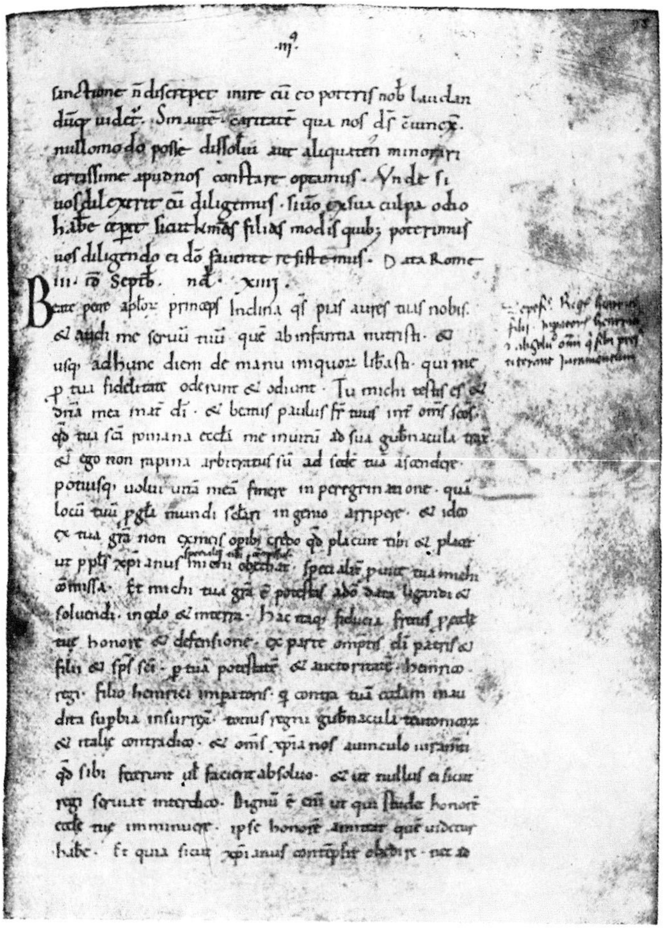

Tafel 6 Aus dem Register des Papstes Gregor VII., 1076

Tafel 7   Siegeltypen des Mittelalters

Tafel 8   Münztypen des 9.–16. Jahrhunderts